지은이 웨인 마틴데일 Wayne Martindale

휘튼대학교(WHEATON COLLEGE)의 영문학과 교수이자 C. S. 루이스 연구가인 그는 학생들에게 C. S. 루이스를 더욱 쉽고 바르게 접근시키고자 C. S. 루이스와 관련한 정규수업을 하고 있으며, 일반 대중들에게는 루이스를 보다 친숙하게 소개하고자 많은 강연과 집필 활동을 펼치고 있다. 지금까지 그는 루이스에 대한 많은 책을 기획, 편집했으며 *THE QUOTABLE LEWIS*의 공동저자로 작업에 참여했다.

옮긴이 이규원

한동대학교 전산전자공학부를 졸업하고, 연세대학교 대학원에서 문화연구를 공부했다. 번역서로는 『C. S. 루이스의 눈으로 나니아 읽기: 사자, 마녀, 그리고 옷장』이 있다.

C.S. 루이스가 말하는 천국과 지옥

초판 1쇄 발행 2007년 11월 30일
초판 5쇄 발행 2020년 10월 15일

지은이 웨인 마틴데일
옮긴이 이규원
표지그림 Paul Klee 〈Oriental Pleasure Garden〉

펴낸이 오정현
펴낸곳 국제제자훈련원
등록번호 제2013-000170호 (2013년 9월 25일)
주소 서울시 서초구 효령로68길 98 (서초동)
전화 02) 3489-4300 **팩스** 02) 3489-4329
이메일 dmipress@sarang.org

ISBN 978-89-90285-54-2 03230

※ 책값은 뒤표지에 있습니다. 잘못된 책은 구입하신 곳에서 교환해 드립니다.

국제제자훈련원은 건강한 교회를 꿈꾸는 목회의 동반자로서 제자 삼는 사역을 중심으로 성경적 목회 모델을 제시함으로 세계 교회를 섬기는 전문 사역 기관입니다.

C.S.루이스가 말하는 천국과 지옥

C. S. LEWIS ON HEAVEN & HELL

Beyond the
Shadowlands

C.S. 루이스가 말하는 천국과 지옥

웨인 마틴데일 지음 | 이규원 옮김

국제제자훈련원

Beyond the Shadowlands

Originally published in the U.S.A. under the title *Beyond the Shadowlands*
Copyright © 2005 by Wayne Martindale
Crossway Books
a publishing ministry of Good News Publishers
1300 Crescent Street Wheaton Illinois 60187

Translated and used by the permission of Crossway Books,
through the arrangement of rMaeng2 Agency, Seoul, Korea.
All rights reserved.

Korean Copyright © 2007 by DMI Publishing, Seoul, Korea.
1443-26 Seocho-1dong, Seocho-gu, Seoul 137-865, Korea.

본 저작물의 한국어판 저작권은 알맹이 에이전시를 통하여
Crossway Books사와 독점 계약한 국제제자훈련원에 있습니다.
신저작권법에 의하여 한국 내에서 보호받는 저작물이므로 무단 전재와 무단 복제를 금합니다.

일러두기 C. S. 루이스의 작품 내용은 홍성사에서 출판된 본문을 인용했습니다.

나의 손자, 조슈아 웨인 엘슨을 위하여

추천의 글

C. S. 루이스 르네상스를 기대하면서

추태화 안양대 기독교문화학과 교수

C. S. 루이스는 1898년에 태어나서 1963년 하나님의 품에 안겼다. 한 루이스 연구가는 그가 걸어간 생애를 열 개의 계단으로 나누고, 그 가운데 가장 눈에 띄는 사건으로 1931년에 일어난 회심을 들었다. 이 사건은 루이스를 회심 이전과 이후로 나누게 하는데, 의미있는 바는 그의 창작 태도가 완전히 달라졌다는 점이다. 회심 후 그가 집필에 임했던 열정은 다름 아닌 글쓰기를 통한 복음전파였다. 그는 『순전한 기독교』에서 이렇게 고백한다.

  기독교 신자가 된 이후로 나는 믿지 않는 이웃을 위해 할 수 있는 가장 훌륭한 일은 모든 시대의 신자들이 공통적으로 믿어온 신앙을 설명하고 옹호하는 것뿐이라고 생각해 왔다.

그렇다면 인생의 반을 방황으로 보낸 루이스의 전반부 인생은 무의미하게 허비된 것일까, 결코 그렇지 않다. 루이스는 젊은 날의 방황과 체험을 바탕으로 거꾸로 신앙에 관하여 말을 건다. 비신앙화 되어 가는 세계 속, 비신앙인들에게 신앙을 안내하고 있으며, 신앙인들에게는 도전, 위로, 격려 등으로 접근하고 있다. 루이스는 자신의 방황이 헛되지 않고 하나님 손에서 쓰임 받고 있다는 사실을 깨닫고 『순례자의 귀향』에서 다음과 같이 말한다.

지적 측면에서 볼 때 나는 다음과 같은 과정을 밟아 왔다. 통속적 현실주의에서 철학적 이상주의로, 이상주의에서 범신론으로, 범신론에서 일신론으로, 일신론에서 기독교로 변모해 왔다. 나는 아직도 이것이 아주 당연한 과정이라고 생각하지만, 이런 길을 밟는 사람은 아주 드물다는 것을 알게 되었다.

루이스의 글쓰기는 다양하다. 그래서 그에게 붙은 직함은 셀 수 없을 정도이다. 예를 들면 그를 따라다니는 공식 명칭은 다음과 같다: 교수, 학자, 문학연구가, 시인, 소설가, 아동문학가, 환상문학가, 수필가, 기독교작가, 영성작가, 기독교변증론가, 명예신학박사, 방송상담가 등. 그만큼 그는 장르의 특성을 누구보다 잘 살려 현란하고 예민한 문체로 많은 글 속에서 특유의 날카롭고 예리한 표현들을 끌어내고 있다. 또한 그 안에 내재되어 있는 사랑어린 작가정신은 어린이를 위한 동화와 어른을 대상으로 한 환상문학 등을 집필하게 하였다. 그러나 이러한 루이스에게 우리는 '중세문학 전문가' 라는 또 다른 이름을 발견하게 된다. 중세는 흔히 알듯이 어두운 시대만은 아니었다. 중세는 나름대로 하나님과 인간의 신비한 연합과 깊은 영성을 갈망하던 시대였다. 스콜라 철학과 같은 이성 위주의 방법으로는 하나님에게 다가갈 수 없다는 것을 절감하고 비언어적 접근에 관심을 돌렸다. 루이스의 문학적 상상력은 바로 여기에서 그 원천의 샘을 긷는다. 또한 이 부분은 루이스를 두고 뉴에이지적이라거나 몽환적이라고 비판하는 빌미를 제공하기도 한다.

혹자는 우리나라에서 루이스가 왜 인기를 크게 얻지 못하는지 의아해 하기도 한다. 그 이유는 작가의 고유한 수사학과 어법 때문일 것이다. 대학에서 논리학을 가르친 경험이 있는 루이스는 누구보다 치열한 논리체계를 가졌다.[1] 반면 중세문학 연구가로서 루이스는 문학적으로 풍부한 (중세적) 상상력을 갖추고 있다.[2] 이와 같이 루이스에게는 이성과 감성, 논리와 상상력, 설명과 직관, 실재

---

[1] 루이스의 논리적 특성을 나타내주는 작품으로는 「순전한 기독교 Mere Christianity」, 「네 가지 사랑 Four Loves」, 「고통의 문제 The Problem of Pain」, 「인간 폐지 The Abolition of Man」등이 대표적이다.

[2] 루이스의 상상력을 극명하게 보여주는 작품으로는 「순례자의 귀향 The Pilgrim's Regress」, 「침묵의 행성 바깥 Out of the Silent Planet」, 「페렐랜드라 Perelandra」, 「나니아 연대기 Chronicles of Narnia」등이 있다.

와 초월, 철학과 영성, 신학과 문학, 교리와 신화라는 분야가 어우러지고 있다. 이 상반된 두 요소들은 작가 루이스 안에서 바람처럼 만나고 파도처럼 섞여 루이스적 세계를 형성하게 하였다. 이러한 특성 때문에 '루이스 읽기'는 단순하지가 않다. 하지만 이점이 루이스만의 매력이요, 파고드는 지적 호기심의 유혹이다. 더구나 그 내용이 천국과 지옥과 같은 주제라면 두말할 나위가 없을 것이다.

『C. S. 루이스가 말하는 천국과 지옥 Beyond the shadowlands』의 원제가 말하는 '그림자 나라(shadowland)'는 루이스에게 어떤 의미였을까? 그가 영향을 받은 플라톤 사상을 고려한다면 이 세상은 원형적 나라 이데아의 그림자일 것이다. 그의 작품 속에서는 여실히 이러한 생각들, 즉 이 땅의 모습은 영원한 나라가 소유한 영원성의 한 투영이며, 그리하여 다시 이 땅을 통하여 영원한 나라를 유추할 수 있다는 사유들이 자유롭게 등장한다.

이 책의 저자 웨인 마틴데일 박사는 루이스의 여러 작품에서 조심스럽게 천국과 지옥에 관한 생각들을 읽어 나간다. 책에 언급되고 있듯이 천국과 지옥은 시대사조에 의해 왜곡된 면이 많다. 또한 천국과 지옥에 관해 말하는 것은 현대에 있어 맹목적으로 믿어지거나 금기시 되거나 비판의 대상이 되거나 아니면 잠꼬대와 같은 소리로 치부되기 십상이다. 이 현상은 신앙인들 사이에서도 종종 볼 수 있다. 그러나 바로 이 점 때문에 루이스가 다시 필요한 것이다. 작품 곳곳에서 번득이는 루이스 특유의 논리와 상상력은 의혹의 늪을 살아가는 현대 신앙인들에게 신앙적 사유의 새로운 도약을 이루게 할 것이다.

마지막으로 이 책이 한국에서 '루이스 르네상스'를 이루는 촉매가 되지 않을까라는 생각을 해 본다. 그 이유로는 첫째, 천국과 지옥에 관한 루이스의 사상을 이해하려면 다양한 루이스 저작을 손에 들어야 하기 때문이다. 둘째, 천국과 지옥에 대한 그의 생각들을 하나씩 조심스럽게 맞추어 갈 때 그동안 여러 이유에서 간과해 왔던 사유와 상상력을 다시 발동해야 하기 때문이다. 셋째, 그리하여 한국적 신앙 풍토에 안주하고 있는 신앙인들에게 루이스적 세계가 도전해 오기 때문이다.

이 책을 통해 루이스적 도전을 받을 수 있는가라는 문제는 이제 독자의 몫이다. 그리고 루이스의 천국과 지옥에 대한 명제적이며 소모적인 논쟁도 그쳤으면 한다. 저자는 루이스의 이런 글을 인용한다.

> 그리스도가 들어가는 곳은 어디나 천국이 들어가는 곳입니다.
> 삶에서조차도….

우리 모두 나그네와 거류민으로 잠시 머무는 이 땅에서 천국을 가리는 그림자를 거두고, 천국의 영광을 바라보는 삶을 영위營爲하길 소망한다.

북쪽에서 남쪽까지, 너무나 광대하게도
겨울과 여름을 함께 지닌, 세계를 지배하는 왕이 존재하는가?
동쪽에서 서쪽까지, 너무나 광대하게도
밤과 낮을 함께 지닌, 세계를 지배하는 왕이 존재하는가?
더욱이 하나님은 심판과 자비를 함께 지니고 계신다네.

존 던 [1]

"열차 사고가 실제로 있었단다." 아슬란은 부드럽게 말했다.
"너희 부모님과 너희들 모두는
그림자나라에서 하는 말로 표현하자면 죽은 거란다.
이제 다 끝난 거지. 축제가 시작된 거야.
꿈은 끝나고 이제는 아침이 된 거란다." [2]

최후의 전투

"드디어 고향에 왔습니다! 이곳이 진정한 내 땅입니다!
이곳은 내 고향입니다.
지금까지는 모르고 지냈지만 평생 동안 우리가 찾던 땅입니다." [3]

최후의 전투
유니콘 주얼이 아슬란의 나라, 천국에 도착했을 때

감사의 말

이 책을 쓰면서 감사해야 할 일들이 계속 늘어났고 아마도 이 감사의 빚은 오직 사랑으로밖엔 갚을 수 없을 것이다. 그럼에도 불구하고 조금 진지하게 행복한 마음으로 감사를 표하고자 한다. 그 누구도 나만큼 축복받은 가정을 갖고 있는 사람은 없을 것이다. 나의 가족은 최고의 팬이자 훌륭한 협력자들이었다. 이 책의 제목은 아내 니타와 딸 히더 엘슨의 합작품이었다. 만약 그들이 책을 써보라고 격려해 주고, 세심하게 고쳐주지 않았더라면 이 책을 시작할 수도, 계속 쓸 수도 없었을 것이다. 나의 사위, 데이비드 엘슨은 나를 계속 응원해 주고 원고를 읽어주었다. 히더와 데이비드 사이에서 태어난 손자 조슈아 웨인은 우리 삶에 큰 기쁨을 주었다. 그 아이가 그린 그림은 이 책을 쓰는 내내 내 책상 위에, 그리고 연구실 문 양쪽에 걸려있었다. 그 아이는 나에게 자기가 알고 있는 것보다 더 많은 영감을 주었고, 이 책의 마지막 문장을 썼을 때 드디어 한 살이 되었다.

이 책을 완성하기 전에 많은 사람들이 나를 위해 원고를 읽어주었다. 루이스 연구자인 월터 후퍼, 크리스토퍼 미첼, 그리고 토마스 마틴은 내가 출판사에 책을 넘길 수 있도록 조언해 주고 자신감과 용기를 주었다. 루이스의 작품에서 유익을 얻었거나 루이스에 관한 연구에 관심이 있는 사람들은 모두 월터 후퍼에게 감사해야 할 것이다. 그는 평생 헌신적인 노력을 통해 루이스의 많은 작품들을 쉽게 접근할 수 있는 판본으로 처음 내놓았다. 또한 출판사들에게 새로운 세대를 위해 낡고 오래된 책들을 되살려 내야 한다고 '초창기부터' 주장하여 이 책들이 계속 출판될 수 있게 하였다. 게다가 그는 중요한 주석들이 달려 있는 훌륭한 새 편지 모음집과 *C. S. Lewis Companion & Guide*라는 권위 있는 책을 출판하였다. 나는 종종 책장에서 이 책들을 빼서 밑바닥이 얼마나 닳아 헤어졌는지 살펴보곤 한다. 주석에 있는 인용문들을 참고하는 독자들도 역시 후퍼에게 감사해야 할 것이다. 왜냐하면 그가 내게 장, 부, 쪽수를 반드시 명기하도록 권했기 때문이다.

크리스토퍼 미첼과 그의 동료 마조리 미드, 그리고 웨이드센터의 훌륭한 직원(코레이, 하이디, 메리, 숀)들은 그들이 보유하고 있는 루이스에 대한 귀중한 자료들을 볼 수 있게 허락해 주었으며 함께 있는 동안 마치 집에 있는 것처럼 편안하게 대해 주었다. 웨이드센터에 자원봉사를 하거나 기여하고 있는 모든 분들에게도, 특히 웨이드 가족에게(그들이 얼마나 큰 축복인지!) 감사드린다. 또한 웨이드센터로부터 클라이드 S. 킬비 연구보조금을 받은 것은 물질적으로 많은 도움과 격려가 되었다. 톰 마틴은 이 작업이 진행되도록 수년간 나를 격려해 왔고 휘튼에 있는 몇 년 동안 마음의 친구가 되어 주었다. 그는 내가 이제껏 만나본 편집자 중 최고의 편집자였다. 신학자이자 목사인 제이 토마스는 통찰력 있는 질문들을 제기하고 개혁주의의 입장에서 특별히 귀 기울일 만한 가치가 있는 비평을 해 주었다. 나의 조교인 캐이틀린 웰치와 라이언 호드젠은 인용허가와 색인작업을 도와주었고 조엘 세이지, 웨슬리 힐, 마지 돌비어, 마이클 베버는 책을 주의 깊게 읽고 많은 도움이 되는 응답들을 해 주었다. 케이스 콜과 나눈 유익한 대화는 나를 격려해주었고, 또한 그는 많은 책들을 소개해 주면서 이 작업을 격려해 주었다. 모두들 나를 정말 큰 실수로부터 구해 주었다. 루이스에 관해 오랫동안 글을 쓰고 연구해 온 많은 학자들도 내가 루이스를 한없이 풍부하게 이해하고 즐겁게 독서할 수 있게 해 주었다. 그들의 작업 중 일부는 참고문헌 목록에 나와 있다.

  마빈 패젯과 크로스웨이의 직원들은 이 책을 쓰는 동안 굉장히 멋진 협력자들이었다. 마빈은 친절하게도 서슴없이 나의 마감 기간을 늦춰 주었고, 그래서 나는 히더와 조슈아와 지낼 수 있는 시간을 가질 수 있었다. 질 카터는 항상 훌륭하고 시기적절한 정보를 알려 주었고, 릴라 비숍은 책 속에 있는 마지막 작은 가능성까지도 끄집어낼 수 있는, 모든 작가들이 꿈꿀 만한 날카로운 시선을 지닌 편집자였다. 나는 『천국과 지옥의 이혼』의 일부를 『천국도시로의 여행: 위대한 고전문학에 나타난 천국의 희미한 빛』에서 사용할 수 있도록 허가해 준 무디출판사에 감사드린다. 이 책에서는 그 중의 일부가 수정되어 나온다. 특히 「천국의 신화를 벗겨내기」부분은 내가 1994년 11월 로버트 웨슬리안에서 강연했던 스탤리 강좌가 시발점이었다. 따뜻하게 환영해 주고, 학문적으로 격려해 주고, 그리고 진행 중에 있는 훌륭한 작업들을 통해 도와준 친구들에게 감사한다. 마지막으로 나의 학과장인 질 바움개트너의 배려로 2004년 봄 휘튼 대학에서 안식년을 보내지 못했더라면 이 책은 쓰여 질 수 없었을 것이다. 그리고 샤론 쿨리지 총장과 영문과의 우수한 동료들(앨란, 앤드류, 안나, 크리스티나, 크리스틴, 데이비드, 제인, 제프, 케이스, 켄트, 로라, 리, 니콜, 로저 그리고 명예교수인 비, 어윈, 헬렌, 파울, 그리고 롤랜드)의 도움에 감사드린다.

조지 무사치오가 처음 내게 루이스의 작품을 소개해 주고 학자가 되도록 가르쳤던 학창시절 이후로 루이스의 작품들은 계속 나를 이끌어 주었다. 이 모든 것은 하나님께서 주신 선물이다. 하나님께 영광을.

서문 / 월터 후퍼

이 눈부신 책은 C. S. 루이스의 작품에 대해 잘못 이해하고 있었던 심각한 오류들을 수정해 주었다. 나는 지금까지 여러 번 이렇게 주장했었다. "내가 사막에 떨어지더라도 루이스의 작품들만 있다면 내 삶은 지금처럼 풍성할 것이다." 그러나 그것은 잘못된 생각이었다. 루이스가 우정에 관해 말했던 바를 마음에 진지하게 새겼어야 했다. '그 친구에게는 나 이외에 다른 사람만이 그 친구에 대해 온전히 설명할 수 있는 부분들이 있습니다. 나는 그 친구의 모든 것을 설명할 수 있을 만큼 대단한 사람이 못됩니다. 그래서 내가 아닌 다른 사람들의 능력을 통해 그 친구에 대한 모든 것이 이야기 될 수 있기를 원합니다.'

  이 책의 첫 번째 장을 다 읽기도 전에 나는 나도 모르게 이렇게 외쳤다. "이런 책을 다시 읽을 수 있기를 기대한다!" 마틴데일 박사의 해설을 읽으면서 여러 번 숨이 멎는 듯했다. 그의 해설은 루이스에 관해 너무 당연한 것 같지만 이전에 전혀 알아차리지 못했던 점들을 명백하게 설명해 주었다. 계속 읽어나가면서 이 책이 앞으로 내게 없어서는 안 될 작품이 될 거라는 사실을 알게 되었다. 마틴데일 박사는 내가 거의 외우다시피하는 작품들에조차 새로운 빛을 비추어 주었다. 만약 『네 가지 사랑』에서 한 구절을 바꾸어 쓴다면, 이 책에서 다음과 같은 점을 배웠다고 쓸 수 있을 것이다. '루이스에게는 나 이외에 다른 저자만이 그에 대해 온전히 설명할 수 있는 부분들이 있습니다. 나는 루이스가 의도한 모든 것을 설명할 수 있을 만큼 대단한 사람이 못됩니다. 그래서 내가 아닌 다른 사람들을 통해서 루이스가 모두 설명될 수 있기를 기대합니다.'

또한 이 책은 다른 측면에서도 중요하다. 루이스가 죽은 지 얼마 되지 않았던 시절에 그의 작품에 대해 알고 있는 사람들은 지금보다 훨씬 적었다. 그래서 그들은 루이스의 작품을 알리고 주목받을 수 있게 하는 일을 큰 즐거움으로 삼았다. 모든 사람들이 "뭐라구요? 당신도 루이스를 좋아한다구요?"라고 말하면서 서로 정중한 인사를 나누는 것은 매우 즐거운 순간이었다. 또한 루이스를 좋아하는 사람들은 그를 좋아하는 다른 사람들을 좋아했다. 우리들은 《CSL: C. S. 루이스 뉴욕협회보》 최신판을 목이 빠질 만큼 기다렸고, 다른 사람들이 이 주목할 만한 작가에 대해 어떻게 생각하고, 뭐라고 말하는지 알고 싶어 했다. 우리는 이제 서로를 필요로 한다는 것을 당연하게 생각하게 되었다.

수많은 팬들이 루이스에게 매혹된 이유가 각기 달랐지만, 그것은 서로 다른 이유를 갖고 있는 사람들을 연결해 주는 자석과 같은 것이 되었다. 그러나 이제 초기의 우정들은 상실되고 선한 것을 향한 길도 잃은 것처럼 보인다. 나는 이 책을 마지막까지 다 읽고 나서야 동일한 진리를 사랑하는 사람들 사이에 우정이 존재해야만 하는 사실을 재발견하게 되었다. 성실한 이해와 통찰, 사랑과 노력의 결과물인 이 책은 천국과 지옥에 대해 C. S. 루이스가 눈부시게 설명한 주제와 매우 잘 어울린다고 생각한다.

서론

먼저 한 가지 고백을 해야겠다. 사실 나는 별로 천국에 가고 싶지 않았다. 이제야 많은 신화들이 그동안 나도 모르는 사이에 머릿속에 가득 차 있었다는 것을 알게 되었지만, 그전까지는 형편없게도 천국이라고 하면 케케묵은 집들과 유령들이 걸어 다니는 황금으로 된 메마르고 차가운 거리를 떠올렸다. 천국에 가기를 소망해야 한다는 것은 알고 있었지만 그러나 실은 가고 싶지 않았다. 종종 죽은 뒤에 천국에 가기를 원한다고 말했던 것은 단지 지옥에 가고 싶지 않았기 때문이었다. 문제는 매우 비틀어져 있는 신학과 몹시 빈곤한 내 상상력에 있었다. 천국에서 영원히 하나님을 경배하게 될 것이라는 사실은 머리 속에 단조로운 목사님의 말들이 영원히 울려 퍼지는 장면만을 연상시켰다. 왜냐하면 내가 아는 유일한 경배의 모델은 교회였기 때문이었다. 그 당시에는 교회의 예배를 그다지 좋아하지 않았기 때문에 저녁에 집에 가서 불고기를 먹지 못하게 되는 경우가 아니라면 예배를 통해 세상에서 감사하는 법을 배운

적은 없었다. 나는 영원한 운명에 대해 이와 같이 예상하고 있었다. 그러나 C. S. 루이스의 『천국과 지옥의 이혼』은 불고기보다 더 나은 어떤 것을 향한 갈망을, 나를 위해 창조된 곳에서 살고 싶다는 갈망을 불러일으켰다. 나의 가장 큰 갈망을 채워 주고 또 새로운 소망을 불러일으켜 그것을 채워 줄 수 있는 그곳. 『천국과 지옥의 이혼』을 읽고 내 삶에 처음으로 천국이 아주 실제적이고 매력 있는 곳이라고 느끼게 되었다. 그것은 엄청난 선물이었다. 그 뒤로 『천국과 지옥의 이혼』은 내가 가장 애지중지하는 책이 되었다. 왜냐하면 그 책을 읽은 뒤 영적으로 식욕부진 상태가 되었기 때문이다. 그동안 나는 하늘의 음식에 굶주려 있었고 심지어 배가 고팠다는 사실조차 몰랐었다.

최소한 출판된 것 중에 루이스가 쓴 모든 작품을 읽은 뒤에는 천국과 지옥에 대해 더욱 잘 이해하게 되었고 천국을 향한 욕망 또한 더욱 커져갔다. 어떤 주제를 다루는 데 있어 루이스만한 신학적 세련됨, 역사적 이해, 상상력의 범위, 표현의 명확성을 갖춘 작가는 거의 없을 것이다. 나는 이 책을 통해 예수 그리스도와 그의 왕국을 향한 우리의 이해와 놀라움과 소망이 마치 날개를 단 것처럼 하늘을 향해 날아오르기를 기도한다. 그의 영광의 빛 앞에서 모든 그림자들이 사라질 그날까지 말이다.

성경은 우리가 '거류민과 나그네'이며 '우리의 시민권은 하늘에 있다.'[4]고 명백히 말한다. 하지만 문제는 내가 천국을 위해 창조되었고 천국 역시 나를 위해 창조되었음에도 불구하고 내가 천국의 집을 바라지 않는다는 것이었다. 나는 종종 세상에서의 삶을 더 편안하게 느꼈고 여기를 떠난다는 사실이 몹시 두려웠다. 루이스는 이 세상은 일시적이며 보이지 않는 천국은 영원하다고 굳게 믿었다. 신학자 웨인 그루뎀은 만약 어떤 슈퍼컴퓨터가 우리의 생각 중에서 영적으로 중요한 부분만을 빨간색으로 표시한다고 할 때 색깔이 칠해질 곳은 거의 없을 것이라고 했다.[5] 루이스는 우리의 요새와 같은 완고한 생각을 부수고 우리를 새로운 집과 진정한 고향, 진정한 왕이 계시는 곳으로 초대하기 위해 논리와 비유, 상상력의 세계라는 무기로 고정관념과 싸웠다. 픽션은 마치 우리를 새로운 나라로 태워다 주는 마차와 같다. (나는 이 책에서 먼 약속의 땅을 분명하게 보기 위해, 우리의 시선을 흐리게 하는 오해들을 벗겨 내기 위해, 설명이 필요한 부분마다 픽션을 자유롭게 사용할 것이다.)

나는 왜 천국에 가는 것을 두려워하거나 바라지 않았는지 그 이유에 대해 생각하면서 내가 천국에 관해 일곱 가지 잘못된 신화를 가지고 있었다는 사실을 알게 되었다. 그리고 루이스의 생각들은 이를 없애는 데 많은 도움을 주었다. 사실 그것은 일곱 가지 형태의 두려움으로 그 두려움들은 인간이 공통적으로 가지고 있는 충족되기에 합당한 욕망들을 감추고 있었다. 그러나 이러한 두려움의 정글을 뚫고 밝은 빛이 비치는 곳으로 나갔을 때 더 큰 한 가지 두려움을 발견하게 되었다. 그것은 어떤 욕망은 채울 수 없게 될 거라는 두려움이었다. 만약 하나님의 길을 따른다면 무언가를 잃게 될 거라는 막연한 두려움 말이다. 그러나 루이스는 이러한 모든 욕망들이 그 근원에서부터 천국을 향한 것이라는 사실을 깨닫게 해 주었다. 루이스는 말했다. "저도 우리가 천국을 갈망하지 않는 것은 아닐까 생각한 적이 있었습니다."6

세상의 기쁨들은 천국의 '진정한 기쁨'의 일시적인 이정표에 지나지 않는다. 예전에 갖고 있던 신화와 두려움을 파헤쳐 보면 그 자리에서 우리는 진정 우리를 기쁘게 하는 것을 발견하게 될 것이다. 성경에서 모든 명령은 약속의 또 다른 얼굴인 것처럼 모든 두려움도 만족의 또 다른 얼굴이다.7 이 책에는 희망과, 일곱 가지 신화의 오류로 드러나게 된 두려움, 그리고 그 이면의 진리가 있다. 유사하게 지옥에 관한 신화도 여섯 가지가 있다. 내가 이런 신화를 전부 믿었던 것은 아니었지만, 각각의 신화들은 지옥에 관한 중요한 점을 해명해 주고 지옥의 정의상 배제되었던 천국의 긍정적인 속성으로 나를 이끈다. 지옥을 픽션이라는 도구를 통해서 엿보고자 하는 이유는 우리가 생수에 대한 갈증을 갖도록 하기 위해서이다.

지옥을 제일 먼저, 그 다음 연옥, 그리고 마지막으로 천국을 설명하는 단테의 전례를 무시하고(루이스도 『고통의 문제』에서 이 순서를 따랐지만) 나는 천국을 제일 먼저 설명하기로 했다. 하나님은 우리를 위해 천국을 창조하셨고 우리 또한 천국을 위해 창조되었다는 점에서 천국은 우리의 본래 고향이다. 거기에서는 모든 인간의 개성과 가능성이 충만하게 될 수 있다. 한편 지옥은 인간성의 쓰레기통이자, 폐허이며 그리고 가능한 모든 것들이 곡해되는 곳이다. 또한 지옥에 존재하는 것은 인간성에 대한 기괴한 풍자화이다. 지옥을 천국의 왜곡이라고 생각하면 더 잘 이해할 수 있는데, 왜냐하면 천국이야말로 정상적인 상태이기 때문이다(여기서 정상이라는 것은 보통 또는 일상적이라는 뜻이 아니다.). 만약 어떤 사람이 이 책에서 오직 일부만을 읽는다면, 천국을 다루는 부분을 읽었으면 좋겠다. 연옥은 별로 중요하지 않기 때문에 제일 마지막에 넣었고 이 부분에 흥미가 당기지 않는다면 읽지 않아도 된다.

논픽션 부분에서 신화를 벗겨내는 것과 관련된 주제들은 픽션을 통해 전개되고 각색된다. 이것은 픽션 부분을 읽기 전에 먼저 잘못된 개념들을 없애는 데 도움을 줄 것이다. 또한 천국과 지옥에 관한 신화들을 픽션 부분과 번호를 맞춰 읽지 않아도 된다. 순서대로 읽는 것이 가장 이상적이지만 흥미로운 픽션 부분 외에는 건너뛰어도 크게 혼란스럽지 않을 것이다. 나는 루이스의 픽션을 단순히 연대기 순으로 배열하여 검토했고, 관례적인 방식은 아니지만 루이스가 보통 천국과 지옥을 대문자로 표기하던 버릇을 따랐다. 『순례자의 안내서』에서 데이비드 밀은 이러한 표기법에 대해 심오한 이론적 설명을 제시했다. '천국과 지옥은 옥스퍼드나 그랜드 래피즈와 같은 고유명사로서의 장소명이다. 아마 루이스의 지적에 따른다면 천국과 지옥은 목적지일 것이다.'[8]

'신화'라는 단어에 대해 한번 언급하는 것이 유용할 것 같다. 루이스는 이 단어의 뜻을 자유롭게 사용했고 나 역시 그렇게 했다. 목차에 보면 번호가 매겨져 있는 신화들과 '신화 벗겨 내기'에서 사용되는 신화라는 단어는 잘못된 믿음이라는 일상적인 의미로 사용되었다. 그러나 '신화 다시 쓰기'라는 용어에서나 2장의 '천국과 지옥의 신화 쓰기'의 심화된 논의에서 신화라는 단어는 특별한 의미를 구성하고 전달하는 이야기를 의미하는 데 사용되었다.

마지막으로 천국과 지옥에 관한 루이스의 생각의 정수를 요약하는 것이 유용하겠다.

- 천국은 하나님이 현존하시는 곳이며 그의 인격과 창조의 재능으로부터 흘러나온 모든 것들을 누리는 곳이다.
- 천국은 전적으로 현실적이지만 지옥은 거의 무와 같다.
- 천국이 일정한 장소이기는 하지만 그곳은(우리가 집에서 경험하는 것과는 달리) 장소라기보다는 관계와 같다.
- 우리의 모든 욕망은 그 근원에서부터 천국을 향한 것이다.
- 천국은 인간의 가능성이 충족되는 곳이며, 지옥은 인간의 가능성이 고갈되는 곳이다.
- 우리는 천국에 적합한 인물이 되든지 아니면 천국이 약속되었지만 그곳을 좋아하지 않는 인물이 되든지, 매일 천국 또는 지옥을 선택하고 있다.
- 지옥은 단지 우리가 받아들이기로 한 사막이지만, 천국은 우리가 받을 자격이 없는데도 주어진 약속된 선물이다.

차례

추천사 〈추태화 교수〉 … 7
감사의 말 … 13
서문 〈월터 후퍼〉 … 17
서론 … 20

천국

1부. 천국의 신화 벗겨 버리기: 논픽션

1. 천국에 대한 신화들 … 31
   신화 1: 천국은 지루할 거야
   신화 2: 뭐라고? 섹스가 없다고?
   신화 3: 하지만 난 유령이 싫어!
   신화 4: 나는 나를 잃고 싶지 않아
   신화 5: 고작 왕관이나 쓰고 하프나 켜라고?
   신화 6: 천국은 현실도피자의 생각이야
   신화 7: 믿음이 깊어 봐야 세상에서는 도움이 안 돼

2부. 천국의 신화를 다시쓰기: 픽션

2. 천국과 지옥에 대한 신화들 … 87
3. 창공(Heavens)을 천국(Heaven)으로 바꾸기: 침묵의 행성 바깥 … 99
4. 되찾은 낙원: 페렐란드라 … 115
5. 인간의 가능성의 실현: 천국과 지옥의 이혼 … 127
6. 놀라움과 기쁨의 땅: 나니아 연대기 … 145
7. 보고도 믿지 않을 때: 우리가 얼굴을 찾을 때까지 … 221

지옥

1부. 지옥의 신화 벗겨 내기: 논픽션

8. 지옥에 대한 신화들 … 237
   신화 1: 선한 하나님은 아무도 지옥에 보내시지 않을 거야
   신화 2: 육신의 지옥은 너무 잔인할 거야
   신화 3: 지옥은 단지 심리 상태일 뿐이야
   신화 4: 흥미로운 사람들은 모두 지옥에 있을 거야
   신화 5: 참을성 있는 하나님은 내가 선택하도록 내버려 두실 거야
   신화 6: 누군가 지옥에 있다는 걸 안다면 아무도 천국에서 행복할 수는 없을 거야

2부. 지옥의 신화를 다시 쓰기: 픽션

9. 지옥의 철학: 스크루테이프의 편지 … 273
10. 낙원 속의 악: 페렐랜드라 … 295
11. 지옥의 사회학: 저 무서운 힘 … 301
12. 지옥 역시 선택이다: 천국과 지옥의 이혼 … 317
13. 지옥으로 가는 내리막길: 나니아 연대기 … 325

연옥

14. 연옥은 제2의 계획인가? … 349

에필로그

15. 마지막에 일어나게 될 일: 천국으로 간 사람들의 결말 … 367

우주 3부작 소개 … 379
주 … 387

천국

1부
천국의 신화 벗겨 내기: 논픽션

우리가 갈구하는 안전은 우리 마음을 세상에 안주시킴으로써 하나님께 돌아가지 못하게 만드는 장애물이 될 수 있습니다. 그러나 잠깐 동안의 행복한 사랑, 아름다운 경치, 교향악, 친구들과의 즐거운 만남, 목욕, 축구 경기에는 그런 경향이 없습니다. 우리 아버지께서는 여행길에 기분 좋은 여관에 들러 원기를 회복하게 해 주시지만, 그 여관들을 우리 집으로 착각하게 만드시지는 않습니다.

_ C. S. 루이스의 『고통의 문제』 중에서

1
천국에 대한 신화들

그러므로 너희가 그리스도와 함께 다시 살리심을 받았으면 위의 것을 찾으라. 거기는 그리스도께서 하나님 우편에 앉아 계시느니라. 위의 것을 생각하고 땅의 것을 생각하지 말라. 이는 너희가 죽었고 너희 생명이 그리스도와 함께 하나님 안에 감추어졌음이라. 우리 생명이신 그리스도께서 나타나실 그때에 너희도 그와 함께 영광 중에 나타나리라. _ 골로새서 3:1-4

신화 1 : 천국은 지루할 거야

하나님이 자기를 사랑하는 자들을 위하여 예비하신 모든 것은
눈으로 보지 못하고 귀로 듣지 못하고 사람의 마음으로 생각하지도 못하였다.
_고린도전서 2:9

오래전부터 나는 천국이 전혀 매력 없는 곳이라고 생각해 왔다. 그런데 우리는 왜 마지막에 지옥이 아니라 천국에 가기를 소망해야 할까? 천국에 대한 이러한 반감은 부분적으로는 아무것도 모른다는 두려움 때문에, 그 다음으로 자신이 하는 일에 대한 집착 때문에 생긴다. 아이들에게 어른이 된다는 일이 그렇듯 천국은 그 본성상 우리에게 설명될 수 없는 신비한 곳으로 남아 있다. 그래서 흐릿한 저 세계는 색깔도 없고, 무게도 없고, 짐작컨대 즐거움도 없고 완벽히 단조로운 곳일 거라고 묘사된다. 우리는 이런 묘사 때문에 천국을 재빨리 외면하게 된다. 나는 이러한 생각들이 아직도 몰래 슬그머니 다가올까 두렵다.

문제는 바로 천국을 교회와 같은 곳으로 이해했기 때문이었다. 내게 교회는 형편없는 찬송과 지루한 설교가 끊임없이 이어지고, 게다가 사람들을 자발적으로 돌보는 일들을 의무적으로 행해야 하는 곳이었다. 그런데 루이스가 이런 감정을 이해하고 있다는 것을 발견했을 때 나는 알 수 없는 해방감을 느꼈다.

> 천국이 '예배는 끝이 없고, 안식일도 끝이 없네.' 와 같은 무시무시한 찬송가가 울려 퍼지는 영원한 경배의 장소처럼 묘사되는 것은 운 없는 아이들에게는 괴로운 일이겠지만, 우리가 이 말의 진정한 의미를 이해했을 때에는 맞는 말입니다. 영원한 경배라는 것은 하나님을 영원히 바라보며 완전한 그분을 향해 각자 모든 능력을 발휘하는 것입니다. 영원히 경배 드린다는 것은 그 누구도 충분히 할 수 없는 일이지요. 우리가 알고 있다고 생각하는, 영원한 경배를 흉내 낸 것에 불과한 '경배'라는 것은 누구나 쉽게 할 수 있는 것입니다.[9]

역설적이지만 천국에 대해 내가 잘못 이해하고 있었던 것은 성경을 읽었기 때문이었다. 나는 성경을 읽으면서 '너는 무엇을 하면 안 된다.'라는 것이 바로 천국의 논리라고 이해했었다. 이런 사고방식 때문에 천국은 우리가 무엇을 하면 안 되고, 또 무엇은 할 수 없다는 식의 부정적인 장소일 뿐이었다. 게다가 상징적인 언어들을 너무 문자적으로 해석해서 천국에 '더 이상의 것들'이 있다는 사실을 알지 못했다. '전환'이라는 중요한 설교에서 루이스는 이러한 오해를 깨뜨리는 것이 얼마나 어려운지를 말한다. "우리가 천국에 대해 생각해 낼 수 있는 철학적으로 훌륭하고 성숙한 모든 생각들은 우리의 본성이 욕망하는 모든 것들을 부정합니다. …그래서 천국에 대해 우리가 생각하는 것은 영원한 부정입니다. 음식도 없고, 마실 것도 없고, 섹스도 없고, 운동도 없고, 웃음도 없고, 사건도 없고, 시간도 없고, 예술도 없다고 말입니다."[10] 루이스는 또 하나님을 긍정적으로 바라보고 영원히 그를 기뻐하는 것은 이러한 생각과는 반대되는 것이라고 했다. 그러나 세상에서의 경험들은 긍정이라는 것을 거의 생각할 수 없게 만든다. 게다가 감각은 세상의 집이야말로 오래되고 편안한 곳이라고 속삭이며 우리의 상상력을 세상에 강하게 묶어 놓고 있다. 그래서 우리는 정작 날아올라야 할 때에 만족스러운 세상 속에서 터벅터벅 걷고 있는 것이다.

내가 이런 혼란스러움에서 나올 수 있게 된 것은 루이스의 책, 『천국과 지옥의 이혼』과 그 이후에 『페렐란드라』를 통해서였다. 이 두 권의 책은 나의 생각을 천국으로 향하게 만들어 주었다. 이 책들을 읽으면서 픽션이 때로는 냉정한 신학적인 설명보다 진리를 말할 수 있는 능력에 더 뛰어나다고 생각하게 되었다. (예수님도 이러한 사실을 알고 있었다. 그는 끊임없이 이야기를 통해 가르치셨다.)

천국이 지루할 수도 있다는 생각은 이제 불가능하다. 천국은 하나님의 창조성을 통해 모든 것이 존재하고 일어나는 곳이다. 그런 의미에서 현재 우리의 세상에서 만물이 죄의 저주로 인해 신음하고 괴로워하며 구원을 기다리고 있다는 사실을 제외한다면 천국은 세상과 동일한 곳이다. 여러분은 세상을 좋아하는가? 그렇다면 아마 여러분은 천국을 사랑하게 될 것이다! 여러분은 체리의 맛, 비 온 뒤 아침에 나는 냄새, 더운 여름날 수영장에 뛰어들 때 몸을 휘감는 차가운 물의 느낌, 이러한 세상의 즐거움을 즐거워하는가? 그렇다면 하나님이 예수님을 통해 모든 즐거움들을 창조하셨다는 루이스의 말을 기억해 보라. 그는 우리를 위한 곳을 예비하고 계시며, 우리를 맞이하기 위해 다시 오실 것이다. 시편 기자는 말한다. '주의 앞에는 충만한 기쁨이 있고 주의 오른쪽에는 영원한 즐거움이 있나이다.'[11] 해리 블레마이어스는 천국에 관한 탁월한 글에서 이 점에 대해 말하고 있다.

당신이 세상에서 최고의 감동적인 아름다움을 경험했을지라도 그것은 천국을 미리 조금 맛본 정도에 지나지 않는다. 인간의 손과 눈과 말에서 사랑스러움을 발견하는 곳마다 당신은 하나님의 창조물 속에서 활동하시는 예수님의 인격을 만나고 있는 것이다. 왜냐하면 모든 아름다움과 모든 애정의 근원은 하나님이시기 때문이다. 그가 지으신 창조물에 선행(先行)하시는 하나님의 존재가 완전히 펼쳐진다는 것은 우리가 이전에 맛보고 꿈꾸던 모든 사랑스러움과 선한 것이 연합되고, 집중되고, 강렬하게 되는 것과 다름없다. 다른 사람들과의 관계를 통해 우리가 알고 있는 모든 사랑 —그로부터 비롯되었으며 그분의 인격적인 따뜻함 속으로 모이고 서서히 스며 나오는 모든 사랑— 은 그가 우리 앞에 보이신 것이다. 그것은 구속받은 자들이 받게 될 최후의 상에 대해 이야기할 때, 기독교인이 상상하는 것과 같은 것이다.[12]

랜섬 Ransom 은 완전히 새로운 형태의 즐거움을 경험한 뒤 페렐랜드라 세계에서 돌아와 친구들에게 이를 설명하려고 했을 때 절망할 수밖에 없었다. 왜냐하면 세상의 단어들은 너무나 애매했고, 상상력도 충분히 구체적이지 못했기 때문이다. 그 즐거움은 너무나 생생해서 세상의 언어로 표현할 수 없었다. 저명한 18세기 찬송작곡가 존 뉴턴은 이렇게 말했다.[13]

> 세상의 즐거움, 큰소리치던
> 허풍과 겉치레는 사라지고,
> 진정한 기쁨과 영원한 보물,
> 오직 시온의 아이들만이 안다네.

천국의 '진정한 기쁨'에 비해 세상의 기쁨은 공허하고 희미한 유령과도 같은 것이다. 반면에 지옥은 아무런 즐거움도 없고 단지 천국의 진정한 즐거움을 위조한 세계일뿐이다. 루이스의 『스크루테이프의 편지』에서 스크루테이프라는 상급 악마는 신참 악마인 웜우드에게 이렇게 주의를 주면서 탄식한다.

어떤 종류의 쾌락이든 쾌락을 취급할 때 그것이 건강하고 정상적이며 만족을 주는 쾌락이라면, 우리는 지금 원수에게 유리한 지역에서 싸움을 하고 있음을 잊어서는 안 된다. 물론 이제까지 우리는 쾌락을 통해 수많은 영혼들을 정복해 왔다. 그렇다 하더라도 쾌락은 원수의 발명품이지 우리의 발명품은 아니라는 것은 변함없는 사실이다. 쾌락을 만든 이는 바로 원수다. 우리의 모든 연구에도 불구하고 우리는 아직 단 한가지의 쾌락도 만들어 내지 못했다. 원수가 만들어 낸 그 쾌락을 원수가 금지한 때에, 원수가 금지한 방법으로, 원수가 금지한 분량만큼 취하도록 부추기는 것이 우리가 할 수 있는 전부이다. 따라서 어떤 쾌락이든 그것을 자연적인 상태로부터 가장 부자연스러운 상태로 떨어뜨려, 그것을 만들어 낸 원수의 냄새가 가장 덜 나고 또 즐거움도 가장 덜한 것으로 만들기 위해 우리는 끊임없이 노력하고 있다. 쾌락은 계속 감소시키고 그것에 대한 갈증은 계속 증가시키는 것이 바로 우리의 공식이다.[14]

데이비드 파거버그는 우리에게 스크루테이프에서 계속 반복되는 악마의 거짓말을 상기시킨다. '죄는 선보다 더 다양하고 생생한 즐거움을 선사한다.'[15] 영화조차도 종종 육체적이고 자아중심적인 쾌락을 추구하는 성적인 부정에는 증오와 살인이라는 결과가 따라온다고 지적하고 있다. 나니아에서 에드먼드는 하얀 마녀의 마법의 터키 젤리를 통해 이러한 교훈을 어렵게 배웠다. '그 젤리는 누구든지 한번 맛을 보면 자꾸만 더 먹고 싶어지는 마법의 터키 젤리였다. 심지어 그냥 내버려 두면 배가 터져 죽을 때까지 계속 먹어댄다.'[16] 파거버그는 하나님이 아담과 하와를 에덴동산에서 추방하신 이유로부터 이러한 생각을 발견했다. '그분은 그들의 생명을 구하기를 원하셨다.' 에드먼드는 '나쁜 마법에 걸린 음식에 대한 기억만큼 흔히 먹는 평범한 음식의 맛을 완전히 망쳐놓는 것은 없다.'[17]는 것을 더욱 잘 알게 되었다. 죄스러운 쾌락들은 진정한 쾌락까지도 오염시킨다. 어떻게 우리의 욕망이 지옥으로 향하게 되는지 설명하면서 파거버그는 이렇게 말한다. "우리의 욕망은 잘못된 방향으로 가고 있다. 그것은 하나님의 영광과 우리의 행복이 상반된다고 믿게 만들며, 우리의 삶을 하나님께 맡길 수 없으며, 아직도 우리가 진정으로 원하는 것이 따로 있다고 생각하게 만든다."[18] 그렇게 생각한다면 거짓말을 믿고 있는 것이다.

   진정한 즐거움은 그것을 기억할 때마다 우리의 삶을 즐겁게 만들고, 자꾸 생각하고 싶어지고, 다른 사람들과 나누는 것을 기뻐하게 만든다. 천국과 지옥은 부분적으로는 이것을 확대하여 생각해 보면 된다. 우리들의 기억들이 천국에 대한 기억들로 하나, 둘 채워질 때 모든 새로운 경험에 빛과 광대함이 더해질 것이다. 참으로 완벽한 기억을 갖고 있는 사람의 경험은 퇴색하지 않는다. 시인 키츠의 표현을 빌리자면 '영원한 기쁨'으로 남아 있을 것이다. 루이스는 『침묵의 행성의 바깥』의 '맬러캔드라'라는 타락하지 않은 행성에서 천국이 보내 준 즐거움을 상상해 보았다. 우주를 여행하는 지구인인 랜섬은 맬러캔드라에 처음 방문했을 때 이성적이지만 인간과는 상당히 다른 '효이'라는 이름의 '흐로스' 생명체를 만난다. 그는 '효이'로부터 천국의 경험 속에 끊임없이 쌓여있는 풍부함의 주된 요소가 무엇인지를 배우게 된다. 그것은 단지 고상한 기억들이 계속 쌓이고 쌓인 기억이었다. 효이는 이렇게 설명한다.

> 쾌락이 충분히 채워지면 그때부터 쾌락은 기억되기만 하겠지. 네가 말하기를, '은간(인간)'은 마치 쾌락과 기억이 다른 것처럼 생각한다며? 그것은 전부 하나야. …네가 기억한다는 행위는 쾌락의 마지막 부분이지. …너와 내가 만났을 때, 그 만남은 매우 짧게 끝났지만 그게 아무것도 아닌 것은 아니야. 이제 그 만남은 우리가 그 만남을 기억할 때마다 점점 자라나서 다른 것이 되지. 그러나 아직도 우리는 그에 대해 매우 조금밖에 몰라. 내가 죽기 전에 그 만남을 기억할 때 그 기억이 어떻게 되어 있을지, 그때까지 나의 삶에서 그 만남이 내게 어떤 것을 줄지…. 이것이 바로 진정한 만남이야. 남은 것은 오직 만남의 시작이지. 네가 말하기를 너의 세계에도 시인들이 있다고 하던데, 그들은 이런 것을 가르쳐 주지 않아?[19]

만약 이 얘기가 세상의 기억에 대한 진실이라면, 천국의 기억은 하물며 얼마나 더 엄청나겠는가? 지상의 좋은 것들 뿐만 아니라 천국의 무한한 기억들이 쌓인 하늘의 기억창고까지 가지게 되지 않겠는가? 이러한 이유 때문에 흐로스들은 과거에 대한 후회나 미래에 대한 근심 없이 매일 매일을 만족스럽게 받아들였다. 이것이 천국의 완전함에서 우리가 갈망하는 것이다. 효이는 랜섬에게 말한다. "매일 매일의 삶을 전체적인 삶의 기대와 기억으로 채우고 있지. 그리고 기대와 기억들은 바로 그날이기도 하지."[20] 랜섬은 영원함이라는 빛 속에서 산다는 것이 무엇을 의미하는지 아주 조금은 알게 되었다. 반대로 지옥에서는 지금의 삶에서 선택한 악한 기억들이 장차 구속받지 못한 것과 더불어 두려움으로 쌓이게 될 것이다. 이러한 진리를 기억한다면 세상에서의 선택들이 달라질 것이다. 우리는 지상에서의 삶에서 숨겨진 놀라운 의미를 볼 수 있다.

이것은 나이든 사람들의 얼굴에서 볼 수 있는 어떤 만족과 순수함을 설명해 준다. 그들에게는 자신의 양심을 괴롭히는 후회가 없다. 그들은 진정한 수면을 취할 수 있다. 우리는 바로 천국에서 이렇게 완벽하고 영원한 평화 속에 거할 수 있다.

크리스토퍼 미첼은 쾌락의 기능에 대해 생각해 보라고 말한다. 감각을 통해 우리가 경험하는 것은 '천국의 훌륭한 아름다움과 실재의 이미지를 알려 주는 하나님의 방법으로 쓰인다.'[21] 존 파이퍼의 의견도 일치한다. '이 타락한 세계에서도 하나님의 자비로움으로 인해 어디에서나 쾌락을 미리 맛볼 수 있다. 그리고 하나님은 우리가 그것들을 즐기는 것을 기뻐하신다.'[22] 그러나 모두 공통적으로 저지르는 실수는 마치 세상적인 쾌락이 유일한 현실인 것처럼 여기고, 이러한 쾌락들이 가치 있는 모든 것인 양 잡으려고 한다는 것이다. 루이스는 이러한 우리를 올바르게 교정해 준다.

우리는 모두 확고한 행복과 안전을 갈망하지만, 하나님은 세상의 본성상 그것을 허락하지 않으십니다. 그러나 기쁨과 쾌락과 즐거움은 널리 퍼뜨려 놓으셨습니다. 우리는 결코 안전하지 않지만, 풍성한 재미와 얼마간의 황홀함을 누립니다. 하나님이 그렇게 만드신 이유를 알기란 어렵지 않습니다. 우리가 갈구하는 안전은 우리 마음을 세상에 안주시킴으로써 하나님께 돌아가지 못하게 만드는 장애물이 될 수 있습니다. 그러나 잠깐 동안의 행복한 사랑, 아름다운 경치, 교향악, 친구들과의 즐거운 만남, 목욕, 축구 경기에는 그런 경향이 없습니다. 우리 아버지께서는 여행길에 기분 좋은 여관에 들러 원기를 회복하게 해 주시지만, 그 여관들을 우리 집으로 착각하게 만드시지는 않습니다.[23]

완벽함 – 무한한 지루함

모든 사람들이 천국이 완벽할 거라는 사실을 알고 있다. 성경도 그렇게 말하고 있을 뿐만 아니라 성경에 무지한 사람들조차 천국이라고 하면 완벽함을 떠올린다. 히브리서에는 완벽이라는 단어가 매우 다양한 형태로 쓰인다. 예를 들어 '너희가 이른 곳은 시온 산과 살아 계신 하나님의 도성인 하늘의 예루살렘과 …온전하게 된 의인의 영들과'[24] 같은 구절을 보라. 신화 3에서 '영'이라는 존재에 대한 골치 아픈 생각들을 다루게 될 것이다. 그러므로 지금은 완벽함에 대한 이야기를 먼저 검토하기로 하자. 나는 수년간 수업시간마다 학생들에게 이런 질문을 했었다. 만약 여러분이 '지금으로부터 2분 뒤에' 천국에 갈지 선택해야 한다면, 그리고 '내가 여러분을 천국으로 보내 줄 수 있다면' 지금 당장 완전해 지기를 원하는가? 몇몇 사람들은 난색을 표했다. 당신은 이런 질문에 대해 어떻게 대답하겠는가? 주변 사람들에게 실험삼아 이런 질문을 해 보는 것도 좋을 것이다. 일반적으로 대부분의 사람들은 지금 자신의 상태대로 머무르기를 원한다. 천국과 완전함을 선택한 사람들에게도 왜 이런 일이 일어나는 것일까?

우리는 목표로서의 완벽은 좋아하지만 안정된 상태로서의 완벽은 좋아하지 않는다. '불변의 상태'라는 것이 문제이다. 완벽함은 우리에게 더 이상 진전이 없는 일종의 화석화된 훌륭함이나 정체됨을 의미한다. 완벽함이 더 '나아져 봐야' 어떻게 더 나아지겠는가? 그것은 이미 그 상태에 도달해 있는 것이다. 진화론적 사고의 영향으로 목적보다 과정을 강조하는 경향이 근대에 이르러 널리 퍼지게 되었고 루이스는 이를 '진보의 신화'라고 불렀다. 우리 모두는 이렇게 생각한다. 현재 인간과 세계는 엉망진창이다. 그래서 우리는 미래에 세계를 좀더 나은 곳으로 만들 것이다. 이전 세대들이 대부분 목적에 대단히 집중했던 것에 반해 우리는 과정 속에 있다는 것에 만족한다. 지금의 문화는 우리가 '도달' 했다는 사실에 만족하지 못하게 만든다. 어떤 사람에게 '그녀는 이미 한계에 도달했다고 생각해' 라고 말하는 것은 결코 칭찬이 될 수 없다.

이렇게 생각해 보라. 이미 목적한 것에 도달했다면, 도덕적인 문제를 일으키지 않는 범위에서 흥미와 자극을 위해 할 수 있는 일이 뭐가 있을까? 만약 여러분이 앞으로 더 나아질 것도 없고 개선할 수도 없다면 그저 앉아만 있을 것인가? 성경에서 천국이 '안식'을 약속하고 있다는 얘기를 알고 있다면 문제가 더 커질 뿐이다. 아마 초등학교에서 정말 놀고 싶을 때, 억지로 낮잠을 자게 했던 경험들을 기억할 것이다. 무덤의 비석에 새겨져 있는 '평안히 잠들다.' 라는 오래된 문구는 '안식'에 대해 더욱 부정적으로 생각하게 만들었다. 그것은 거기에 계속 누워 있고, 생명도 언어도 없고, 먼지로 부스러지는 이미지를 연상시킨다.

먼저 무엇으로부터 안식을 취할 수 있는지 생각해 보는 것이 좋을 것 같다. 우리는 성과 없는 노동으로부터 쉴 수 있고, 메마른 토지와 완고한 고객, 까다로운 인간관계로부터 휴식을 얻을 수 있다. 그러나 우리는 마치 벌 받는 것처럼 구석에서 영원히 앉아 있기를 원하지 않는다. 우리는 일을 하게 될 것이다. 그러나 생존을 위해 투쟁하듯이 일하는 것이 아니라, 죄와 저주로 인해 저지되거나 좌절을 느끼지 않으며 일하게 될 것이다. 그것은 마치 잡초가 없는 정원을 가꾸는 것과 같다. 일을 한다는 것은 예술가나 수집가들이 '내 작품' 에 대해서 이야기하는 것처럼, 좋아하는 것을 한다는 걸 의미하게 될 것이다. 조이 베일리의 시는 휴식과 일의 관계를 잘 이해할 수 있도록 해 준다.

> 그가 준비하신 집은
> 어떤 곳일까?
>
> 평화롭고 아름다운 곳,
> 즐겁고 영광과 하늘의 음악이 넘치는 곳,
> 새롭고, 변함없고, 순결한 사랑이 있는 곳.
>
> 나는 말하리라. "주님, 저는 지쳤어요."
> 그리고 그가 말하리라.
> "쉬어라, 내가 네가 할 일을 하였느니라." [25]

내 생각에 일은 더욱더 휴일의 오락이나 놀이처럼 될 것 같다. 놀이가 하찮은 것이라고 말하는 사람도 있겠지만, 예수님과 함께 새 하늘과 새 땅을 통치하는 것을 돕는 일은 결코 아이들의 놀이가 아닐 것이다. 천국에서 더 많은 일을 하는 것은 세상에서 훌륭한 일을 한 것에 대한 상이 될 것이다. "주인이 이르되 잘하였다 착한 종이여 네가 지극히 작은 것에 충성하였으니 열 고을 권세를 차지하라." [26] 이러한 종류의 일이 상이 될 것이다. 아무 일도 없이 생활해 본 사람은 중요하고 목적이 있는 일을 가지고 있다는 것이 얼마나 안심이 되는지 잘 알 것이다.

새 하늘과 새 땅을 통치하는 것이 어떤 형태의 일일지는 상상하기 나름이다. 아마도 주님은 말씀하실 것이다. '접시를 씻어서 내게 주고 이제 가서 별을 만들 거라.' 여러분은 어떻게 해야 하는지 이미 알고 있다. 아마도 다음에 그는 여러 사람과 함께 일을 시키실 것이다. '네 별을 모두 만들었으면, 새로운 성좌를 만들어라.' 『천국의 할리들』에서 존 스택하우스는 최근에 나온 천국에 대한 책들을 살펴보면서 이렇게 칭찬했다. '이 책들이 지니고 있는 풍성함 중에서도 몇 개의 주제들이 두드러진다. 아마도 이 중에서도 가장 중요한 것은 천국이 지루한 곳이 아니라 인간의 마음이 가장 소망하는 곳으로 그려졌다는 점일 것이다.'[27]

요한복음에서 예수님은 기도하셨다. '아버지여 내게 주신 자도 나 있는 곳에 나와 함께 있어 나의 영광을 그들로 보게 하시기를 원하옵나이다.'[28] 우리는 제자들처럼 예수님을 쫓아갈 것이다. 그가 모든 보이는 것과 보이지 않는 것들을 만드셨다는 것을 기억하라. 천국에 있는 것은 지루할 수 없다. 왜냐하면 항상 무언가를 배우게 될 것이기 때문이다. 하나님은 무한하시지만 우리는 유한해서 절대 그분의 끝에 이르지 못할 것이다. 내가 아는 목사님은 천국의 공통어는 '오, 내가 그걸 미처 알지 못했군요.'가 될 것이라고 했는데, 정말 훌륭한 표현이라고 생각한다.

우리는 천국의 완벽함이 우리를 구속하여 '자신'이 유지될 수 없을 거라는 것을 두려워한다. 사실 천국이야말로 안전하게 머리를 눕힐 수 있는 유일한 장소이다. 루이스는 종종 자기 '자신'이 되고 싶다고 말하는 것은 공손하고 친절해야 한다는 요구를 무시하고 싶은 생각이라고 말했다. '공적인 대화와 사적인 대화를 구분해 주는 것은 무례함입니다. 사적인 행동의 특징은 이기적이고, 단정치 못하고, 무례하고, 심지어 야만적이기까지 합니다. 가정에서의 삶을 가장 크게 칭송하는 사람들이 사실 가장 무례한 사람들이라는 것은 종종 있을 법한 일입니다. …집안에서 마음껏 자유를 누리는 사람들은 결국 사회에 부적합한 사람이 되고 맙니다.' 세상 속의 삶에서 우리는 집에서조차 조심스러워야 한다. 그러면 어디에서 편안하고 꾸밈없이 살 수 있을까? 대답은 '천국 이외는 어느 곳도 없다.'[29]는 것이다.

완벽함만이 여기서 우리를 구원할 수 있다. 『신곡』에서 단테는 이를 아주 잘 이해하고 있었다. 놀랍게도 나를 포함한 수많은 사람들이 『신곡』에서 가장 좋아하는 부분은 천국편이 아니라 연옥편일 것이다. 심지어 나는 연옥을 믿지도 않는데 말이다. 그 이유는 연옥편이 천국에서 어떻게 '편안하고 꾸밈없이' 사는 것이 가능한지 보여 주기 때문이다. 단테의 연옥편은 7개의 언덕이 있는 산을 그려 내고 있는데, 각각의 언덕은 7개의 끔찍한 죄를 상징한다(오만, 질투, 분노, 태만, 탐욕, 폭식, 애욕). 루이스의 훌륭한 친구인 찰스 윌리엄스는 각각의 죄가 적절한 시간과 적절한 장소에서 올바른 것을 행하지 못했다는 것, 즉 사랑하지 않았음을 의미한다고 설명한다. 단테의 연옥편에서 사람들은 각각의 언덕의 죄를 바로잡기 위해, 죄로 왜곡된 사랑이 진정한 사랑으로 변화될 때까지 일부러 고난을 견디어 낸다. 순례자는 천국으로 가는 길에 죄로부터 완전히 깨끗이 되고 모든 것을 완벽히 사랑하는 모습으로 나타나게 된다. 그때에 진실로 순례자들은 '편안하고 꾸밈없이' 살 수 있다.

이러한 순례자들과 같이 우리는 천국에 있을 때 모든 마음의 충동을 쫓아 행동할 수 있을 것이다. 왜냐하면 모든 충동이 선하고 올바르게 될 것이기 때문이다. 미리 결과를 예상해서 감정을 비판하고 억제하거나 관리할 필요가 없다. 다른 사람으로부터 상처 입은 감정을 보호하려고 하거나 사람의 마음 이면에 무엇이 있는지 지켜볼 필요도 없을 것이다. 왜냐하면 모두 사랑 속에서 완벽해질 것이기 때문이다. 그것이 진정한 자유이며 완벽함에 대해 생각하는 올바른 방식이다.

루이스는 완벽하게 된다는 것에 함축되어 있는 흥분과 전율을 모두 잘 알고 있었다. 우리 존재는 근본적으로 완벽함을 원하고 있다. 그러나 우리는 가야 할 길이 얼마나 먼지 잘 알고 있고, 지상에서 연옥에서 본 것과 같은 성화에 따르는 고통의 대가를 치르기를 두려워한다.

너희도 완전하라는 명령은 이상주의적인 과장이 아닙니다. 불가능한 것을 하라는 명령도 아닙니다. 그는 지금 우리를 그 명령에 순종할 수 있는 존재로 만들어 가고 계십니다. 그는 성경에서 우리는 '신'이라고 하셨고, 그 말씀을 이루실 것입니다. 그가 이 일을 하시도록 맡기기만 한다면 – 우리가 원한다면 못하시게 막을 수도 있습니다. – 아무리 연약하고 더러운 인간이라도 남신과 여신으로, 지금으로는 도무지 상상할 수 없을 만큼 힘과 기쁨과 지혜와 사랑으로 약동하는 눈부시게 빛나는 불멸의 존재로, 그분 자신의 끝없는 능력과 즐거움과 선함을 완벽하게 비추는 (물론 그보다는 조금 더 작은 규모지만) 티 없이 맑은 거울로 만드실 것입니다. 그 과정은 길며 부분적으로는 아주 고통스러운 것이겠지만, 거기에 도달하는 것이야말로 우리가 존재하는 목적입니다. 그 이하는 없습니다. 그의 말씀 그대로입니다.[30]

이것이 바로 완벽함에 대한 심오한 의미이다. 루이스는 기적에 대해 이야기하면서 그것을 옛 창조의 기적과 새 창조의 기적이라는 두 가지 큰 범주로 구별하였다. 모든 성경의 기적은 그분의 인격에 비추어 볼 때 일관적이며, 기적을 행하기 위해 그가 선택한 방법들과 조화를 이룬다. 예수님은 바위를 빵으로 바꾸기를 거절했으나 소년의 떡과 고기는 늘어나게 하셨다. 그는 항상 이러한 일들을 자연의 방식대로 행하신다. 물고기는 더 많은 물고기를 낳는다. 그리고 곡식은 씨앗을 낳고, 더 많은 곡식을 낳는다. 이것이 바로 하나님이 이루셨고 또 지금도 행하고 계시는 옛 창조의 기적들이다. 또 다른 예로는 가나의 혼인잔치에서 물을 포도주로 바꾼 예수님의 첫 번째 기적을 들 수 있을 것이다. 이 역시 그가 항상 행하신 기적을 단지 조금 더 크고 느리게 행하신 것이라고 볼 수 있다. 그는 발효작용을 통해 흙과 물을 음료수로 바꾸시어 포도주를 만드셨다.³¹ 새 창조의 기적은 우리의 영광스러운 미래가 어떤 모습일지에 대해 암시해 준다. 예수님은 물 위를 걸으심으로써 자신의 능력이 자연을 능가한다는 것뿐만 아니라, 우리가 자신의 육체를 통제할 수 있는 것처럼 영이 물질을 통제할 수 있다는 것을 보이셨다. 이것은 천국과 새 창조의 특성을 잘 보여 준다. 여기서 루이스의 조언을 상기해 볼 만한 가치가 있다. 우리는 자아 중심적이고 변덕스런 마음에 따라 타인이나 자연을 통제할 수 있는 마법사가 되는 것이 아니다. 변화된 인격은 새로운 질서의 가장 놀라운 요소 중의 하나가 될 것이다. 왜냐하면 모든 충동은 선한 것이 되고 서로 자연스럽게 행하는 것이 모든 면에서 유익한 일이 될 것이기 때문이다. 얼마나 위안이 되는 말인가. 이러한 모든 얘기들이 지루하게 들리는가? 물론 아닐 것이다. 이건 정말 완벽한 이야기이다.

신화 2: 뭐라고? 섹스가 없다고?

주께서 생명의 길을 내게 보이시리니 주의 앞에는 충만한 기쁨이 있고
주의 오른쪽에는 영원한 즐거움이 있나이다. _시편 16:11

원수[하나님]가 쾌락을 만들었지. _스크루테이프의 편지

나는 박해로 인해 비밀스럽게 모이는 중국 가정교회의 기독교인들과 그저 규칙적으로 교회에 나가는 미국인들이 바라보는 천국은

매우 다를 거라고 생각한다. 편안한 미국인들은 무언가를 잃어버리는 것이 두려워서 천국에 가기를 바라지 않을지도 모른다. 우리는 자주 옛것을 잃어버리는 것이 두려워 새로운 삶을 위해 그리스도에게 가는 것을 원하지 않는 사람들을 만나게 된다. 천국을 바라보는 우리조차도 지금 누리는 삶의 자유를 잃어버리게 될까봐 두려워하며, 하나님께 모든 것을 드리기를 겁내며, 하나님께 '어떤 것이든지, 어느 곳이든지, 어느 때나'라고 말하기를 두려워한다. 왜냐하면 그것은 그가 우리를 어떻게 하실지 모르며, 아마 그것이 불쾌하고 어려울 것이라고 생각하기 때문이다. 우리는 천국에 대해·이와 같은 두려움을 갖고 있다.

물론 천국에는 '없다.'는 사실을 기쁘게 받아들일 수 있는 것도 많다. '더 이상 눈물은 없다.' '더 이상 슬픔은 없다.' '더 이상 죽음도 없다.' 등. 그러나 최소한 한 가지 '없다.'에 대해선 여러분도 이야기해 보고 싶을 텐데 그건 바로 소위 섹스에 대한 것이다. 예수님은 구원받은 사람들에 대해 이렇게 말씀하셨다. "부활 때에는 장가도 아니 가고 시집도 아니 가고 하늘에 있는 천사들과 같으니라."[32] 나는 아직도 이 구절을 읽고 나서 '불쌍한 천사들, 아아, 불쌍한 내 신세'라고 한탄했던 기억이 난다. 십대 때 나는 제발 예수님이 결혼하기 전까지는 오지 말아달라고 기도하곤 했다. 하나님이 주신 위대한 선물인 성을 즐기기 전에는 세상을 떠나고 싶지 않았다. 물론 그것은 매우 어리석은 기도였지만 그때에는 꽤나 진지했었다. 그리고 성경을 읽으며 자란 사람들 중에 이런 생각을 한 사람이 나 혼자만은 아닐 것이다.

왜 이런 두려움을 갖게 되었을까? 그것은 아마 잠재의식 속에서 천국이 상실을 의미한다고 생각하기 때문일 것이다. '뭐라고? 천국에 섹스가 없다고? 그러면 사람들은 어떤 즐거움을 누릴 수 있지?' 이런 생각이 우리 안에 있는 것이 아닌가? 물론 그렇다. 그러나 사실대로 말하자면 우리는 천국에서 성에 별로 관심을 가지지 않게 될 것이다. 왜냐하면 그건 성욕이 '감퇴' 되어서가 아니라 성욕이 완전히 더 훌륭한 것에 '포함' 되기 때문이다.[33]

이를 설명하기 위해 루이스는 적절하게 초콜릿을 좋아하는 작은 소년의 비유를 들었다. '성적인 행동이야말로 최고의 육체적인 즐거움' 이라는 얘기를 듣자마자 소년은 바로 이렇게 물었다.

> 소년은 여러분이 (섹스를 하면서) 초콜릿을 동시에 먹을 수 있냐고 물을 것입니다. 여러분이 '아니오.' 라고 대답한다면 소년은 초콜릿이 없다는 사실을 아마 섹스의 가장 중요한 특징으로 생각할 것입니다. 여러분이 소년에게 육체적인 황홀경에 빠져 있는 사람들이 사랑할 때 초콜릿에 대해 신경 쓰지 않는 이유는 더 좋은 것을 하고 있기 때문이라고 설명해 봐야 소용없습니다. 그 소년은 초콜릿에 대해서만 알고 있죠. 그는 초콜릿을 제외시킬 수 있을 만큼 좋은 것에 대해서는 알지 못합니다. 우리 역시 같은 위치에 있습니다. 우리는 성적인 삶에 대해서는 알고 있습니다. 그러나 천국에서 섹스의 자리를 대신하게 될 그 무엇에 대해서는 희미하게 밖에 모릅니다. 그래서 충만함이 우리를

기다리고 있는 곳에서 우리는 굶주리게 될 거라고 미리 걱정합니다.[34]

성숙하지 못한 어린이에게 성이 그렇듯이 우리를 기다리고 있는 것도 상상할 수 없는 것이다. 그러나 성숙하지 못한 아이들은 성적인 존재가 아닌가? 성적인 존재이다. 성은 인격과 자아의 결정적인 측면을 형성하며 존재한다. 단지 아직 충분히 피어나지 못했을 뿐이다. 나는 죽음이 우리에게 일종의 영적 성숙함을 가져다준다고 믿는다. 또한 천국은 우리가 이전에 알지 못했던 그러나 우리의 인격과 신성함 속에서 풍부한 가능성을 지니고 있는 욕망을 충족시켜 줄 것이라고 믿는다.

새로운 차원의 육체적인 관계를 상상하는 데 도움을 주기 위해 근대 천체물리학의 발달을 짧게 살펴보자. 루이스는 종종 시간과 공간이 하나님의 창조물이라고 말하곤 했다. 지상에서의 삶이 어떻게 영적인 세계와 연결되어 있는지 그 의미를 알고 싶다면, 루이스는 2차원에 사는 평평한 존재가 어떻게 3차원을 상상할 수 있을지, 또는 2차원과 3차원이 어떤 관계에 있는지에 대해 생각해 보라고 했다. 현대 물리학자들은 정말 그런 방식으로 상상하고 있다. 하나님이 시간의 1차원을 발명할 능력이 있다면 다른 차원도 발명할 수 있지 않겠는가?

천체물리학자 휴 로스는 천국의 친밀한 관계를 시간의 다른 차원이 나타내는 경이로움으로 설명했다. 먼저 그가 이에 대해 생각하게 된 방식은 다음과 같다. 빅뱅에 대한 방정식을 풀거나 지구가 무 無로부터 창조되었다는 것에 대해 사고하면서 과학자들은 막다른 골목에 다다르게 되었다. 수학적 가능성을 창조의 순간에 적용하려고 했을 때, 시간의 다른 차원을 도입하고 나서야 더 나아갈 수 있었다. 11개의 시간과 공간의 차원을 도입하게 되면서 과학자들은 창조 사건의 순간을 생각할 수 있게 되었다. 우리의 추론은 만약 신이 시간과 공간의 차원을 갖고 있다면 최소한 11차원이 될 것이라는 인식에 이르렀다.[35]

루이스는 신이 시간과 공간을 초월한다고 믿었다. 시간과 공간은 그의 창조물이고 신을 포함하고 있지 않다. 오히려 신은 시간과 공간을 포괄한다. 또한 우리는 천국에서도 시간과 공간을 지니게 되겠지만 3차원의 공간과 1차원의 시간보다는 더 많은 차원을 가지게 될 것이라고 생각해 볼 수 있다.[36] 단지 시간이 한 차원만 높아져도 우리는 모든 시간을 모든 사람과 함께 무한히 쓸 수 있다.[37] 하지만 시간의 1차원에서는 다른 사람들과 이렇게 친밀한 관계를 가질 수는 없을 것이다. 이런 식의 생각은 주로 천국에 지구보다 무엇이 더 있을지 상상해 보는 것을 자극하는 데 유용하다. 천국에 결혼이 없다면, 그것은 결혼보다 더 훌륭한 관계가 있다는 것이다. 우리는 천국에서 죄에 의해 오염되지 않은 더 깊은 친밀함의 관계 속으로 포함될 것이다. 섹스가 없다고? 전혀 문제없다. 그것은 섹스가 사라진다는 것을 의미하는 것이 아니라 섹스가 더 훌륭한 무엇 속으로 포함된다는 것을 의미하는 것이다. 우리가 굶주릴까봐 두려워할 때 진정한 축제가 기다리고 있다.

참으로 복음에 당당하게 약속된 상과 그의 놀라운 특징을 생각해 본다면 주님은 우리의 욕망이 너무 강한 것이 아니라 너무 약하다는 것을 알고 계신 것처럼 보입니다. 우리는 무한한 즐거움이 주어지더라도 마실 것과 섹스와 야망에 시간을 낭비하는 무성의한 마음을 지닌 창조물입니다. 마치 바다에서 휴일을 보낸다는 것을 상상할 수 없는 무지한 어린이가 빈민굴에서 계속 진흙 파이를 만드는 것처럼 말이죠. 우리는 너무 쉽게 만족스러워합니다.[38]

『네 가지 사랑』에서 루이스는 우리가 결혼과 섹스가 아닌 새로운 관계를 실제로 어떻게 맺을 수 있을지에 대해 이렇게 설명한다.

사랑에 빠진다는 것, 그 사건은 본질상 당사자가 그 사랑을 일시적인 감정으로 취급하는 것을 당연히 용납할 수 없습니다. 단 한 번의 도약으로 사랑은 자아라는 높디높은 벽을 훌쩍 뛰어넘어 버렸습니다. 그 사랑은 우리의 욕망 자체를 이타적으로 만들었고, 개인적 행복을 중요치 않은 일로 만들어 버렸으며, 다른 이의 유익을 나의 주된 관심사가 되게 했습니다. 이렇게 이 사랑은, 사랑 자체이신 분의 사랑이 우리를 완전히 다스릴 때 우리가 모든 사람에 대하여 갖게 될 모습에 대한 하나의 이미지이자 예비적인 경험이며, 심지어 준비 작업이기도 합니다.[39]

무한하며 제약 없는 사랑이라는 얘기는 놀랍게 들린다. 그러나 문제는(대부분 남성들에게 더한 편인데) 많은 사람들이 섹스 없이는 깊은 친밀함을 유지하기 힘들며, 열정이 없는 친밀함은 일반적이지 않다고 생각하는 것이다. 이러한 점에서 우리는 타락으로 인해 좌절하게 된다. 모든 관계 속에서 그리고 구원 속에서 믿음이 하는 대로 우리를 내맡겨야 한다. 그 누구보다 믿을 수 있는 사랑의 창조자시며, 자신이 사랑이신 그분의 품 안으로 뛰어들어야 한다. 싹에서 꽃이 피어나는 것은 어떤 것이 전혀 다른 것으로 되는 일인 것처럼, 마치 우리가 성숙하기 이전에도 성적인 존재이지만 성에 눈뜨는 순간에 아이가 상상할 수 없는 무엇이 일어나는 것처럼, 우리의 성은 하늘에서 피어나기를 기다리게 될 것이다. 그래서 성은 사라지는 것이 아니라 더 큰 것으로 포함되고 일찍이 숨어 있던 가능성을 완성하는 것이 된다. 루이스는 주장한다. '그러므로 우리는 모든 부인이 충족의 다른 얼굴이 될 거라고 상상하면서 믿어야 합니다.' 그리고 천국에서 우리의 감각적인 삶은 뿌리와 꽃이 다르고 건축가의 도면과 대성당이 다른 것처럼 세상에서의 경험과는 다를 것이다.⁴⁰

신화 3: 하지만 난 유령이 싫어!

우리의 시민권은 하늘에 있는지라. 거기로부터 구원하는 자 곧 주 예수 그리스도를 기다리노니 그는 만물을 자기에게 복종하게 하실 수 있는 자의 역사로 우리의 낮은 몸을 자기 영광의 몸의 형체와 같이 변하게 하시리라.

_빌립보서 3:20-21

우리 몸의 신체적 구조들이 모두 사라지면 몸은 어떻게 부활할 수 있을까? 바다에 빠져 죽은 사람이 물고기 밥이 되고, 그 뒤에 그 물고기가 다른 사람한테 잡아먹히는 경우에는 어떻게 될까? 아니면 시체를 화장한 뒤에 재를 산꼭대기에서 흩뿌렸다면 어떻게 될까? 물론 이것은 우리의 몸이 3년 반마다 모든 세포들을 새로운 세포로 바꾼다는 점에서 우리가 살아 있는 동안에도 생각해 볼 수 있는 이야기이다. 그리고 우리가 육체적으로 '누구인가?'라는 것은 크기의 측면에서 봐도 그리 크지 않다. 만약 지구상의 50억 이상의 사람들 DNA를 모두 한자리에 모은다고 하면 아스피린 25알정도 크기밖에 안 될 것이다. 그러나 확실한 것은 DNA보다 근원적인 것이 영혼이라는 것이다.[41] 내가 생각하기에 죽음에 대한 정확한 정의는 영혼이 육체를 떠난다는 것이다.

영혼과 육체의 관계는 인간이라는 존재가 풀 수 없는 엄청난 수수께끼이다. 그러나 성경적으로 영혼이 물질보다 우월하다는 것은 그 누구도 논박할 수 없다. 하나님은 영이시며 모든 물질과 에너지를 창조하셨다. 만약 모든 우주가 어느 날 꿈처럼 사라진다고 해도 하나님은 사라지지 않으시고 그의 의지대로 모든 것을, 새롭게 다시 세우실 수 있을 것이다. 미약하지만 분명한 것은 그가 약속하신 대로 우리의 몸을 새롭고 더 좋은 것으로 만드실 거라는 사실이다.

아직도 내 마음 속에서는 죽는 후 유령이 될 거라는 생각이 떠나질 않는다. 우리는 이런 생각을 천국에 쉽게 투영하고, 이런 설명을 또 쉽게 찾아볼 수 있다. 감각을 통해 경험할 수 있는 모든 것은 몸이다. 그리고 몸이 죽고 영혼이 떠나자마자 몸은 먼지로 돌아가 버릴 것이다. 무엇이 남는지는 볼 수 없다. 영혼이 이렇게 실체가 없기 때문에 우리는 무의식적으로 상상력을 발휘하여 영혼이 최소한의 실체만을 지니고 있는 것이라고 생각한다. 주전자의 수증기처럼 연기가 몸에서 날아 올라가는 것을 상상하고, 몸에서 빠져나온 유령들을 상상한다! 그리고 보이지 않는다는 이유로 영혼은 육체에 비해 뒤떨어지는 것으로 간주한다. 그것은 논리적으로는 완벽하지만, 완벽하게 어리석은 생각이다. 루이스는 그것이 위험한 생각이라고 믿었다.

영혼과 유령을 혼동하는 것은 매우 해롭습니다. 유령들은 상상해 보면 실체가 없는 어렴풋한 모습으로 상상할 수 있습니다. 왜냐하면 유령들은 육체를 가지고 있는 창조물로부터 추출된 요소들이므로 반 정도는 사람이기 때문입니다. 그러나 영혼을 상상하는 경우에는 정반대로 그려질 것입니다. 전통적인 상상에서 신이나 신들이 '실체가 없는' 경우는 없습니다. 인간이 죽으면 예수님 안에서 영광스럽게 될 때 '유령들'이 되는 것이 아니라 '천국의 사람들'이 됩니다. '내가 유령을 보았다.'는 말과 '내가 천국에 간 사람을 보았다.'는 말의 분위기의 차이점 속에는 모든 '종교'들의 지식의 보고(寶庫)보다 더 중요한 지혜가 담겨져 있습니다. 만약 영혼을 상징할 수 있는 정신적인 이미지가 있다면, 그것은 물질보다 더 중요한 것으로 표현되어야만 합니다.[42]

우리는 몸이 있다는 사실을 편안하게 생각한다. 왜냐하면 물질 세계의 다른 요소에 대해 알고 있는 방식으로 몸에 대해 알고 있기 때문이다. 그러나 영혼을 눈과 귀로는 알 수 없다. 그래서 그것은 '알 수 없는 것에 대한 두려움'에 속한다. 루이스는 두려움을 부활에 대한 성경적인 설명과 관련지어 분석한다.

> 우리는 그들이 부활한 뒤의 (부정적인 의미에서) 완전히 '영적'인 삶에 대해 이야기해 주기를 기대합니다. '영적'이라는 말을 그것이 무엇인지가 아니라 무엇이 아닌지를 의미하기 위해 사용합니다. 그 단어는 공간도 역사도 환경도 없는, 그 속에 어떠한 감각적인 요소도 찾아볼 수 없는 삶을 의미합니다. 또한 우리의 마음 속에는 오직 죽음 뒤에 신성을 되찾은 예수님만을 생각하면서 예수님의 부활한 인격을 간과하는 경향이 있습니다. 그 결과 부활은 단지 성육신을 되돌린 것에 지나지 않게 될 것입니다.[43]

영혼과 육체가 분리되어 있다는 느낌이나 자신의 육체에 대해서도 가끔씩 혼란을 겪는다는 것은 타락했다는 증거이며 그것이 천국이 치료할 질병이라는 것이다. '자연과 영혼이 완전히 조화를 이룰 때, 말을 탄 기사 정도가 아니라 켄타우르스처럼 영혼이 자연에 완벽하게 올라탈 때' 우리의 치료는 완성될 것이다.[44]

우리의 육신은 어떻게 변할까? 조니 에릭슨 타다는 그녀의 책, 『천국: 당신의 진정한 고향』에서 그에 대해 상상하는 것이 얼마나 어려운지에 대해 말했다.

천국에서 우리의 육신이 어떤 모습일지 이해해 보려고 시도하는 것은 도토리가 그의 뿌리와 나무껍질, 가지와 잎의 운명에 대해 이해하기를 기대하거나, 유충에게 하늘을 어떻게 날 수 있는지 물어보거나, 배의 씨가 향기로움에 대해 추측하거나, 또는 코코넛이 바닷바람에 흔들린다는 것이 무엇을 의미하는지 이해하려는 것과 같다. 우리의 영원한 육신은 너무나 웅장하고, 영광스러워서 우리는 그에 대해 단지 곧 다가올 광채가 빠르게 지나가는 것을 얼핏 볼 수 있을 뿐이다.[45]

예수님의 부활한 몸에서 가장 좋은 힌트를 얻을 수 있다. 예수님은 고기를 먹고 빵을 자르고, 육체의 기능을 사용하여 들을 수 있는 '평범한' 언어로 말씀하시는 등, 그의 제자들의 두려움을 가라앉히기 위해 수고를 아끼지 않으셨다. 제자들은 그제야 그가 그들과 먼지투성이의 길을 함께 걸어온 예수님이라는 것을 알게 되었다. 예수님은 그가 정말 예수라는 것을 믿기 힘들어 하던 막달라 마리아를 타일러서 보내셔야 했고 도마는 그의 상처를 만져보기까지 했다. 그가 주겠다고 약속하신 새로운 육신처럼 예수님의 부활한 육신은 놀라운 능력을 지니고 있었다. 우리가 주님을 만날 그날에 사랑하는 현재의 육신을 포기하는 것은 문제가 아니다. 그것은 우리가 틀림없이 좋아하게 될 확장된 능력을 지니고 있는 새로운 모델을 얻는 것과 같다.

예수님의 부활 속에서 '전적으로 새로운 상태의 존재가 우주에 나타났습니다. 새로운 상태의 육신은 죽음을 당하시기 전에 그의 친구들이 알고 있었던 육신과는 다릅니다. 이것은 공간과 아마 시간과도 관련이 있을 것입니다. 그러나 이것이 결코 그들과 모든 관계가 끊어졌다는 말은 아닙니다.'[46]

예수님은 공간을 물리적으로 통과하지 않고도 장소를 옮겨가실 수 있고, 자신의 의지대로 나타나고 또 사라질 수 있었다. 그는 벽과 닫힌 문을 통해 방으로 들어갔다. 그는 3차원의 공간에서 다른 물질을 이동시키지 않고도 그것을 통과할 수 있었다.[47] 이것은 상상력의 도약을 통해서 직관적으로 이해할 수 있는 것이 아니라 물리학적 방정식의 논리에 따르는 문제이다. 공간과 시간에 대한 루이스의 생각은 믿음에 관련된 것은 아니다. 하지만 그것은 우리가 느끼고 상상하는 것을 도와주는 창조적인 사유를 통해 호기심을 북돋아왔다. 그러한 것은 믿음의 본질적인 것은 아니지만 그러나 확실히 믿음을 돕는 역할을 한다.

루이스는 상상력을 사용하여 마치 유도 선수처럼 적의 힘을 적을 향해 사용한다. 그 고전적인 예는 『천국과 지옥의 이혼』인데, 이 작품에서 루이스는 천국의 '견고한 영들'을 보통의 튼튼한 세상의 육체로, 지옥에서 도착한 승객들은 천국의 잔디를 발로 밟아도 굽히지도 못하는 유령처럼 그리고 있다. 견고한 영들의 발걸음을 따라 몇 페이지를 넘겨보면 상상력이 유령에 대한 공포를 없애 버린다. 우리는 천국이 진정한 장소이며 지옥이 유령의 도시라는 것을 알게 된다. 『페렐랜드라』에서 웨스턴 박사가 악마에게 완전히 사로잡혔을 때, '오직 영원히 쉬지 못하고 산산이 무너진 황폐하고 썩은 냄새가 나는 유령만이 남았다.' 유령의 부정적인 이미지는 유령이 원래 속한 지옥으로 가게 된다.[48]

천국에 대해 상상할 때, 상상력의 역할은 새로운 육신의 세부사항들까지 예상하는 것이 아니라, 우리가 너무 좁게 생각하거나 알수 없는 것을 안다고 생각하는 것을 충분히 치료할 수 있는지 그 가능성에 대해 숙고하는 것에 있다.[49] 우리는 천국이 진정한 자아가 성장할 수 있는 곳이라는 것을 안다. 「인간이냐 토끼냐?」라는 글에서 루이스는 본래의 자아에 대해 토끼라는 은유를 사용하여, 변화하기 위해서는 한 줌의 털과 피 흘림이 필수적이며 그러한 전화轉化의 과정은 고통스러워도 가치 있는 것이라고 설명했다. 그러나 '우리는 그러한 고통 아래에서 이전에는 상상해 보지도 못했던 모든 것들, 즉 진정한 인간, 영원한 하나님, 하나님의 아들, 강함, 찬란함, 현명함, 아름다움, 즐거움 속에 흠뻑 젖는 것이 있다는 것을 발견하게 될 것입니다.'[50]

예수님이 하늘로 승천한 사건은 육체가 어딘가로 가게 된다는 것을 보여 준다는 점에서 중요하다. 그는 '우리를 위한 장소를 예비하기 위하여' 가셨다고 성경은 말한다. 루이스는 우리에게 다음과 같은 내용을 상기시킨다. '이것은 모든 종류의 본래적인 속성에서 벗어나 제약 없는 완전히 초월적인 삶으로 들어간다는 묘사가 아닙니다. 이것은 새로운 인간의 속성, 새로운 자연, 새로운 존재를 만들어 내는 것에 대한 묘사입니다. …폐지하는 것이 아니라 재건하는 것에 대한 이야기입니다. 오래된 영역의 공간, 시간, 물질과 감각들은 뽑히고, 파묻히고, 새로운 작물을 위한 씨로 뿌려집니다. 우리는 오래된 영역에서는 지쳐있겠지만 하나님은 그렇지 않으십니다.'[51] 루이스는 세계의 다른 모든 종교들은 육신이 내세에 부적절하다고 간주해 왔다는 것을 지적하며 항상 육신을 긍정해 왔던 종교는 오직 기독교뿐이라고 말했다. 하나님은 자신의 물질적인 창조가 선하다고 선포하시고 예수님의 인격 속에 들어오셔서 그를 통해 모든 것을 완벽하고 완전케 하셨다.[52]

신화 4: 나는 나를 잃고 싶지 않아

**너희 안에서 착한 일을 시작하신 이가
그리스도 예수의 날까지 이루실 줄을 우리는 확신하노라**
_빌립보서 1:6

우리는 자기를 포기해야 한다는 사실을 두려워한다. 물론 우리 '자신'이 죽어야 하는 것은 사실이다. 예수님은 우리 자아의 무조건적인 항복을 요청하신다. 그는 우리를 완벽하게 만들기를 원하시며 그 외의 다른 어떤 것도 받아들이지 않으실 것이다. 그러나 자신이 죽는다는 것이 자아의 죽음을 의미하는 것은 아니다. 우리는 예수님 안에서 더욱 우리 자신이 될 수 있다. 자신을 중심에 놓으면 그 결과로 병이 생길 뿐이다. 아담과 하와가 하나님께 불복종하고 자신의 길을 선택한 이후에 벌거벗음에 대한 부끄러움을 느끼기 시작한 것처럼 자의식이라는 것은 타락의 일부이다. '평소의 자기로의 복귀'라는 표현은 시인 키츠가 불평한 바로 그것이 아닐까? 낭만적 사랑은 주로 자아를 잊기 위해 더 크고 위대한 것에 흡수되기 위한 욕망에 자연적으로 이끌리는 것이 아닐까?

건강을 위해서 우리는 반드시 자신을 버리는 법을 배워야 한다. 또한 더욱더 건강하고 충만하고 풍부하고 달라진 자아를 되찾는 방식을 배워야 한다. 그러면 우리는 더욱 자기를 쉽게 버릴 수 있게 될 것이다. 자신을 버려라. 이런 과정을 통해 우리는 세상을 더욱 즐길 수 있을 뿐만 아니라 천국의 공동생활을 위해 자신을 예비하게 될 것이다. 이것이 우리가 하나님의 생각에서 찾은 행동의 패턴이다. 루이스는 『고통의 문제』에서 이렇게 말했다.

> 자신을 드릴 때, 우리는 전 피조세계의 리듬뿐 아니라 전 존재세계의 리듬에 닿게 되기 때문에 그렇습니다. 영원한 말씀이신 그분 또한 자신을 희생 제물로 드리셨기 때문에, 비단 갈보리에서만 그렇게 하신 것이 아니기 때문에 그렇습니다. 그가 십자가에 못 박히신 것은 '집에서 영광과 기쁨 가운데 하시던 일을 외지의 험한 비바람 속에서도 하신' 것이기 때문에 그렇습니다. 그는 세상의 기초를 놓기

전부터 자신의 태어난 신성을 낳으신 신성에게 순종으로 양도하고 계십니다. …가장 높은 존재로부터 가장 낮은 존재에 이르기까지 자아는 드려지기 위해 존재하며, 그렇게 드려질수록 진정한 자아가 되고, 그 결과 더 드리는 과정이 영원히 계속됩니다. 이것은 지상에 머문다고 해서 피할 수 있는 천상의 법도 아니요, 구원받는다고 해서 피할 수 있는 지상의 법도 아닙니다. 이 같은 자기 드림의 체계 밖에 있는 것은 이 땅도 아니요, 자연도 아니요, '평범한 삶'도 아니요, 오직 지옥뿐입니다. 그리고 그 지옥의 실체도 사실은 이 법칙에서 파생된 것입니다. 자아 안에 갇히는 그 혹독한 감금 상태는 절대적 실체인 자기 드림이 뒤집힌 것에 불과합니다.[53]

그런데 왜 하나님은 우리를 서로 다른 존재로 만드셨을까? 사람들이 다양한 이유는 모두로 하여금 하나님을 독특한 방식으로 경배하게 하고, 서로에게 각자가 하나님 안에서 독특한 선물을 받았다는 것을 알게 하려고 하셨기 때문이다. 천국은 자아가 현실화되는 곳이다. 루이스는 이렇게 말한다.

하나님은 영혼을 독특하게 만드셨습니다. 저는 하나님이 이 모든 차이점들을 사용할 뜻을 가지고 계시지 않았다면, 하나 이상의 영혼을 창조하실 이유 또한 없었으리라고 생각합니다. 여러분의 개별적 특성 중에 하나님이 모르고 계신 부분은 한 군데도 없다는 사실을 분명히 아시기 바랍니다. 언젠가 여러분 또한 모르는 부분 하나 없이다 알게 될 날이 올 것입니다. …여러분의 영혼에는 하나님의 본체가 지닌 그 무한한 윤곽선의 한 돌출 부분에 들어맞도록 오목하게 패인 기이한 모습을 갖게 되었습니다. 또는 방 많은 집의 한 방문에 꼭 들어맞는 한 열쇠가 있습니다. 구원받는 것은 추상적인 인류가 아니라, 바로 여러분 자신이기 때문입니다. 여러분은 축복받은 행복한 피조물로서 다른 사람의 눈이 아니라 자기 자신의 눈으로 그분을 보게 될 것입니다. 하나님의 선한 인도를 따를 때, 죄를 제외한 여러분의 전 존재는 지극히 만족스러운 상태에 이르게 되어 있습니다. …천국에 있는 나의 자리는 나 한 사람, 오직 나 한 사람에게 맞추어 만든 자리처럼 보일 것입니다. 바로 내가 그 자리에 맞추어—장갑이 손에 맞추어 한 땀 한 땀 만들어지듯이—만들어졌기 때문입니다.[54]

구속받은 자들 하나하나가 하나님이 지니신 아름다움의 한 면씩을 다른 어떤 피조물보다 각각 더 잘 알아 영원토록 찬양하게 된다는 의미가 들어 있는 것이 확실하지 않습니까? 모든 자를 무한히 사랑하시는 하나님께서 한 사람 한 사람을 각기 다르게 사랑하실 생각을 갖지 않으셨다면 왜 우리를 개별적인 존재로 창조하셨겠습니까?[55]

반대로 지옥은 개인적인 독특함이 상실되는 곳이다. 죄는 최후에 하나님이 아니라 자신을 선택한다. 하나님보다 자신을 영원히 선택함으로써 지옥에 떨어지게 되는 것이다. 지옥에서는 인간의 가능성이 고갈되지만 천국에서는 인간의 가능성들이 충만하게 된다. 최후에 지옥에서는 자신 이외에는 아무것도, 그 어떤 것도, 하나님도, 다른 창조물도, 인간의 존재가 창조된 목적인 천국도 선택할 수 없게 된다. 자신의 자아를 잃어버릴까봐 두려워하는 것은 정당화될 수 있다. 그러나 그것은 지옥에 대한 우리의 두려움 때문이지 천국 때문인 것은 아니다. 우리는 지옥의 철학을 검토할 때 이에 대해 충분히 살펴보게 될 것이다.

『페렐란드라』에서 랜섬은 웨스턴 박사가 악마에게 사로잡히는 것을 보았고, 그가 제정신일 때조차 무자비한 폭력을 휘두르는 것을 경험했다. 웨스턴은 랜섬이 "뭐라구요?"라고 되물어서 그저 "아무것도 아냐."라고 대답할 때까지 끊임없이 랜섬의 이름을 부르면서 밤새 지겨운 이야기와 질문들을 퍼부어댔다. 신에 반하는 존재가 되었을 때, 웨스턴은 사탄과 같은 자아에 먹혀버리고 말았다. 랜섬은 다음과 같이 결론 내린다. '의심의 여지없이 저주 때문에 인간은 혼란이 생긴다. 악한 사람들은 정말 범신론자들이 거짓으로 천국에 대해 소망했던 것을 지옥에서 받게 된다. 그들은 마치 납으로 된 병정이 가스풍로 위의 냄비로 미끄러져 들어가 원래의 형태를 잃게 되는 것처럼 그들의 주인 속으로 녹여진다.'[56] 이것은 지옥이 아무렇게나 임의적으로 벌을 주는 곳이 아니라는 것을 의미한다. 루이스의 견해에 따르면 지옥은 임의적인 규칙에 따라 징벌이 부과되는 곳이 아니라 인간이 오직 자신만을 선택할 수밖에 없는 곳이다.

전적으로 자아 안에서만 머물면서 거기서 얻는 것에 만족하겠다는 것. 결국 그가 얻는 것은 지옥입니다.[57]

천국 역시 임의적인 보상이 아니다. 천국은 하나님이 그의 창조물로서 우리를 지으신 것을 완성하는 것이자 우리가 궁극적으로 만들어진 목적이다. 천국은 우리가 마지막에 완전히 변화된 자아를 얻게 되는 장소이다. 인간이 만들어 낸 범신론이나 불교의 극락과 같은 개념처럼 우리가 거대하고 아메바 같은 우주로 융합된다는 이야기와 얼마나 다른지 생각해 보라. 그것은 천국을 지옥의 관점에서 보는 것이다. 자아가 소멸한다는 생각은 두려움을 불러일으킬 수밖에 없다. 그러나 천국은 그런 곳이 아니다. 천국에서 우리는 '알고 있는 그대로' 옛 친구들에 대해 이야기하며 지낼 것이다. '아, 그는 마지막 봤던 그대로구나.'[58] 콜린 두리에즈는 『C. S. 루이스 백과사전』의 천국에 대한 항목에서 이렇게 요약했다. '천국은 우리가 자신을 예수님에게 버리면 버릴수록 더 온전하게 되찾게 된다는 역설에 기초하고 있다. 그러므로 예수님의 구속은 인간의 지금 현재의 삶을 더 낫게 만들어 주지만, 천국에서 성숙된 인간의 완성은 상상할 수가 없다. 인간의 개인성과 사회성은 천국에서 다양성과 조화로 완전히 충족될 것이다. 천국은 다양하지만 지옥은 단조롭다. 천국은 의미로 넘쳐나지만 지옥은 의미가 없다. 천국은 현실 그 자체지만 지옥은 유령이나 그림자이다.'[59]

신화 5: 고작 왕관이나 쓰고 하프나 켜라고?

우리 주 예수 그리스도의 아버지 하나님을 찬송하리로다. 그의 많으신 긍휼대로
예수 그리스도를 죽은 자 가운데서 부활하게 하심으로 말미암아
우리를 거듭나게 하사 산 소망이 있게 하시며 썩지 않고 더럽지 않고 쇠하지
아니하는 유업을 잇게 하시나니, 곧 너희를 위하여 하늘에 간직하신 것이라.
너희는 말세에 나타내기로 예비하신 구원을 얻기 위하여
믿음으로 말미암아 하나님의 능력으로 보호하심을 받았느니라.
_베드로전서 1:3-5

여러분은 천국에서 세상에서조차 전혀 배운 적이 없는 하프를 배워야 할까봐 두려워하고 있는가? 아니면 천국에서 밖에 나갈 때마다 왕관을 쓰고 다녀야 한다는 예절이 있을까봐 걱정하는가? 정말 황금으로 된 도로를 걸어 다니게 될까봐 왠지 모를 거부감에 근심하고 있는가? 역설적이게도 천국에 대한 별로 매력적이지 않은 고정관념은 성경의 상징적인 묘사 때문이다. 자연세계에 대한 우리의 낭만주의 이후의 취향에는 황금으로 된 거리보다는 시냇물이 흐르는 숲의 오솔길이 더 매력적일 것이다. 특히 물질주의에 대해 경계하도록 훈련받아 왔다면 더욱더 그럴 것이다. 문제는 성경의 이미지가 아니라 상징적인 언어를 상징적으로 읽을 수 없는 무능력이다.

표현할 수 없는 것을 표현하려는 시도들은 모두 동일한 어려움을 겪어왔다. 거리가 황금으로 되어 있다는 것은 천국이 상상력을 넘어서는 모습이기 때문에 이에 대해 충분히 배려한 표현일 뿐이

다. 누가 황금을 포장하는 데 사용하겠는가? 왕관은 단지 우리가 중요하고 매혹적인 일을 즐겁게 하게 될 거라는 사실을 의미하는 것이다. 루이스는 이렇게 재치 있게 말한다.

'나는 영원토록 하프나 타면서 살고 싶지는 않다.' 면서 그리스도인이 가진 '천국'의 소망을 우습게 만들려는 경박한 이들이 있는데, 그런 사람들을 전혀 개의할 필요가 없습니다. 그런 사람들에게는 어른들의 책을 읽는 법을 모르거든 잠자코 있기나 하라고 말해 주십시오. 성경에 나오는 천국의 이미지들(하프, 면류관, 금 등)은 표현할 수 없는 것을 표현하기 위해 상징적으로 동원된 것일 뿐입니다. … 이러한 상징들을 문자 그대로 해석하는 사람은, 비둘기처럼 되라는 그리스도의 말씀을 알을 낳으라는 뜻으로 이해하는 사람과 하나도 다를 바가 없습니다.[60]

우리는 성경의 상징을 다룰 수 있을 만큼 '성숙' 하지 못했다. 우리의 상상력은 너무나 문자에 갇혀 있다.

루이스는 보통 사람들이 하나님이 그리스의 신들처럼 아들을 가졌고, 그 아들이 천국에서 지상으로 '낙하산' 처럼 내려와 지하세계로 갔다가, 나중에는 아버지를 이어 화려한 왕좌를 차지하기 위해 하늘로 다시 올라갔다고 생각하는 것을 보고 탄식했다. '이 모든 것은 하늘 꼭대기의 궁전처럼 공간적이고 물질적인 천국을 생각하는 것으로 보입니다.'[61] 교회는 항상 이러한 식의 문자주의와 싸워야만 했고 초기부터 신인동형론神人同形論을 비판해야만 했다. 우리의 역할은 '부수적인 이미지로부터 믿음의 핵심을 구별하는 것입니다.'[62] 그는 또한 과학자들조차도 비 은유적인 언어는 표현이 불가능하다는 점을 명확히 했다.

이제 가장 상상력이 뛰어난 작가들조차도 천국을 묘사할 때 왜 이런 벽에 부딪힐 수밖에 없었는지 알아보자. 단테가 『신곡』에서 문학적인 측면에서는 지옥과 연옥에 대해 매혹적일 만큼 생생하게 묘사했다는 것을 알고 있다. 그러나 그가 천국에 대해 묘사할 때는 너무 복잡한 상징과 추상에 의지하여 하나님의 비전을 하나님과 천국 본향을 향한 사랑과 열망이 아니라, 혼란스럽게도 세상을 싸고도는 큰 굴레로 생각하였다. 존 밀턴도 『실낙원』의 지옥 장면에서 비극적인 사탄의 이야기를 통해 '불멸'을 잊기 어려울 만큼 문학적으로 잘 묘사하였다. 그러나 『복낙원』은 이와 비교가 될 수 없을 만큼 맥이 없는 작품이다. 루이스는 『실낙원』에 대한 서문에서 밀턴이 지옥과 지옥에 있는 사람들을 너무 흥미로운 것처럼 완전히 오독하게 만들었다고 지적했다.

루이스는 이러한 어려움에 공감하면서 왜 지옥에 대해 설명할 때는 성공적이지만 천국을 묘사할 때는 머뭇거리는지에 대해 설명했다. 그에 따르면 악은 상상하기가 쉽다. 여러분이 마음 가는 대로 해 보라. 만약 마음이 억제되지 않는다면 자연스럽게 엉망진창으로 돌아다니게 될 것이다. 이것은 타락과 죄의 본성, 그리고 구속이 왜 필요한지를 보여 준다. 한편 진정한 거룩함을 상상하는 것은 마치 아직 가 보지 못한 곳으로 들어가 보려고 시도하는 것이다. 예술가들도 다르지 않다. 선을 묘사하려고 할 때, 우리는 살아 있는 한 불리한 위치일 수밖에 없다. 『스크루테이프의 편지』에서 루이스는 악마와 같은 정신을 묘사하는데 매우 크게 성공했다. 루이스는 이 편지가 타락하지 않은 천사의 관점에서 쓴 답장이 있어야 이상적인 균형이 맞추어질 거라고 생각했다. 그러나 그는 자신이 거룩한 정신처럼 답장하는 형식을 시도하다가 절망하고 이러한 작업을 포기했다.[63]

천국을 엿보았던 성경 기자들도 인간의 경험을 벗어나는 일에 대해서는 똑같이 불리했다. 우리처럼 죽을 수밖에 없는 존재들에게 드러나지 않은 거룩함과 선함과 영광은 너무도 압도적이어서 가려지지 않는다면 그것을 보자마자 우리는 죽을 수밖에 없다. 모세는 하나님의 얼굴을 보기를 원했다. 그러나 반석 위에 서서 하나님이 손으로 덮었다가 손을 거두신 뒤에 오직 그의 등을 보았을 뿐이다. 성경의 선지자들도 천국을 볼 때 유사한 반응을 보였다. 이사야는 요한처럼 자신의 무가치함을 주장하면서 마치 죽은 것처럼 쓰러졌다. 케네스 칸처는 이렇게 결론 내린다. '그래서 성경은 우리의 무감각을 고려하고 있다. 천국은 슬픔도 없고, 탄식도 없고, 눈물도, 고통도, 죄도 없는 것처럼 세상과는 본질적으로 다르게 묘사된다. 성경에서 천국에 대해 알 수 있는 대부분의 것은 우리가 세상에서 싫어하는 것들의 목록이다.'[64]

우리는 천국을 보도록 허락된 성경의 증인들로부터 다음과 같은 사실을 알게 되었다. (1) 천국은 진정한 곳이다. (2) 천국은 인간의 언어로 설명할 수 있는 한계를 넘어선다. 바울은 셋째 하늘로 올라가 봤지만 그가 본 것을 말할 수 없었다. 베드로, 야고보, 요한도 산상에서 변용變容을 통해 천국을 경험했다. 스데반도 하늘이 열리는 것을 보았고, 하나님이 첫 번째 기독교의 순교자로 자신을 데려가려고 오시는 것을 보았다. 구약에서 모세는 하나님을 어렴풋이 보았고 광채가 나는 얼굴로 산을 내려왔다. 엘리사는 눈이 열려서 그의 주변에 정렬된 불병거와 천사의 군대를 보았다. 그중 가장 완전한 묘사는 두 가지인데 둘 다 매우 당혹스럽다. 첫 번째는 구약의 에스겔서에 나온다. 에스겔서는 서두에서 끊임없는 번개가 치는 폭풍 가운데서 단 쇠처럼 빛나는 '네 생물'을 묘사한다. 그들에게는 사람의 형상이 있었지만, 네 개의 얼굴과 네 개의 날개, 송아지 발바닥을 갖고 있다는 점에서 인간과는 달랐다. 이것은 내가 『반지의 제왕』을 보다가 바짝 긴장했던 것과 아주 비슷하다. 그게 바로 에스겔의 반응이었다. '고개를 숙이고 그 중에서 두려워 떨며 칠 일을 지내니라.'[65]

요한이 요한계시록 21장과 22장에서 본 것도 비슷하다. 가지각색으로 장식된 보좌, 진주로 된 문, 황금으로 된 길, 1,400마일의 성곽과 200피트 두께의 성벽 등. 조니 에릭슨 타다는 장난처럼 새 예루살렘이 미국의 미네소타에 있는 쇼핑몰처럼 보인다고 말했다. 성경의 묘사대로라면 마치 천국이 세련된 도시처럼 보이지만 나는 자연을 잃게 될까 걱정할 필요는 없다고 생각한다. 창세기에서 자연은 저주를 받았지만 요한계시록에서는 그 저주가 없어진다. 저주를 없앤다는 것이 단지 그것을 파괴한다는 말인가? 아니다. 거기에는 새 하늘과 새 땅이 있을 것이다. 이 세상에서 하늘과 땅은 하나님이 인간을 위하여 창조하신 자연을 의미한다. 자연은 우리가 구속받고 영광스러운 자아가 되는 것처럼 그렇게 변할 것이다. 루이스는 자연에 대해 이렇게 말했다

> 자연은 치유될 것입니다. 그러나 그것은 인격적으로 치유된다는 것이지 조작되거나 살균된다는 뜻이 아닙니다. 우리는 아직도 오래된 적이자 친구인, 놀이동무이자 유모로서 너무 완벽해서 더할 나위 없었던 자연을 그때에도 알아볼 수 있을 것입니다. 그리고 그것은 매우 즐거운 만남이 될 것입니다.[66]

> 하나님은 결코 악을 되돌리시지는 않습니다. 그리고 그것을 돌이키기 위해 다시 선을 행하시지도 않습니다. 예수님의 인격 속에서 하나님과 자연의 연합은 이혼을 인정하지 않습니다. 그는 자연에서 다시 떠나지 않으시며 자연도 이러한 기적적인 연합에 필요한 모든 방식을 통해 영광스럽게 될 것입니다.[67]

클래런스 다이는 루이스가 이 주제를 다루는 방식에 대해 '그가 현대적인 정신을 지닌 사람들에게 신약에서 이미 주어졌던 이미지를 번역하면서, 천국에 대한 새로운 이미지를 발명한 것은 아니

다.'⁶⁸라고 말했다. 상징적인 언어의 독해에 대한 루이스의 답변은 나를 집중하게 만들었다. '천국은 정의상 우리의 경험 바깥에 있습니다. 그러나 모든 지적인 설명은 우리의 경험 안에 있을 수밖에 없습니다. 그러므로 천국에 대한 성경의 묘사는 지극히 상징적입니다. 천국은 원문처럼 정말 보석으로 가득 차 있다는 얘기가 아니라 자연보다 더 아름답고 훌륭한 음악보다도 더 훌륭하다는 말입니다.'⁶⁹ 루이스는 그러한 이미지들이 별로 매력적이지 않다는 것을 알았지만 우리가 성경적인 이미지들을 가장 권위 있고 가치 있는 것으로 생각하도록 격려했다.

예를 들어 새 예루살렘에 대한 모습 길이, 높이, 너비가 1,400마일 은 우리에게 각각 20규빗밖에 되지 않았던 구약의 지성소를 연상케 한다. 그곳은 하나님이 임재하시는 장소이다. 새 예루살렘에서는 도시 전체가 지성소이다. 왜냐하면 하나님은 그곳 어디에서나 계시기 때문이다. 황금으로 된 거리는, 세상에서는 많은 사람들이 황금을 위하여 죽지만 천국에서는 그게 너무 보잘것없어서 우리가 황금을 발밑에 두고 다닐 것이라는 것을 보여 준다. 진주로 된 문은, 각각의 진주가 200피트 두께의 벽에 문을 만들만큼 충분히 크다는 것인데, 이것은 우리의 정신을 압도하기 위한 것이다. 앤 그레이엄 로츠는 이 얘기를 듣고 진주 조개의 크기와 얼마나 진주 조개가 고통스러울지에 대해 생각해 보았다.⁷⁰ 신약은 수많은 면류관에 대해 말한다. 생명의 면류관, 기쁨의 면류관, 영광의 면류관, 의의 면류관, 썩지 않을 면류관 등. 조니 타다는 재미있고 신선하게 이 면류관들을 하나님의 파티 선물이라고 설명했다. 성경이 '하나님이 자기를 사랑하는 자들을 위하여 예비하신 모든 것은 눈으로 보지 못하고 귀로 듣지 못하고 사람의 마음으로 생각하지도 못하였다.'[71] 고 경고하는 것처럼, 우리는 이를 어떤 방식으로 이해하든지 충분히 이해할 수 없다. 그러나 우리는 평이하고 적합한 언어로 천국을 적절하게 묘사하고 싶지 않을까? 하지만 우리는 일시적인 세상의 영광을 만드신 하나님이 우리의 영원한 집과 그것을 영원히 누릴 수 있는 능력을 확장시켜 주실 것이라고 믿을 수 있다.

신화 6: 천국은 현실도피자의 생각이야

그러므로 우리가 낙심하지 아니하노니 우리의 겉사람은 낡아지나
우리의 속사람은 날로 새로워지도다. 우리가 잠시 받는 환난의 경한 것이
지극히 크고 영원한 영광의 중한 것을 우리에게 이루게 함이니 우리가
주목하는 것은 보이는 것이 아니요 보이지 않는 것이니
보이는 것은 잠깐이요 보이지 않는 것은 영원함이라.
_고린도후서 4:16-18

천국은 그저 '그림의 떡'이 아닐까? 아니면 우리를 좋은 곳에 데려다 준다는 미끼이거나, 차갑고 가혹한 현실에 직면할 수 없는 사람들을 위한 버팀목이거나, 현실도피주의자의 꿈이 아닐까? 기독교 없이 훌륭한 삶을 살 수 있는가? 라는 질문에 대답하면서 루이스는 다음과 같은 좀 더 근본적인 질문으로 전제를 옮겨갔다. 기독교는 진실일까? 만약 거짓이라면 우리는 기독교를 장려하고 싶지 않을 뿐만 아니라 오히려 기독교를 악의적인 거짓말이라고 몰아붙여야 한다. 그러나 만약 기독교가 진실이라면 삶이 불편해지는 결과가 생길지라도 그것을 받아들여야 한다. 믿음은 항상 행동을 결정한다. 그래서 질문에 대한 우리의 관점이 중요하다.

기독교인들은 하나님이 우주와 그 속에 있는 모든 것을 창조하셨고, 우주의 시간은 비록 정해져 있지만 인간은 영원히 살 것이라고 믿는다. 더욱이 영원한 인간의 행복은 '하나님과 연합하는 것'에 달려 있으며 다른 것들은 모두 부차적이라고 생각한다. 반면에 유물론자들은 인간성은 우연에 의해 나타났고, 칠십 년 남짓한 세상에서의 삶은 사회적 계획과 훌륭한 정치적 수단에 의해 가능한 한 행복하게 되어야 한다고 믿는다. 그래서 유물론은 이상적인 세상의 천국, 유토피아를 만들려고 한다. 루이스는 「인간이냐 토끼냐?」라는 에세이에서 기독교가 우리를 선하게 만들 것이다, 그러나 기독교는 선에 대한 정의를 바꿀 것이라고 주장했다. 첫 번째 알아야하는 사실은 우리가 자신에게 '24시간 동안'[72] 도덕적일 수 없다는 것이다. 우리는 중심에서부터 흠이 있는 존재이기 때문에 결국 다른 사람을 판단하기 위해 사용하는 기준들로 인해 우리 자신이 비난받을 것이다. 우리에게는 더 많은 도덕 교사들이 필요한 것이 아니라 새로운 마음과 새로운 내적 동기가 필요하다. 두 번째로 알아야 할 것에 대해 루이스는 이렇게 말했다. '단순히 도덕성이 인생의 목표가 아니라는 점입니다. …만약 예수님 없이도 사회적 기준에 맞는 삶을 살 수 있지 않느냐고 계속 물어보는 사람들은

인생이 무엇인지 모르고 있는 것입니다.'[73]

오히려 우리의 목적을 교리문답식으로 말하자면 '하나님을 알고 그를 영원히 즐거워하는 것'이다. 하나님과 연합하는 것은 천국에 있게 된다는 것이다. 그를 사랑하는 것은 도덕의 근원이신 그의 인격을 취하는 것이다. 죄를 면하게 될 때까지, 하나님과 다른 사람들에 대한 사랑을 방해하는 것이 아무것도 없게 될 때까지 우리는 버팀목이 필요할 것이다. 부상당한 사람들에게는 침략할 적을 기다리기보다 집으로 절뚝거리며 걸어갈 버팀목이 더 필요한 것이다.

예수님의 진리에 대해 도전하는 주장들을 소개하면서 루이스는 『순전한 기독교』에서 매우 유명한 삼단 논법을 제시했다. 여러분은 예수님을 단순히 위대한 도덕적 스승으로 생각할 수 없다. 그는 죄를 사하겠다고 주장했고, 창조 이전에도 있었으며 더구나 자신을 하나님이라고 주장했다. 이러한 주장을 하는 사람을 이해하는 방법에는 세 가지가 있다. 그는 거짓말쟁이거나 미쳤거나, 정말 주님이다. 만약 그가 거짓말쟁이라면 말로 형용할 수 없는 악인이다. 그러나 만약 그가 자기기만에 빠진 사람이라면 그는 자기가 '삶은 계란'[74]이라고 생각하는 수준의 인물이다. 만약 그가 플래너리 오코너의 등장인물처럼 진실을 말하고 있다면 '당신은 모든 것을 버려두고 그를 쫓아갈 수밖에 없다.'[75] 달리 말해서 그는 경배할 만한 가치가 있는 사람이며, 그의 아들과 딸이 되는 것이 우리 삶의 궁극적인 목적이 될 수밖에 없다. 사도들이 '만물이 주에게서 나오고 주로 말미암고 주에게로 돌아감이라.'고 말한 것처럼.[76]

천국이 미끼라는 생각에 대해 우리는 이미 루이스가 도덕을 제자리에 놓고, 진실과 믿음은 수단이 아니라 목표라고 주장하는 것을 보았다. 여기서 예수님이 '내가 길이고 진리고 생명이니'[77]라고 하신 말씀을 기억할 만하다. 만약 천국이 실재라고 할지라도 그것이 좋은 행동을 위한 미끼일 뿐이라고 생각하는 것도 여전히 가능하다. 루이스는 누구도 천국을 얻을 만큼 선하지 못하다는 성경의 관점을 굳게 취했다. '모든 사람이 죄를 범하였으매 하나님의 영광에 이르지 못하고', '죄의 삯은 사망이다.'[78] 천국이 미끼라는 생각은 불가능하다. 왜냐하면 천국은 하나님의 선물이거나 전혀 아무것도 아니거나 둘 중 하나이기 때문이다. 루이스는 『영광의 무게』에서 돈을 위해 결혼하거나 용병으로 싸우는 것은 대가를 목적으로 하는 행위이지만 사랑을 위해 결혼하거나 집을 지키고 승리를 얻는 것은 완전한 행위라고 설명한다. 그들은 그들 자신의 보상을 받는다.

우리는 천국이 '그림의 떡'이 아닐까 하는 걱정을 하고 있는가? 아니면 우리가 천국을 열망하는 것이 단지 대가를 목적으로 하는 이기적인 행위이기에 고민하고 있는가? 우리가 이기적인 사람이 될 수 있다고 해도 (루이스는 이러한 위험에 대해 경고했다.) 모든 욕망이 더 적절하게 만족될 수 있고, 욕망과 만족이 하나님께 속해 있다고 확신한다. 문제는 하나님을 목적으로 원하는지 아니면 수단으로 원하는 지이다.

우리는 천국이 미끼는 아닐까, 천국 자체를 목적으로 삼을 때 사심 없는 사람이 못 되는 것은 아닐까 염려합니다. 그러나 그렇지 않습니다. 천국은 대가만 바라는 사람이 갈망하는 것을 하나도 제공해 주지 않습니다. 마음이 청결한 자가 하나님을 본다는 것은 틀림없는 사실입니다. 오직 마음이 청결한 자들만이 하나님을 보고 싶어 할 테니 말입니다.[79]

천국은 신적인 속성 곧 하나님과의 연합이며 지옥은 그로부터의 분리이기 때문에 루이스는 우리의 영원한 운명에 대해 '하나님의 현존이나 부재와 관계없이'[80] 생각하는 것은 타락한 교리라고 생각했다. 루이스는 천국과 지옥에 대한 교리를 이미 하나님을 중심에 둔 필연적인 결과라고 본다.

천국은 하나님과 연합하는 것이며 지옥은 하나님과 분리되는 것이라는 정의가 사라지는 순간, 천국과 지옥에 대한 믿음은 아주 해로운 미신이 됩니다. 왜냐하면 그렇게 될 때 우리는 한편으로는 단순한 인과응보 사상(즉, 인생의 슬픈 이야기에 대한 '속편'으로 모든 것이 '잘될 것'이라는 믿음)을 갖거나 한편 사람들이 수용소로 끌려가거나 혹은 박해자로 만드는 악몽을 꾸게 되기 때문입니다.[81]

루이스는 그가 '미래에 대한 어떤 믿음'이 그에게 생기기도 전에 '한 해 동안 내내', 하나님을 믿으려고 시도한 적이 있었다. 그

해는 그에게 '대단히 값진'[82] 한해였다. 내 경우에는 내가 두려워하던 것으로부터 자유로움을 얻었다. 루이스는 끈덕진 진리의 추구와 논리의 압박으로부터 더욱더 우아하게 빠져나왔다. 천국이 예수님 안에서 하나님과 연합하는 곳이라는 사실은 그의 마음 속 열망에 단순한 대답이 되었고 그의 정신과 영혼을 만족시켜 주었다. 루이스는 『영광의 무게』에서 이렇게 말했다. '하나님을 바라보며 영원한 삶을 얻은 사람은 의심할 나위 없이 천국이 미끼가 아니라 제자도의 완성이라는 것을 잘 알고 있습니다. 그러나 아직 영원한 삶을 얻지 못한 우리들은 이에 대해 전혀 알 수 없습니다. 계속 순종하지 않고서는, 최종적인 보상에 대한 욕망이 자라나는 가운데 순종에 대한 첫 번째 보상을 깨닫지 않고서는 이에 대해 알 방법이 없습니다.'[83] 삼위일체이신 하나님은 '궁극적인 사실'이며 '다른 모든 사실의 근원'이시다. 모든 곳, 즉 천국조차도 '그의 안에' 존재한다. 그래서 '그리스도의 영원한 아들 되심 속에서 신적인 삶과 연합하는 것은 엄격히 말해 유일하게 고려해 볼 가치가 있는 것이다.'[84] 천국이 궁극적이고 영원한 실재이고 여기가 그림자 나라라면, 세계는 현실 도피적인 곳이다.

신화 7: 믿음이 깊어 봐야 세상에서는 도움이 안돼

> 너희는 먼저 그의 나라와 그의 의를 구하라
> 그리하면 이 모든 것을 너희에게 더하시리라
> _마태복음 6:33

우리는 모두 이런 말을 들어본 적이 있을 것이다. '너무 믿음이 좋은 사람들이 세상에는 별로 도움이 안 되지.' 하지만 이건 분명히 틀린 생각이다. 이런 말은 믿지 않는 사람들만 할 수 있는 이야기이다. 만약 이 이야기가 사실이라면 현명한 사람들은 무엇을 선택하겠는가? 약 칠십 년의 인생의 모든 에너지를 자신을 위해 쏟겠다고 생각하는 세속적인 사람이 되겠는가? 아니면 믿음을 가지고 천국에 정신이 팔려 시간을 보내는 믿음이 좋은 사람이 되겠는가? 이런 진부한 표현 때문에 천국에 대한 나쁜 평판이 생기는 것이다. 예를 들어 앨런 올페는 최근에 미국의 종교와 문화에 관한 그의 책에서 우리는 '이방인들'이라고 가르치는 주류 기독교인에게 매우 '화가 났다.'고 말했다. 올페는 세속주의자를 자처하면서 미국인들이 '온전한 시민'[85]이 되기를 원했다. 기독교가 역사적으로 분리주의라는 것은 사실이다. 많은 기독교인들은 '세상에 살지만 세상에 속하면 안 된다.'는 예수님의 가르침을 따르는 대신에 '세상에' 속하지 않으려고 하면서 실은 아무것도 하지 않고 있다. 이는 우리를 결백하게 해 주지 못하며 오히려 독선적이며 전도에 있어서도 무능력하게 만든다. '인간의 도성'에 사는 것과 '하나님의 도성'으로 가는 것 사이의 긴장은 아브라함만큼이나 오래되었다. 그리고 이 주제는 성경 전체에서, 성 아우구스티누스, 루터, 리처드 니버에 이르기까지 역사적으로나 신학적으로 광범위한 작가들이 다룰 만큼 중요한 주제이다.[86] 이 작가들은 천국에 관심을 모으는 사람이 몽상만 하고 실질적인 가치가 있는 일을 할 수 없다는 생각은 진실에서 완전히 동떨어진 것이라고 확신했다. 먼저 천국의 황금으로 된 거리를 생각하다가 생각이 꼬리에 꼬리를 물면 여러분은 시카고 거리에 나 있는 큰 구멍을 생각하게 될 것이다. 역사는 황금으로 된 도로에 가장 관심이 많은 사람들이 콘크리트와 아스팔트를 만들었다는 것을 보여 준다. 루이스는 천국에 대해 가장 강한 믿음을 갖고 있는 사람이야말로 유일하지는 않겠지만 세상에 유익이 되는 사람이라고 지적한다. 그리고 천국의 영원함을 준비하는 것이 세상에서의 시간을 가장 훌륭하게 사용하는 것이다. 『순전한 기독교』에서 루이스는 말했다.

> 소망은, …영원한 세계를 계속 바라보는 것을 의미합니다. 그것은 우리가 눈에 보이는 이 세상을 떠난다는 뜻이 아닙니다. 역사를 더 듣어 보면, 이 세상을 위해 가장 많이 일한 그리스도인들은 바로 다음 세상에 대해 가장 많이 생각했던 이들이었음을 알게 됩니다. … 그러나 대부분의 그리스도인들이 다음 세상에 대해 더 이상 생각하지 않게 되면서, 기독교는 세상에서 그 힘을 잃고 말았습니다. 천국을 향하면 세상을 '덤으로' 얻을 것입니다. 그러나 세상을 향하면 둘 다 잃을 것입니다.[87]

그러면 믿음의 사람들은 어떻게 세상의 유익에 기여할 수 있을까? 루이스는 「몇 가지 생각들」이라는 제목의 에세이에서 기독교가 어떤 것에 책임이 있는지에 대해 이야기한다.

기독교는 로마제국의 몰락 시기처럼 세속적인 문명을 보호해야 할 책임이 있습니다. …유럽이 위기의 시대에 문명화된 농업, 건축, 법, 지식을 보존한 건 기독교 덕분입니다 이 종교는 항상 병든 사람을 치료하고 가난한 사람들을 돌보아 왔습니다. …기독교는 다른 무엇보다도 결혼을 축복해 왔습니다. …예술과 철학은 이웃들을 풍성하게 합니다.[88]

기독교인들이 선행을 해야 이유는 많이 있다. 그러나 그중에서도 가장 중요한 것은 하나님이 모든 것을 창조하셨고, 모든 창조물들이 그의 소유물이기 때문에 존중받아야 할 가치가 있다는 사실이다. 하나님의 형상을 소유하고 영원히 살도록 예정된 인간은 더 특별한 관심을 가져야 한다. '우리가 하나님의 창조를 자연적인 수준에서만 알기 때문에 우리는 죽음을 위한, 모든 다른 사람의 결점과 흠에 대한, 고통과 빈곤, 야만과 무지를 위한 싸움을 그치지 못한다. 우리는 어떤 사람들보다도 더 이 세계를 사랑해야 한다. 왜냐하면 우리가 이 세계보다 더한 어떤 것을 사랑하기 때문이다.'[89] 루이스는 하나님을 먼저 사랑하고 그 다음 네 이웃을 사랑하면 모든 것과 모든 사람들을 더욱 사랑할 수 있게 될 것이라고 올바르게 선포했다. 우리는 나중에 이러한 생각에 대해 더 살펴볼 것이다.

조지 바이겔은 기독교가 자비로운 일들을 해야 하는 이유를 더욱 상세하게 설명했다. '역사에서 권력이 세상에서 중요한 역할을 한다고 해도 역사가 단지 세계의 권력 게임의 부차적인 결과물은 아니다. 그리고 역사는 생산수단에 의해 생산된 배기가스도 아니다. 역사는 오랫동안 문화, 즉 인간이 명예롭게 여기고 소중히 하고 존경해 왔던, 사회가 진실 되고 선하다고 간주해 왔던, 언어, 문학, 그리고 예술 속에서 이러한 신념들을 표현해 왔던 개인과 사회가 생명을 걸어온 문화에 의해 이끌어져 왔다.'[90] 바이겔은 이러한 '기독교인의 사고방식'의 기원을 거슬러 올라가 보면 성 아우구스티누스의 『하나님의 도성』에 이르게 된다고 말한다. 실로 이러한 생각은 성경적인 것이다. 결국 예수님은 명령하셨다. '가이사의 것은 가이사에게' 다른 무엇보다도, 세금을 내어라.[91]

바이겔은 앙리 드 루박 신부를 인용하면서 이렇게 추론했다. '흔히 말하듯 인간이 하나님 없이 세계를 구성할 수 있다는 것은 사실이 아니다. 진실로 하나님 없이는 단지 인간에 반하는 세계를 만들 수 있을 뿐이다.' 그리고 바이겔은 말한다. '이것은 20세기의 전제정치들이 증명해 주는 바이다. 극단적인 세속의 휴머니즘은 필연적으로 비인간적인 휴머니즘이다.'[92] 이 얘기를 듣자마자 루이스가 『인간 폐지』와 『저 무서운 힘』에서 인간이 하나님이 주신 도덕 밖으로 한 발짝만 나가도 파괴적인 결과가 발생한다고 논증하고 설명했던 것이 기억날 것이다. 그 결과 20세기 유럽에서는 솔제니친이 '극단적인 분노의 자기 학대'라고 불렀던 전체주의 체제, 대공황, 두 번의 세계대전, 냉전이라는 살육이 벌어졌다.[93]

역사학자 크리스토퍼 도손은 루이스와 비슷하게 이렇게 결론지었다. '현대의 딜레마는 본질적으로 영적인 것이다. 그리고 모든 도덕적, 정치적, 과학적 모든 측면에서 우리는 영적인 해결책을 필요로 한다.'[94] 루이스의 의견도 이와 일치한다. '기독교는 진실로 이 세계의 현재적인 조건에 대해 두 가지 일을 한다. (1) 기독교는 세상을 가능한 선하게 만들려 하고 개혁하려고 시도한다. (2) 기독교는 세상이 악한 상태로 남아 있는 한 세상으로부터 여러분들을 보호한다.'[95] 예술, 문화, 과학, 인도주의적인 정책이 번영하기를 원하는 사회와, 역사를 알고 사람들에게 봉사하려는 정부는 '천국을 마음에 품은 사람들'에게 환영받는 집이 될 것이다.

천국

2부
천국의 신화를 다시 쓰기: 픽션

그분은 두 가지 것을 같게 만드시는 법이 없다. 그는 한 말을 두 번 말씀하시지 않는다. 흙이 더 좋은 흙이 된 것 아니라 동물이 되었다. 동물이 더 훌륭한 동물이 된 것이 아니라 영혼이 되었다. 타락한 후에는 회복이 있는 것이 아니라 새 창조가 있다. 새로운 창조 바깥에 제3의 것이 있는 것이 아니라 변화하는 상태 그 자체가 영원히 변한다.
하나님의 복을!

_C. S. 루이스의 『페렐랜드라 *Perelandra*』중에서

2
천국과 지옥에 대한 신화들

신화의 방법은 우리에게 이때까지 겪어보지 못했던 것을 경험하게 해 준다. 따라서 '삶에 대해 이야기하는' 대신 경험을 더할 수 있다.[96] _ C. S. 루이스

루이스의 제자이고 주목할 만한 학자이자 변증가이며 소설가인 해리 블레마이어스는 루이스의 친구인 오웬 바필드가 학자들에게 '다시 생각하기'를 권했던 것을 기억하고 있다. 천국에 대해 생각하려고 할 때에도 동일한 재능이 필요하다. 현재 우리가 지닌 범주들은 길을 잃어버리게 만든다. 우리에게 주어진 시간은 매우 짧고 매우 적은 관계만을 유지할 수 있다. 우리는 노력하고 애쓰라는 명령을 받았고 행한 일에 대해 상을 받겠지만 영원한 운명을 볼 수 있을 만큼 오래 살지 못한다. 블레마이어스는 우리를 한계에서 벗어

나도록 돕기 위해, 사전이나 백과사전에서 유충을 찾아보면 유충이 나비의 용어로 묘사되어 있을 것이라고 알려 주었다. 즉, 그것이 나중에 무엇이 될 것인지에 대해 묘사되어 있다는 것이다. 그는 천사가 백과사전에서 인간 종에 대해 찾아본다면 어떻게 묘사되어 있을지 상상해 보라고 말했다. 왜냐하면 우리의 '변신'은 유충의 변신보다도 훨씬 더 근본적이기 때문이다. '나는 천사가 하늘의 백과사전에서 남자와 여자를 찾아본다면 무엇을 발견하게 될지 놀라지 않을 수 없다.'

지구에 있는 존재로서 전용단계(번데기전기)에서 구원된 유충을 일컫는 이름이다. 그들은 두 다리와 두 팔과 두 눈과 두 개의 귀를 지녔다(그리고 타락한 경우는 대부분 두 개의 얼굴을 지녔다고 한다). 그들은 날개가 없고, 감각이 발달하지 못해 현실만을 인식한다. 그들은 공간-시간의 연속체에 사로잡힌 창조물로서, 미성숙한 이해력으로 모든 것을 판단하려는 경향이 있다.[97]

그러면 어떻게 바필드가 제안한 것처럼 굳어진 이미지와 생각들을 '다시 생각'할 수 있을까? 가장 좋은 방법은 이 세계를 떠나 완전히 새롭게 시작할 수 있는 새로운 곳으로 가는 것이다. 그렇다면 어디에서 그렇게 할 수 있을까? 그것은 루이스가 훌륭하게 창조한 상상문학에서 가능하다. 그리고 어떻게 블레마이어스의 말처럼 미래에 대해 생각해 볼 수 있을까? 그 역시 상상문학을 통해서 가능하다. 훌륭한 픽션이라는 이 독특한 선물은 지성과 상상력과 감정에 즉각적으로 다가온다. 픽션은 우리의 정신적인 전경이 완전히 바뀌는 경험을 하게 해 준다.

예수님이 항상 이야기를 통해서 가르치셨던 것은 바로 이런 이유 때문이다. 참으로 성경의 많은 부분들은 이야기의 형태로 되어 있다. 이야기는 형식적인 적용을 일삼는 모든 추상적인 범주들에 도전한다는 장점을 갖고 있다. 거의 모든 우화는 예증하는 데 도움이 된다. 콜린 듀리에즈는 적절하게도 이렇게 말했다. "C. S. 루이스는 우리가 성경적인 이미지를 알고 있어도, 아마 천국을 상상하는 것이 불가능할 것이라고 믿었다. 우화, 비유, 그리고 픽션은 우리가 천국에 대해서 이야기할 수 있는 가장 근접한 방법이다. 그가 그렇게 판타지를 통해 천국을 탐색하려고 했던 이유는 이 때문이다."[98] 달리 말해 그가 성경적인 진리를 이해하도록 돕기 위해 했던 모든 시도들은 잘못된 것의 신화를 벗겨 내고 진실한 신화를 다시 쓰는 과정이었다는 것이다.

루이스는 어린 시절부터 특히 북유럽 신화와 같은 신화들을 좋아했다. 다른 사람들을 위해 자기 자신을 희생하는 신에 대한 신화는 그의 상상력을 강력하게 사로잡았다. 그러한 행동과 감정은 도덕적인 진실로 다가왔지만, 그는 이런 신화들이 '고귀한 거짓말'이라고 생각했다. 나중에 루이스는 이른 시간에 모들린 대학을 산책하면서 그의 친구 톨킨과 다이슨이 오래된 신화가 '인간의 상상력에 주어진 신적 진실의 희미한 빛에 불과할지라도 실제'라고 설명하는 것을 듣고 나서야 생각이 바뀌었다. 데이비드 다우닝은 이 렇게 정리했다.

> 그들은 위대한 모든 신화들, 신이 인간을 위해 그 자신을 희생했다는 내용의 신화들은 구속의 필요성에 대한 자각이 자신의 노력이 아니라 보다 높은 영역에서부터 온 선물이라는 것을 선천적으로 알고 있었다는 사실을 보여 준다는 것에 대해 논쟁했다. 그들에게는 성육신이 신화에서 역사가 되는 중요한 지점이었다. 예수님의 삶과 죽음과 부활은 구약을 성취했을 뿐만 아니라 정말 전 세계의 신화 속에서 발견되는 중심적인 주제 속에도 포함되어 있다. …그가 사랑했던 그리스신화와 북유럽 신화들은 단지 생각할 가치가 없는 현실도피적인 헛소리가 아니었다. 그 신화들은 합리적으로 변화하는 진리에 대한 보물창고가 되었다. 신화는 부분적이며 왜곡되어 있지만 논리적인 탐구의 영역을 넘어서는 진리에 대해 통찰력을 가져다준다. 루이스는 다른 모든 신화들이 지적하듯이 진실한 신화인 기독교에서 선하고 현실적인 것으로 방어할 수 있는 세계관을 발견하였다. 그것은 역사에 기반하고 있는 믿음이자 그의 강력한 지성까지 만족시킬 수 있는 믿음이었다.
>
> 물론 그때부터 루이스에게 기독교는 모든 매혹적인 신화와 이야기들의 근원이자, 모든 신화들의 열쇠로 역사 속에서 역사 자체가 펼쳐지는 신화가 되었다.[99]

물론 기독교의 내부에서 신화라는 용어를 사용하는 것에 대해 위험하다고 생각하거나 분격해 하는 것은 이해할 만하다. 기독교가 '단지 신화일 뿐이다.' 라는 비난에 맞서 기독교를 옹호하는 사람들에게는 특히 더 그럴 것이다. 우리가 먼저 기억해야 할 것은 루이스가 기독교의 진리를 방어하기 위해 헌신한 사람이라는 것이다. 그는 기독교의 진리를 방어해야 한다는 것에 대해 확신이 있었고, 누구도 루이스처럼 육체적인 고통이라는 대가를 치르지 않고는 그와 같이 할 수 없었을 것이다. 루이스는 선천적으로 책상물림의 학자임에도 불구하고 다양한 청중들을 위해 강연을 하였다. 그 결과 엄청난 편지가 쏟아졌고, 그는 매일 아침에 한두 시간 정도는 이에 대한 답장을 써야 했다. 그는 이러한 일에서 벗어나고 싶다고 기도 드렸지만 상황은 바뀌지 않았다. 또한 루이스가 자신의 고유한 학문적 영역에 머무르지도 않은 채, 배우지도 않은 것을 대중들에게 이야기한다고 느낀 그의 동료들을 비롯한 옥스퍼드대학의 학자 집단의 조롱을 삼십 년 동안 받아야 했다. 게다가 무신론자와 불가지론자의 만연한 불신, 매우 폐쇄적인 집단의 피할 수 없는 질투도 있었다.

다음으로 몇 가지 정의를 정리해 보자. 루이스는 신화라는 용어의 평범한 두 가지 의미에 세 번째 의미를 덧붙였다. 이것은 그가 기쁨이라는 단어를 '행복'이라는 평범한 의미로도 사용하지만, 소유에 비교해 볼 때 무언가가 부족하다는 의미에서 '갈망과 욕망'이라는 특별한 의미로 많이 사용했던 것과 유사하다. 비슷하게, 신화는 일반적으로는 예전부터 믿어온 오래된 이야기들 또는 이제는 픽션이나 아니면 거짓처럼 보이는 것을 말한다. 오직 무식하거나 멍청한 사람들만이 신화를 믿을 것이다. 그런데 루이스와 같은 진정한 신자가 '기독교 신화'와 같이 명백히 어법에 모순되는 두 개의 단어를 조합했을 때 우리의 사고에는 곤란한 일이 발생한다. '기독교 신화' 라는 말에서 루이스는 신화라는 단어를 풍부한 상상력을 경험하게 해 주고, 가장 중요한 종류의 진실에 관련된 가치 있는 이야기라는 세 번째 의미로 사용했다. 신화라는 단어의 의미를 이런 방식으로 정의하는 것은 신화가 문화의 신념과 가치라는 첫 번째 정의와 공통점이 있다. 루이스에게는 문학적인 성향이 있기 때문에 이러한 의미가 중요하지만, 이러한 취향을 공유하지 않는 사람들에게는 이 의미의 중요성이 처음에는 명백하지 않을 것이다. 그러나 이러한 의미를 이해하려고 노력할 만한 가치는 있다. 왜냐하면 그것은 우리가 왜 픽션을 좋아하는지, 왜 픽션이 그렇게 훌륭한지에 대해 설명해 주기 때문이다.

「사실이 된 신화」라는 에세이에서 루이스는 인간의 가장 기본적인 문제점을 신화가 해결할 수 있다고 말한다. 우리는 근본적으로 경험이 바뀌는 경우가 아니라면 경험하면서 동시에 그에 관해 생각하지 못한다. 예를 들면 사랑하는 사람에게 키스하면서, 그 순간을 멈추지 않고서는 키스에 대해 생각할 수 없다. 농담에 웃으며 동시에 효과적인 유머의 원칙에 대해 토론할 수도 없다. 우리는 한번은 경험 속에서 그리고 그 다음에는 경험의 바깥에서 그것을 검토

한다. 신화적인 서술은 독특하게도 근본적인 진리에 대한 통찰력을 얻는 동시에 그것을 경험하도록 해 준다. 「사실이 된 신화」에서 루이스가 이를 어떻게 설명하고 있는지 살펴보자. '신화를 통해 여러분들이 자연스럽게 알게 되는 것은 신화가 진실이 아니라 현실이라는 것입니다.(진실은 항상 무엇에 관한 것이지만 현실은 진실이 무엇인지에 대한 것입니다.) 그러므로 모든 신화는 추상적인 수준에서 무수한 진실의 아버지가 됩니다.'[100] 예수님이 삶의 무수한 상황에 비유를 적용하셨던 이유는 이 때문이다. 그래서 '예수께서 비유가 아니면 아무것도 말씀하지 아니하셨다.'[101]

다행스럽게도 우리는 신화가 어떻게 작용하는지 이해하지 않아도 신화의 유익을 얻을 수 있다. 하지만 사물들이 어떻게 작용하는지 알고 싶어 하는 것은 우리 자신의 일을 하기 위한 수단이 될 뿐만 아니라 인간이 되는 과정의 일부이다. 루이스의 픽션에서 수백만 명의 사람들을 '놀라움과 기쁨'으로 사로잡은 것은 바로 신화적인 요소이다. 그의 작품은 천국의 만족에 대한 근본적인 갈망을 불러일으키고 진정한 인간의 경험을 구속하는 것들을 흔들어 버린다.

루이스는 신화적인 글과 예술적인 글을 혼동해서는 안 된다고 경고했다. 루이스의 독특한 정의에 따르자면, 신화는 특정한 종류의 이야기이며 문학작품, 묘사, 단조로운 산문에서도 효과적으로 사용될 수 있기 때문에 신화는 지금도 사용된다고 한다. 그의 책, 『문학비평에서의 실험』중에 「신화에 관하여」라는 장에서 그는 신화의 특징 여섯 가지를 열거하며 이를 자세하게 설명한다. 신화는 '초문학적'인 것이다. 신화는 서스펜스나 경악과 같은 일반적인 이야기의 기술에 의지하지 않는다. 그리고 신화에서는 필연적인 것이 느껴진다. 그러나 신화에서 '우리의 삶과 심오한 관련성이 있다.'는 것을 느낀다고 해도, 우리는 등장인물과 자신을 동일시하도록 만들지 않는다. 신화는 초자연적인 것을 다루며 엄숙하다. 그리고 신화는 우리와는 다른 세계나 인격체들, 천사와 유령과 신들과 같은 존재에 경외감을 불러일으킨다.[102]

또한 신화는 루이스가 '세계상'이라는 용어로 정의한 가치, 의미, 중요성에 대한 이해라는 의미를 포함하고 있다. 분명히 이러한 것들은 잘못된 믿음으로 될 수 있다. 루이스의 저작은 두 가지 표현 방법을 사용한다. 첫째, 논픽션은 잘못된 믿음에서 일반적인 의미로 사용되는 '신화'를 벗겨 낸다. 이를테면 진보나 진화와 같은 현대 신화의 오류를 드러내고 근거를 파헤친다. 보통 루이스는 자신의 픽션에서 앞서 언급한 신화의 여섯 가지 기준에 맞게 픽션 다시쓰기를 하고 있다. 그의 논픽션은 내가 알고 있는 어떤 작가와도 달리 종종 신화적이거나 신화를 다시 쓴 것 같다. 『영광의 무게』를 읽어본 사람이라면 누구나 이 점에 대해 알고 있을 것이다. 확실히 이러한 기준에 맞추어 씌어 진 신화는 천국과 지옥에 관한 질문들과 연관된 근본적인 주제의 영역으로 우리를 이끈다. 그리고 루이스의 작품은 아주 훌륭할 뿐만 아니라 철저하게 기독교인의 입장에서 씌어 졌기 때문에, 근본적인 진리를 받아들일 수 있도록 정신과

의지와 감정을 예비하게 한다.

근래에 주목할 만한 루이스 학자인 마조리 호프 니콜슨은 『달세계 여행』이라는 루이스의 초기 작품에 대한 비평에서 루이스를 신화작가로 평가했다.

> 『침묵의 행성의 바깥』은 나에게 모든 우주여행을 다루는 작품 중에서도 가장 아름다우며, 어떤 의미에서는 감동적인 작품이었다. C. S. 루이스는 기독교 변증가로서 오랜 변증의 전통에 새로운 것을 덧붙였다. C. S. 루이스는 『침묵의 행성의 바깥』에서 학자이자 시인으로서 이전의 작품에서와는 다른 결과를 성취했다. 이전의 작가들은 전설이나, 신화나 동화에서 새로운 세계를 창조해 냈다. 그러나 루이스는 적어도 인류의 뿌리 깊은 욕망과 소망이 엮어져 있는 신화 자체를 창조해 냈다. …낯선 세계를 여행할 때, 랜섬이 '모험을 쫓아가는 게 아니라 신화가 일어나는 느낌'을 경험한 것처럼 나도 그런 느낌을 종종 경험한다.[103]

루이스는 신화와 진리 그리고 사실이라는 세 요소가 예수님의 성육신을 통해 모두 하나가 되었다는 것을 믿는다. 우주 3부작의 두 번째 작품인 『페렐란드라』에서 영웅 랜섬은 이제 비인간인 웨스턴과 싸워야만 한다. 세계의 운명이 이 싸움의 결과에 달려 있다. 예수님이 하나님의 목적에 따라 우리 세계를 위해 심오한 행위를 했던 것처럼 랜섬이 그와 같은 일을 하게 될 때, 화자의 목소리는 신화적인 부분을 감지하고 있다.

오래전 화성에서, 그가 페렐랜드라에 오기 한참 전에, 랜섬은 신화와 진리와 사실의 세 영역이 순수하게 구분된다고 생각해 왔었다. - 그러한 구분은 일면적이며, 타락의 결과인 영혼과 육체 사이의 불행한 분리의 결과이다. 지구에서조차 성찬은 이러한 분리가 유익하지 않으며 최종적이지도 않다는 것을 영원히 기억하기 위해 존재한다. 그리고 성육신은 이러한 분리가 사라질 것이라고 알려 준다. 페렐랜드라에서는 그런 구분이 아무런 의미도 없다. 여기에서 자연스럽게 일어나는 일은 무엇이든 간에 지구인들은 그것을 신화적이라고 부를 것이다. 이 모든 것은 그가 이전에 생각했던 것이다. 이제 그도 알고 있다. 무시무시한 어둠 속의 실재는 이렇게 귀중한 보석 같은 진리들을 그에게 알려 주었다.[104]

그 누구도 루이스가 감당하고자 했던 일을 '이야기에 관하여'의 결론부에서 루이스 자신이 설명한 것보다 더 잘 이야기 할 수는 없을 것이다.

삶과 예술에서, 그것이 내게 보여 지는 것처럼, 우리는 항상 연속적이지 않은 것을 연속적인 순간의 그물 속에서 파악하려고 시도합니다. 현실 속의 삶에서는 우리가 어떻게 해야 하는지 가르쳐 줄 수 있는 선생님이 없습니다. 그래서 결국 그물이 새를 잡을 수 있을 만큼 훌륭하게 될 수 있는지, 또는 자기 고향을 향해 날아가는 새를 쫓아 우리가 그물을 던질 수 있을지, 이런 것들이 이 에세이의 질문은 아닙니다. 그러나 나는 그것이 이미, 또는 이야기 속에서 거의 다 이루어졌다고 생각합니다. 이러한 노력이 해 볼 만한 가치가 있다는 것을 믿습니다.[105]

천국에 대한 신화를 다시 쓰면서 루이스는 인물과 상황을 놀랍게 배열하여 다섯 개의 주된 주제를 발전시켰다. (1) 예수님은 모든 것의 중심이다. (2) 천국은 전적으로 실제적이며, 우리의 지상에서의 삶은 천국의 그림자이다. (3) 천국은 하나님의 인격으로부터 흘러나온다. 이것은 천국이 완전하며, 선과 정의와 자비와 창조와 사랑이 함께 모든 것을 지배한다는 것을 의미한다. (4) 여기에서 인간성은 자신의 창조된 가능성이 실현되고 충족될 수 있다는 것을 발견한다. 그곳은 우리의 진정한 자연스러운 고향이다. (5) 모든 우리의 열망은 근본적으로 천국을 향한 것이다. (6) 우리는 예수님의 탁월함을 선택함으로써 천국을 선택한다. 이러한 주제는 성경적이며, 루이스의 픽션을 읽으면서 나는 깊은 이해뿐만 아니라 새로운 차원의 열정의 위대한 근원을 되찾았다.

3
창공 Heavens을 천국 Heaven으로 바꾸기: 침묵의 행성 바깥

> 주의 손가락으로 만드신 주의 하늘과 주께서 베풀어 두신 달과 별들을
> 내가 보오니 _ 시편 8:3

루이스의 랜섬 3부작 『침묵의 행성 바깥』, 『페렐랜드라』, 『저 무서운 힘』[106]은 아마도 과학소설과 신학적인 논의가 결합된 최초의 작품일 것이다. 루이스는 기독교의 메시지를 직접적으로 제시하는 방법대신 과학소설을 통해 그러한 메시지를 몰래 들여오도록 하였다. 루이스는 모든 종류의 환상문학의 팬이었으며 특히 고대 신화들을 가장 좋아했다. 옥스퍼드에서 애디슨을 산책하던 밤에 그의 친구 톨킨과 다이슨이 루이스에게 기독교의 진리와 고대의 신화를 연결할 수 있다는 것을 알려 주었을 때, 그는 회심의 핵심에 도달했

다. 이러한 영향으로 랜섬 시리즈에서 루이스는 이 과정을 단순히 뒤집었다. 루이스의 많은 문학적 비평작업에서 알 수 있듯이, 그의 픽션은 실제로 고대와 중세의 이야기들을 현대적인 상황에 적절하도록 신화로 다시 쓴 것이었다. 그리고 루이스의 소설 독자들이 모두 잘 알고 있듯이 그는 단순히 기독교의 주제만을 다루지 않았다. 오히려 그의 생각은 충분히 통합되어 있었고 기독교인으로서 깊이 헌신적이었기 때문에, 그는 인위적으로 또는 표면적으로는 이런 주제들을 제외하려고 시도했었다. 그러나 신화적인 요소만큼이나 기독교적인 요소는 루이스의 다른 작품들에서도 저자의 고결함을 나타내듯이 충만히 넘쳐난다. 그는 '어떤 가치의 유일한 윤리는 저자가 자기의 정신을 전적으로 투여할 때만 생겨난다.'[107]라는 자신의 원칙에 진실했다.

클라이드 킬비는 3부작에서 신학적인 주제가 취하고 있는 목표를 적절하게 요약했다. '아마도 『침묵의 행성 바깥』과 『페렐란드라』의 목표가 이때까지 무엇이 일어났는지를 설명하는 것이라면 『저 무서운 힘』은 무엇이 일어날지를 설명하는 것이라고 말할 수 있을 것이다.'[108] 처음 두 작품이 죄에 의해 손상된 세상을 보여 준다면, 세 번째 작품은 죄의 지옥 같은 악몽이 미쳐 날뛰는 것을 보여 준다. 앞의 두 작품이 죄 없고 조화로운 장소인 천국이 어떤 모습일지 미리 예시한다면, 세 번째 작품은 죄의 파괴로 영원히 훼손된 장소인 지옥이 어떤 모습일지 보여 준다고 이야기할 수 있을 것이다.

비록 3부작의 첫 번째 작품인 『침묵의 행성 바깥』은 천국과 지옥을 직접적으로 다루지는 않지만 다음의 주제들과 관련된 상상력 풍부한 관점들을 제시한다.

- 타락하지 않은 창조와의 조화 (창조물과 그의 환경 사이)
- 동물과 인간, 천사, 그리고 신과 다른 창조물 사이의 조화
- 죄로 인한 사망
- 새롭고 더 나은 것을 위해 하나님이 행하기 원하시는 필수적인 것으로써의 죽음
- 하나님의 더 크신 계획과의 관계 속에 있는 잠정적인 인간성과 현재의 창조물(우주)
- 개인과 세세한 것까지 고려하시는 하나님 (오야르사는 웨스턴 같은 엄청난 죄인에게조차, 즉 그의 '구부러짐'과 죄악에도 불구하고 그 속에서 희망을 보고 자비를 베푼다.)
- 우리가 모르는 것에 대한 겸손 (예를 들면, 육체적인 한계로 인해 우리가 볼 수 없는 것. 루이스는 상상하기 어려운 천국의 차원들을 암시하기 위해 시간과 공간을 넘어서는 관점을 제시했다.)
- 빈 공간이 아니라 영광으로 충만한 천국

우리가 예상할 수 있듯이, 이런 주제 중에서 나머지 두 책, 특히 『페렐랜드라』에서 동일한 주제들이 다시 나타난다. 나는 우선 『침묵의 행성 바깥』에서는 뒤의 다섯 가지 주제에 대해 논의하고, 『페렐랜드라』에 대해 이야기할 때 처음 세 가지 주제에 초점을 맞출 것이다.

천국으로서의 우주

루이스는 그가 좋아하는 스펜서로부터 표현을 빌려와 하나님을 '아름다운 창조자'로 보았다. 우리가 볼 수 있는 눈이 있다면, 세계는 어디에나 하나님의 영광의 빛으로 가득 차 있는 것을 볼 것이다. 만약 우리가 아래를 내려다보면 '티끌 같은 모래 속에서조차 우주를 볼 것'이라고 블레이크는 말했다. 우리가 위를 본다면 '창공은 하나님의 영광을 선포할 것'이라고 시편기자는 말했다. 그러나 루이스는 우주의 광대한 공간을 보았을 때 그렇게 생각하지 않았다. 『고통의 문제』의 서두에서 말한 것처럼, 그가 무신론자였던 시절에 우주가 빈 공간이라는 것은 신앙을 갖지 못하게 하는 큰 이유 중의 하나였다. 그에게 우주는 생명이 없는 커다란 텅 빈 쓰레기장으로 보였고, 유일하게 생명체가 살고 있는 지구조차도 수백만 년 전에는 생명체가 없었을 뿐 아니라 먼 미래에 태양연료가 모두 떨어지고 나면 지구상의 생명체가 사라져 다시 그런 상태가 될 것이라고 생각했다.

맬러캔드라의 오야르사  는 우주에서 상대적으로 하찮은 위치에 있는 우리가 시간과 공간의 한계로 인해 상상력을 제한받는다는 것을 알고 랜섬에게 다음과 같이 그 문제를 지적했다. "나의 백성들에게는 다른 이들에게 무엇이 얼마나 큰지, 얼마나 많은지에 대해 말해서는 안 된다는 법이 있다네. 심지어 손 ^{맬러캔}

드라에서 가장 철학적이며 합리적인 생명체 에게조차도 말이지. 자네는 이해하지 못하겠지만, 그 법은 자네가 그 무엇에도 경의를 표하지 못하게 하며 정말 위대한 것이라도 그냥 지나치게 만든다네." 109

그러나 이렇게 창조에 대한 흐릿한 시선은 루이스가 회심한 것처럼 예수님의 빛에 의해 명백해질 것이다. 모든 것은 새로운 의미를 얻고 영원을 암시하게 되었다. 루이스에게 이제 하늘 그 자체는 하나님의 창조의 신화적인 요소가 되었다. 『기적들』에서 루이스는 창조를 일부러 비유적으로 바라보고, 신화를 쓸 수 있는 주제로 보는 관점을 제안했다. '단순하지만 영적인 사람들이 하나님과 천국과 푸른 하늘을 같이 생각하지 못한다는 것은 우연적인 사건이 아닙니다. 그리고 하나님이 우주와 그 속에서 움직이는 세계를 만들고, 세계를 공기로 덮으시고, 우리가 지니고 있는 눈과 상상력을 주셨을 때, 그분은 하늘이 우리에게 무엇을 의미할지 알고 계셨습니다. 그리고 그의 작품 중에서 어느 것도 우연한 것은 없으므로 그가 알고 계셨다면, 그분이 의도한 것입니다. 이것이 참으로 자연이 창조된 주된 목적 중의 하나라는 것은 확실합니다.' 110

회심을 통해 루이스는 우주를 새로운 눈으로 바라보기 시작했고, 우주는 텅 빈 공간에서 비옥한 생명의 원천이자 생생한 생명으로 바뀌었다. 이것은 그에게 훌륭한 선물이 되었고 천국을 상상하도록 우리를 도와주었다. 『침묵의 행성 바깥』에서는 이러한 루이스의 독창적 공헌을 볼 수 있다. 루이스는 생명이 가득 차 있는 천국의 모델을 먼 곳에서 찾을 필요가 없었다. 그의 작품에는 충만설

Doctrine of Plenitude 뿐만 아니라 중세적인 세계관이 풍부하게 사용된다. 조지 무사치오는 이렇게 설명했다. '그것은 하나님의 속성으로 인해 우주에는 다양한 종류의 있음직한 생명이 가득 차 있다는 것을 의미한다. 물론 전능하시고 자비로우신 하나님은 창조물들을 통해 완전함과 충만함, 생명과 에너지, 선善을 창조하셨다. 그분은 우리의 이해를 넘어서는 곳에 있는 우주를 전부 낭비하지 않으신다.'111 루이스는 중세적 세계관을 신앙으로 믿은 것이 아니라, 창조의 원리 속에 있는 하나님의 탁월함을 표현하는 통찰로 바꾸었다.

맬러캔드라確性에 도착하기 전에 악한 과학자들에게 납치를 당하기는 했지만 우주를 여행하던 랜섬은 우주에 대한 자신의 이전의 시각이 잘못 되었다는 것을 알게 되었다. 그는 '우주'에 대해 이해하고 있다고 생각했었다. 그러나 수년간 우주에 대한 생각 뒤에는 어두움, 차가운 진공, 세상으로부터 분리된 완전한 죽음에 대한 우울한 이미지가 숨어 있었다. 그는 그때까지 그런 상상이 자신에게 얼마나 영향을 미쳤는지 알지 못했다. '우주'라는 바로 그 명칭이 그들이 헤엄치고 있는 빛나는 하늘의 바다에 대한 모욕적인 비난처럼 들릴지라도 우주에서 생명이 흘러들어 오는 것을 느끼는 이상, 그는 우주를 '죽음'이라고 부를 수 없었다. 세계와 생명이 이 바다로부터 나왔다면 참으로 우주가 어떻게 다른 것이 될 수 있겠는가? 그는 지금까지 우주가 불모지 같은 곳이라고 생각해 왔다. 하지만 이제부터 그에게 있어 우주는 세계가 태어난 곳이다. 우주의 빛나고 무수한 소산들은 밤마다 수많은 눈으로 지구를 내려다

본다. – 여기에도 얼마나 많은지! 우주는 잘못된 이름이다. 예전의 사상가들이 우주를 창궁 – 영광을 선포하는 창궁 – 이라고 이름 붙인 것은 현명한 일이었다. 그는 자주 그가 사랑하는 밀턴의 시구를 인용하곤 했다.

내가 날아다니는 행복한 나라
거기에서는 낮이 결코 그의 눈을 감지 않네,
하늘의 광대한 영역까지.

랜섬은 '창공'을 떠나 중력이 작용하는 맬러캔드라를 향해 가면서, 새로이 발견한 영광들을 뒤에 남겨 두고 가야 한다는 사실이 싫었다. 그리고 "견딜 수 없는 높이와 추락하는 느낌 – 창공 속에서는 전혀 없던 – 이 계속 반복되었다. …갑자기 우주의 빛들이 약해지기 시작했다. 마치 어떤 악마가 더러운 스폰지로 창공의 얼굴을 문지르는 것처럼, 우주의 빛들이 오랫동안 그 속에서 빛나던 광채가 창백하고 비루한 회색으로 뒷걸음치기 시작했다." [112]

그들은 창공에서 떠나 지상으로 내려왔다. 그의 모든 모험들 중에서도 랜섬의 마음 속에 이처럼 깊게 새겨진 것은 없었다. 그는 자신이 행성들뿐만 아니라 지구조차도 생명의 섬 또는 죽음의 진공 속에 떠 있는 실재라고 생각해 왔다는 사실이 놀라웠다. 이제 그는 결코 없어지지 않을 확신을 갖고 행성들이 – 그의 생각 속에서 '지구들'이라고 부르는 – 단지 살아 있는 창공의 구멍이나 틈 – 무거운 물질과 더러운 공기의 쓰레기들을 버리는 – 주변의 빛을 더하는 것이 아니라 빼앗는 것이라고 보게 되었다.[113]

반대로 그가 이 이야기의 후반부에서 맬러캔드라의 대기에서 거의 벗어나 창공에 가까운 멜딜론을 여행할 때에는 그는 예전의 부풀었던 마음과, 솟아오르는 장엄함, 아무런 요구 없이도 무한하게 주어지는 삶과 힘에 대한 느낌을 한번은 침착하게 또 한번은 황홀하게 느꼈다. 그의 폐 속에 충분한 공기가 있었다면 아마 그는 큰 소리 웃어댔을 것이다. 창공에서는 천국처럼 가장 평범한 경험조차도 숭고하게 되고 모든 감각들은 더욱 예민하게 된다.

우주와 비교해 봤을 때 맬러캔드라의 대기는 랜섬에게 실망스러웠지만, 행성의 표면은 지구와 비교해 볼 때 훨씬 훌륭했다. 그의 첫인상과 마지막 인상을 종합해 보면 다음과 같다. '맨 먼저 그가 알게 된 것은 맬러캔드라가 매우 아름답다는 것이었다.'[114] '더없이 아름다운' 광경이었다. 바다는 단지 '빛들'의 반사의 효과 때문이 아니라 '정말 푸르렀고', 해안에는 '하얀 연분홍의 초목'들이 있었고, '곧은 모양의 담녹색' 너머로 자줏빛 지평선이 있었다. 저 멀리에는 '장밋빛 구름 같은 덩어리'들이 있었다. 간단히 말해 그는 맬러캔드라를 좋아했다. 맬러캔드라의 환경은 아름다웠을 뿐만 아니라 생명을 북돋우고 영혼을 새롭게 하는 곳이었으며 지표면의 식물조차도 기름졌다.

루이스와 동시대인이자 영성관련 작가인 이블린 언더힐 무어는 『침묵의 행성 바깥』에는 '아름다움과 유머와 깊은 슬픔이 매혹적으로 조합되어' 있으며, 루이스가 가장 훌륭하게 기여한 것은 '우주를 천국으로 바꾼 것'이라고 격찬했다.[115] 우리는 창공 heaven 이라는 단어를 하늘과 구원받은 사람들이 영원히 사는 장소를 묘사하기 위해 사용한다. 루이스가 창공의 개념을 수정한 것은 더욱 설득력이 있다. 그리고 우리가 보는 창공은 예수님의 재림 때에 '뜨거운 열에 의해 녹아버릴' 것이다. 그러나 구속받은 사람들은 영원한 천국에서 영원히 지내게 될 것이다.

이 책에서 '창공 heaven'과 '천국 Heaven'이라는 단어는 천국과 연결되는 두 개의 중요한 고리이면서, 동음이의어라는 관련성이 있다. 이 책에 이와 같이 사용되는 동음이의어로는 하나님이나 예수님과 바꿔서 사용되는 단어인 맬럴딜이 있으며, 그 다음으로 창공에 사람들을 거주하게 하고 맬럴딜의 명령에 따라 움직이는 엘딜들이라고 불리는 영들 또는 천사들이 있다. 엘딜들은 성경에 나와 있는 천사들의 일을 수행하며, 천사들과 지난 몇 세기 동안 예술과 문학으로 인해 그들의 웅장함이 무뎌져 왔다는 공통점이 있다. 엘딜들은 공포에 떨게 만들기도 하지만 적어도 그 현명함에 있어서는 존경받을 만하다.

그러나 웨스턴 박사처럼 단지 어리석거나 영적으로 무지한 사람들만이 감히 그들과 언쟁하거나 헛되이 그들을 속이려고 한다. 엘딜들은 빛보다 빠른 속도로 움직이며 실체가 없는 육체를 지니고 있다. 맬러캔드라의 현명한 창조물인 손 sorn 은 랜섬에게 '만약 그들이 일정한 속도로 움직이면, 너는 그들을 찾아낼 수 있을 것이다. 그러나 더 빨리 움직이면 아마 너는 그들을 전혀 알아채지 못할 것이다. 또한 모든 만물보다 높이 계신 하나님은 너무나 빨라서 그는 한 순간에도 모든 곳에 계시며, 아마 쉬라는 얘기를 듣는다면 그럴 몸이 전혀 없다고 대답하실 것이다.'[116] 라고 육체의 이동을 설명했다.

엘딜들이 말할 때 그들의 목소리는 '인위적'으로 들린다. 그리고 그들은 인간이 그들을 보기를 원한다면 희미한 빛처럼 변한다. 이 강력한 존재는 종종 세계를 지배하는 역할을 맡게 된다. 인간조차도 그러한 통치자를 '오야르사'라고 부른다. 페렐랜드라의 오야르사인 엘딜은 아주 겸손하게 맬럴딜이 보낸 인간과 닮은 창조물들이 다스릴 행성을 예비하며, 그들이 어떻게 행성을 다스려야 하는지 배우는 것을 기꺼이 돕는다. 엘딜들 하나님의 천사들 이 우리를 위해 일들을 하는 것은 당연하다. 우리는 확실히 천사들의 돌봄을 받는다. 그리고 성경은 나중에 우리가 예수님과 함께 통치하게 될 것이라고 – 사물들을 관리하는 것을 돕게 될 것이라고 약속했다.

물질적인 신체를 지니고 있는 맬러캔드라의 창조물은 선하지만 처음에는 랜섬을 공포에 떨게 했다. 그것은 미지의 생명체에 대한 자연스러운 공포뿐만 아니라 '타자'에 대한 괴물 같은 느낌 때문이었다. 우주에 대한 그의 선입견처럼 랜섬은 다른 세계의 생명체들에 대한 현대 소설의 표현방식에 익숙했다. H. G. 웰즈와 동시대인들의 과학소설에서 우주의 거주자들은 괴기스럽고, 악의적이며, 인간 방문자들에게 공포를 불러일으킨다. 랜섬은 "우리 세계의 이야기꾼들은 대중大衆에게 대기를 넘어서 어떤 생명체가 존재한다면 아마 그것은 악일 거라고 생각하게 만들었습니다."라고 맬러캔드라의 오야르사에게 말했다.[117]

웨스턴과 데바인도 상황이 비슷할 수밖에 없었는데, 그들은 그저 예전에 맬러캔드라의 생명체와 조우遭遇했던 사람들의 선입견을 통해서 그 생명체들을 보았다. 그리고 랜섬은 악마인 손이 인간의 희생(바로 그!)을 요구한다는 무서운 소문을 우연히 들었을 때, 최악의 상황을 예상했다. 그러나 결국 맬러캔드라의 세 가지 이성적인 종들-손, 흐로스, 피필트리기-은 모두 타락하지 않은 종들이며, 솜씨가 좋고, 지성적이고, 친절하며 친구들을 좋아한다는 사실이 드러났다. 예를 들어 '윤이 나는 코트에 투명한 눈, 감미로운 숨소리를 가졌고, 이빨이 없는' 크고, 검고, 털이 있고, 물개 같은 흐로스들을 만났을 때, 랜섬은 그들이 동물적인 인간들보다 '매력적인 언어와 이성'을 갖고 있는 이성적인 동물로 보이게 되었고, '낙원은 한 번도 상실된 적이 없으며 예전의 꿈들이 모두 진실'이라고 생각하게 되었다.[118] 그들은 엘딜들과 맬럴딜의 영적인 세계뿐만 아니라 서로서로 그리고 환경과도 조화를 이루며 살고 있었다.

화성, 나중에는 금성을 여행하면서 랜섬은 아름다움과 조화, 친절한 환대, 생명력 등을 발견하게 되었다. 루이스는 예수님의 구원을 통해 창조에 대해 이런 관점을 얻게 되었다. 랜섬은 맬러캔드라에서 지구로 돌아갔을 때 단 한명의 친구에게 자신의 이야기를 출판해야 하는 근본적인 이유를 설명했는데 그것은 루이스가 이 책들을 쓰게 된 이유이기도 하다. '만약 우리가 1퍼센트의 독자들이라도 그들에게 우주의 개념을 천국의 개념으로 바꾸는 데 영향력을 미칠 수 있다면 시작해야 해.'[119]

세상에 천국은 없다

게다가 루이스의 책들은 천국의 가치와 많은 특징을 제시하는 것 외에도 세상에서 천국을 창조하려고 하는 시도가 무용한 고집이라는 것을 보여 준다. 루이스는 많은 학생들과 과학자들과 진지한 작가들이 우주에 대한 희망과 우주의 의미를 인간의 '우주식민화'에 두고 있다는 사실에 매우 놀랐다. 이런 생각은 적어도 인간이 '인류'라는 종의 차원에서는 언젠가는 신적이고 불멸의 존재가 될 수 있고, 그리고 앞으로 더욱 발전해야 한다는 '진화'의 신화와 묶여 있는 것이다. 이런 생각은 H. G. 웰즈의 과학소설을 통해 대중화되었다. 루이스 소설의 등장인물인 과학자 웨스턴 박사는 정확히 이러한 관점을 취하고 있다.

> 나는 '웨스턴주의'가 정말 위험하다고 말하는 것이다. 내가 책을 써야겠다고 생각한 것은 내 학생들이 행성 간 식민화를 진지하게 꿈꾸며, 수천 명의 사람들이 우주 전체의 의미를 인류의 '영속화와 진보'

에 두며 거기에 희망을 걸고 있다는 사실 때문이었다. 죽음을 정복하겠다는 '과학적'인 희망이야말로 기독교의 진정한 라이벌이다.[120]

『침묵의 행성 바깥』에서 웨스턴은 아름다움이나 자신의 편집증적인 진보의 철학 이외에 다른 형태의 지성에도 둔감했다. 그는 확실히 선^善을 인식하지 못했다. 그러나 그는 아직 페렐란드라에서 일어났던 것처럼 완전히 지구의 오야르사^{사탄}의 조종 아래로 구부러지지 않았다. 맬러캔드라의 오야르사는 웨스턴에게 말했다. 그는 그의 조수인 데바인처럼 '부서지고' 완전히 탐욕에 물든 것이 아니라 단지 '구부러졌다.' 그리고 '그는 지금 그저 말하는 동물' 이라고….[121] 이러한 웨스턴에게 오야르사가 작은 희망을 발견할 수 있었던 것은 비록 비뚤어졌지만 인류라는 자신의 종에 대한 충성심이라는 선한 자질이 있다는 것이었다.

웨스턴과 데바인이 살아가는 우주는 어떻게 보일까? 그것은 기만적이고 자기중심적인 사람들에 의해 지배당하는 우주의 도살장에 지나지 않을 것이다. 실제로 루이스 이전에 씌어 졌던 모든 과학소설에서 우주는 극복하거나 통과해야 하는 어떤 것이었다. 지구인들은 좋은 사람들이지만 우주 생명체는 기괴하고 악하다. 루이스는 그의 과학소설에서 신중하게 이런 생각에 맞섰다. 다른 행성들은 하나님의 직접적인 인도 아래 선한 오야르수^{오야르사의 복수형}들이 통치한다. 오직 침묵의 행성인 지구만이 신에게 반기를 든 '구부러진 오야르사,'^{사탄}의 지배를 받는다. 그리고 지구는 오야르수의 지배권 영역에서 끊어지게 된다.

맬러캔드라의 오야르사는 하나님이 악에 대해 무엇을 행하셨으며 궁극적으로 지구를 어떻게 구원하는지 배우고 싶어 했다. 오야르사의 희망은 베드로전서 1:12에 암시된다. '천사들도 살펴보기를 원하는 것이니라.' 랜섬은 성육신, 생명, 죽음, 예수님의 부활, 그리고 오야르사가 감탄하고 놀라워하는 계획에 대해 설명해 주었다. 오야르사는 맬러캔드라에서 선한 생명체들을 죽이고, 그들을 전멸시키려고 하는 웨스턴에게 악이 들어갔다는 것을 충분히 잘 알고 있다.

루이스는 죄 있는 자들이 뻔뻔한 기술적 용어를 사용하고, 진보가 아니라 죄를 선전하고 있다는 것을 정확하게 파악했다. 그는 그들의 '천국을 만들겠다.'는 잘못된 관점에 반대했다. 물론 새로운 에덴, 그리고 진정한 천국을 위한 길을 열어가기 위해 정글을 청소하는 것은 필요한 일이다.

천국으로 가는 관문으로서의 죽음

우리는 적어도 죽음에 대한 실마리를 맬러캔드라 생명체의 관점 속에서 찾을 수 있다. 그들도 죽는다. 그러나 이 타락하지 않은 생명체들은 죽음을 환영한다. 죽음이 죄 때문이 아니라 맬럴딜 ^{하나님}이 모든 창조물을 새롭게 만드시며 우주 자체도 그런 과정 속에 있기 때문이다. 어느 날 효이는 발키 연못 옆에서 혼자 맬럴딜과 함께 있었다. 연못에는 유일하게 흐로스들에게 때 이른 죽음을 가져다 줄 수 있는 흐나크라들이 살고 있었다. "이는 그것을 구하는 최고의 음료수이지." 랜섬이 물었다. "무엇을?" 효이가 대답했다. "그날의 죽음 그 자체를. 나는 죽음을 마시고 맬럴딜에게 가지." [122] 여기에 사도 바울이 그의 영원한 운명에 대해 갖고 있던 열정이 구체적으로 표현되어 있다. '내게 사는 것이 그리스도니 죽는 것도 유익함이라.'[123]

이러한 관점은 손인 오그레가 랜섬을 멜딜론에 데려다 줄 때 다시 분명해진다. "세계는 영원히 지속되도록 만들어지지 않았어. 종족은 더 그렇고. 그건 맬럴딜의 방법이 아니야."[124] 랜섬이 지구에서 다른 행성으로 영원히 옮겨 다니면서 살아 있는 생명체를 몰살하여 인간의 생명을 영속화하겠다는 웨스턴의 악마 같은 신념에 대해 설명했을 때, 맬러캔드라의 오야르사는 웨스턴을 향해 멍청이라고 소리쳤다. "그는 맬럴딜 ^{하나님}이 한 종족이 영원히 살기를 바란다고 생각한단 말인가?" 루이스의 관점에서 볼 때 하나님은 똑같은 일을 두 번하지 않으신다. 그는 항상 선^善을 다양하게 구별되게 하신다. 그가 새로 창조하실 때에는 이전의 모델을 발전시키는 것이 아니라 이전의 것을 통합하고 포함하여 전혀 새로운 종류의 존재를 만든다. 그가 『순전한 기독교』에서 '사람들은 종종 다음 단계의 진화 – 인간보다 더 나은 단계의 진화 – 가 일어날 것인지를 궁금해 합니다. 기독교적인 관점에서 보면 다음 단계의 진화는 이미 일어났습니다. 그리스도 안에서 새로운 종류의 인간이 나타난 것입니다.'[125]라고 설명한 것처럼 말이다.

이러한 생각은 마지막에 가서 다시 반복된다. 한 흐로스가 세 명의 죽은 흐로스들의 육신 앞에서 애도의 노래를 부른다. 그들은 죽은 흐로스들의 육신을 원래 상태로 되돌리기 위해 오야르사에게 보낸다. "그가 죽게 하라. 그리고 분해되어 더 이상 육신이 남지 않게 하라. … 그가 내려가도록 하라. 나우 [이성, 영혼] 가 그로부터 올라올 것이다. 이것은 두 번째 삶이자 다른 시작이다. 열려라, 오 무게도 없고, 육지도 없는 다채로운 세계. 너는 두 번째 기회를 얻어서 더 훌륭해질 것이다. 이번이 첫 번째라 너는 연약했었다."[126] 오야르사가 응답한다. "그들의 육신이었던 움직임들을 흩뿌려라. 그러면 맬릴딜께서 연약한 첫 번째 육신이 닳아 낡아졌을 때 온 세계에 뿌리실 것이리라."[127]

오야르사는 지구의 인간들이 '자신의 종이 죽음이 다가오는 것을 볼 수 있을 만큼 충분히 현명하지만 그것을 견뎌 낼 만큼 현명하지는 않다.'고 평가했다. 반대로 '나의 사람들 중 가장 약한 자들조차도 죽음을 두려워하지는 않는다네. 당신들의 삶을 망치고 마지막 순간에 갑자기 닥쳐오는 것으로부터 달아나라고 중상하는 자는 바로 당신 세계의 주인인, 구부러진 자 [사탄] 라네. 만약 당신이 맬릴딜을 섬긴다면 평안을 얻게 될 것이라네.'[128]

4
되찾은 낙원: 페렐란드라

아담에게 이르시되… 땅은 너로 말미암아 저주를 받고 _창세기 3:17

다시 저주가 없으며…. _ 요한계시록 22:3

『침묵의 행성 바깥』이 특히 우주 공간과 우주의 영적인 존재들에 대한 신화를 다시 쓰는 작업이었다면, 『페렐란드라』는 지구에 대한 신화를 다시 쓰는 작업을 통해 생명과 선이 풍부하고 타락하지 않은 세계에 대한 새로운 비전을 제시했다. 훌륭한 책들은 여러 가지 측면에서 우리 정신의 풍경을 완전히 바꿔버린다. 『페렐란드라』는 그 어떤 책보다 천국의 쾌락에 대한 갈망을 가장 크게 불러일으켰다. 이 책에서 랜섬은 악한 과학자인 웨스턴 박사를 만나기 전까지는 그 이유를 알지 못한 채 지구에서 페렐란드라 금성로 여행을 하게 된다. 웨스턴 박사는 뒤틀리고 죄악 된 목표로 새로운 세계를 만들 겠다는 생각에 구부려져 있다. '랜섬 ransom'이라는 이름의 의미 그리스도의 속죄 처럼 이 행성을 지구와 같은 타락으로부터 구하는 것이 그의 일이다.

나니아에 관한 책들과 『침묵의 행성 바깥』에서처럼 제일 첫 단계는 우리가 정상적이라고 생각하지만 사실은 깨어진 세계로부터 우리를 떼어 내는 것이다. 이 소설의 화자인 '루이스'라는 이름의 등장인물은 랜섬처럼 알 수 없는 임무에 대한 호출에 응해 그의 친구 랜섬의 집으로 가기 위해 영적이며 정신적인 습격의 시련으로부터 도망쳐야 했다. 반쯤 인적이 끊어진 집에 다가갈 때 '루이스'는 자신의 자연스런 조심성과 싸워야 했다. 모든 불빛이 꺼진 전쟁상태와 같은 밤이었다. 그때 그는 이상한 우울증을 느꼈는데, (나중에 알게 되었지만) 그것은 자신을 막으려고 하는 악마의 세계로부터 밀려온 영적인 습격이었다. 집으로 들어서자마자 그는 '관'을 발견했다. 그것은 죽음이 우리를 찾아온다는 보편적인 요구를 의미할 뿐만 아니라 페렐랜드라를 구하기 위해 특별한 역할을 부여받은, 그리스도의 형상과도 같은 랜섬이 그러한 일을 할 것이라는 것 모두를 의미한다. 뚜껑을 덮기 전에 '루이스'는 '연약한 지팡이와 빛의 기둥'을 보게 되었다. 그리고 그가 '엘딜을 보고 있다는 것'을 의심하지 않았다.[129]

『침묵의 행성 바깥』에서 엘딜이 천사를 의미한다는 것을 알게 되었을 것이다. 루이스는 하나님을 '맬럴딜'이라고 불렀을 뿐만 아니라 '맬'은 히브리말로 '지도자'를 의미한다. 모든 영적인 존재의 이름을 바꾸었다. 맬럴딜은 엘딜이 아니라 그들의 창조자이자 명령을 내리는 '통치자'이다. 왜 새로운 이름과 모든 것을 새로 배우는 것이 필요한가? 루이스는 우리가 지니고 있는 하나님과 천사에 대한 개념들이 수 세기에 걸쳐 성경적이지 못한 문화의 영향을 많이 받았기 때문에, 정형화된 이미지의 영향을 덜 받을 수 있는 새로운 이름과 새로운 곳으로의 여행이 필요하다고 생각했다.

우리의 '평범한' 시각을 흔들어놓는 특별한 사건은 루이스가 '누미노스'라고 부르는 요소에 속한다. 그는 『고통의 문제』의 서두에서 이에 대해 논의했고 여기에서 더욱 날카롭게 확대된다. 누미노제의 경험은 우리와 다른 종류의 존재가 있다는 사실을 예상하거나 경험할 때 생겨난다. 옆방에 유령이 기다리고 있다면 우리는 두려움을 느끼게 된다. 루이스는 이것이 영적인 세계가 존재하고 있다는 또 다른 증거라고 보았다. 이 책의 서두에서 루이스의 등장인물이 유령과 만나는 장면은 물질주의로 인한 우리의 무감각을 깜짝 놀라게 하고, 영적인 삶으로 충만한 페렐랜드라의 세계에 들어갈 수 있도록 준비하게 한다.

확실히 성경에서 천사의 외양은 인간에게 두려움을 느끼게 한다. 루이스는 이것을 우주 3부작에서 정확하게 지적했다. 첫 번째 책인 『침묵의 행성 바깥』에서 맬러캔드라의 오야르사 통치하는 천사 는 멜딜론에서 랜섬을 처음 만났을 때 그의 두려움에 대해 정면으로 말했다. "무엇을 그렇게 두려워하는가? 툴캔드라 지구 의 랜섬?" "당신 때문입니다. 오야르사, 당신이 나와 다르고 내가 당신을 볼 수 없기 때문이죠."[130] 『페렐란드라』의 서두에서 화자인 '루이스'를 환기시킨 것은 더욱 강렬했다. 그가 안개 낀 밤에 어두운 집 주위를 돌다가 '관'에 걸려서 넘어졌을 때, 랜섬이 흥분하면서 들려줬던 이야기가 떠올랐고 엘딜이라고 불리는 존재를 혼자서 만나게 될 거라는 걱정 때문에 그의 몽상은 더욱 증폭되었다. 또한 랜섬을 다시 만나는 것조차 두려웠다. 왜냐하면 '다른 세계로 가버린 인간은 변화되기 전 상태로 다시 돌아오지 않기' 때문이었다.[131]

'루이스'는 랜섬이 '정상적이고 신중하고 정직하다.'는 것을 알고 있었다.[132] 그러므로 그는 랜섬의 집에서 만나고 있는 엘딜이 랜섬의 말처럼 선하다는 것을 알았다. 바로 엘딜이 순수한 선^{善}이라는 그 사실 자체가 또 다른 공포의 원인이 되었다. '루이스'는 추론하기를, 만약 그것이 악이라면 선에 호소할 기회가 아직 있을 것이다. 그러나 그것이 선하다면, 그때는 도망칠 수 있는 희망이 없다. '루이스'는 이렇게 말했다. "이 세계 너머의 세계에서 온 것은 어떤 것이든 좋아하고 원한다고 항상 생각해 왔다. 그러나 그것이 내 감각을 통과하며 느껴지자 나는 좋아할 수가 없었다. 그게 저 멀리 사라져 버리기를 원했다."[133] 그는 숨을 수 없는 곳에 노출되어 있으며, 피할 수 없다는 느낌을 받았다. 이는 『우리가 얼굴을 찾을 때까지』에서 오루알이 신의 심판 앞에 서 있다고 느끼는 것과 같다. 맬러캔드라의 오야르사는 랜섬이 그의 앞에 '서는 것을 피하기 위해 많은 헛된 싸움'을 해 왔다고 꾸짖었다. 랜섬은 그것을 인정할 수밖에 없었다. 구부러진 생명체들이 너무 두려웠기 때문이다. 우주 3부작의 상상 속에서 영적인 세계를 만나게 될 때, 우리는 이러한 두려움을 없앨 수 있고, 선과 그리고 선과 하나가 되고자 하는 갈망으로 가득 차 있는 세계를 경험하게 된다. 두려움은 '완벽한 사랑'과 경외감으로 바뀌게 된다.

랜섬은 새로운 세계에 도착하자마자 말로 표현할 수 없는 아름다움과 인간에게 친숙한 광경들을 즐겼다. 그는 바다를 날아다니면서 기분을 상쾌하게 해 주는 마실 물을 찾았고 그를 기꺼이 돕는 동물들을 돕기를 즐겼다. 북극광이 비치는 하늘과 세계의 색깔에 눈이 부셨고, 거품나무로 목욕할 때는 강력한 기운을 솟아나게 하는 게토레이가 터지는 것 같은 상쾌함을 발견했다. 페렐랜드라라는 새로운 세계에서 아담과 하와와 유사한 인간 한 쌍은 자연이나 플로라와 파우나와도 조화를 이루었다. 그것은 매우 쉬운 일이었다. 그리고 그들은 하나님과 일상적으로 교감을 쉽게 나누었다. 죄에 굴복한 우리 세계의 대가가 무엇인지 상상 속에서 너무 강렬하게 느낄 수 있었다. 그리고 이 책은 무엇보다 하나님이 불복종 때문에 산산조각난 조화로움을 회복시키실 때, 우리 세계가 어떻게 재창조될지 그리고 그것이 얼마나 놀라울지에 대해 상상하게 해 준다. 루이스가 쓴 책 중에서 『페렐랜드라』가 개인적으로 내가 가장 좋아하는 작품이다. 우리는 천국의 기쁨과 닮아 있는 부분 – 죄와 그로 인한 결과가 없으며 오직 지구에서 예지된 쾌락을 완전히 즐길 수 있다는 것 – 에 관심을 기울이게 된다.

루이스의 작품들은 모두 천국에 대한 경험을 암시하고 있으며, 그 중 하나님의 현존을 나타내는 부분이 가장 중요하다. 『페렐랜드라』에서 하나님은 세 가지 방식으로 이야기하신다. 완벽한 환경, 어떤 방해도 없이 하나님과 직접적으로 소통하는 창조물들, 하나님의 현존 속에서 확실히 느낄 수 있는 자유와 충만함.
　어느 날 랜섬은 외양은 우리와 같지만 녹색 인간을 만나게 된다. 그는 그녀를 녹색 여인라고 불렀고, 나중에 그녀의 이름이 티니드릴이라는 것을 알게 된다. 밀턴이 하와가 아담과 떨어져 있을 때 사탄에게 유혹 당했다고 생각한 것처럼, 티니드릴의 남편이자 이 행성의 또 다른 유일한 인간인 토르는 항상 유혹자가 다가올 때는 먼 곳에 있었다. 밀턴의 시에서는 아담과 떨어져 있던 하와가 사탄의 유혹으로 금지된 과일을 먹기 전에 이미 자만심이라는 죄를 저지르게 된 것과 달리, 토르는 맬럴딜의 명령에 따라 어디에나 있었다. 타락하지 않은 녹색 여인이 그녀의 정신에 직접 이야기하는 목소리를 들을 수 있다는 사실은 랜섬에게도 특별한 영향을 미쳤다. 그녀가 떠나고 난 뒤 혼자 남아 있는데도 그는 '누군가의 현존'을 느꼈다. 그는 거기에 집중해야 했고 처음에는 '거의 참을 수 없다'고 생각했다.

　(자신만의) 공간이 없는 것처럼 보였다. 그러나 나중에 그는 단지 (담배를 피기 위해 주머니에 충동적으로 손을 집어넣는 순간처럼) 어떤 순간에만, 즉 자신의 독립성을 주장하거나 이제 드디어 자기가 자신

의 것이라고 느끼는 바로 그 순간에만 그러한 일을 참을 수 없다는 것을 알게 된다. 만약 그것을 참을 수 없다고 생각한다면 바로 그때 공기가 숨쉬기에 매우 빽빽하다고 느끼게 될 것이다. 완벽한 충만함은 당신을 그 장소에서 몰아내는 것처럼 보일 것이다. 그럼에도 불구하고 당신은 그 장소를 떠날 수 없다. 그러나 당신이 그 사실에 따르기 시작한다면, 그리고 자기 자신을 복종시키기 시작한다면, 이제 감당해야하는 짐은 없다. 그것은 짐이 아니라 먹을 만하고, 마실 만하고, 숨 쉴 만한 금과 같은 빛과 매개물이 된다. 그것은 당신을 먹이고 품으며 당신 속으로 흘러들어 올 뿐만 아니라 바깥으로 흘러나올 것이다. 잘못된 방법으로 취한 것은 호흡을 곤란하게 할 것이다. 올바르게 취한 것은 지상의 삶을 진공상태처럼 만들어 줄 것이다.[134]

랜섬은 자신을 하나님에게 내맡길 때 그가 이전에 알지 못했던 충만함과 흥분과 자유를 얻게 된다는 것을 배웠다. 이것은 반드시 알아야 하고 또한 실행되어야 하는 것이다. 자기 자신, 자신의 시간, 자신의 소유를 자기 것이라고 주장하는 죄로 가득 찬 습관은 버려야 한다. 루이스가 '기독교와 문화'에서 말했던 것처럼, '우주에는 중립적인 구역이 없습니다. 모든 1인치, 1초도 하나님은 주장하시고 사탄이 이에 대항합니다.' 천국은 하나님의 소유이며 분쟁 없이 통치되는 곳이다. 녹색 여인에게 노력 없이 주어진 것처럼 우리의 진정 자연스러운 상태, 우리가 창조된 상태는 하나님 안에서 기뻐하고 쉽게 복종하는 것이다.

물론 랜섬이 웨스턴 박사의 유혹으로 인해 티니드릴의 저항이 약해져서, 웨스턴과 1:1로 싸워서 그를 죽이는 것만이 유일한 방법이라는 것을 천천히 알게 되는 것처럼, 자기를 버리고 항복해야 한다는 사실에 대한 거부감은 점점 심해진다. 게다가 랜섬은 책상물림인 언어학자다. 웨스턴은 파우스트 박사처럼 초자연적인 힘을 위해 그의 영혼을 교환하여 자신을 버렸다. 그의 육체와 인격은 악마에게 사로잡혔다. 그는 잠도 필요 없게 되었고, 진리를 왜곡하고 지구 역사의 사건들을 잘못 해석하는 사악한 재능을 갖게 되었다. 죽을 때까지 싸워야 한다는 생각이 당연히 랜섬을 불쾌하게 만들었다. 그러나 그것은 떨쳐낼 수 없는 것이었다.

랜섬은 여기서 로마서 12:1에 나오는 바울의 명령을 수행한다. '너희를 권하노니 너희 몸을 하나님이 기뻐하시는 거룩한 산 제물로 드리라 이는 너희가 드릴 영적 예배니라.' 나는 종종 왜 정신이나 의지나 영혼이 아니라 '육신들'인지에 대해 놀라워 했다. 성경은 그리고 루이스는 육체적인 것을 하나님의 선한 창조에 필수적인 것으로 이해했고, 그래서 우리가 몸으로 행하는 것은 우리의 정신과 의지와 영혼이 품어온 것을 표현한다. 우리의 행동은 성격과 믿음의 결과이며 결정의 연쇄 고리들의 결과이다. 궁극적인 예는 예수님이다. 랜섬은 페렐랜드라에서 예수님의 형상을 본받아 행동한다. 예수님은 우리의 죄를 지고 십자가에 매달려 죽음으로써 우리를 구원하셨다. 천국에서 우리는 영원히 육신 속에서 있을 것이다. 예수님은 성육신한 육체를 지녔고 그것을 버린 적이 없었다.

랜섬의 육체적인 싸움은 바로 경배라는 영적인 행동이다.

랜섬이 자기를 하나님께 맡기는 것은 루이스가 기독교로 회심한 것을 상기시킨다. 긴 투쟁은 끝났고, 그 사건 자체에는 아무런 감정이 없다. "나는 태양이 비치는 아침에 윕스네이드로 드라이브를 했었습니다." 루이스는 자신의 영적인 자서전의 결말부분에서 이에 대해 자세히 이야기 했다. "우리가 출발했을 때에 나는 예수 그리스도가 하나님의 아들이라는 것을 믿지 않았습니다. 그리고 우리가 동물원에 도착했을 때 나는 그것을 믿게 되었습니다." 그는 그 일을 오랜 잠에서 깨어나는 것처럼 느꼈다고 회상했다. '자유냐 아니면 필연이냐?' 의지와 감정은 중요해 보이지 않았다. 그는 항복했다.[135] 랜섬이 오랜 갈등 끝에, 세계의 운명을 결정하기 위해 반인간 _{악마에게 사로잡힌 웨스턴 박사의 육신} 과 싸우기로 결정했을 때,

> 확실히 어떤 의지가 움직인 것이 아니라, '내일 이맘때 네가 불가능한 일을 했을 것'이라는 생각과 완벽한 확신이 다이얼을 읽는 것처럼 객관적이고 감정에 치우침 없이 그의 앞에 생겨났다. 당신은 선택의 힘은 이제 소용없고, 확고한 운명이 선택을 대신하게 된 것이라고 말할 것이다. 다른 한편 당신은 그가 과장된 열정에서 빠져나와 자유롭게 한 일이라고 의심의 여지없이 말할 것이다. 랜섬은 자신의 삶에서 이 두 문장 사이의 차이점을 발견할 수 없었다. 예정과 자유는 명백히 동일한 것이다.[136]

형식적으로는 구별되고 모순되는 것들이 예수님의 현존 속에서는 모두 큰 평화의 일부가 된다는 것을 발견하게 된다. 달리 말하자면 천국은 모든 역설을 해결한다. 그러나 루이스가 다른 곳에서 말한 것처럼 천국에서 우리는 질문에 대한 답변을 얻는 것이 아니다. 진리 그 자체의 존재 앞에서는 그런 질문들이 중요하지 않게 될 것이다.[137]

우리의 정신을 괴롭히는 질문들이 사라지는 것, 영혼과 정신과 육체의 회복된 조화, 모든 창조와 창조물들 간의 조화, 그리고 모든 창조물과 환경과의 조화, 신과의 조화 – 루이스는 이 모든 것을 『페렐랜드라』에서 그려내 보인다. 이 책은 에덴이 회복되고 저주가 사라지는 모습을 묘사한다. 창세기에서는 저주가 시작되지만 요한계시록에서는 저주가 다시 사라진다. 천국에서 우리는 그리스도를 통해 죄로 인해 잃어버렸던 어떤 것들을 되찾게 된다. 하나님은 회복시키실 뿐만 아니라 창조하신다.

> 그분은 두 가지 것을 같게 만드시는 법이 없다. 그는 한 말을 두 번 말씀하시지 않는다. 흙이 더 좋은 흙이 된 것이 아니라 동물이 되었다. 동물이 더 훌륭한 동물이 된 것이 아니라 영혼이 되었다. 타락한 후에는 회복이 있는 것이 아니라 새 창조가 있다. 새로운 창조 바깥에 제3의 것이 있는 것이 아니라 변화하는 상태 그 자체가 영원히 변한다. 하나님의 복을![138]

마지막에 토르와 티니드릴은 새로운 성장의 단계로 들어가게 된다. 이처럼 그들의 모습은 무한한 하나님을 향해 더 다가가면 다가갈수록 성장하며, 정지되지 않는 천국의 현실을 생생하게 묘사한다. 페렐랜드라의 남녀 한 쌍은 그다음 단계에서는 행성을 통치한다. 천국에는 새로운 종류의 일이 우리에게 약속되어 있다. 천사와 닮은 오야르사는 이제 자신의 임무를 인간들에게 넘겨준다. 그리고 그는 그들이 완전히 독립할 수 있을 때까지 계속 그들을 가르치며 섬긴다.[139] 오야르사는 땅과 산들을 만들고 은하를 따라 전체를 지도하면서 대기의 공기를 회전시킨다. 그러나 '오늘' 페렐랜드라는 말한다. "이 모든 것은 나로부터 취해진 것이다. 그분께 축복을." 상실했다는 느낌 없이 창조된 목적의 기쁨과 충만의 느낌 속에서, 페렐랜드라는 랜섬에게 이 날이 '세계가 태어난' 날이며 토르와 티니드릴은 "당신들의 조상 아담과 하와 이 실패했던 곳에서 한걸음 더 나아가서 그들이 되고자 했던 존재의 왕좌에 앉을 것이다."라고 말했다.[140]

페렐랜드라는 이러한 선물을 주고, 랜섬은 악을 좌절시키고 이제 이 세계를 떠나는 것은 '모든 것이 선물이다.'라는 천국의 진리를 반영한다. 삼위일체 자체에 표현되어 있는 그러한 '선물-사랑'은 천국의 현존 속에서 살아가는 모든 것을 특징짓는다. 영들은 모든 것, 그리고 모든 이들이 중심에 있다고 알려 주며 축복한다. 왜냐하면 하나님이 계시는 곳은 어디든지 그곳이 중심이며, 또한 그분은 어느 곳에나 계시기 때문이다. 하나님은 아무것도 필요치 않으심에도 불구하고, 그분은 '사랑과 빛'을 보이기 위해 모든 것들을 '헤아릴 수 없이 필요'로 하신다. 루이스는 하나님께 속해 있는 이러한 조화로운 상태를 고전적인 모델을 따라 위대한 춤이라고 불렀다. 『페렐랜드라』의 마지막에서 그 춤은 시작되었고 우리도 함께하도록 초대 받았다.

5
인간의 가능성의 실현:
천국과 지옥의 이혼

그리스도가 들어가는 곳은 어디나 천국이 들어가는 곳입니다.
삶에서조차도. _ C. S. 루이스

이 책에 대해 이야기하려면 먼저 루이스가 지옥에 대해 상상한 것에 대해 조금 알아 두어야 한다. 그러나 우리는 천국을 매우 갈망하게 해 줄 궁극적인 진리를 살펴보기 전에, 천국의 상쾌한 교외를 향해 흰곰팡이가 가득한 장소를 떠나야 할 것이다. 먼저, 서문에서 루이스는 자신이 천국과 지옥의 풍경을 정말 묘사하려고 시도하는 것이 아니라고 말했다. 그의 진정한 관심사는 천국이 어떠한 물질적인 현실보다도 더 현실적이며 우리를 위한 하나님의 희망이 실현되는 곳이며, 지옥은 그에 비해 '거의 아무것도 아닌 곳'이라는 것을 보여 주고자 하는 데에 있었다. 또한 그는 영혼이 지옥이나 천국을 향해 돌이킴으로써 – 악마의 도움 또는 그리스도의 도움으로 – 자신의 영원한 운명을 선택한다는 것을 보여 주는 데 관심이 있었다.

욕망

루이스가 그의 작품들에서 가장 지속적으로 다루는 주제는 천국을 향한 우리의 욕망이다. 마음 깊숙한 곳의 갈망을 적절하게 묘사할 수 있는 단어가 불충분해서 그는 워즈워스와 콜리지로부터 기쁨이라는 단어를 빌려왔다. 이것은 굉장히 논쟁적인 개념이다. 왜냐하면 보통 기쁨이라는 단어는 행복, 만족, 충족을 의미하는데 루이스는 이 단어를 거의 반대의 의미로 사용하기 때문이다. 루이스는 기쁨이라는 단어를 세상에서는 절대 만족할 수 없는 것에 대한 '욕망의 상처'라고 정의한다. 우리의 자연스러운 욕망들이 모두 만족된다고 해도 '자연스러운 행복이 만족시키지 못하는 욕망이 여전히 남아 있다는 것을 알게 됩니다.'[141] 그러므로 기쁨은 천국을 가리키는 것이며, 루이스의 회심의 핵심이기도 했다.[142]

　루이스는 모든 욕망이 근본적으로는 천국을 향한 것이라고 믿었다. 솔로몬은 하나님이 우리의 마음에 영원을 사모하는 마음을 주신 것을 보고 그 사실을 알게 되었다.[143] 성 아우구스티누스는 이렇게 썼다. '우리의 마음은 당신 안에서 자리를 잡을 때까지는 항상 불안합니다.' 우리는 모두 천국의 도성을 찾아가는 순례자들이다. 어떤 이는 길을 잃고, 어떤 이는 잘못된 곳에서 기쁨을 찾고, 어떤 이는 천국의 상만을 바라보기로 결정하여 구원을 받는다. 또 어떤 이는 죽음에 이르는 길이나 샛길로 벗어난다. 그러나 우리는 알고 있던지 모르고 있던지 간에 모두 천국을 갈망하고 있다. 루이스의 모든 작품들은 우리에게 천국을 향한 욕망을 불러일으키고, 진정한 고향을 기대하며 어떻게 살아야 하는지 보여 주려고 한다.

천국은 지옥과 비교해 볼 때 더욱 정교하게 정의될 수 있으며, 그런 비교를 통해 우리도 천국을 더욱 강렬하게 갈망하게 된다. 그래서 루이스의 이야기는 단테처럼 지옥에 대해서도 열려 있다. 단테에게 베르길리우스라는 스승이 길잡이로 있었던 것처럼, 역시 루이스의 화자에게도 조지 맥도날드라는 스승이 길잡이로 있었다. 루이스는 열여섯 살 때 조지 맥도날드의 『환상가들 Phantastes』이라는 책을 읽었을 때 천국을 향한 욕망이 생겨났다. 그래서 『천국과 지옥의 이혼』의 중간 즈음에 천국의 변두리에서 화자는 그의 스승이 될 조지 맥도날드를 만난다.

화자의 이야기를 들어 보면 지옥에 있는 사람들은 원하기만 한다면 천국으로 가는 버스를 탈 수 있다. 그렇다면 루이스는 지옥에 있는 영혼들이 실제로 '두 번째 기회'를 가질 수 있다고 믿었을까? 절대 아니다. 그는 서문에서 자신이 『천국과 지옥의 이혼』을 제목으로 선택한 것은 윌리엄 블레이크가 『천국과 지옥의 결혼』에서 말했던 생각과 풍자를 반박하기 위해 일부러 선택한 것이라고 말했다. 『천국과 지옥의 결혼』에서 블레이크는 '지나침의 길을 걷다 보면 지혜의 궁전에 이른다.'[144]라고 주장했고, 진보하려면 반드시 정반대의 것과 결혼해야 한다고 말했다. 그러나 루이스는 이렇게 말했다. "우리에게 현실은 '흑 아니면 백'의 문제인 것이다. 지옥을 붙들고 있는 한(세상을 붙들고 있어도 마찬가지다.) 천국은 볼 수 없다. 천국을 받아들이려면 지옥이 남긴 아주 작고 소중한 기념품까지 미련 없이 내버려야 한다."[145] 루이스는 이야기의 픽션적인 속성을 강조하기 위해 (우리가 끝에서 알게 되는 것처럼) 이 모든 이야기가 꿈이라고 – 그리고 꿈에서는 어떤 것도 일어날 수 있다고 신중하게 말한다.

그러면 왜 루이스는 '지옥의 사람들'이 천국을 여행할 수도 있고, 원한다면 머무를 수 있게 했을까? 그것은 단순히 다음과 같은 것을 강조하기 위해서이다. (1) 우리는 영원한 운명을 선택한다. (2) 삶의 선택에 의해 우리는 자신을 돌이켜 천국이나 또는 지옥에 적합한 존재가 된다. 루이스는 등장인물들을 천국의 입구에서부터 보여 줌으로써 저주를 받는 과정과 그 결과를 한 번에 볼 수 있게 하였다. 우리는 지옥의 사람들이 왜 천국을 거절하는지 그 이유를 들을 수 있다. 그리고 그들이 '회색 도시 [지옥]'를 향해 떠날 때 즉각적으로 그 결과를 볼 수도 있다. 인상적인 것은, 지옥에서 온 사람들은 보통 천국의 아름다움을 볼 수조차 없다. 그리고 대부분은 서둘러 지옥으로 돌아간다. 회색 도시에서 온 유령 중에 (화자를 제외하고) 제일 처음 언급된 유령은 천국에서 채 1분도 버티지 못했다. "'싫어! 싫어!' 누군가 비명을 질렀다. '소름끼쳐!'"[146] 그녀는 버스로 뛰어들어 다시는 나오지 않았다.

화자가 그의 스승에게 모든 사람들이 버스를 탈 기회가 있는지 물어보았을 때, 맥도날드는 이렇게 말했다.

> "버스를 타고 싶어 하는 사람들은 다 타게 되어 있으니 걱정 말게. 세상에는 딱 두 종류의 인간밖에 없어. 하나님에게 '당신의 뜻이 이루어지이다.'라고 말하는 인간들과, 하나님의 입에서 끝내 '그래, 네 뜻대로 되게 해 주마.'라는 말을 듣고야 마는 인간. 지옥에 있는 자들은 전부 자기가 선택해서 거기 있게 된 걸세. 자발적인 선택이라는 게 없다면 지옥도 없을 게야. 진지하고도 끈질기게 갈망하는 영혼은 반드시 기쁨을 얻게 되어 있네. 찾는 이가 찾을 것이요, 두드리는 이에게 열릴 것이니라."[147]

선택과 그에 대한 책임에 대한 주제는 『천국과 지옥의 이혼』뿐만 아니라 루이스의 작품 전체에서 발견된다. 『고통의 문제』에서 또 다른 예를 들어보자.

> 결론적으로 저는 지옥의 교리에 반대하는 모든 사람들에게 주는 대답으로 다음과 같은 질문을 던지겠습니다. "당신이 정말 하나님께 요구하는 바가 무엇입니까?" 그들이 과거에 지은 죄를 씻어 주고 모든 장

애를 제거하며 모든 기적적인 도움을 제공함으로써 어떻게 해서든지 그들이 새롭게 출발할 수 있게 해 주는 것입니까? 하나님은 갈보리에서 이미 그 일을 하셨습니다. 그들을 용서해 주는 것입니까? 그들에게는 용서받을 마음이 없습니다. 그들을 내버려 두는 것입니까? 아, 유감스럽게도 하나님은 지금 그렇게 하고 계십니다.[148]

천국으로 올라가기

루이스가 지옥의 사람들이 천국을 여행하도록 한데는 또 다른 이유가 있었다. 풍경과 육체의 물질적인 측면에서의 차이와 사람들의 인격의 차이 등, 지옥과 천국의 다양한 차이점들을 부각시키기 위해서이다. 천국에 도착하자마자 화자가 제일 먼저 알게 되는 것은 천국이 매우 넓은 공간이라는 점이었다. 지옥이 내부에서는 아무리 거대해 보인다고 할지라도 천국에 비한다면 밀실공포증을 일으킬 것 같은 곳이다. 천국은 '태양계마저 실내처럼 느끼게 만든다.'[149] 지옥 사람들에게는 절벽을 통해 긴 여행을 했던 것처럼 보이지만 천국에서는 그것이 풀잎 사이의 땅에 아주 작게 갈라져 있는 틈에 불과하다는 것을 나중에 알게 된다. 스승 맥도날드가 화자에게 말한 것처럼 천국의 나비가 지옥을 전부 삼켜버린다 해도 그것은 나비가 원자를 하나 삼키는 것과 다를 바 없다.[150] 천국은 얼마나 실제적이며 얼마나 더 물질적인가? 지옥은 천국의 가장 작은 것조차도 담을 수 없다.

화자는 풍경 다음으로 지옥 사람들의 육체에 대해 알게 되었다. 그들은 유령처럼, 공기의 더러운 얼룩처럼 보였다. 지옥의 사람들은 죄로 인해 가능성이 줄어든 자아만 남아 있기 때문에 그들은 천국에서 정상적인 크기로 확대되었을 때 유령처럼 보일만큼 매우 얇고 비물질적인 모습이 되었다. 이것은 천국이 궁극적인 실제이며 지옥이 거의 무無라는 것을 보여 주는 효과적인 서술이다.

그러나 가장 현저한 차이점은 사람들의 인격을 통해 알 수 있다. 사악하고 뒤틀린 사람들은 성스럽고 완전한 사람들과 만나게 된다. 천국에서 온 사람들은 충만하고 만족해 하고 사랑이 넘치며 그들을 빛나게 만드는 그리스도의 영광을 보여 준다. 유령들은 모두 이기적이거나 곧이곧대로 믿을 수 없는 이유로 천국에 왔다. 견고한 영들은 천국에서 온 사람들은 그렇게 불린다. 유령들을 설득하여 천국으로 데려가기 위해 모두 깊은 천국에서 변두리로 오는 큰 수고를 마다하지 않는다.

그러나 가장 긴 여행은 그리스도 자신이 행하신 것이었다. 우리는 유령들을 천국으로 데려다 주는 버스 운전사가 예수님의 표상이라는 것을 미묘한 실마리를 통해 알 수 있다. 첫째, 화자의 스승인 맥도날드는 가장 위대한 자만이 지옥으로 들어갈 수 있을 만큼 작아질 수 있다고 말했다. 둘째, 운전사는 빛으로 가득 차 있는 존재로 묘사된다. 셋째, 그는 자신이 구하려고 하는 사람들에게 거부당한다. '어휴! 저 운전사 놈 면상이나 한 대 후려쳐 주면 속이 시원하겠네.' 화자는 이렇게 말했다. "운전사의 얼굴을 아무리 뜯어봐도 이런 험담을 들을 만한 이유는 찾아볼 수 없었다. 내가 보기에는 그저 권위 있어 보이는 표정으로 자기가 맡은 일을 수행하는 데 골몰하고 있는 것 같았다."[151] 이 이야기는 사도신경의 내용을 문자적으로 구체화한 것이다. '그는 지옥으로 내려가셨다.'

유령들이 천국에 도착한 이후부터는 각자에게 어울리는 천국의 상대역과 만나는 장면으로 느슨하게 구성되어 있다. 『스크루테이프의 편지』에서 사촌에게 이야기하는 것처럼 삽화들로 구성되어 있다. 이 책에는 많은 줄거리가 없다. 마지막에 화자의 운명에 대해 알게 될 지라도, 우리의 주된 관심은 중심적인 갈등의 해결이나 한 인격의 성장에 있지 않다. 오히려 우리의 관심은 어떤 인간이 그 다음 단계로 나아가게 되는가, 무엇이 그들을 천국에 가지 못하게 하는가, 그리고 어떻게 응답해야 이 모든 기쁨에 초대될 수 있을 것인가이다. 이러한 과정 속에서 우리는 인간의 본성과 죄의 심리학에 대한 짧은 수업을 듣게 된다.

또한 루이스는 『스크루테이프의 편지』처럼 『천국과 지옥의 이혼』에서도 지옥에 대한 관점과 세상의 속성들을 뒤섞는다. 나중에 쓴 책에서도 그는 역시 천국에 대한 관점과 세상의 속성들을 뒤섞는다. 이것은 세상에 익숙한 속성들 덕분에 지옥과 천국을 좀 더 잘 이해할 수 있게 해 줄 뿐만 아니라 '우주에는 중립적인 구역이 없다.'는 진리를 이해할 수 있게 해 준다. 이것은 우리의 선택에 따라 세상의 경험 속에 천국 또는 지옥이 암시되고 있다는 심오한 진리를 가르쳐 준다. 우리는 매순간 천국 아니면 지옥에 걸 맞는 영혼이 된다.

여러분은 천국 이외에는 어떤 다른 운명도 생각할 수 없는 그리스도의 영으로 충만한 사람을 만난 적이 있을 것이다. 이런 사람들은 세상의 고통 가운데서도 천국의 특징인 많은 기쁨을 누리고 있다. 또한 여러분은 선^善을 증오하는 사람들을 만난 적이 있을 것이다. 이들은 악이 그들을 뒤틀어 놓고 비참하게 만들지라도 악한 친구들을 더 좋아하고 악한 행동을 한다. 선한 사람들과 마주쳤을 때 그들은 선한 사람들을 저주한다. 그들의 이성은 합리화하는 악에 의해 왜곡되어 있고, 선과 하나님과, 그들 자신과 세계의 문제를 해결할 수 있는 종교를 비난할 수 있는 방법을 찾아낸다. 그들은 이미 선을 증오한다. 왜냐하면 선은 잠재적으로 그들이 선택한 악을 비난하기 때문이다. 그들은 천국으로 갈 수 있다고 해도 천국을 좋아하지 않는다. 빛보다 어둠을 더 좋아한다는 점에서 그들은 이미 지옥에 있다. 이것이 지옥으로 돌아가는 유령들에게서 우리가 보는 것이다.

에반 깁슨은 이 책의 구성에 대하여 이렇게 설명했다. 유령들과 그들을 만나기 위해 천국에서 온 사람들은 세 집단으로 나누어진다. 전반부에 다섯 명, 후반부에 다섯 명, 그리고 짧게 다루는 중반부. 이 사람들은 모두 천국을 비판하려는 어리석은 욕망을 가지고 있다는 점에서 공통적이다. 어떤 사람들은 그저 분풀이로 천국을 멸시하기 위해 지옥에서 먼 길을 무릅쓰고 왔다. 전반부의 다섯 명의 유령들은 모두 내면에 초점이 맞춰져 있다. 그들에게 끊임없이 붙어 다니는 죄들은 '과장된 내면의 이미지, 지적인 부정직, 물질주의, 냉소주의, 거짓된 수치심'이다.[152] 또한 후반부의 다섯 명은 이기적인 사람들이며, 그들의 죄는 다른 사람들을 조정하려는 욕망을 가지고 있다. 첫 번째 사람인 예술가를 제외하고 마지막 남은 사람들은 모두 뒤틀린 가족관계를 갖고 있다.

『스크루테이프의 편지』처럼 책 속의 부정적인 예를 통해서 우리는 어떻게 행동하지 말아야 하는지, 그리고 앞으로 어떻게 행동해야 할지를 추론할 수 있다. 이 책은 예수님의 우화들처럼 하나님 나라의 가치들에 대한 일련의 수업들로 이루어져 있다. 신학자 유령으로부터는 하나님을 알고 사랑하고자 하는 욕망이 학술적, 신학적인 추구 자체를 사랑하고자 하는 욕망으로 변할 수 있다는 것을 배운다. 신학자 유령은 천국에 들어가는 것 또는 그리스도에 대해 아는 것보다 그에 대해 토론할 수 있는 지옥으로 돌아가고 싶어 했다. 이와 유사하게 화가 유령은 계속 빛과 진리를 사랑하는 것보다 수단을 사랑하고, 진리에 대한 자신의 의견을 사랑하고, 자신의 명성을 사랑하게 되었다. 그는 천국에서 그를 데리러 온 영으로부터 그가 죽은 이상 누구도 그의 작품에 많은 관심을 갖지 않는다는 것을 알게 되었다. 그는 즉시 천국을 단념하고 이제 평판이 나빠진 그의 명성을 회복하고 그의 유파를 부활시키려고 헛된 시도를 한다. 잡지, 강의, 선언문, 출판 – 그가 진리를 버리고, 궁극적으로 자부심을 위해 진정한 자아를 버렸을 때 그의 정신에는 이런 것들만 가득 차 있었다.

우리는 또한 아들에 대한 소유욕이 강한 어머니 한 명과 그녀의 남편을 자기의 생각대로 바꾸는 데 바쳤던 아내를 만나게 된다. 둘 다 천국에서 타인의 장점을 배려하는 진정한 사랑을 찾는 것보다, 지옥에서 자신들이 조종할 수 있는 가족들과 살고 싶어 했다. 지옥에서 온 다른 사람들과 마찬가지로 그들도 욕심 때문에 타락하고, 죄를 선택하게 된다. 천국으로 들어가기 직전에 있는 데도, 지옥에서 온 모든 유령들은 밀턴의 시에 나오는 사탄처럼 말한다.

> 정신은 우리의 장소요, 그리고 그 속에서는
> 지옥의 천국도, 천국의 지옥도 만들 수 있다네 [153]

> 내가 날아다니는 길이 지옥이요, 나 자신이 지옥이라네.[154]

『천국과 지옥의 이혼』은 우리에게 단테의 뛰어난 통찰력이 보여 준 것과 유사한 진리를 보여 준다. 지옥의 벌이나 천국의 상은 임의적인 것이 아니다. 루이스를 천국에서 안내하는 맥도날드는 불평하는 영혼의 경우에 대해 이렇게 설명했다.

> "지옥을 이해하기 어려운 이유는 이해되는 일이 거의 '없다'는 데 있다네. 하지만 자네도 곧 경험하게 될 걸세…. 처음엔 불평하고 싶은 기분만 느끼지. 자네 자신은 그 기분과 거리를 두고 떨어져 있는 채로

말일세. 심지어 그런 기분을 비판할 수도 있네. 그러다가 어둠의 때가 오면 자네 자신이 적극적으로 그런 기분을 만들어 내게 되고 포용하게 된다네. 물론 뉘우치고 그 기분을 떨쳐버릴 수도 있지. 그러나 더 이상 그렇게 할 수 없는 날이 온다네. 그때는 이미 그런 기분을 비판할 '자기 자신' 아니 그런 불평을 즐기는 '자기 자신'이라는 게 없어져 버리지. 그저 기계처럼 불평 그 자체가 계속 쏟아져 나올 뿐일세." [155]

이 책이 가르쳐 주는 핵심적인 진리는 천국은 인간의 가능성이 실현되는 곳이며 지옥은 고갈되는 곳이라는 사실이다. '천국에 들어간다는 것은 이 땅에서 살 때보다 더 인간다워진다는 뜻입니다. 반면에 지옥에 들어간다는 것은 인간성을 박탈당한다는 뜻입니다. 지옥에 던져지는, 또는 스스로 뛰어 들어가는 것은 인간이 아니라 인간의 잔해입니다.' [156] 지옥은 구별을 없애버린다. 그리고 구제받을 수 없는 죄는 지루해 보인다. 다른 한편 우리는 천국에서 완전히 구별되는 개성들을 꽃피우게 된다.

천국의 변두리로 왔음에도 불구하고 처음과 똑같은 이유로 지옥으로 다시 돌아가는 유령들의 긴 행렬을 보았을 때, 화자는 자연스럽게 스승에게 실제로 천국에 들어오라는 초대를 받아들인 사람이 누가 있는지에 대해 물었다. 맥도날드는 천국으로 간 사람들이 있다고 암시하지만, 실제로 천국으로 들어가는 사람은 딱 한 명만 볼 수 있다. 그의 죄는 끊임없는 정욕인데, 그것은 그의 어깨 위에 있는 붉은 도마뱀으로 형상화되어 있다. 도마뱀은 그에게 정욕 속에서만 자기를 찾을 수 있고 욕망의 불꽃이 없는 삶은 무미건조하게 될 거라고 상기시킨다.

여기서 중요한 것은 한번 지옥으로 간 사람들이 천국을 다시 들어 갈 수 있다든지 또는 죄가 선으로 진보할 수 있다는 것이 아니다. 앞에서 보았듯이 루이스는 명시적으로 방금 언급한 두 가지 이야기를 부정했다. 중요한 것은 이것이다. (1) 살기 위해서는 자아가 죽어야 한다. (2) 비록 감춰져 있다고 하더라도 모든 욕망은 천국을 향한 것이다. 우리의 모든 욕망을 하나님께 드릴 때, 모든 쾌락의 창조자이신 그분이 욕망을 채워 주실 것이다. 우리가 욕망에 사로잡힌다면 지옥으로 가게 되며, 개성을 망치는 결과가 되겠지만, 그것을 하나님께 드린다면 채워 주실 뿐만 아니라 은혜의 도구가 되게 하신다. 하나님은 모든 것을 선하게 창조하셨다. 죄는 독립적이지 않으며, 선의 왜곡이다.

견고한 영에 대해 이야기해 보자. 이 책에 나오는 천국에서 온 사람들 중 누구도 세속적인 의미에서 '위대하지' 않다. 그러나 루이스의 안내자인 맥도날드만이 유일하게 세속적으로 대중적인 명성을 얻은 사람이다. 자신의 재능에 대한 자부심을 뽐내던 사람에서부터 살인을 한 배신자에 이르기까지 대부분의 사람들은 모두 죄를 지은 평범한 사람들이다. 견고한 영들이 지옥에서 온 사람들과 크게 다른 점은 모두 하나님의 필요를 인정하고 뉘우쳤다는 것이다. 그들은 자신의 죄로부터 돌이켜 새로운 마음과 영원한 삶이라는 선물을 받았다. 그 누구도 자신이 천국을 받을 만한 가치가 있다는 착각에 괴로워하지 않는다. 그것은 전혀 받을 만한 가치가 없는 자들에게 주어지는 선물이다. 견고한 영들은 유령들에게 선물을 받아들이고 '기쁨으로 들어오라.'고 강력하게 권한다. 그러나 자존심이 유령들을 막는다. 모든 사람들은 그들의 죄를 정당화하려고 시도한다. 천국을 얻는 것은 얼마나 쉬운지 또한 천국을 잃는 것도 얼마나 쉬운지.

마지막에 등장하는 유령과 견고한 영에 대한 이야기는 가장 길게 다뤄지고 있으며 특별히 주목할 만하다. 루이스는 비유를 통해 (천국을 묘사하기 위해 세상과 비교하여) 견고한 영에 대해 자세히 설명하려고 했다. 그러나 전체적으로 이 책에서 루이스는 거리두기의 기법을 사용하고 있다. 성경은 말한다. '하나님이 자기를 사랑하는 자들을 위하여 예비하신 모든 것은 눈으로 보지 못하고 귀로 듣지 못하고 사람의 마음으로 생각하지도 못하였다 함과 같으니라.'[157] 천국이 우리의 경험과 상상력을 넘어서 있기 때문에 루이스는 '깊은 천국'이나 '깊은 지옥'에 대해서는 일절 어렴풋한 이야기도 하지 않음으로써, 오류를 피하고 천국에 대한 우리의 기대를 높이고자 했다. 전체 이야기 속에서 우리는 항상 지옥의 밤이 사라지고, 천국의 새벽이 떠오르기 전의 중간 시간 속에 있다. 지리적으로도 지옥이나 천국으로 완전히 들어갈 수 없는 변두리에 있다. 그러나 변두리를 보는 것만으로도 말할 수 없이 무섭고, 그리고 세상과 비교해 볼 때 말할 수 없이 너무 매혹적이다. 우리는 변두리에 있음에도 불구하고 피가 빠른 속도로 끓는 것을 충분히 느낄 수 있다.

마지막에 자기 연민에 빠져 있는 프랭크라는 이름의 유령은 자기 자신을 투사해서 만든 비극배우라는 인형을 사슬로 끌고 다니는 난쟁이다. 그는, 골더즈 그린에 살았고 세상에서는 그의 아내였던 사라 스미스를 만난다. 프랭크의 관심은 천국을 얻는 데 있지 않았고 지옥으로부터 순례여행을 떠나는 데 있었다. 그 이유는 천국의 기쁨을 인질로 잡고 그의 상황을 통해서 동정심을 얻기 위해서였다. 이 장면에서 루이스는 영원히 지옥에서 고통 받고 있는 영혼들이 있는데 어떻게 천국에서 기쁨을 누릴 수 있냐는 오래된 질문에 대해 답변한다. 동정심은 사랑을 인질로 잡을 수 없다. 화자의 안내자인 맥도날드는 그에게 천국이 '장미 향기를 싫어하는 몇 사람들 위해 세상정원'[158]을 전부 퇴비더미로 만들 수는 없다고 설명했다. 마지막에 난쟁이 프랭크는 천국이 아니라 자기 연민을 선택한다. 그리고 그는 아무것도 남지 않을 때까지 줄어든다. 그의 죄를 투사한 인형인 비극배우는 지옥이 그렇듯이 수축되어 사라진다.

그러나 그의 아내 사라는 상심하지 않는다. 진정한 사랑과 기쁨인 그분 앞에서 상심하는 것은 불가능하다. 그녀는 천사들과 함께 넘치는 사랑과 하나님의 보호하심에 대한 시를 노래한다. 그녀는 세상적인 기준으로는 여신이 된 것처럼 보인다. 세상에서 그녀가 그저 옆집에 사는 숙녀였다고 하더라도, 참으로 천국에서 그녀는 '위대한 자'이다. 그녀는 모든 사람과 모든 창조물과의 교제하며 이름 없이 행한 사랑의 보답을 받는다. 이러한 사랑은 동물들에게까지 확대된다. 이제 천국에서 그 동물들은 큰 집단을 이루어 그녀의 주변을 맴돈다. 또한 에메랄드 같은 거인 천사들이 꽃을 뿌리고 그 뒤로 수많은 소년소녀와 음악가들이 따라온다. 설명할 수 없이 아름다운 음악을 듣고 화자는 "옮겨 적을 수만 있다면, 아무리 들어도 질리거나 유행에 뒤지지 않는 곡으로 영원히 남을 것이다."[159] 라고 말했다. '춤추는 빛'이 그 행렬에서 빛난다. 이 모든 것이 세상에서는 지극히 평범했던 사라 스미스의 영광이다. 우리는 이 책에서, 그리고 경험 속에서 하나님의 숭고한 선물조차 조롱하도록 많은 사람들을 부추기는 깊은 자만심과 타락에 놀라게 된다.

『천국과 지옥의 이혼』은 시간과 영원과 예정과 자유의지에 대한 어질어질한 생각으로 끝난다. 루이스는 시간 속에 있으면서 오래된 역설을 풀려고 하는 모든 시도는 실패할 수밖에 없다는 것을 솜씨 좋게 보여 준다. 시간 밖에 계시는 하나님은 모든 것을 영원한 현재로 보신다. 우리에게는 아직 미래의 것이라고 해도 그의 관점에서는 모든 것을 알고 계시며 이미 이루어졌다. 그러나 시간 속에 있는 우리에게는 어쩔 수 없이 선택이 앞에 주어져 있다. 『천국과 지옥의 이혼』을 스무 번째 읽으면서 천국에 희망이 없는 사람들과 죄인을 위한 '피 흘림의 사랑'이 없었다면 나의 운명이 어떻게 됐을까라는 생각 때문에 마지막 페이지에서 눈물이 떨어졌다. 이 책의 끝부분의 시간적 배경은 지옥의 어스름한 회색의 영원한 저녁과 천국의 안쪽에서 해가 뜨기 전의 영원한 새벽의 만남이 이루어지는 순간이다.

이제 마지막 순례자로서 화자는 그의 스승인 조지 맥도날드의 얼굴을 들여다본다. 그리고 그의 등 뒤 동쪽에서 약속된 햇살이 떠오른다. 그것은 천국의 영원한 낮과 어두워지는 지옥의 영원한 밤을 의미한다. 햇살은 견고한 벽돌처럼 화자의 비실체적인 육신에 쏟아졌고 그는 지옥에서 천국의 내부로 온 유령이기 때문에 고통을 받는다. "아침이에요! 아침! 아침 햇살에 붙잡히고 말았어요. 전 유령인데."[160] 그가 저주에 사로잡히고 만 순간, 화자는 책상보를 붙잡으며 꿈에서 깨어난다. 그의 머리 위로 벽돌 같은 빛이 아니라 책들이 쏟아져 내리는 순간에 달콤한 잠에서 깨어난 것이다. 그와 우리는 아직도 순례자이며 천국이 아직도 우리 앞에 있다는 것을 깨닫는다. 아직도 선택할 수 있는 시간은, 그리고 다른 사람들의 선택을 안내할 수 있는 시간은 남아 있다.

6
놀라움과 기쁨의 땅: 나니아 연대기

여호와를 기뻐하라 그가 네 마음의 소원을 네게 이루어 주시리로다.
_ 시편 37:4

나니아는 이 세계와 거의 유사한 곳이다. 나니아에서 예수님과 대치되는 아슬란의 특징은 우리의 세계에서 예수님의 활동들을 상기시킨다. 돌탁자에서 자신의 희생을 통해 구원을 이루었고, 법이 죄인에게 내린 죽음의 형벌을 에드먼드 (우리) 대신 죽음으로써 무효화시켰고, 『캐스피언 왕자』에서는 가나의 혼인잔치에서 물을 포도주로 바꾸었던 예수님의 첫 번째 기적을 아슬란의 대리인 박쿠스를 통해서 재연했다. 그리고 약속을 의심하는 많은 사람들, 하지만 여전히 믿고 기도하는 남은 자들의 모습들에서는 자신의 메시아를 기다려 온 이스라엘의 오랜 탄압의 역사가 메아리친다.[161] 또한 나니아에는 왕권의 찬탈, 정당한 후계자, 전쟁, 용기, 성장과 같은 세속적인 문제들도 존재한다.

그러나 나니아의 창조물들은 천국과 '천국이 보내신 이'의 관점에서 볼 때 항상 영원의 그림자 속에 살고 있다. 믿음과 불신에 대한 질문들은 이렇게 중대한 사실을 강조하고 있다. 예를 들어『캐스피언 왕자』에서 믿음의 문제는 두 가지 방식으로 제기된다. 맨 먼저 아슬란이 수백 년 전에 마지막으로 나타난 뒤 아직까지 돌아오지 않았지만, 오소리 트러플헌터는 옛 나니아의 이야기를 기억하고 그를 믿었다. '우리는 변함이 없어. 한결같아.'[162] 그러나 일반적으로 자기 이익만을 생각한다고 알려진 난쟁이들에게 과거나 미래는 소용없는 것이었다. 그나마 그 중에서 조금 나은 난쟁이인 트럼프킨이 비웃으면서 "요즘 세상에 누가 아슬란을 믿니?"라고 물었을 때, 캐스피언은 주저 없이 말했다. "난 믿어요."[163]

캐스피언이 나중에 검은 난쟁이 니카브릭에게 "당신은 아슬란님의 존재를 믿으세요?"라는 인간의 운명에 대한 질문을 던졌을 때,[164] 니카브릭은 그 질문에 대해 정확히 실용적인 답변을 들려주었다. "난 저주받은 텔마르 야만인들을 싹 몰아내 준다면 누구든 무엇이든 믿을 거요. 그게 아슬란이든 하얀 마녀든." 니카브릭의 대답은 파멸이라는 궁극적인 결과로 향해 가는 사고방식을 드러내 보인다. 믿음에 관한 문제는 나니아에 대한 다른 모든 책들에서도 나타난다. 제일 먼저 집필된『사자와 마녀와 옷장』에서는 페번시가의 아이들 중에서도 가장 어린 루시가 아슬란을 처음으로 만났을 때, 믿음의 문제가 등장한다. 그들은 루시가 새로운 세계를 발견했다는 사실을 매우 느릿느릿하게 인정했고, 에드먼드는 의심 때문에 아슬란을 받아들이는 데에 매우 오랜 시간이 걸렸다. 에드먼드는 아슬란이 옳다는 것을 마음속으로 알고 있을 때조차도 그를 의심했고, 결국 에드먼드의 의심은 냉소와 불신으로 변했다. 우리들처럼 에드먼드는 아슬란에게 구원받지 못했다면 죽음을 맞이할 수밖에 없었을 것이다.

『캐스피언 왕자』에서도 아슬란을 가장 먼저 만난 사람은 루시였다. 아이들은 미라즈의 군대 왕좌를 찬탈한 캐스피언의 삼촌의 군대 와 대치하고 있는 캐스피언 왕자를 만나기 위해 아슬란이 알려 준 길을 따라 떠날 채비를 하였다. 하지만 그들은 아슬란이 알려 준 길에 대해 확신이 없었다. 루시는 그때 그들이 결정한 반대 방향에서 아슬란의 얼굴을 보았고, 그가 나타났다는 것을 알아차렸다. 그러나 모두들 루시가 본 것을 무시하고 피터의 잘못된 본능을 따라갔다. 많이 지체되고, 헛되이 노력하고, 피곤에 지치고 나서야 루시가 아슬란을 보았다는 사실을 인정하고 반대 방향으로 방향을 바꾸게 되었다. 그리고 나중에는 그 길이 가장 빠른 길이었다는 것이 드러난다. 이것은 『나니아 연대기』에서 공통적으로 제시되는 주제이다. 『사자와 마녀와 옷장』에서도 가장 빠르게 문제를 해결할 수 있는 유일한 방법은 아슬란을 찾고 그의 계획에 의지하는 것이다. 자기 스스로 할 수 있다는 생각은 실제 삶에서 그렇듯이 나니아에서도 항상 깨어졌다.

예수님은 모든 인간 역사의 핵심 축이며, 성경과 기독교에서 가장 중심적인 인물이기 때문에 나니아 이야기에서도 예수님의 형상을 하고 있는 아슬란을 중심으로 이야기가 펼쳐진다. 루이스는 어린 친구들에게 보내는 답장에서 아슬란은 예수님이 아니지만 만약 예수님이 사자라면, 그리고 말하는 동물과 살아 움직이며 분별 있는 나무들의 세계에 살고 있다면, 그런 상황에서 그가 무엇을 할지에 대해 상상해 보면 답을 얻을 수 있을 거라고 설명해 주었다.

이렇게 대칭되는 내용들은 확실히 성경의 내용과 비슷하다. 아슬란의 존재는 여러 가지 면에서 예수님을 비추는 거울과 같다.

- 그는 주님이다. '숲의 왕'이자 '위대한 바다 황제의 아드님'이다.
- 그는 (『마법사의 조카』에서는) 나니아와 모든 세계의 창조주이다. 또한 그는 이 세계를 유지시키고 보호하는 존재이다.
- 그는 심판자이다.(『캐스피언 왕자』에서는 텔마르 사람들의 심판자이며 『최후의 전투』에서는 옛 나니아를 소멸시키는 모든 것의 심판자이다.)
- 아슬란이 나타나면 모든 것은 올바르게 되고, 제자리를 찾는다.
- 아슬란을 사랑하는 사람들은 그와 헤어지게 된다는 것을 가장 슬퍼한다.
- 그가 사라지면 사람들은 그를 애타게 열망한다.

- 그는 구원자이다. 『사자와 마녀와 옷장』에서는 에드먼드를 구원했고, 『새벽 출정호의 항해』에서는 용이 된 유스터스의 껍질을 벗겨 내어 구원했다.
- 그는 기쁨을 가져다주고, 축제를 연다. 아슬란이 나니아에서 위대한 일을 마쳤을 때마다 항상 축제가 열린다. 그것은 이야기 전체에 스며들어 흐르고 있는 기사도적인 요소와 항상 가난한 자를 먹이시는 예수님의 사역과 모두 관련이 있다. 예수님은 군중들을 여러 번 기적으로 먹이셨고, 천국에서 우리를 불러 모아 근사한 어린 양의 혼인잔치를 하겠다고 약속하셨다. 축제는 삶에 필수적인 것이며, 평화와 충만함 속에서 기뻐하는 찬양과도 같다.
- 그는 처음에는 스스로 부활했고, 『캐스피언 왕자』에서는 나무들을, 『사자와 마녀와 옷장』에서는 돌로 변한 생명체를 깨우듯이 다른 이들을 깨워서 불러일으킨다.

순서에 대하여

독자들은 7권으로 된 『나니아 연대기』를 어떤 순서로 읽는 것이 가장 적절한지에 대해 논쟁해 왔다. 루이스는 『나니아 연대기』를 집필한 순서대로 출판했는데, 그 순서는 다음과 같다. (1) 사자와 마녀와 옷장, (2) 캐스피언 왕자, (3) 새벽 출정호의 항해, (4) 은의자, (5) 말과 소년, (6) 마법사의 조카, (7) 마지막 전투. 맥밀런에서 나온 판본이 가장 구하기 쉽고, 이 순서로 되어 있다.

루이스는 어린 친구들에게 보내는 편지에서 나니아의 역사를 연대순으로 읽는 것이 가장 좋으며 나니아의 창조 이야기부터 읽기 시작하라고 권했는데, 그 순서는 다음과 같다. (1) 마법사의 조카, (2) 사자와 마녀와 옷장, (3) 말과 소년, (4) 캐스피언 왕자, (5) 새벽 출정호의 항해, (6) 은의자, (7) 마지막 전투. 지금은 하퍼 콜린스 출판사가 저작권을 가지고 있으며, 지난 몇 년간 『나니아 연대기』를 역사적인 순서에 맞추어 출판해 왔다. 학자들도 가장 좋은 순서가 무엇인지에 대해 논쟁해 왔다. 나는 사람들이 어떤 순서든지 간에 처음 읽었던 순서를 좋아하는 경향이 있다는 것을 깨달았다. 그리고 우리가 사건들을 쉽게 회상하고 순서를 바르게 배열할 수 있어 어떤 순서로 읽든지 간에 내용을 놓치는 일은 거의 없다는 사실을 알게 되었다. 내가 원래 출판된 순서대로 읽는 방식을 좋아하는 이유는 『사자와 마녀와 옷장』에서 처음으로 복음에 대한 기본적인 신학적 배경이 훌륭하게 다루어지기 때문이다. 그러나 여기서 『나니아 연대기』에 대해 논의할 때에는 대부분의 독자들이 생각하는 편의상의 순서(나니아의 역사대로)를 따르기로 했다.

마법사의 조카: 낙원을 되찾고 신의 얼굴을 보다

『마법사의 조카』에서 맬러캔드라와 페렐랜드라에서 본 자연 그대로의 세계와 나니아의 새롭게 창조된 죄 없고 완벽한 아름다운 세계를 본다면, 우리는 죄로 인해 상실된 것들이 영원한 상속으로 새롭게 창조되기를 기다려야 한다는 생각에 마음이 아플 것이다. 마법의 초록색 반지와 노란색 반지 때문에 폴리, 디고리, 앤드루 외삼촌, 마부, 말 스트로베리 모두 아슬란의 노래로 창조되는 나니아로 가게 된다. 『나니아 연대기』의 다른 책에서 아슬란의 얼굴을 볼 때에도 느낄 수 있듯 그의 목소리는 아늑했다. 아슬란의 목소리는 놀랄 만큼 친근하게 들리며, 희망에 가득 차 있고, 그가 훌륭한 존재라는 것을 느끼게 한다. 심지어 그 목소리는 스트로베리에게조차 들렸다. '말은 몇 해 동안 마차를 끌다가 어렸을 때 뛰놀던 들판으로 되돌아온 것처럼 기분 좋은 울음소리를 냈고, 들판을 가로질러 각설탕을 갖다 주던 그리운 사람을 만나기라도 한 듯이 울었다.'[165] 그러나 제이디스 여왕은 창조의 힘을 갖고 있는 아슬란의 음악을 증오했고 '그 노래가 멈추기만 한다면, 그 세계 전체를, 아니 존재하는 모든 세계를 산산조각 내고'[166] 말았을 것이다.

아슬란은 하나님이 예수님과 함께 말로써 우주를 창조했던 것처럼 노래로 나니아를 창조했다. 마이클 와드가 최근에 밝혀낸 바에 따르면 나니아의 세계를 표현하는 어조와 내용의 순서를 선택하는 방식에서 중세적 세계관의 요소들이 미세하게 빛나고 있다고 한다. 아슬란이 노래로 세계를 창조하는 장면은 친구들이 궤도를 회전할 때 천체의 음악이 흘러나온다는 중세적인 생각이 반영되어 있다. 루이스는 디고리와 폴리를 제이디스 여왕의 '불길한 낱말'(이것은 아슬란의 창조의 힘을 갖고 있는 낱말에 대한 기괴한 풍자이다.)로 파괴되어 죽어버린 찬이라는 세계로 데려간다. 그녀는

'내가 할 수 없다면, 그 누구도 할 수 없다.'라는 생각으로 행성의 살아 있는 모든 것들을 죽이고, 그녀 자신도 돌로 변해버린다. 나중에 디고리가 그녀를 되살리고, 금지된 종류의 지식을 추구한 찬을 마지막으로 붕괴시켜 버린다. 아슬란이 '우리의 눈앞에서' 창조한 새로운 세계를 바라보는 기쁨과 놀라움과 비교할 때 찬과 나니아의 차이점은 더욱 두드러진다. 루이스는 천국에서만 이루어질 수 있는 세계를 갈망하는 우리들에게, 역사의 일부분이자 타락 이전의 세계인 에덴을 보여 준다.

찬과 나니아, 지구 사이를 오갈 때 디고리와 폴리는 '세계와 세계 사이의 숲'이라 불리는 중간 지역을 지나다닌다. 이 이야기는 바로 우리 마음속의 소망을 충분히 자극한다. 이 숲에는 '연못 바닥마다 모두 다른 세계'로 갈 수 있는 연못들이 있다. 디고리와 폴리는 죄로 인해 저주받은 자신들의 세계 밖으로 나갈 수 있다는 사실만으로도 천국을 미리 맛본 것이다. 이 숲에서 "만약 누가 디고리에게 '어디서 왔니?' 하고 묻는다면, 디고리는 아마도 '난 항상 여기 있었어.'라고 대답할 것이다. 그것은 마치 언제나 거기에 있었으며 아무 일이 일어나지 않아도 전혀 지루할 것 같지 않은 그런 기분이었다." 달리 말해 그 숲은 우리가 '집'에 대해 알고 있는 모든 것을 이상적으로 표현한 것이다. 우리가 살고 있는 곳을 집이라고 생각하지만, 그럼에도 불구하고 그 집은 우리의 궁극적인 집이 아니다.[167]

나니아의 새 세계에서 천국을 떠올리게 하는 것은 나니아에서 자라고 있는 '나라를 치유하는 나무'이다. 나니아의 나무는 요한 계시록 22:2의 새 하늘과 새 땅에 대한 사도 요한의 계시 속에 나오는 나무가 원형이라는 것을 암시한다. '강 좌우에 생명나무가 있어 열두 가지 열매를 맺되 달마다 그 열매를 맺고 그 나무 잎사귀들은 만국을 치료하기 위하여 있더라.' 디고리는 아슬란의 명령으로 폴리와 함께 나니아의 나무에서 과일을 하나 가지고 돌아오라는 임무를 맡는다. 과일이 자라고 있는 비밀스러운 정원에서 제이디스 여왕은 디고리에게 아슬란에게 과일을 가져다주기 전에 그걸 한번 먹어 보라고 유혹한다. 디고리가 자신의 말에 따르지 않자, 그녀는 죽음이 임박한 어머니를 치유하기 위해서라도 과일을 갖고 가라며 더욱 심하게 유혹한다. 그러나 디고리는 아슬란에게 순종했고, 충분한 상을 받게 되었다. 아슬란은 디고리에게 말했다. "그 누구도 아닌, 바로 네가 네 손으로 나니아를 지켜 줄 나무의 씨앗을 심어야 하느니라."[168]

그 나무의 향기는 나니아인들에게는 '기쁨과 생명과 건강'이었지만, 마녀에게는 '죽음과 공포와 절망'이 되었다.[169] 이 이야기는 응답하는 이의 마음에 따라서 단순한 일에도 어떻게 정반대의 반응이 나올 수 있는지 보여 준다. (아슬란의 얼굴을 보는 것도 마찬가지이다. 그리고 고린도후서 2:15-16에는 이렇게 나와 있다. '우리는 구원 받는 자들에게나 망하는 자들에게나 하나님 앞에서 그리스도의 향기니 이 사람에게는 사망으로부터 사망에 이르는 냄새요, 저 사람에게는 생명으로부터 생명에 이르는 냄새라.')

아슬란은 디고리가 지구에 돌아가서 어머니를 치유할 수 있게 나무에서 과일을 주었다. 이 소년은 그 과일의 씨앗을 뒤뜰에 심었고 씨앗이 자라서 나무가 되고 몇 년 후에 폭풍우에 쓰러진다. 그 나무는 마법의 옷장을 만드는 데 쓰이고 후에 페번시가의 아이들이 다음 권에서 그 옷장을 통해 나니아로 들어가게 된다. 이 나무의 이야기는 순종 또는 불순종이라는 단순한 행위가 어떤 파급효과를 가져다주는지 설명해 준다. 찬에서 디고리가 처음에 저질렀던 죄는 제이디스 여왕을 나니아로 데려온 것이다. 이 죄는 딴 방향으로 엄청난 파문을 일으킨다. 이것이 루이스의 작품에서 등장하는 천국과 지옥에 대한 핵심적인 주제이다. 선택은 운명이다. 순종은 생명과 천국에 이르게 하며, 불순종은 죽음과 지옥에 이르게 한다. 『나니아 연대기』의 다른 이야기에서도 볼 수 있듯이 디고리는 거대한 유혹 앞에서도 순종했을 때 아슬란에게 "잘 하였다."라는 말을 듣는다. 이것은 하나님이 우리를 통해 기쁨을 취하시는 모습이며, 천국의 매우 큰 상 중 하나이다.

축복의 환상: 아슬란의 얼굴, 하나님의 얼굴 [170]

아슬란이 존재하는 나니아는 거의 천국처럼 보인다. 그는 나니아의 창조자이자 나니아를 유지하는 존재이다. 그가 사라지면 모든 이들은 그를 갈망하고, 그가 나타나면 모든 문제들이 해결되고 모든 것이 '바로잡히게'[171] 된다. "그분은 왕이시고, 숲의 왕이십니다."라고 비버 씨는 페번시가의 아이들에게 알려 주었다. 그는 나니아의 예언이 다루는 주제이며 그가 나타나면 비버 씨가 짐작하듯 종말이 가까워 온다. 그는 자신을 갈망하고 선을 추구하는 사람들에게 선하지만 안전하지 않다. 비버 씨가 아슬란에 대해 묘사하는 것을 듣고 피터는 이렇게 말했다. "난 그분을 만나고 싶어요. …정작 만났을 때에 겁에 질리더라도 말이죠."172

천국의 소망은 아슬란에게 있다. 성 아우구스티누스가 말했던 것처럼 주님은 '우리의 모든 것을 사랑하시는 분'이다. 나니아의 아이들은 종종 위대한 사자를 통해 기쁨과 놀라움, 생기와 흥분, 안전과 행복감으로 충만하여 완전히 달라지게 된다. 그것은 마슬로우의 욕구 단계론에 나와 있는 내용들을 마술적인 공기를 들이켜 모두 단번에 성취하는 것과 같다. 디고리와 폴리는 '시끄럽고, 후텁지근하고 지독한 냄새가 풍기는 런던'으로 되돌아가기 전에 마지막으로 아슬란을 만나게 된다. 그때 그는 세상에서의 삶을 견딜 수 있도록 그들에게 천국의 희망을 준다. 나니아에서는 아슬란의 얼굴을 보는 것이 축복의 환상이다. 성경은 믿는 자들에게 예수님의 얼굴을 보게 될 것이라고 약속한다. 루이스는 이러한 개념을 『페렐랜드라』에서 잘 설명하고 있다.

> 모든 세계 위에는 없앨 수 없는 기쁨을 바라보는 오직 하나의 얼굴이 있는 것처럼, 모든 세계의 밑바닥에는 홀로 괴로워하는 그 얼굴이 기다리고 있었다. 그 얼굴의 시선은 그 얼굴을 바라보는 그 누구도 회복시킬 수 없었다. 그리고 사람들이 세계를 걸어 다닐 수 있는 천 개의

길이 있는 것처럼 보이고, 정말 그 길들이 있었지만, 축복의 환상이나 고통의 환상으로 향하지 않는 길은 없었다.[173]

『나니아 연대기』에서 이보다 더 중요한 주제는 없다. 이 주제는 『나니아 연대기』의 모든 책들에서 나타나며 항상 우리의 마음을 갈망에 불타오르게 한다. 예수님과 천국의 약속에 대해 아무것도 모르는 독자들조차 이러한 것을 느끼게 된다. 미국에 로렌스라는 아홉 살짜리 아이의 어머니가 아들을 위해 루이스에게 편지를 썼다. 왜냐하면 로렌스가 예수님은 모르지만 그와 닮은 아슬란을 두려워해서 그것이 예수님을 기쁘시게 못하는 일이 아닐까 걱정되기 때문이었다. 루이스는 그녀를 안심시켰다. '로렌스는 자신이 어떤 일을 하는지 느낀다고 할지라도 정말 예수님보다 아슬란을 더 사랑할 수는 없을 것입니다. (그 아이가 아슬란을 사랑하기 때문에) 로렌스가 아슬란을 위해 행하거나 말하는 것들은 정말 예수님을 위해 행하고 말하는 것들입니다. 그러므로 로렌스가 아슬란을 사랑한다고 느낀다면 그 아이는 정말 예수님을 사랑하고 있는 것입니다. 그리고 아마도 로렌스는 이전에 아슬란을 사랑했던 것보다 예수님을 더 사랑하게 될 것입니다.'[174]

'축복의 환상'에 대한 멋진 예는 첫 번째 작품인 『마법사의 조카』의 결말 부분에 나온다.

두 아이는 사자가 이런 말을 할 때 똑바로 쳐다보고 있었다. 그런데 갑자기 사자의 얼굴이 파도가 넘실대는 황금 바다처럼 보였다. (아이들은 어찌 된 영문인지 까맣게 몰랐다.) 두 아이는 황금 바다에 두둥실 떠다니는 듯했다. 그 부드러움과 힘이 아이들을 감싸며 몸 안으로 스며 들어오자, 아이들은 이렇게 행복하고 현명하고 선량한, 심지어 살아 있는 것 같기도 하고 깨어 있는 것 같기도 한 느낌을 난생 처음 받았다. 그 순간의 기억은 아이들 속에 언제까지나 남아 있었다. 두 아이 모두 살아 있는 동안에 슬프거나 두렵거나 화가 날 때마다 그 때의 선한 마음이 아주 가까운 곳, 마치 어떤 모퉁이나 문 뒤에 있는 것처럼 되살아나면서, 마음속 깊은 곳에서는 모든 일이 순조롭게 되리라는 확신이 생겨났다.[175]

나중에 디고리가 엄마의 병실로 돌아갔을 때, 그는 엄마가 낫기 전까지는 평범한 일상 속에서 희망을 잃기 시작하고 있었다. 디고리는 '희망을 품을 엄두가 나지 않았다. 하지만 아슬란의 얼굴을 떠올리고는 다시금 희망을 품었다.'[176] 우리는 앞으로 『마지막 전투』에서 나니아 역사의 마지막에 이를 때까지 종종 이 주제를 다시 다루게 될 것이다.

사자와 마녀와 옷장: 천국을 얻다 – 아슬란과 '유일한 길'

아슬란은 『나니아 연대기』에서 예수님이 성경에서 한 것처럼 나니아를 창조하고, 그를 믿고 그의 편에 서는 자들을 모두 구원하며, 죽음을 이기고, 옛 나니아를 멸하고 새 나니아를 창조한다. 예수님이 그렇듯이 아버지 외에는 그 누구도 아슬란을 능가할 수 없고, 그 누구도 그보다 큰 능력을 가질 수 없다. 그는 선하고, 모든 사람들은 그를 갈망한다. 더 이상 아슬란을 선택할 수 없을 만큼 죄로 인해 마음이 뒤틀린 사람들이라고 해도 말이다. 예수님은 말씀하셨다. '내가 곧 길이요 진리요 생명이니 나로 말미암지 않고는 아버지께로 올 자가 없느니라.'[177] 『나니아 연대기』에서 그 누구도 아슬란이 부르지 않으면 우리 세계에서 새롭고 영원한 나니아에 갈 수 없다. 아슬란을 만난 적이 있고, 그를 진정한 숲의 왕으로 받아들이는 모든 사람들은 아슬란의 임재를 깊이 갈망한다.

비버 씨와 비버 부인이 아이들에게 아슬란에 대해 이야기할 때, 그의 이름을 언급하자마자 아이들이 보인 반응은 그들이 아슬란을 만날 마음의 준비가 되어 있다는 것이었다.

그때 아주 신기한 일이 일어났다. 아이들은 여러분보다 더 아슬란이 누군지, 어떤 존재인지 모르고 있었다. 그런데 비버가 얘기를 끝내자 다들 아주 색다른 느낌에 사로잡혔다. 어쩌면 여러분도 가끔씩 꿈 속에서 누군가가 하는 말을 잘 이해할 수는 없지만 뭔가 원대한 뜻이 담겨 있는 듯한 느낌을 받아본 적이 있을 것이다. 때로는 그것이 꿈 전체를 악몽으로 변하게 하는 무시무시한 뜻일 수도 있고, 때로는 너무 아름다워서 도저히 말로 옮겨 놓을 수 없는 사랑스런 뜻일 수도 있다.

너무도 아름다운 나머지 평생토록 기억하고 다시 한 번 꿔 보고 싶은 그런 꿈 말이다. 지금이 바로 그랬다. 아슬란이라는 이름을 듣자마자 아이들은 저마다 가슴 속에서 뭔가가 꿈틀꿈틀 솟는 것을 느꼈다.[178]

에드먼드는 '까닭 모를 공포'를 느꼈다. 왜냐하면 그는 자신의 형제자매들을 다스리겠다는 자만심과 마법의 터키 젤리를 먹겠다는 탐욕스런 욕구 때문에 하얀 마녀의 유혹에 빠졌기 때문이다. 피터는 '용기와 모험심'을 느꼈고 수잔은 뭔가 '달콤한 향기'나 '감미로운 선율'이 확 퍼지는 느낌을 받았고, 루시는 새로운 시작이라는 느낌을 받았다. 이것은 루이스가 '천국은 새로 입에 익혀야 하는 맛'이며 우리는 매일 천국을 사랑하는 사람이 되거나 혹은 증오하는 사람이 된다는 진리를 설명하는 방식 중의 하나이다.[179] 물론 천국을 창조하신 분을 사랑하지 않고 천국을 사랑한다는 것은 불가능하다. 왜냐하면 천국의 핵심적인 정의는 죄에서 벗어나 그리스도의 임재 속에 있는 것이기 때문이다. 우리는 예수님의 재림 때에 '하늘에 있는 자들과 땅에 있는 자들과 땅 아래에 있는 자들로 모든 무릎을 예수님의 이름에 꿇게 하시고 모든 입으로 예수 그리스도를 주라 시인하여 하나님 아버지께 영광을 돌리게 하셨느니라'[180]고 하신 말씀을 기억하고 있을 것이다. 어떤 이는 우리를 채우시는 주님께 기쁘게 복종하여 기꺼이 스스로 무릎을 꿇을 것이며, 어떤 이는 마지못해 억지로 무릎을 꿇을 것이다. 그러나 그럼에도 불구하고 모든 이가 그의 영광을 섬기게 될 것이다.

아슬란은 '크리스마스도 없는 겨울'만 계속되게 하는 하얀 마녀의 마법을 깨뜨릴 수 있는 유일한 인물이다. 겨울은 죽음을 의미한다. 그리고 크리스마스는 약속대로 부활하여 죽음에서 승리한 예수님의 탄생을 의미한다. 아슬란에 대한 비버의 묘사는 그의 심오한 속성을 느끼게 해 준다. 그는 착하지만 안전하지 않다. 그리고 그의 이름을 언급하는 것만으로도 흥분되며, 봄이 찾아오면 그에 대한 기대는 더욱 커져 간다. 봄은 바로 아슬란이 이 땅에 왔으며 하얀 마녀가 쇠약해지기 시작했다는 것을 의미한다. 마침내 우리는 그를 만나게 되고, '착하면서도 동시에 무서운 존재'가 있을 수 있다는 것을 알게 된다. 아이들은 '아슬란의 얼굴을 똑바로 쳐다보려고 했지만 황금빛 갈기와 근엄하고 엄숙하고 압도적인 분위기를 풍기는 커다란 두 눈을 흘낏 보았을 뿐이다. 아이들은 사시나무 떨 듯 온몸을 부들부들 떨고 있었다.'[181]

에드먼드는 인간 역사의 중심적인 갈등을 보여 주는데, 그는 큰형을 무안하게 만들고 자신의 식욕을 만족시키기 위해 기꺼이 자기 자신과 형제자매들을 속이고, 나니아의 모든 사람들을 하얀 마녀에게 모두 팔아버린다. 이러한 선택으로 인해 에드먼드는 자신의 삶과 영혼을 위험에 빠뜨린다. 에드먼드는 힘에 굴복했고, 그 힘은 너무 강했기 때문에 비버의 충고처럼 자신의 힘으로 하얀 마녀를 이기려는 시도는 소용이 없었다. 에드먼드의 유일한 희망은 그리고 진정 모든 나니아의 희망은 아슬란에게 가는 것이다. 그는 악을 물리칠 수 있는 힘과 지혜를 가지고 있으며 그 누구도 이와 같은 이는 없다. 여기서 에드먼드는 집단적인 인류 또는 개인적인 인간 모두를 나타낸다. '모든 사람이 죄를 범하였으매 하나님의 영광에 이르지 못하더니.' '죄의 삯은 사망이요.'[182] 마녀는 반역자를 죽일 합법적인 권리를 가지고 있었다. 그래서 아슬란은 에드먼드 대신 자신의 생명을 내놓음으로써 그를 구했다. 사형은 돌탁자 위에서 이루어졌는데, 돌탁자는 하나님이 직접 손가락으로 써서 모세에게 주셨던 석판처럼 하나님의 법을 나타내기에 적절하고 쉬운 상징이다. 이것은 신약에서 '우리의 마음에 새겨진' 것과 동일한 법이다. 그리고 우리는 모두 그 법을 어겼기 때문에 죽음의 죗값을 치러야 했다. 그러나 예수님은 완전한 희생을 통해 우리 대신 죽음의 죗값을 치르셨다.

마지막 만찬과 죽기 전날 밤을 생각해 보면 아슬란의 죽음은 예수님의 죽음과 공명共鳴 하는 면이 있다. 예수님이 겟세마네 동산에 기도하러 갈 때 제자들에게 동행하기를 부탁한 것처럼, 아슬란은 소녀들에게 자신의 마지막 순간에 '동행이 있어 즐거울 것'이라고 말한다. 십자가에 못 박힌 예수님 앞에 있던 사람들이 바로 여인들이었던 것처럼, 그 소녀들은 아슬란의 죽음을 목격한다. 또한 예수님이 부활했을 때 그를 처음 보러 온 사람이 막달라 마리아였던 것처럼, 아슬란이 부활했을 때 그를 처음 보러온 것은 소녀들이었다. 하얀 마녀는 '결백한 자가 반역자의 죄를 대신하여 스스로 목숨을 바치면 돌탁자는 깨지고 죽음 그 자체가 다시 원상태로 돌아간다는'[183] 더욱 심오한 마법에 대해서는 몰랐다. 먼저 아슬란은 죽음에서 일어났고, 하얀 마녀가 돌로 만들었던(법의 힘 아래에 있다는 것을 상징한다.) 모든 자들에게 생명의 숨결을 불어넣어 해방시켰다. 이 행위는 창조와 구원과 성령의 도래, 그리고 그 무엇보다도 부활을 암시하고 있다. 마녀와 사탄이 죽음으로 이끄는데 반해, 그리스도는 생명을 창조하신 것처럼 생명으로 이끄시며, 죽음을 영원히 극복하신다.

부활 후에 예수님을 만난 제자들은 공포에 떠는 겁쟁이에서 '이는 내게 사는 것이 그리스도니 죽는 것도 유익함이라'[184]고 말하는 용기 있는 순교자로 변화하였다. 이와 비슷하게, 부활한 아슬란을 만난 나니아인들은 그들 앞에 놓인 전투를 대담한 자세로 받아들이기 시작했다. 그들은 악과 죽음이 패배했다는 것을 알고 있었다. 바울은 예수님과 함께하기를 간절히 바랐지만 복음을 위해 고통스러운 삶을 기꺼이 받아들였다. 악의와 질투에 가득 찬 적들에게 채찍질 당하고, 돌에 맞고, 수난을 당했다. 그는 매일 자신을 죽이고 그리스도를 위해 살았다. 어디서 이런 용기가 생겨나는가? 나는 바울이 자신의 모든 것을 드리려고 했던 것이 주로 두 가지 이유 때문이라고 확신한다. 첫째, 그는 천국을 본적이 있었다. 둘째 그는 그리스도와 함께 지냈던 적이 있었다. - 예수님께서 그를 친히 가르치셨다. 바울은 그가 갔던 곳에서 자신을 기다리고 있는 분에 대해 알고 있었다. 누구든지 예수님과 천국에 대해 이와 같은 방식으로 알고 있다면 그는 자유로운 삶을 살 수 있을 것이다. 그러한 사람은 하나님과 다른 사람을 아낌없이 섬길 수 있고, 심지어 자신의 삶 그 자체를 버릴 수도 있다. 세상에 선한 것은 없으며, 천국의 핵심과 바꿀 수 있는 것은 없다. 소유도, 가족도, 삶 그 자체도….

루이스는 『나니아 연대기』에서 천국에 대한 우리의 내면적인 갈망을 일깨우고, 아슬란의 인격 속에 있는 예수님의 존재를 사랑하고 갈망하도록 우리의 감정을 훈련시켜서 이러한 종류의 헌신을 준비하게 한다. 『나니아 연대기』에서 가장 즐겁고 가장 영혼을 풍성하게 만들어 주는 부분은 다음의 두 장면이다. 첫 번째는 아슬란이 돌탁자에서 일어나 죽음을 극복하는 장면이다. 루시와 수잔은 악한 세력들이 그를 조롱하고, 손으로 때리고, 욕을 퍼붓고 모욕하고, 줄로 묶고 결국에는 그를 죽이는 굴욕적인 장면들을 목격한다. 소녀들은 죽은 아슬란의 재갈을 풀고 큰 슬픔으로 애도한다. 그때 무언가 큰 소리로 갈라지는 소리를 들었고 마치 지성소를 가리던 휘장이 둘로 찢어진 것처럼 돌탁자가 가운데서부터 깨어진 것을 보았다.

수잔은 역설적이게도 하얀 마녀의 마법에나 어울릴 만한 말을 읊조렸다. "마법이라도 부린 거야?" 아슬란이 "그렇다! 더 큰 마법이란다."라고 대답했을 때, 그는 그 말의 진정한 의미를 보여 주었다. 지식과 마녀의 힘을 넘어선 마법이 작동했다.[185]

그리고 나서 수잔과 루시가 뒤돌아보자 가장 훌륭한 광경이 나타났다. 아슬란이 '아침 노을 속에서 전보다 더 거대한 모습으로 갈기를 흔들고 있었다.'[186] 아슬란이 더 심오한 마법에 대해 설명한

다음에, 소녀들은 그와 함께 뛰고, 쫓고, 구르며 '행복한 웃음을 터뜨리며 털과 팔과 다리를 포개고 뒹굴며'[187] 뛰어 놀았다. 그것은 '천둥 번개와 함께 노는' 기분이었고 동시에 새끼고양이와 노는 기분이었다. 그리고 아이들은 갈기를 꼭 붙들고 '따뜻한 황금빛 등에 올라탔다.' 그것은 '아마 아이들이 나니아에서 경험한 가장 멋진 일이었을 것이다.'[188] 아슬란과 함께 있는 시간보다 더 엄숙하고 그렇지만 한없이 즐거운 시간은 없을 것이다. 그것은 우리가 예수님을 느끼는 방식이며, 천국은 그러한 즐거움이 일어나는 곳이다. 대부분의 문화가 천국을 '그림의 떡'이라고 부정하도록, 그리고 예수님을 신화로 생각하도록 아니면 신화보다도 더 못한, 모든 것을 지독하게 따분한 것으로 여기도록 길들여졌지만, 우리의 상상력은 나니아를 여행하면서 세례를 받고 올바른 기능을 회복하게 된다. 이제 상상력은 우리를 예수님과 천국으로부터 멀리 떼어 놓는 것이 아니라, 그곳으로 이끌어갈 수 있도록 더 훌륭하게 예비되었다. 나니아가 천국이 아니라고 할지라도 나니아의 많은 부분들은 의도적으로 천국을 암시하고 있다. 마치 우리가 천국에 있는 것처럼, 나니아에서 아이들은 '행복하고 기쁜 나날을 보냈다. 그들이 설령 이 세계에서의 삶을 기억한다 해도, 그것은 마치 사람들이 꿈을 기억하는 정도에 불과했다.'[189]

말과 소년:
하나님은 교만한 자를 대적하시되
겸손한 자들에게는 은혜를 주시느니라 _베드로전서 5:5

말하는 군마 브레는 아첸랜드와 나니아의 침공을 경고하러 가는 길에 사자가 그의 친구, 아라비스를 공격한 것으로 인해 겁에 질린다는 것이 무엇인지 경험하게 된다. 브레는 그녀를 보호하기 위해 뒤돌아 가는 대신에 달아나 버렸다. (그 사자가 아슬란이라는 사실은 나중에야 밝혀졌다.) 그때 아슬란은 그들이 앞으로 질주하도록 하는 동시에 아라비스의 등을 발톱으로 할퀴어 벌을 받게 한다. 그 상처는 아라비스가 도망칠 때 속인 노예가 받았던 채찍의 벌을 뜻하는 것이었다. 브레는 자신의 비겁함에 풀이 죽었다. 남쪽 변방의 은둔자는 브레에게 '그저 자만심을 잃었을 뿐'[190]이라고 충고해 준다. 브레는 상처 입은 자존심과 실의 失意 때문에 겸손한 나니아인들을 만나느니 차라리 악한 칼로르멘의 땅으로 다시 돌아갈까 생각한다. 그러나 은둔자는 계속 충고한다. "넌 그렇게 대단한 말이 아니야. 말 못하는 가엾은 말들과 섞여 살면서 느낀 것처럼 말이다. 물론 그들보다야 용감하고 영리하겠지. 어쩌면 네가 그런 생각을 하게 된 것도 당연하다. 하지만 나니아에서는 어림없어. 너 스스로 남보다 뛰어날 게 없다고 생각하면 썩 괜찮은 말이 될 수 있을 거다."[191]

자만심이라는 주제는 루이스의 픽션과 논픽션에서 꽤 핵심적인 주제이다. 브레는 이 모험의 리더였고, 가장 현명하고 가장 강한 존재였기 때문에 보통 우리는 그와 우리를 동일시한다. 그래서 우리는 그의 어쩔 수 없는 굴욕감을 예민하게 느끼게 된다. 그는 말 못하는 짐승들 속에서는 대단하지만, 동물들이 '이성적'이라는 것이 정상인 나니아에서는 그는 그저 평범한 말이 될 것이다. 루이스는 모든 것의 중심이 되려고 하는 경쟁심을 『순전한 기독교』에서 '완전히 하나님께 반하는 마음상태'라고 말했다. 왜냐하면 사실 하나님이야말로 진정 중심이며, 그가 중심에 있지 않으면 모든 것이 잘못되기 때문이다.[192]

이와 비슷하게 우리가 자신을 중심에 놓으려고 들면 다른 사람들에게 상처를 입히게 된다. 하나님이 중심에 계실 때만 우리는 하나님과 그리고 다른 사람과 적절한 관계를 맺을 수 있다. 모든 사람들이 특별하기 때문에 천국에서는 그 누구도 특별하지 않다. 그것은 그 누구도 '내가 너보다 낫다.'라는 느낌을 갖지 않게 된다는 것이다. 그런 느낌은 지옥에 속하는 태도이며 브레는 지금 그 때문에 깨어져야만 했다. 루이스는 『그리스도인의 반성』에서 이렇게 말했다. "자만심은 오래가지 못할 뿐만 아니라 또한 일종의 타락이다. —우리의 관심을 창조주 하나님으로부터 단순한 창조물인 자기 자신으로 옮기는 것."[193] 이 문제의 해결책은 칼로르멘으로 가서 흙먼지를 먹고, 자신을 불쌍히 여기며 살아가는 것이 아니라 '모든 사람이 나처럼 특별하다.'고 결론짓는 것이다.

브레는 자신를 불쌍하게 여기는 태도에서 벗어날 수 없었다. 샤스타(칼로르멘에서 나니아로 도망쳐 온 소년)는 여러 번 자신이

'불행하고', '재수 없다'고 한탄한다. 친구들로부터 떨어지고, 지치고, 배고프고…. 라바다쉬와 칼로르멘의 군대로부터 겨우 도망쳐 안개 낀 어두운 밤에 길도 알 수 없는 가장 낮아진 상태에서 샤스타는 스스로에게 낙담하고 눈물을 흘리며 단언했다. "난 이 세상에서 가장 재수 없는 아이야. 세상만사가 나를 뺀 모든 사람들한테만 좋게 흘러가고 있잖아."[194] 바로 그때 아슬란이 있는 모습 그대로 나타났다. 새롭고 알 수 없는 존재가 어둠 속에서 그의 옆에 있었다. 샤스타는 (아슬란이 정녕 누구인지 알기 전에), 처음으로 새로운 존재와 대화하고 나서 이 말을 되풀이했다. "오, 정말 난 이 세상에서 가장 재수 없는 녀석이야!"[195]

『나니아 연대기』의 다른 책들을 읽어 본 독자들은 이렇게 역설적인 장면을 종종 즐길 수 있을 것이다. 예수님을 갈망하는 우리의 마음을 채워 주는 인물인 아슬란이 예상하지 못한 곳에서 나타나는 장면은 우리에게 즐거움을 준다. 그러나 등장인물들은 종종 아슬란을 만나는 것을 두려워한다. 반면에 우리는 아슬란을 만나면 모든 것이 올바르게 될 것이며, 그가 영혼들을 사랑하고, 선을 향한 사건들을 조정하며, 그의 영광을 보고 나누며, 곧 평안이 온다는 것을 알고 있다. 샤스타가 사자의 따뜻하고 감미로운 숨결을 느끼고 '유령 같은 것은 아니라'는 확신을 가졌을 때, 아슬란은 '이 세상에서 가장 재수 없는 녀석'에게 "네 슬픔을 말해 보아라."고 명령했다.[196] 샤스타야말로 그 순간 이 세상에서 가장 운이 좋은 사람이 아닐까? 할 수만 있다면 그 대신 이 순간을 누리고 싶지 않을 사람이 누가 있겠는가? 샤스타의 한탄을 들은 뒤에 아슬란은 모든 경험 이면에 존재하는 신의 섭리를 보여 주었다. 모든 '나쁜' 경험들이 샤스타에게 모든 나니아의 선으로 드러나게 될 것이다. 아슬란은 샤스타의 삶을 용서하고, 그의 관계와 인격을 다시 세워 주었을 뿐만 아니라, 그를 이끌어 코르 왕자라는 새로운 이름과 왕국의 상속자라는 새로운 신분을 얻도록 해 주었다. 이 이야기와 연관된 성경본문들은 많이 있다.

> 내가 결코 너희를 버리지 아니하고 너희를 떠나지 아니하리라. _히 13:5

> 그러므로 네가 이 후로는 종이 아니요 아들이니 아들이면 하나님으로 말미암아 유업을 받을 자니라. _갈 4:7

> 성령이 친히 우리의 영과 더불어 우리가 하나님의 자녀인 것을 증언하시나니 자녀이면 또한 상속자 곧 하나님의 상속자요 그리스도와 함께 한 상속자니 우리가 그와 함께 영광을 받기 위하여 고난도 함께 받아야 할 것이니라. _롬 8:16-17

그리스도의 모든 것은 우리의 것이 될 것이다. 그러나 루이스가 알려 준 것처럼 우리 마음속의 가장 깊은 갈망은 그와 함께 있고 싶다는 것이다. 아이들은 종종 나니아를 애타게 그리워한다. 아슬란이 없는 곳에서 지내는 것보다 오히려 어떤 곳이라도 그와 함께 있고 싶어 한다. 그는 우리의 눈물을 씻어내고, 슬픔을 기쁨으로 바꾸고, 우리를 그의 영광 가운데 있게 한다. 아라비스의 경우도 이와 비슷한데, 은둔자는 사자(아직 그 사자가 아슬란이라는 것을 모를 때)에게 심한 상처를 입지 않아서 운이 좋았다고 말하는 아라비스의 얘기를 바로잡아 준다. 은둔자는 말했다. "난 이제껏 이 세상에서 백아홉 번이나 되는 겨울을 지내 왔어도 이런 행운은 처음 보는구나. 아마도 이번 일에는 내가 이해 못할 뭔가가 있나 보다. 하지만 우리가 알아야 할 일이라면 언젠가는 알게 될 날이 오겠지." [197] 후에 그들은 아슬란이 아라비스의 선을 위해 그런 공격을 했을 뿐만 아니라 그가 모든 이야기의 배후에 있었다는 것을 알게 된다. 아슬란은 모든 사람들에게 그들 자신의 이야기를 들려준다. 그들의 삶을 설명하고, 그들 각자에게 진정한 의미를 준다.

축복의 환상: 샤스타가 아슬란을 만나다

이런 이야기들의 정수는 모든 욕망의 이면에 있는 우리가 알지 못하는 욕망, 즉 하나님과 함께 있고 싶다는 욕망에 단순하면서도 강력하게 접근하고자 하는 데 있다. 루이스는 '하나님의 영광'을 추상적인 개념이 아니라 생생하고 상상력 풍부한 경험을 통해 다룬다. 그는 우리의 감정을 이끌어 내기 위해 주로 두 가지 기법을 사용한다. 하나는 왕과 같은 아슬란의 모습을 직접적으로 보여 주는 것이다. 사심 없이 모두를 위해 선을 행해 온 아슬란이 이제 실제로 나타났다. 그의 그 큰 힘은 보다 더 큰 사랑에 의해 조절된다. 그는 말보다 크고, 감미로운 숨소리에, 형언할 수 없는 향기가 나고, 울려 퍼지는 목소리에, 촉촉한 혀로 아이들의 이마에 편안하게 입맞춤하며, (발톱을 안전하게 집어넣은)부드러운 발을 갖고 있다. 샤스타가 아슬란을 처음 보게 되는 장면은 매혹적이다. 자기가 유령의 목소리를 듣고 있다던가 혹은 먹이를 찾는 야수에게 잡아먹힐지도 모른다는 무서움이 샤스타에게 사라졌다. 하얀 덩어리가 빛을 발하기 시작하자 샤스타는 눈을 깜빡였다. 그리고 한 줄기 황금빛을 보고 샤스타는 태양일거라고 생각했다. 그 뒤에 말보다 더 큰 사자가 있었다. '그 황금빛은 사자한테서 뿜어져 나오고 있었다. 그보다 더 위엄 있고 아름다운 빛은 세상에 없을 것 같았다.'[198] 칼로르멘에서 자란 샤스타는 바다 황제의 아들인 아슬란에 대한 이야기를 전혀 들어본 적이 없었다. 하지만 사자의 얼굴을 흘끔 본 순간, 샤스타는 안장에서 미끄러져 내려와 사자 밑에 엎드렸다.

 왕 중의 왕이 샤스타 쪽으로 몸을 굽혔다. 사자의 갈기와 갈기 사이를 감돌며 풍겨 나오는 야릇하면서도 엄숙한 향기가 샤스타를 감쌌다. 왕 중의 왕은 혀로 샤스타의 이마를 핥았다. 샤스타는 얼굴을 들었고, 아슬란과 눈이 마주쳤다. 그 순간, 갑자기 뿌연 안개와 사자가 뿜어내는 강렬한 빛이 한데 휘돌며 회오리 같은 후광으로 변하더니 위로 사라져 갔다. 샤스타는 푸른 하늘 아래, 풀로 뒤덮인 산 위에 말과 단 둘이 서 있었다. 그리고 여기저기서 새들이 지저귀고 있었다.[199]

'축복의 환상'은 『나니아 연대기』의 다른 책들에서도 항상 나타나는데, 이것은 모세와 바울이 하나님을 만나는 장면을 희미하게 암시한다. 『마지막 전투』에서, 에메스는 잘못된 가르침 때문에 타슈를 경배하며 자란 나쁜 처지에도 불구하고, 아슬란을 보자마자 그가 구세주라는 것을 알아보았다. 이것은 샤스타의 구원의 장면과 똑같다.

아슬란은 샤스타에게 자신이 나타난 것이 꿈이 아님을 알려 주기 위해 발자국을 남겼다. 잠시 후 그 안에 물이 고이기 시작하더니 넘쳐 조그만 시내를 이루고 샤스타는 시냇물을 마시고 얼굴을 물에 담그고 머리에 물을 적셨다. 그 물은 '유리처럼 맑아서 기분이 아주 상쾌해졌다.'[200] 이것은 표면적으로 믿음과 양식이라는 샤스타의 욕구를 충족시켜 주는 아슬란의 보살핌을 증거한다. 그러나 성경에 익숙한 사람들에게 물이라는 이미지는 상징적인 의미가 가득하다. 우리는 모세가 하나님의 이름으로 바위를 쳐서 물이 솟아나게 한 것을 기억한다. 그리고 예수님은 자신을 '생명수'라고 말씀하셨다. 세례를 받으라는 명령에 따르는 것은 예수님을 믿는다는 것을 의미하며, 세례 그 자체는 예수님이 죽고 묻힌 뒤에 다시 살아난 것을 상징한다. 천국에 가운데로 흐르는 강(수정 같이 맑은 생명수의 강을 내게 보이니 하나님과 및 어린 양의 보좌로부터 나와서)은 생명나무에 물을 주고, 그 나무의 잎사귀들은 만국을 치료한다.[201] 전체적으로 볼 때 천국에 대한 직접적인 암시는 매우 적지만, 세련된 독자들은 아슬란과의 만남을 통해 구원의 역사에 대해 풍부한 배경지식을 얻게 될 것이다. 그것은 우리가 천국을 고향으로 생각할 수 있게 해 주고 또한 천국으로 가는 길을 보여 준다.

이 책에서 가장 위대한 '축복의 환상'의 순간은 아슬란이 코르 왕 샤스타의 아내가 되도록 예정된 칼로르멘의 귀족 아라비스와 암말 휜, 그리고 군마 브레 앞에 나타나는 장면이다. 브레는 아직도 사자가 공격했을 때 용기를 잃어버렸다는 것 때문에 자존심에 상처를 입고 괴로워하고 있었다. 그리고 어리석게도 아슬란에게 이렇게 말했다. "사자만큼 강하고 사납다는 뜻에서 그냥 사자라고 부르는 거겠지. … 그분이 사자라면 우리처럼 짐승이라는 얘기잖아." 202 이 순간 두 가지 일이 일어났다. 첫째, 우리 세계의 말로 바꾸어 말하자면, 브레는 예수님의 인간성과 신성을 모두 부인하고 있는 것이다. 둘째, 아슬란은 브레의 옆에 나타났다. 이 장면은 예수님이 자신의 부활을 의심하는 도마에게 상처를 만져 보라고 했던 것을 떠오르게 한다. 아슬란은 브레에게 자신을 만져 보고 냄새도 맡아보고 자신이 '틀림없는 짐승'이라는 것을 경험해 보라고 권한다.

휜은 그렇지 않았다. 휜은 즉각적으로 아슬란을 알아보았고 마음속 깊은 곳의 욕망에 따라 그를 사랑하게 되었다. 여기에서 휜은 우습지만 감동적인 반응을 보여 주는데, 스스로 아슬란에게 잡아 먹히겠다고 말한다. 휜은 자기 자신을 버렸고, 자신을 완전히 아슬란에게 내맡겼다. 이것이야말로 진정한 자아의 시작이자 깊은 충만으로 가는 길이다.

『말과 소년』에서 놀랍게도 주변 환경은 영적인 변화라는 주제를 보완해 준다. 어두운 하늘에서 파란 하늘로, 안개 낀 하늘에서 맑은 하늘로, 침묵에서 새들의 노랫소리로, 잃어버림에서 다시 되찾음으로, 위험에서 안전으로, 슬픔에서 기쁨으로. 루이스는 아슬란을 감싸고 있는 '누미노스numinous'라는, 거룩한 존재에 대한 체험을 일깨워 준다. 이것은 유령이나 천사와 같이 영적인 존재를 경험할 때 느끼게 되는 것이다. 이것은 미지의 것에 대한 근본적인 공포이다 그러나 아슬란과 함께한다면, 그를 사랑하는 선한 사람들에게 공포는 경외심으로 바뀌게 된다.

『말과 소년』에는 아슬란에 대한 성경적인 암시가 풍부하다. 위엄 있는 사자들에 대해 자연스럽게 알고 있는 바에 따르자면 아슬란은 '유대 지파의 사자'와 같다. 아슬란은 예수님처럼 항상 우리와 함께 있고(그가 보이든 보이지 않든지 간에), 그는 우리가 도달하고자 하는 목표이자 수단이다. 그리고 아슬란에게는 구약의 예언과 신약의 성취 – 전지全知, 전능全能, 편재遍在 – 그리고 평화와 평안, 기쁨으로 이끄는 행동을 통해 나타나는 예수님의 불가해不可解한 속성들도 있다. 아슬란은 예수님/하나님을 닮았고, 영원히 유일하게 스스로 존재하는 자이다. 아슬란은 샤스타의 "당신은 도대체 누구세요?"라는 질문에 "나는 나 자신이다!"라고 세 번 반복하여 답한다. 이 장면에서 우리는 삼위일체의 하나님이 불타는 숲에서 모세를 만났을 때 하셨던 말씀을 떠올리게 된다.[203] 하나님은 이스라엘을 구하기 위해 모세를 보내신다. 그래서 모세는 묻는다. "누가 나를 보내셨다고 말하리이까." 그때 하나님은 이렇게 말씀하셨다. "이스라엘 자손에게 이같이 이르기를 스스로 있는 자가 나를 너희에게 보내셨다 하라."204

샤스타가 아슬란을 만났을 때 보았던 '빛나는 하얀색'은 구약에서 하나님이 나타나거나, 산상에서 그리스도가 변용될 때도 나타났던 것이다. 절망 속에서 헤메던 샤스타에게 아슬란이 나타난 것은 엠마오로 가던 두 제자에게 예수님이 나타났던 것을 상기시킨다. 그들은 샤스타처럼 예수님과 많은 대화를 나누고, 몇 가지 익숙한 행동을 볼 때까지 그가 누구인지 몰랐다. 예수님이 나타나자마자 사라졌던 것처럼 아슬란도 그렇게 했다. 아슬란이 다른 사람들과 관련된 사건들에 대해 대답하지 않는 것은 예수님이 베드로를 꾸짖던 장면을 떠오르게 한다. 예수님이 베드로가 받게 될 고난에 대해 예언하자 베드로는 요한에 대해서 물었다. 그러자 예수님은 이렇게 충고하셨다. '네게 무슨 상관이냐 너는 나를 따르라.'

여러 사람들이 아슬란을 만날 때 다른 사람에 대해 묻는다. 그리고 아슬란은 그들 모두에게 이렇게 가르친다. "얘야, 나는 네 얘기를 하고 있는 거란다. 누구나 자기 얘기만 들으면 되는 거야."205 아슬란은 우리들에게 오직 우리 자신의 삶의 의미에 대해서만 이야기한다.

우리는 회심하거나 천국에 가면 자아를 잃어버릴지도 모른다는 근거 없는 공포를 갖고 있다. 우리는 사실 그때에 예수님 안에서 자기 자신을 찾게 될 것이다. '여러분의 개별적 특성 중에 하나님이 모르고 계신 부분은 한 군데도 없다는 사실을 분명히 아시기 바랍니다. 언젠가 여러분 또한 모르는 부분 하나 없이 다 알게 될 날이 올 것입니다.' 루이스는 천국에 대해 『고통의 문제』에서 이렇게 말했다. "여러분은 축복받은 행복한 피조물로서 다른 사람의 눈이 아니라 자기 자신의 눈으로 그분을 보게 될 것입니다. 하나님의 선한 인도를 따를 때, 죄를 제외한 여러분의 전 존재는 지극히 만족스러운 상태에 이르게 되어 있습니다. …천국에 있는 나의 자리는 나 한 사람, 오직 나 한사람에게 맞추어 만든 자리처럼 보일 것입니다. 왜냐하면 바로 내가 그 자리에 맞추어 만들어졌기 때문입니다."206 아슬란이 모든 사람들에게 그들 자신의 이야기만을 설명하고 다른 사람들에 대해 이야기하지 않는 것은 예수님이 우리에게 바라시는 것이 개인적인 관계이지 비인격적인 종교가 아니라는 것을 보여 준다. 이렇게 개인에 대한 이야기들은 예수님이 오직 자신과 받는 자만이 알 수 있는 새 이름이 새겨진 '흰돌'을 우리에게 주실 것이라고 말씀하신 요한계시록의 약속과 깊은 관련을 가지고 있다.207

캐스피언 왕자: 천국을 맛보다

천국을 마음에 품는 또 다른 방법은 나니아와 이 세상이 영원하지 않다는 것을 기억하는 것이다. 『캐스피언 왕자』의 결말부에서 아슬란은 페번시가의 두 아이들, 피터와 수잔에게 그들이 다시는 나니아로 돌아올 수 없을 것이라고 말한다. 수잔은 아슬란의 길을 따르지 않고 저버렸지만, 피터는 계속 충실할 것이며 나중에 새로운 나니아 ^{천국}를 보게 될 것이다. 아이들은 어른으로 자라나면서 자신들의 세상에서 아슬란을 또 다른 이름^{예수님}으로 알아가기 시작한다. 예수님에 대한 우리의 지식이 성장한다는 공통적인 주제(예수님을 더욱 많이 알게 되고, 더 많이 알기를 원하지만 그를 아는 것에는 끝이 없듯이, 영원에 참여하는 활동에도 끝이 없다.)를 설명해 주는 예들은 많이 있다. 우리 세계의 시간상으로 루시는 아슬란을 오래간만에 만났고, 그는 루시를 반갑게 맞아주었다. 대부분 아이들은 어떤 사물들을 나중에 다시 떠올릴 때 처음에 기억했던 모습보다는 더 작았던 것으로 기억한다. 그래서 루시는 아슬란이 더 커 보인다는 사실에 매우 놀라워했다.

"잘 왔다, 애야."
"아슬란 님은 더 커졌네요."
"그건 네가 나이를 더 먹었기 때문이란다."
"아슬란 님이 커진 게 아니고요?"
"아니란다. 하지만 네가 나이를 먹을수록 내가 점점 더 크게 느껴질 것이다."[208]

천국도 이와 같지 않겠는가? 루이스의 다른 작품들을 볼 필요도 없이 우리는 여기에서 천국의 중요한 특징을 발견하게 된다. 천국은 우리의 계속적인 작은 선택에 의해 만들어지는 곳이다. 우리는 이러한 선택을 통해 천국을 좋아하는 사람이 되거나 혹은 천국이 주어져도 결국에는 싫어하는 사람으로 변하게 된다. 루이스에게 저주를 받는다는 것은 하나님에게서 분리된다는 것, 즉 지옥의 고통 속에서 더 이상 하나님과 함께하기를 바라지 않는다는 것을 의미했다. 『천국과 지옥의 이혼』에서 이러한 생각은 지옥에서 온 사람들이 천국의 변두리에 방문한다는 형식으로 나타난다. 그들은 세상에서의 가족과 지인들에게 권유를 받아도 (대개 예외없이) 지옥으로 돌아가는 것을 선택한다.

『마법사의 조카』에서 아슬란은 자신을 두려워하고 하얀 마녀에게 매혹된 얼치기 흑마법사 앤드루 외삼촌에게 "스스로 내 소리를 들을 수 없게 만들었으니 말이다."라고 말했다. 그래서 여기서 '미라즈 밑에서 높은 자리를 차지하고 있던' 대부분의 텔마르 사람들은 회복된 나니아가 살고 싶지 않은 곳이라고 생각하면서 떠나는 것을 선택한다. 아슬란은 전령들을 보내어 '이 새로운 세계에서 계속 머물고자 하는 자는 남아 있어도 좋지만, 그것이 싫은 이들에게는 아슬란이 다른 보금자리를 마련해 주기로 했다.'는 말을 전하도록 했다. 최악의 텔마르 사람들은 '자기들이 다스릴 수 없는 나라에서 살기를 거부했다.' 특히, '사자와 그 일당들 속에서 섞여서 같이 산다는' 것을 받아들일 수 없었다.[209]

이것은 우리에게 『실낙원』에 나오는 사탄의 생각을 상기시킨다.

'천국에서 섬기느니 지옥에서 다스리는 것이 낫지.'

아슬란이 말했다. "텔마르 사람들아. …나는 너희 모두를 너희들 자신의 나라로, 나는 알고 있으나 너희는 아직 모르는 그 땅으로 보낼 것이다." 텔마르 사람들은 서로 수군댔다. "거 봐, 괴상하고 징그럽고 망측한 생물들이 사는 이곳이 우리 땅이 아니란 걸 진작에 깨달았어야 했는데." [210] 반대로 페번시가의 아이들은 아슬란과 나니아를 떠나야만 한다는 사실에 무척 슬퍼했다. 아이들에게 자신의 세계로 돌아가라는 아슬란의 명령에 순종하고자 하는 마음이 없었더라면 결코 떠나지 않으려고 떼를 썼을 것이다. 그러나 아이들은 이것이 일시적이며, 나중에 그들이 아슬란 곁을 떠나지 않고 지낼 수 있는 순간을 맞이하기 위해 아슬란의 말에 순종해야 한다는 것을 알고 있었다.

캐스피언 왕자의 늙은 유모도 아슬란의 영원한 임재를 갈망하는 사람 중의 한명이다. 아슬란에 대한 이야기를 했다는 이유로 왕위를 찬탈한 미라즈왕에게 추방당한 그녀는 이제 '죽음의 문턱'에 있었다. 이 장면은 예수님이 나사로를 죽음에서 되살린 것을 강하게 연상시킨다. 루이스는 혼수상태에서 회복되었을 때 완전한 죽음을 다시 겪어야만 한다는 사실에 한탄했고, 이런 이유로 나사로를 공감하게 되었다. 루이스가 탄식하게 된 일은 『나니아 연대기』를 쓰고 난 후의 일이었지만, 그는 통찰력 있게도 이 장면에서 그런 감정을 이미 불어넣어 놓았다. 유모는 사자의 얼굴을 보자마자 이렇게 말했다. "오, 아슬란 님! 그 얘기가 다 사실일 줄 알았어요. 평생 이 순간만을 기다려 왔습니다. 저를 데려가려고 오셨나요?" 아슬란이 말했다. "그렇다, 하지만 아직 기나긴 여행을 떠날 때는 아니야."

여기서 인간은 가장 깊은 갈망 속에서 천국을 믿음으로 바라보고 있다는 것을 다시 보게 된다. 루이스의 삶은 하나님을 향한 갈망에 사로잡혀 있었다. 비록 그가 무신론자였던 때에도, 그리고 나중에 '기쁨'이라고 부르게 될 자신의 갈망에 대해서 전혀 몰랐을 때에도 말이다. 루이스는 회심한 지 몇 년 지나지 않아 예전의 제자였던 돔 비데 그리피스에게 보내는 편지에서 자신의 마음속의 욕망을 털어놓았다.

우리는 이 세계에서 어떤 일들을 만족하면서 바라볼 수 있을까? 만약 우리가 불행하다고 생각한다면 우리는 정말 불행한 것이겠지. 만약 우리가 행복하다고 생각한다면, 면류관이 십자가의 떨림 없이는 우리에게 약속된 적이 없다는 것을 상기하게 되지. 사실, 항상 이론적으로만 무엇을 인정하는 사람은 이제 이 세상에 우리에게 도움이 되는 것이 없다는 것을 알게 될 걸세. 그렇다면 이 세계를 무사히 빨리 나갈 수록 더 좋은 일이겠지. 그러나 "저녁, 햄, 그리고 모두 좋다면 좋으련만." [211]

새벽 출정호의 항해: 동쪽 끝으로의 여행

리피치프와 천국을 향한 탐험

루이스는 어린 친구들에게 보내는 편지에서 『새벽 출정호의 항해』가 주로 영적인 삶에 대한 책이며 리피치프는 그에 대한 중요한 본보기라고 말했다. 리피치프의 목표는 '세계의 동쪽 끝'으로 항해하는 것이다. 그곳에서 그는 '아슬란 님의 나라를 찾기를' 기대하고 있다. 왜냐하면 '그 위대한 사자는 항상 바다 건너 동쪽에서' 오기 때문이다. 리피치프는 유스터스처럼 이 이야기에 처음 등장하는 것은 아니지만, 이것은 분명 계시의 원형이다. 그는 기사도의 용어로 채색된 신성한 임무를 수행 중이며, 역설적이고 아이러니하게도 용감한 생쥐이다. 생쥐는 위협을 받으면 본능적으로 도망가지만 리피치프는 도망가기는커녕 맞서 싸운다. 또한 그는 아슬란에게 헌신한다. 이러한 전체적인 설정은 성경의 두 가지 역설을 설명해 준다. (1) 우리 중에 가장 나중 된 자가 모든 하인들의 감독, 즉 가장 큰 자가 된다. (2) 우리의 약함 가운데 그리스도는 강하다. 리피치프는 바울이 빌립보서 1:21에서 말한 것을 체현 體現한다. '내게 사는 것이 그리스도니 죽는 것도 유익함이라.' 리피치프는 바울처럼 이미 개인적인 유익을 버렸다. 그는 이미 다른 종류의 안전이나 명예를 위해 그의 삶을 바칠 준비가 되어 있었다. 그리고 '동쪽 끝'에 있는 '아슬란의 나라'인 천국에 도달하겠다는 목표를 단념하지 않았다. 임무와 운명을 완수하려는 리피치프의 결심과, 전심을 다한 헌신은 다음 구절이 잘 표현하고 있다.

> 제 계획은 이미 세워졌습니다. 할 수만 있다면, 저는 새벽 출정호를 타고 동쪽으로 갈 겁니다. 배가 더 못 가면 저의 작은 배를 타고라도 가겠습니다. 작은 배도 가라앉으면 저는 네 발로 헤엄쳐서 동쪽으로 갈 겁니다. 더 이상 헤엄도 칠 수 없는 상태에서 만약 아슬란 님의 나라에 도착하지 못한다든가, 어떤 거대한 격류激流에 휩쓸려 세계의 가장자리를 넘어가지 못 하게 된다면, 저는 태양이 뜨는 곳을 마주하고 바다 속에 가라앉을 것입니다.[212]

리피치프의 헌신은 금으로 된 느부갓네살의 신상에 절하기를 거절하여 맹렬히 타는 풀무불에 던져져 곧 죽게 될 사드락과 메삭과 아벳느고의 헌신과 같다. '우리가 섬기는 하나님이 계시다면 우리를 맹렬히 타는 풀무불 가운데에서 능히 건져내시겠고 왕의 손에서도 건져내시리이다. 그렇게 하지 아니하실지라도 왕이여, 우리가 왕의 신들을 섬기지도 아니하고 왕이 세우신 금 신상에게 절하지도 아니할 줄을 아옵소서.'[213] 그리고 리피치프는 욥의 감동적인 말을 떠올린다. '그가 나를 죽이시리니 내가 희망이 없노라.'[214]

리피치프와 같은 이들에게 주된 가치는 세상의 삶을 유지하는데 있는 것이 아니라 왕 중의 왕이 "잘 하였도다."라고 말씀하실 더 큰 영광을 바라보고 죽는 것에 있다. 리피치프를 이끄는 것은 루이스를 이끄는 것과 똑같다. 그것은 '기쁨', 즉 창조가 솟아오르게 만드는 깊은 갈망이다. 그것은 오직 창조주에게만 채워질 수 있다. 리피치프의 삶은 시작부터 계속해서 '기쁨'이라고 불리는 갈망과 욕망에 거룩하게 붙잡혀 있었다. 이러한 사실은 그가 요람에 있을 때에 (수호천사의 역할을 하는) 나무의 요정 드루아스가 들려주었던 노래에도 명백히 나타나 있다.

> 하늘과 바다가 만나는 곳,
> 파도가 잔잔해지는 곳,
> 의심하지 마라, 리피치프,
> 네가 찾는 모든 것이,
> 그곳 동쪽 끝에 있다.[215]

리피치프는 선교사는 아닐지라도 그는 선교사의 정신을 갖고 있다. 그는 아슬란에 대해 알기 원하고 세상 끝까지 그를 따라가기를 원한다. 예수님이 천국에 올라가시기 전에 그의 제자들에게 남긴 말씀은 다음과 같다. '너희가 예루살렘과 온 유대와 사마리아와 땅 끝까지 이르러 내 증인이 되리라 하시니라.'[216] 마태복음은 마지막에 예수님이 그의 사도들에게 부탁한 위대한 임무를 기록하고 있다. '그러므로 너희는 가서 모든 민족을 제자로 삼아 …내가 너희에게 분부한 모든 것을 가르쳐 지키게 하라. 볼지어다 내가 세상 끝 날까지 너희와 항상 함께 있으리라 하시니라.'[217] 루이스는 리피치프의 임무가 지닌 특징을 묘사하기 위해 자기 시대의 성경 독자들에게 가장 익숙한 킹 제임스 성경에서 '동쪽'과 '세계의 끝'이라는 핵심적인 단어를 가져와서 사용했다.

『새벽 출정호의 항해』가 '(특히 리피치프의 경우) 영적인 삶'에 대한 소설이라는 루이스가 알려 준 실마리를 따라서, 우리는 천국을 기대하는 삶이 어떤 것인지에 대해 알게 된다. 그는 '나니아의 말하는 동물 가운데에 가장 용감한 동물'[218]이었다. 리피치프의 영웅심과 지도력에 대해 이야기하기 전에 우선 그의 우스꽝스러운 용맹함에 대해 이야기해 보자. 리피치프의 용기는 가끔 무모하고, 그가 점잔을 빼는 모습은 종종 우스꽝스럽다. 그러나 그는 항상 사랑스럽다. 예를 들어, 리피치프는 체스를 할 때 제멋대로 상상하여 게임을 하는 것이 아니라 마치 전쟁을 하듯이 기사를 움직인다. 이러한 우스꽝스러운 모습에도 불구하고 그는 이 이야기에서 여전히 당당한 중심을 차지하고 있다. 폴 카르카이넨은 이렇게 말했다. "리피치프의 용기는 배의 돛을 팽팽하게 하고 앞으로 나아갈 수 있게 만드는 바람과 같다."[219] 리피치프는 제일 처음 용에게 다가갔고, 루시에게 코리아킨의 마법의 책에 대해 현명한 조언을 해 줬고, 배를 바다뱀에서 구출했고, 어둠의 섬에서 루프 경의 공포에 가득 찬 목소리에 응답했으며, 보물에 유혹당하지 않고, '세계의 끝이 시작' 되는 곳에 있는 섬에서 아슬란의 식탁에 차려진 음식을 제일 먼저 먹었다. 그리고 그는 작은 배 동물가죽으로 만든 노가 있는 작은 배를 타고 홀로 항해하여 아슬란의 나라에 파도를 타고 들어간 유일한 인물이다. 루이스가 말했듯이 다음 세상에 대해 가장 걱정하는 사람들이야말로 지금의 세상에 대해 가장 걱정하는 사람들이다.[220]

사랑하는 것을 배우다

유스터스는 기분 나쁜 아이다. 여러분들은 유스터스가 볼기짝을 좀 찰싹찰싹 맞아야 하는 아이라고 얘기하고 싶을 것이다. 루이스는 소설의 시작부분에서 이렇게 말한다. "유스터스 클레런스 스크러브라는 남자 아이가 있었는데, 그 아이는 그 이름 스크러브에는 '조그마한 사람', '보잘것없는 사람'이라는 뜻이 있음.에 정말 어울리는 아이였다."[221] 유스터스는 항상 모든 사람들에게 불만을 갖고 있었다. 유스터스에게 배의 동료들은 '인간의 탈을 쓴 악마'이고 리피치프는 '작고 위험한 짐승'이며 캐스피언은 '멍청이'였다. 유스터스의 마음에 드는 것이라고는 하나도 없었다. 그런데 또 자기는 아무것도 잘못한 것이 없다고 생각했다. 그는 탐험 중에 계속 투덜거렸고 자신의 책임을 여러 번 회피하면서 살금살금 빠져나갔다. 결국 유스터스는 자신의 비열한 성격 때문에 곤경에 빠지게 되었고 오직 하나님의 은혜만이 그를 거기서 구할 수 있었다. 12일 동안 사나운 폭풍이 몰아쳤고(다른 사람들의 말에 따르면 13일 인데 '누가 제대로 셀 수 있었겠는가?'), 지칠 대로 지친 일행은 마침내 육지에 도착하게 된다. 거기에서 할 일이 매우 많았는데 이기적이게도 유스터스는 휴식을 취하려고 몰래 빠져나갔다. 안개 속에서 (안개는 유스터스의 영적인 상태를 상징한다.) 그는 좁은 산줄기를 따라 골짜기로 미끄러졌고, 죽은 용과 보물이 가득 차 있는 용의 굴을 발견했다. 탐욕스럽게도 유스터스는 악한 칼로르멘 땅에서 멋지게 지낼 꿈을 꾸면서 금팔찌를 팔에 끼웠고, 그러자 용으로 변해버렸다. 유스터스에 대한 심판은 완벽했다. 왜냐하면 용이야말로 전설 속에서 가장 탐욕스러운 존재이기 때문이다. 그는 다른 사람들이 용이 되어버린 자신을 죽이지 않고 도와주기를 바라면서 돌아갈 수밖에 없었다.

유스터스에게 이러한 곤경이 시작되면서 그는 자신의 메마른 마음을 뛰어넘는 사랑을 보게 된다. 그러나 사실대로 말하자면 우리 모두는 유스터스 같은 사람들이다. 용이 된 유스터스를 절망에서 구해 준 것은 '남들을 사랑하는' 새로운 기쁨이었다.[222] 그는 이것을 루시와 리피치프에게 배운다. 아직 자신이 용으로 변했다는 것을 다른 사람들이 모르는 상황에서 처음 야영지에 들어갔을 때, 유스터스는 펄펄 끓는 눈물을 흘렸다. 사람들은 속임수일지도 모른다고 경고했지만, 루시는 용을 동정하여 위험을 무릅쓰고 그를 위로하기 위해 본능적으로 앞으로 나아갔다. 유스터스는 자신의 새로운 정체성에 실망하고 있었을 뿐 아니라 다이아몬드가 박혀 있는 금팔찌 때문에 고통 받고 있었다. (나중에 그 팔찌는 캐스피언이 여행을 떠나 찾으려고 했던 나니아의 일곱 명의 사라진 영주들 중의 한 명인 옥테시언 경의 팔찌라는 것이 밝혀졌다.) 루시는 마법의 약으로 치료해 보려고 시도했지만 고통을 잠시 덜하게 할 수 있었을 뿐 문제를 해결하지는 못했다.

그러나 유스터스의 상처 입은 마음을 가장 잘 위로해 준 이는 바로 그가 조롱하고 심지어 괴롭히기도 했던 리피치프였다. '놀랍게도 리피치프가 어김없이 다가와 유스터스를 위로해 주곤 했다.'[223] 리피치프는 유스터스에게 영광스런 생활에서 비참한 처지로 떨어졌다가 재기하여 '오래도록 행복하게 살았던'[224] 사람들의 예를 백 가지도 넘게 얘기해 줄 수 있다고 말했다. 이렇게 사랑하고 사랑받는 것, 고통이 주는 효능, 다른 사람들에게 음식을 가져다주고, 추울 때 따뜻하게 해 주어 도울 수 있다는 새로운 기쁨, 이 모든 것들은 유스터스가 새롭게 변신하기 위한 준비과정이었다. 이 사람들은 모두 아슬란의 일을 하는 아슬란의 사람들이었다. 결정적으로 유스터스는 자신이 배에 온 첫날부터 아주 귀찮은 존재였으며, 이제는 그 어느 때보다도 더욱 귀찮은 존재가 되었다는 사실을 점점 또렷이 인식했다. 그러한 생각은 앞발을 옥죄고 있는 팔찌만큼이나 마음속에 와서 깊이 박혔다.[225] 아직도 그는 스스로 용에서 탈피할 수 없었고 그 누구도 그를 위해 그런 일을 해 줄 수 없었다. 오직 아슬란만이 그렇게 할 수 있다. 특히 성경에서 사탄을 '뱀'과 '용'이라고 부르는 것을 기억한다면 유스터스가 죄에 사로잡혀 있고 구원이 필요한 존재라는 것은 분명하다.[226]

유스터스의 구원

『새벽 출정호의 항해』에서 일행들은 탐험 중에 천국으로 향하는 길을 혼란스럽게 만들거나 혹은 영혼의 욕망을 채워 줄 수 있다고 거짓된 약속을 하는 여러 가지 유혹들을 만나게 된다. 우리와 마찬가지로 나니아 사람들에게도 부자가 될 수 있다는 유혹은 파멸적인 위험이었다. 죽음의 물 섬에서 황금을 발견하자 평화나 풍요나 기쁨이 생기기는커녕 캐스피언과 에드먼드 사이에 권력 싸움이 일어났다. 루시는 이들을 으스대기만 하는 엉터리 바보라고 말했다.[227] 비슷하게 유스터스는 용의 보물들 때문에 탐욕스러운 용의 몸으로 변하게 되었다. 이러한 사건들이 마무리되고 그들의 시선이 고통으로 인해 열렸을 때, 모든 이들은 보물을 전혀 원하지 않게 되었고, 아슬란의 나라를 찾기 위해 보물들을 버려두고 즐겁게 떠났다.

유스터스가 가장 깊은 절망에 빠졌을 때 아슬란은 그를 우물로 데리고 갔고, 유스터스는 그 우물이 자신의 통증을 사라지게 해 줄 것이라고 믿었다. 그러나 아슬란은 우물의 물속으로 들어가기 전에 먼저 옷을 벗어야 한다고 말했다. 그는 우물에 들어가 용의 껍질을 벗었고 그리고 나서 옷을 입었다. 이 세 가지 모든 일들은 아슬란이 시킨 일이며, 각각은 고도로 상징적이다. 용의 껍질을 벗었다는 것은 죄가 사라졌다는 것뿐만 아니라 유스터스의 성격 전체가 변화했다는 것을 상징한다. 맨 처음 사자의 발톱은 심장까지 파고드는 것 같아 보였다. 유스터스는 자신의 이기심 때문에 용이 되었다. 그는 해야 할 일을 회피하면서 살금살금 빠져나갔고, 다이아몬드가 박힌 금팔찌를 차고, 주머니 속에 다이아몬드를 채워 넣었다. 유스터스는 이렇게 생각했다. 이 정도 보물들이라면 '여기서는 꽤 멋지게 지낼 수 있겠지. 어쩌면 칼로르멘에서.'[228] 이 이야기의 화자가 우리에게 말해 준 것처럼 용들은 오직 한 마리씩만 발견된다. 왜냐하면 그들은 탐욕스러워서 자신의 적수를 먹어 치우기 때문이다. 유스터스는 자신의 죄 그 자체가 되었다.

물론 유스터스는 완전히 지옥에 있는 것이 아니므로 희망이 아직 남아 있었다. 구원의 첫 번째 단계는 자기 자신을 구하려고 하다가 절망하는 것이다. 루이스는 『순전한 기독교』에서 기독교가 평안의 종교가 되기 이전에는 절망의 종교라고 말했다. 우리는 자신을 위해 할 수 있는 일이 아무것도 없다는 것을 인정해야만 한다. 오직 그때 예수 그리스도 안에서 하나님이 우리 스스로의 힘으로는 얻을 수 없는 것을 선물로 주신다. 유스터스는 비늘과 피부를 세 번씩 벗겨 냈지만 아직도 그 아래에 여전히 용이 남아 있는 것을 보고 스스로의 노력이 무용하다는 것을 알게 되었다. 더 많은 비늘과 용의 속성이 숨겨져 있었다. 그러나 아슬란의 발톱이 심장까지 파고들자 용의 밑에 있는 인간이 드러난다. 유스터스에게는 무서웠겠지만 이는 그에게 없어서는 안 될 체험이다. 아슬란은 은혜로 유스터스를 인간으로 만든다.

아슬란은 용의 껍질을 벗긴 뒤에 유스터스를 물에 집어넣었다. 이것은 우리에게 실로암에서의 치유와 세례를 상기시킨다. 왜냐하면 물에 들어갔다가 나오는 것은 예수님의 부활처럼 죄로 인해 죽고 묻힌 뒤 새 생명으로 살아나는 것을 상징하기 때문이다. 옷의 은유는 성경에도 그렇듯이 『나니아 연대기』에서도 공통적으로 나타난다. 옷을 벗어 벌거벗게 되는 것은 하나님 앞에서 우리의 죄가 드러난다는 것을 상징한다. 다시 옷을 입어 벌거벗음을 가리는 것은 용서를 통해 죄가 덮어지는 것처럼, 그리스도의 피에 의해 얻어진, 그리고 나니아에서는 돌탁자에서 아슬란의 피에 의해 얻어진 죄의 용서를 상징한다.

유스터스가 에드먼드에게 어떻게 자신이 변했는지에 대한 이야기를 들려주었을 때, 에드먼드의 반응은 웃기면서도 쓰라렸다. "우리끼리 얘긴데, 내가 처음 나니아에 왔을 때에 비하면 넌 심한 것도 아니야. 넌 그저 심술꾸러기였을 뿐이지만 난 배신자였거든." [229] 이러한 겸손은 아슬란에게 구원받은 사람들의 특징이다. 유스터스가 아슬란의 요구에 복종하기로 하고 또 그렇게 했을 때 더 이상 자만심과 같은 '커다란 죄'는 없다. 에드먼드는 아슬란을 통해 변화가 시작되었다는 사실을 강조했다. "그런데 아슬란 님이 누구야? 넌 알아?" "글쎄 …. 하지만 아슬란 님은 날 알아." 에드먼드는 말했다. "그분은 위대한 사자야. 바다 황제의 아들이기도 하고, 나를 구해 주고 나니아도 구하셨지." [230] 잃어버린 양 한 마리를 찾은 것이 엄청나게 기쁜 일인 것처럼, 이 사건은 유스터스가 인간으로 돌아온 것을 축하하는 장면으로 끝을 맺는다. "에드먼드와 제 모습을 찾은 유스터스가 아침을 먹으려고 모닥불 주위에 둘러앉은 일행들 곁으로 다가가자, 다들 정말 반갑게 맞아주었다." [231]

용의 껍질을 벗는 것, 그 이상

마이클 와드가 설명한 것처럼 유스터스가 용에서 탈피하는 과정은 소설 전체를 축소해서 보여 준다.[232] 나니아 사람들이 만든 배 중에서도 '새벽 출정호'와 같은 배는 독특하다. 그에 비해 다른 배들은 모두 평범하고 간소하다. '새벽 출정호'는 소년왕 캐스피언이 만든 배이며 그 배는 용과 같은 상태에서 영적으로 성숙해 나가고자 하는 그의 욕구를 상징한다. 루이스는 기독교에 대한 첫 번째 작품 『순례자의 귀향』에서 용에 대해 종종 언급하는데 타락하지 않은 페렐랜드라를 제외하고는 항상 용에 대해 부정적으로 말한다. 캐스피언의 죄는 명백하지 않기 때문에 용 모양의 배와 같은 단서가 필요하다. 에드먼드와 루시와 유스터스는 이야기의 첫 장면에서 그림 속으로 들어가 나니아에 들어오게 된다. 그들은 캐스피언이 나니아를 섭정에게 맡겨놓고 탐험을 떠났다는 얘기를 듣게 된다. 나니아의 일곱 명의 잃어버린 영주를 찾기 위한 여행이 정당한 일이라고 말할 수는 있을 것이다. 그러나 그것이 캐스피언이 꼭 해야만 하는 일일까? 우리는 통치자라는 자신의 책임을 고의로 내버려 둔 채 여행을 떠나는 다른 인물들을 예로 들 수 있을 것이다. 통치자들은 모든 것이 잘 되어갈 때 떠나고 싶어 한다. 『우리가 얼굴을 찾을 때까지』에서 오루알은 글롬의 여왕이다. 그녀는 이렇게 말한다. "나는 순행을 떠나 다른 나라들을 다녀보기로 결심했다. 우리는 모든 나라와 평화를 유지하고 있었다. 내가 없어도 바르디아와 페누안과 아르놈이 모든 일을 처리할 수 있었다. 실제로 글롬은 거의 저절로 돌아간다고 할 정도로 잘 성장해 있었고 훈련되어 있었다." 그러나 그녀는 글롬의 진정한 통치자이며 모든 책임은 그녀에게 있다. 오루알은 여행을 다니는 동안 그녀는 자기 왕국은 다스릴 수 있지만 아직도 자신의 가장 개인적인 부분들은 다스릴 수 없다는 것을 알게 되었다. 그녀는 아직 자기 자신을 다스리는 법을 배우지 못했다. 셰익스피어의 리어왕도 어리석게도 자신의 왕위를 찬탈자들의 손에 넘겨주기로 쉽게 결정한다. 그 역시 자기를 통치하는 법을 알아야 할 필요가 있는 사람이었다.

캐스피언의 상황은 바로 이런 것이다. 그는 죽음의 물 섬에서 에드먼드와 같이 황금에 홀렸을 때 자신의 탐욕스러움을 드러냈다. 그렇지만 캐스피언의 더 크고 더 미묘한 죄는 여행이 끝날 때쯤 나타나는데, 그는 마치 자신이 마음대로 결정할 수 있는 것처럼 왕권을 포기하고 허락되지 않은 아슬란의 나라로 가겠다고 이야기한 것이다. 우리는 모두 자신이 원하는 때에 천국에 가고 싶어 하고, 그때에 하나님이 우리를 있는 모습 그대로 데려가신다면 그것으로 충분하다고 생각한다. 가치 있는 것은 아무것도 없다. 우리는 모두 용들이다. 그리고 우리는 유스터스처럼 아직 용의 껍질을 벗지 못했다. 유스터스와 캐스피언 모두 아슬란에게 복종하고 용의 껍질을 벗어야 한다. 그것은 쉽지 않다. 하나님처럼 아슬란은 '단순한 친절을 넘어서는 분'이며 그리고 사랑은 '그 연인을 완벽한 존재로 만들고자 한다는 것입니다.'[233]

쿵쿵이들: 이르기 어려운 경우

캐스피언 왕자 일행은 늙은 마법사 코리아킨이 다스리는 섬에

도착하게 된다. 우리는 나중에 그가 은퇴한 별이라는 것을 알게 된다. 그는 외다리에 느리고 '스카이 콩콩'처럼 움직이는 이성적인 종족 쿵쿵이들을 감독하고 있었다. 쿵쿵이들은 스스로를 보이지 않게 만들어 버렸기 때문에 다시 보이는 원상태로 되돌아가기를 원했다. 루시는 그들을 원상태로 되돌릴 수 있는 마법의 주문을 마법사의 책에서 찾아야만 했다. 그녀는 여러 가지 마법주문을 보게 되는데 그 중 하나는 '영혼에 활력을 주는'[234] 주문이었다. 그 주문을 외우자마자 루시는 "내가 이제까지 읽은 이야기 중에서, 그리고 앞으로 읽을 이야기 중에서 가장 아름다운 이야기야."[235]라고 외쳤다. 루시는 앞으로 '십 년 동안' 계속 그 이야기를 읽고 싶어 했지만 앞 페이지로 되돌아갈 수 없다는 사실을 곧 알게 되었다. 숨겨진 물체를 보이게 만드는 주문을 찾아서 그 주문을 외우고 나자 아슬란이 나타났다. 루시가 아슬란이 와 준 것에 대해 고마워하자, 아슬란은 루시에게 "줄곧 여기 있었다."고 말해 주었다. 그녀는 영혼에 활력을 주는 이야기를 이미 잊어버렸다면서 아슬란에게 그 이야기를 다시 해 달라고 부탁했다. 아슬란은 대답했다. "그래, 해 주고말고, 앞으로 몇 년이고 해 주마. 그러나 지금은, 자, 이리 오너라. 이제 우리는 이 집의 주인부터 만나야 한다."[236] 이 이야기는 세 가지를 설명하고 있다. 아슬란(그리스도)의 보이지 않는 임재, 만족을 향한 우리의 갈망, 그리고 갈망을 채워 주겠다는 아슬란의 약속.

쿵쿵이들은 아슬란이 자신을 드러내더라도 아직 그를 볼 준비가 되어 있지 않아 볼 수 없는 어리석은 종족이다. '나를 보면 넋이 나갈 정도로 겁에 질릴 거야.'²³⁷ 그들은 아직 자신들의 선함에 대해서 모르고 있다. 마법사는 그들이 정원을 가꾸고 먹을 것을 재배하도록 시켰다. 쿵쿵이들은 그 모든 것이 자신을 위한 일이 아니라 마법사를 위한 일이라고 생각했다. 우리도 쿵쿵이들처럼 하나님을 기쁘게 하기 위해 그가 멋대로 정한 일들을 해야 한다고 불만스럽게 생각한다. 그 일들이 사실은 우리의 영적인 삶을 위해서는 진정 본질적인 것인데도 말이다. 루시와 마법사는 쿵쿵이들이 어리석다고 생각한다. 그러나 우리는 이 이야기를 읽으면서, 쿵쿵이들이 자신들과 마법사의 관계를 피상적으로 이해하는 것처럼 우리도 하나님과 우리의 관계를 그들과 똑같이 이해하고 있다는 것을 금방 깨닫게 된다. 쿵쿵이들은 자신들을 다시 보이게 만들어 주는 새로운 주문의 효력이 나타나자, 그들과 루시가 늙은이 마법사보다 한 수 위며 마법사가 방심한 틈에 파고들었다고 생각했다. 반면에, 마법사는 그 말을 듣고 있었을 뿐만 아니라 모든 일이 그렇게 되도록 내버려 두었다. 루시는 의아해 했다.

"저들이 마법사님에 대해 감히 저렇게 말하다니요?" 루시가 말했다. "어제까지만 해도 마법사님을 몹시 두려워하는 것 같았는데요. 저들은 마법사님이 듣고 계실지도 모른다는 생각은 안 하나요?"
"그게 쿵쿵이들의 어리석은 점 중 하나지. 어떤 순간에는 내가 모든 것을 다스리고 모든 것을 듣고 있으니 대단히 위험한 존재라는 듯 이야기하다가도, 다음 순간에는 아기들도 꿰뚫어 볼 수 있는 유치한 속임수로…. 불쌍한 것들! 그렇게 해서 나를 이길 수 있다고 생각하는 거야." [238]

우리는 곤란한 상황에 처해 있거나 하나님이 필요할 때에는 그분이 모든 것을 듣고 계시며 우리의 어려움을 해결해 줄 수 있는 능력이 있다고 생각한다. 그리고 자기 일을 탄원하기 위해 하나님을 소리쳐 구한다. 그다음 순간 우리는 마치 그가 우리와 아무 관계없는 존재이며 벌을 줄 능력도 없는 존재인 것처럼 어리석게도 자신을 합리화하며 죄를 짓는다. 쿵쿵이들은 마법사의 다스림을 받고 있지만, 느리게 조금씩 더 나아질 거라는 대장 쿵쿵이의 잘못된 말을 따르는 나쁜 버릇을 갖고 있었다. 이들의 모습은 매우 재미있고, 그리고 자신의 선함을 알 수 있는 능력이 없다는 점에서 우리 자신을 되돌아보고 약간 웃음 짓게 만든다. 그들은 결국 하나님을 갈망하며 서로 연합하게 된다.

세상 끝으로의 항해

히브리서 기자는 믿음의 선조들에 대해 이야기하면서 이렇게 말한다. '그들이 이제는 더 나은 본향을 사모하니 곧 하늘에 있는 것이라. 이러므로 하나님이 그들을 위하여 한 성을 예비하셨느니라.' [239] 이 구절은 나니아의 창조에서부터 시작하여, 새로운 나니아, 즉 천국에서 '그림자 나라여, 안녕!'으로 끝맺는 『나니아 연대기』의 모험 전체를 요약해 주는 것과 같다. 『새벽 출정호의 항해』의 결말 부분만큼 아슬란의 나라에 가장 가까이 다가가는 경우는 (비록 아슬란과의 모든 만남이 천국의 진수와 만나는 것이지만) 없다. 각 장의 제목에서도 다른 세계에 대해 충분히 느낄 수 있다. '세계의 끝의 시작', '경이로운 최후의 바다', '세계의 가장 끝', 이러한 제목들은 천국에서 우리가 받게 될 부활에 대한 이미지를 보여 준다.

라만두의 섬에서 여행자들은 새들이 매일 풍성하게 다시 채우는 아슬란의 탁자를 발견하는데, 이것은 어린 양의 혼인잔치를 암시한다. 아슬란은 거의 세계의 끝까지 온 여행자들을 회복시키기 위해 그 탁자를 마련해 놓았다. 그 탁자에는 에드먼드와 나니아를 구하기 위해 자신을 희생하려고 한 아슬란을 죽인 돌칼이 놓여 있다. 그 칼은 다름아닌 십자가를 상징한다. 거기에 있는 성찬 배[杯]에는 포도주가 담겨 있다. 라만두는 매일 아침 새가 물고 오는 빨갛게 타고 있는 불을 입에 넣는데, 이것은 이사야를 연상케 한다. 이 불은 그를 더 젊게 만들어 줄 뿐만 아니라, 더 중요하게는 죄로부터 정화되어 아슬란을 만날 준비가 되었다는 것을 상징하는 것이다. 이러한 암시들은 모두 천사들과 함께 영광의 보좌에 앉으신 주님을 보았던 이사야에 대한 것이다. 이사야는 겁을 먹고 소리쳤다. '내가 말하되 화로다, 나여 망하게 되었도다. 나는 입술이 부정한 사람이요, 나는 입술이 부정한 백성 중에 거주하면서 만군의 여호와이신 왕을 뵈었음이로다 하였더라.'[240] 그러자 스랍 중 하나가 제단에서 집어온 핀 숯을 입술에 대었다. 이제 그는 만군의 주를 위해 말하며, 사람들에게 예언해야 하는 일을 감당하고자 한다. 그는 하나님께 헌신을 고백한다. '내가 여기 있나이다. 나를 보내소서.' 『사자와 마녀와 옷장』에서 비버 부인은 이렇게 말한다. "만일 아슬란 님 앞에서 무릎을 덜덜 떨지 않을 수 있다면 아주 용감한 자거나 바보 멍청이거나 둘 중 하나겠죠."[241] 이 이야기를 정확히 해석해 보면 라만두는 아슬란에게 말할 준비가 되어 있는 자라고 말할 수 있을 텐데, 그 이야기는 사실이다. 그러나 더 전체적으로 보면 그는 정화되었기 때문에 아슬란을 섬길 준비가 된 것이다.

아슬란의 나라에 가까워지자, 선원들은 그들을 채우는 생명수같이 달콤한 바다와 부활을 상징하는 백합을 발견한다. 루이스의 마음속에서는 음악과 산은 항상 기쁨과 관련되어 있다. 리피치프가 세계의 끝에서 마지막 파도와 함께 사라지자, 에드먼드, 루시, 유스터스는 해변에 도착했고 나니아에서의 마지막 순간을 맞이하게 된다. 보통 아슬란을 사자의 모습으로 생각하지만, 여기에서 아슬란은 양의 모습으로 나타나서 구운 생선으로 아침을 준비해 준다. 이것은 예수님의 희생 하나님의 어린양 과 부활하신 주님과 관련되어 있다. 그는 육신으로 부활하여 제자들에게 고기를 잡아 먹이신다. 아슬란은 아이들에게 이제 너무 나이가 많아 그들이 두 번 다시 나니아에 오지 못한다고 말해 준다. 그러나 그들은 자신들이 한때 왕과 여왕이었던 나니아에 다시 오지 못한다는 것 때문에 탄식하는 것이 아니다. "나니아 때문이 아녜요. 아슬란 님 때문이에요. 거기서는 아슬란 님을 만나지 못할 텐데. 아슬란 님을 보지 못하면 어떻게 살죠?"[242]

이것이야말로 루이스가 말한 것처럼 천국을 맛 본, 그리고 천국을 준비하는 사람의 말이다. 왜냐하면 천국에서는 모든 것 가운데 그리스도가 가장 뛰어나기 때문이다. 다행히도, 아슬란은 아이들에게 너희들의 세계에도 역시 아슬란이 있다고 알려 준다. 그들은 이제 그의 다른 이름을 아는 법을 배워야만 한다. 아슬란은 나니아에서의 모험의 목적에 대해, 그리고 간접적으로는 우리 세계의 삶의 목표에 대해서 이야기해 준다. '그래서 너희를 나니아로 데려온거다. 여기서 나를 조금 알면 그곳에서는 더 많이 알게 될 테니까.' 우리는 예수님을 구주로 알도록 창조되었고, 아마 천국에서는 그를 영원히 알고 사랑하게 될 것이다.

은의자: 요단강을 건너다

『은의자』에서 유스터스와 질은 이상한 지하 나라의 여왕에게 붙잡혀 사라진 릴리언 왕자를 구출하기 위해 나니아로 돌아온다. 이 이야기의 끝부분에서 릴리언 왕자의 백성들이 모두 그를 알아보았을 때, 그리고 이야기의 화자가 질이 무엇을 느꼈는지 천국에서 세상을 되돌아보는 것처럼 이야기할 때, 우리는 천국에 관한 주제를 다시 만나게 된다. '그들이 여행길에서 겪었던 모든 고통은 그만한 가치가 있었다.'[243]

아슬란이 자기 나라에서 유스터스와 질을 이 세계로 다시 돌려 보내기 전에, 그들은 캐스피언 10세와 그의 아들 릴리언 왕자가 다시 만나는 장면을 보게 된다. 짧은 만남의 순간이 지나자, 캐스피언 왕은 죽고 릴리언은 울음을 터뜨린다. 그들은 시냇물에서 죽은 캐스피언 왕의 늙은 육신을 본다. 시냇물은 여러 가지를 상징한다. 첫째, '요단강 건너리.' 라는 표현에서 볼 수 있듯 시냇물은 보통 죽음을 상징하는 장소이다. 또한 그 시냇물은 2장에서 질이 마셨던 바로 그 시냇물인데, 여기서는 '생명수' 인 예수님을 상징한다.

또한 시냇물은 미묘하게도 천국의 예루살렘의 길 가운데로 흐르는 '생명수의 강'과 예수님이 죽고 묻히신 뒤에 부활했다는 것을 (예수님을 따르는 사람들도 모두 죽어서 묻힌 뒤 부활하며, 캐스피언도 이제 곧 그렇게 될 것이다.[244]) 의미하는 세례를 상징한다. 릴리언은 나니아에서 그의 아버지의 죽음을 슬퍼한다. 이제 유스터스와 질은 아슬란의 나라에서, 나니아에서의 장면을 생각하며 운다. 또한 아슬란도 강에서 죽어 있는 캐스피언을 보고 운다. 비록 아슬란이 예수님이 나사로에게 한 것처럼 캐스피언을 죽음에서 일으키기 직전임에도 불구하고 말이다. 이야기의 화자는 '위대한 사자의 눈물'을 '만약 지구가 견고한 하나의 다이아몬드라면, 그 눈물방울 하나하나가 지구보다 훨씬 더 값진 것'[245]이라고 말한다. 루이스는 아슬란의 눈물을 통해 무수한 의미를 압축하여 이야기한다. 먼저, 예수님은 사랑과 동정심을 지닌 분이다. 『순전한 기독교』에서(루이스는 『나니아 연대기』를 구상하는 가운데 『순전한 기독교』를 출판 전에 수정하게 된다.) 우리는 예수님이 우리에게 요구하시는 것과 예수님이 우리에게 베푸시는 동정심을 모두 단번에 포착하는 인상적인 문장을 발견하게 된다. '우리의 감정은 있다가도 없어지는 것이지만 우리를 향한 하나님의 사랑은 절대 그렇지 않다는 것입니다. 그 사랑은 우리의 죄나 무관심에 지치는 법이 없습니다. 그 사랑은 우리에게 어떤 대가를 치르게 하는 한이 있더라도, 또 하나님께 어떤 대가를 치르게 하는 한이 있더라도, 우리 죄를 치료하겠다는 결심을 완수할 때까지 단 한 걸음도 뒤로 물러서지 않습니다.'[246]

이 눈물들은 자신의 창조물에 대한 아슬란 그리고 예수님의 사랑과 자신의 죽음에 대한 슬픔(그가 세계의 죄로 인해 매우 잠깐 자신을 버리게 될 것이고 그로 인해 우리가 다시 살게 될 것이라는 것)을 보여 준다. 루이스가 우리에게 말했듯이 견고하다는 단어는 예수님이 '실재 그 자신'이라는 것을 상기시킨다. 실재의 뿌리는 사물이 아니라 사람이다. 또한 그 눈물은 천국이 영원하다는 것을 보여 주며, 다음의 찬양처럼 진정한 부유함을 보여 준다. '주여, 당신은 다이아몬드보다 아름답습니다. 이 세상 그 무엇도 당신과 비할 수 없습니다.'

루이스는 이 장면에서 놀라울 만큼 간결하게 예수님의 수난을 담아낸다. 아슬란은 유스터스에게 가시를 뽑아 와서 자신의 발에 찔러 넣으라고 말한다. 이것은 가시 면류관과 그 손의 못 자국들을 떠오르게 한다. 아슬란의 발바닥에서 핏방울이 나와 캐스피언한테 떨어지자 그는 젊음과 생명과 활력에 충만하여 부활한다. 캐스피언과 아슬란이 만나는 장면은 천국의 중심적인 기쁨을 보여 준다. 캐스피언은 '아슬란에게 몸을 날려 한껏 팔을 뻗더니 아슬란의 거대한 목을 휘감았다. 그러고는 아슬란에게 힘껏 키스를 하자 아슬란은 사자의 거친 키스로 답했다.'247 이것이 진정 사랑하고 사랑받는 것이다.

  캐스피언은 만약 잘못된 일이 아니라면, 딱 한번만이라도 아이들의 세계를 엿보게 해 달라고 말한다. 아슬란의 대답에서 우리는 천국의 또 다른 영광을 볼 수 있다. "나의 아들아, 네가 이제 죽은 이상 너에게 안 되는 일이란 없다."248 루이스의 등장인물들을 통해 우리는 그들이 다른 세계로 갈 수 있다는 것은 죄가 극복되었다는 사실을 의미한다는 것을 알 수 있다. 우주와 영원 속에서의 가장 진정한 자유는 죄에서의 자유이며, 조건 없는 사랑의 자유이다. 천국에서 우리는 모든 충동들이 순수하기 때문에 충동에 따라 마음껏 행동하게 될 것이다. 그 어떤 충동도 우리 자신이나 다른 사람에게 해를 입히지 않을 것이며, 우리는 거부당할지도 모른다는 것을 두려워하지 않게 될 것이다. 이것은 천국에서 우리가 하나님께 완벽하게 복종한다는 것을 말해 준다.249 루이스 픽션의 주요한 문학적인 배경이 되는 작품인 『신곡』에서 단테는 정화의 과정이 끝나자 이제 그가 좋아하는 것은 무엇이든 할 수 있다고 말한다. 왜냐하면 그가 사랑할 수 있는 능력이 완벽해졌기 때문이다.250 『은의자』의 결말부분에 묘사된 것을 보면 마치 작은 황금시대 같다. 아슬란은 부활한 캐스피언과 함께 실험학교에 정의와 올바른 지도자를 세우러 지구로 온다. 캐스피언은 유스터스와 질과 함께 악동들을 혼내 준다. 이 이야기는 또한 앞으로 우리가 의미 있고 만족스러운 일을 하게 될 것이며 그것이 우리가 수행하는 기쁨이 될 것이라는 성경적인 진리를 말해 준다.

마지막 전투 – 새 하늘과 그곳으로 가는 사람들

콜리지와 셸리에 따르면 예술가의 역할은 매일매일의 삶에 놀라움을 가져다주기 위해 '평범한 것에서 친숙함이라는 베일을 벗겨 내는 것이다.' 라고 말한다. 광대한 역사 속의 위대한 주제들조차도 친숙함이 반복되면 점점 무뎌지며, 그에 대한 믿음은 사라지지 않을지라도 감정과 기쁨은 점점 꺼져간다. 하지만 루이스는 이야기를 통해 우리에게 빛나는 놀라움을 되돌려 준다. 『마지막 전투』에서 아이들은 태양이 깜깜해지고 풍경이 정적에 휩싸였을 때, 사랑하는 나니아가 무너지는 것을 보게 된다. 그러나 아슬란의 나라를 산책하는 동안 그들의 슬픔은 곧 기쁨으로 변한다. 놀랍게도 거기에서는 모든 것들이 이상하게도 친숙했다. 이 의문점을 해결하는 사람은 바로 디고리 경인데, 그는 마치 꿈속을 걷는 것처럼 새 나니아에는 옛 나니아의 선한 모든 것들이 보존되어 있다고 말했다.[251]

마법의 문을 통해 대부분의 것들 – 산들, 폭포들, 목초지, 리피치프, 페번시가의 아이들, 그리고 모든 말하는 동물들과 아슬란을 사랑하는 사람들 – 이 아슬란의 나라, 즉 나니아인들의 천국으로 들어왔다는 것은 그렇게 놀라운 일이 아니다. 그러나 매우 놀랄 만한 일이 하나 있는데, 그것은 적군인 칼로르멘 진영의 사람 한 명이 들어왔다는 사실이다. 그가 잘못된 신에게 충성을 다하여 나니아 사람들과 맞서 싸웠다는 것은 사실 크게 문제가 될 일이 아니다. 에메스가 천국에 들어오는 것이 허락되었다는 점이야말로 이 책이 제기하는 커다란 신학적인 질문이다. 많은 사람들에게 에메스가 천국에 들어왔다는 것은 혼란스러운 문제이기 때문에 이에 대해서는 어느 정도 설명이 필요하다. 또한 루이스가 예수님을 알거나 믿는 것과 관계없이 천국에 갈 수 있다고 믿었는지 아닌지가 중요한 문제가 된다. 우리에게 이런 이야기는 혼란스럽다. 왜냐하면 에메스는 타슈를 섬기며 자랐고, 그는 분명히 악하고 저주받은 이들 속에서 사탄의 역할을 해 왔기 때문이다. 에메스는 이렇게 말한다. "만일 타슈 신의 얼굴을 한 번만이라도 보고 죽을 수 있다면 저는 천 번이라도 기꺼이 죽을 각오가 되어 있습니다." [252]

에메스에게 아슬란은 칼로르멘의 적국인 나니아 사람들의 저주스러운 이방신의 이름이다. 마지막 때에 창조물들은 모두 심판의 마구간으로 들어가는데, 그 속에는 아슬란과 타슈가 있었다. 선한 사람들은 아슬란 편으로 가서 천국으로 들어가고, 악한 사람들은 타슈의 편으로 가서 멸망한다. 아슬란의 편으로 간 사람들은 모두 선한 등장인물들이고, 지구나 나니아에서 왔거나, 예전에 죽은 사람들이었다. 아슬란은 나니아의 마지막 왕인 티리언처럼 아슬란의 편에 서서 그의 이름을 부르는 자들이 새로 도착한 것을 환영했다. 티리언은 모든 사람들이 어찌할 바를 몰라 할 때 포기하거나 다른 편으로 가기보다는 차라리 죽고자 했다. 다른 칼로르멘 사람들, 특히 리슈다 타르칸과 같은 사람이 심판의 마구간으로 들어갔을 때 타슈는 그들에 대한 권리를 주장했다. 또한 타슈는 원숭이 시프트나, 타슈와 악을 받아들이는 자들, 초자연적인 것은 그 어떤 것도 믿기를 거부하는 자들에 대해서도 자신의 권리를 주장했다. 에메스는 칼로르멘 사람들 가운데서 유일하게 예외적인 인물이다.

'에메스'는 히브리어로 '충성스러운' 또는 '진실한'과 같은 의미를 지니고 있다. 루이스는 여기에 더 심오한 정의를 덧붙였다. '본질적인 정당함, 바위 밑의 실재, 하나님의 고유한 속성에 뿌리박은 어떤 것…' 티리언 왕의 특별한 친구이자, 가장 믿음직한 나니아인 중의 한 명인 유니콘 주얼은 에메스에게 기쁜 결말이 기다리고 있다는 것을 은연 중에 예감하고 있었다. 주얼은 에메스가 이끄는 군대와 벌이는 전투에서 패배가 눈앞에 다가온 것처럼 보일 때에도 아슬란의 이름을 위해 죽는 것을 긍정적으로 볼 수 있도록 동료들의 용기를 북돋운다. "저건 아슬란 님의 나라로 들어가는 문일지도 몰라. 그러면 오늘 밤 그분의 식탁에서 식사를 하게 될 거예요." [253] 또한 주얼은 에메스의 용기와 헌신을 보고 티리언 왕의 귀에 대고 이렇게 말한다. "사자 갈기에 대고 맹세하건대, 저 젊은 용사가 비록 칼로르멘 병사라고는 하나 정말 사랑스러운 젊은이입니

다. 저 젊은이는 타슈보다 훨씬 더 신다운 면이 있습니다." [254]

에메스는 칼로르멘의 타르칸의 후예이자 귀족이며, 젊은 시절부터 타슈를 섬기기를 원했고, 그와 대면할 수만 있다면 모든 위험을 무릅쓸 각오가 되어 있었다. 마구간에 들어가는 그 순간까지 에메스는 타슈가 잘못된 신이라는 것을 이해하지 못했다. 그러나 타슈라는 단어는 그 어원에서부터 이미 심오한 진리를 암시하고 있다. 타슈라는 말은 스코틀랜드 방언인데 '흠, 얼룩, 잘못 또는 악'을 의미한다. 에메스는 마구간에서 타슈 대신 아슬란을 만났을 때, 아무런 설명이 없이도 아슬란이 우주의 진정한 신이며 그가 평생 동안 진정으로 찾던 존재라는 것을 단번에 알아보았다. 에메스는 아슬란이 자신의 삶에서 가장 중요한 존재일 뿐만 아니라 다른 모든 것을 합친 것보다도 더 중요하고 가치 있는 존재라고 생각했다. 그는 나니아의 왕에 대해 이렇게 말했다. "천하의 티스로크 황제가 되어 사자를 보지 못한 채 사느니, 사자를 보고 당장 죽는 편이 나을 성싶었습니다." [255] 또한 에메스는 자신이 타슈를 섬기는 잘못을 저질렀고, 소년 시절부터 그가 배운 대로 아슬란의 이름을 증오해 왔다는 것을 알고 있었다. 에메스는 타슈의 종으로서 살았던 삶이 무가치하다는 것을 고백했다. 그러나 아슬란은 이미 에메스의 마음을 알고 있었고, 그가 타슈에게 드렸던 경배를 자신의 것으로 올바르게 받아들였다. 우리는 에메스가 그가 알고 있었던 빛에 신실했다고 말할 수 있을 것이다.

에메스에 대해 몇 가지 지적해야 할 점들이 있다. 첫째, 그는 '너는 나 외에는 다른 신들을 네게 두지 말라.'²⁵⁶라는 십계명의 첫 번째 계명을 어긴 것처럼 보인다. 그러나 루이스의 관점에서 볼 때, 에메스는 비록 외면적으로는 잘못된 종교를 섬긴 것처럼 보일지라도 마음속으로는 진실 되게 첫째 계명을 지켰다. 예수님이 경고하셨듯이, 진심으로 하나님께 경배 드릴 때 마음속으로 몰래 그러는 척하거나 자신을 속이는 것은 잘못된 일이다.²⁵⁷ 에메스는 타슈에게 죽음을 당하는 것이 아니라, 아슬란에게 환영을 받았다. 아슬란은 에메스에게 키스하며 그에게 '아들'이라고 불렀다. 놀란 에메스는 빈정대는 시프트가 말한 것처럼 결국 타슈와 아슬란이 같은 존재냐고 질문했다. 아슬란은 땅이 흔들릴 정도로 포효하며 대답했다. 그는 자신과 타슈는 '적'이며, 그 이름이 무엇이든지 간에 선한 정성은 아슬란을 섬기는 것이며 사악한 정성은 아슬란의 이름으로 행해졌을 때조차도 타슈를 섬기는 것이라고 설명했다. 에메스는 아슬란의 이름을 몰랐고, 그에 대해 아는 것이 없었을지라도 하나님을 찾는 사람이었던 것이다.

둘째, 에메스는 다른 그 누구도 아닌 아슬란에게 구원을 받았다. 루이스는 이 점을 말하는 데 있어 절대 주저하지 않았다. 모든 구원은 예외 없이 예수님으로부터 온다. 셋째, 에메스는 아슬란을 만났을 때 죽은 상태가 아니었다. 어떤 사람들은 마구간의 문이 죽음을 상징하며, 죽음이 그 문의 주된 역할이라고 주장한다. 그러나 이런 주장은 이 이야기에 나타난 여러 사실들을 설명하지 못한다. 고양이 진저는 마구간 문으로 제일 먼저 들어갔고, 바깥 무리들은 볼 수 없는 가운데 타슈를 만났다. 진저는 타슈를 보자마자 공포에 질려 총알같이 문을 빠져나와 살아남긴 했지만 완전히 이성을 잃었다. 또한 마구간 안에는 진저와 리슈다가 배치해 둔 사악한 칼로르만 병사가 있었는데, 그 병사는 그 안에서 살아 있었다. 에메스는 그 병사를 죽여 문밖으로 시체를 던졌다. 에메스에게 일어난 일을 설명하려고 할 때, 마구간 문을 들어가는 것이 반드시 죽음을 의미하지 않는다는 것을 이해하는 것이 중요하다. 또한 이를 죽음 이후에 오는 구원의 두 번째 기회로 볼 필요는 없다. 사실 루이스는 그러한 일이 가능하다고 믿지 않았다. 에메스가 죽었다고 해도 그것은 두 번째 기회가 아니었다. 오히려 그 일은 이미 이루어진 선택들의 축적이자 완성이었다.(이 점에 대해서는 연옥부분을 참고하라.)

루이스의 글에는 이러한 생각과 모순되어 보이는 구절들이 있다. 그는 『마지막 전투』를 구상했던 해에 '한 여인에게' 보내는 편지에서 디모데전서 4:10과 마태복음 25장에 대해 언급했는데, 거기에는 선행과 악행이라는 명백한 근거로 양과 염소 선과 악를 분리하는 이야기가 나온다. 또한 그는 '예수님이 지옥으로 내려갔고 죽은 자들에게 설교를 했다.(즉 다시 말해 죽은 자들의 땅인 하데스, 잃어버린 자들의 땅인 게헨나가 아니라)'는 교회의 가르침에 대해서도 언급했다. 루이스는 예수님이 시간 밖에 있기 때문에 십자가에 매달리기 전에 죽은 자들에게도 설교를 할 수 있었을 뿐만 아니라 세상적인 시간으로는 그가 죽은 뒤에 죽은 사람들에게까지 설교를 할 수 있다고 말했다. 이것은 『천국과 지옥의 이혼』에서 소설적인 형태로 다시 나타난다. 맥도날드는 이렇게 설명했다. "지금까지 존재했던 모든 순간과 앞으로 다가올 모든 순간, 현재의 모든 순간이 그분이 내려가신 순간 안에 다 현존하거든. 옥에 갇힌 영혼 중에 그분이 설교하지 않으신 영혼은 하나도 없다네."[258] 루이스는 여기에서 난해하며 해석이 분분한 베드로전서 3:18-20에 대해(이 구절에서 예수님은 노아의 날부터 옥에 있었던 영혼들에게 선포하셨다.) 하나의 해석을 암시하고 있다.(우리는 그들이 어떻게 반응했는지 그리고 그들이 해방되었는지 듣지 못했다.)

에메스의 경우, 복음을 듣는 것은 이미 그들의 영원한 운명이 결정된 세상에서 선택한 것들을 완성하는 일이 될 것이다. 물론 이것은 추측이다. 루이스도 이 점에 대해 알고 있고 편지에서도 여러 번 명백히 밝혔다.[259] 루이스는 하나님이 아예 복음을 들을 기회조차 주어지지 않은 사람들을 어떻게 하실 지에 대해서는 알 수 없다고 말했다. 그러나 만약 복음을 듣지 못한 사람이 구원을 받을 수 있다고 하더라도(예수님이 설교했던 시절조차도), 그런 사람들은 매우 적을 것이다. 그리고 그러한 일은 예수님의 이름으로, 그들 자신의 선을 통해서가 아니라 [260] 십자가에서의 죽음을 통해 이루어질 것이다.

넷째, 신실하다는 것만으로는 충분하지 않다. 분명히 에메스의 경우에는 신실함이라는 측면에서 구별될 만큼 뛰어나다. 에메스는 타슈를 신실하게 섬겼지만, 그는 신실하기만 한 것이 아니라 진리와 선을 사랑했다. 아슬란이 설명하듯이 인간의 속성 중에서 선한 것은 무엇이든 그에게 속한 것이다. 반대로 무지로 인해 이름이 뒤바뀌었다고 할지라도 악한 것은 타슈^{악마}에게 속한다. 리슈다 타르칸은 마지막에는 타슈의 존재를 진짜로 믿게 되었다. 그러나 그는 공포에 질렸고, 그 파괴적인 힘을 진정시켜 보려고 했지만 결국 저주받았다. 에메스는 단지 종교적인 문화에 익숙했던 사람이 아니었다. 그는 하나님을 찾는 진실한 사람이었다. '사랑하는 아들아, 네 소망이 나를 거스르는 것이었다면 그렇게 오랫동안, 그토록 진실 하게 찾지 않았을 것이다. 진정으로 추구하는 것은 다 찾게 마련이기 때문이다.'[261] 에메스는 진정한 신 아슬란을 보았을 때 즉시 그를 알아보았다. 이것은 만약 에메스가 아슬란에 대한 진리를 배웠다면 그 진리를 알고 받아들였을 것이라는 점을 함의한다. 루이스는 또한 이 이야기를 통해 우리에게 다른 사람의 마음을 심판하는 것을 조심하라는 말을 하고 싶었던 것이다.

마지막으로, 에메스의 이야기는 보편구원론에 대한 이야기가 아니다. 루이스는 보편구원론를 지속적으로 부인한다. 이 책의 심판의 장면에서 많은 사람들이 아슬란에게 거부당한다. (왜냐하면 그들이 그를 거부하고 타슈에게 갔기 때문이다.) 시프트는 타슈와 아슬란이 같은 존재이기 때문에 두 이름을 타슐란으로 섞어도 된다고 말하는데, 오직 찬탈자와 잘못된 예언자들만이 이런 식의 주장들을 만들어 낸다. 결국 우리는 등장인물들의 선택의 차이가 그들의 운명을 영원히 결정한다는 것을 보게 된다. 루이스는 객관적인 진리가 존재하며, 주관적인 믿음을 합리화할 수는 없다고 종종 설명하고 있다. 모든 종교가 하나님에게로 향하는 것은 아니다. 루이스가 『천국과 지옥의 이혼』과 같은 초기 작품의 서문에서도 주장했던 것처럼, 『천국과 지옥의 결혼』이라는 블레이크식의 방식은 있을 수 없다. 우리는 지옥에서 천국으로 아무것도 가져갈 수 없다.

  루이스는 몇몇 편지에서 복음을 듣지 못한 사람들의 운명에 대해 이야기할 때도 분명히 이런 내용을 지적했는데, 그 내용이 에메스에 대한 이야기와 매우 비슷하다. (1) 예수님을 모르고 살았던 사람도 구원받을 수 있다는 것을 믿는다. (2) 우리는 복음을 듣지 못한 사람들의 운명에 대해 알 수 없고, 우리가 알고 있는 원칙에 들어맞지 않는 사람들도 구원받을 것이다. (3) 그의 생각은 주로 마태복음 25:31-46에 근거해 추측한 것이다.[262] (4) 누구라도 구원을 받는다면 그것은 예수님으로부터 온 것이며 그의 은혜에 의한 것이다. (5) 우리는 복음을 듣지 못한 사람들의 운명에 대해 관심을 갖고 추측할 것이 아니라 그들에게 예수님에 대해 전해야 하는 의무를 갖고 있다. 이러한 주장들의 핵심은 '한 여인에게' 보내는 편지(1952년 11월 8일)에 잘 요약되어 있다.

> 잘못된 신을 하나님으로 착각하거나 또는 하나님을 완전히 이해하지 못했다 하더라도, 진정으로 드려지는 모든 기도는 하나님께 진정으로 받아들여진다고 생각합니다. 그리고 예수님은 자신을 알지 못하는 많은 사람들을 구원하십니다. 왜냐하면 그들이 저급한 교사들을 추종할지라도, 희미하게나마 예수님은 그 교사들의 선한 측면에도 임재하고

계시기 때문입니다. 양과 염소에 관한 비유(마태복음 25장과 그 이후)에서 구원받은 사람들은 자신들이 예수님을 섬겼다는 사실을 알지 못하는 것처럼 보입니다. 그러나 불신자들에 대해 걱정하는 것도 물론 도움이 되는 측면도 있습니다. 우리가 불신자들에 대해 걱정할 때, 더 이상 그들의 운명에 대해 고민하기보다는 그들을 위해 열정적으로 기도하고, 기독교가 얼마나 삶을 매력적으로 만들어 주는지 알리기 위해 노력하게 됩니다.[263]

그리스도가 복음을 들어본 적이 없는 사람들까지도 구원한다는 믿음은 루이스의 저작에 널리 나타나 있다. 그러나 그것은 크게 중요해 보이지 않는다. 그가 강조하는 것은 구원이 (예수님 안에 구원의 복음이 있고, 그의 죽음이 우리를 위한 것이라고 믿는) 말씀에서 오며 마음이 변화된 사람들은 정의로운 일을 행한다는 전통적인 관점에 근거해 있다. 그리스도에 대해 들어본 적이 없는 사람들을 더 중요하게 생각하다 보면 결국 성경적인 복음과 루이스가 복음에 대해 강조하는 것들을 놓치게 되며, 우리가 복음에 근거해서 행동할 때 실수할 수 있다는 것을 이해하지 못하며, 다른 사람들에게 이야기해야 하는 긴급함을 잃게 된다.

반대로, 루이스의 관점에서는 드물기는 해도 한번 믿었던 사람들도 그리스도와 기독교에서 등을 돌리고 길을 잃을 수 있다. 자기 이전의 시대의 나니아의 오래된 이야기를 기억하는 티리언 왕이 페번시가에는 수잔 여왕이 있지 않았냐고 물었을 때, 피터는 그녀가 "더이상 나니아의 친구가 아니오."라고 설명한다. 한편 유스터스와 질과 폴리는 수잔이 세상을 더 사랑하고, 어른이 되고 싶은 욕망 때문에 나니아를 버렸다고 좀 더 상세하게 설명해 준다. 이 부분은 예수님께서 말씀하신 '자신을 다른 사람에게 온전히 맡길 수 있는 어린 아이와 같은 믿음의 중요성'을 암시적으로 설명한 것이다. 여기서 수잔의 변심은 일종의 경고와 같은 것이다. 그러나 아직은 우리에게 그녀가 회개하고, 되돌아올 수 있을 거라는 희망이 남아 있다. 왜냐하면 나니아의 시간은 지구의 시간과 일치하지 않고, 그녀는 열차 사고 때 죽은 것이 아니기 때문에, 아직 늦지는 않았다.

에메스에 대해 조금 더 설명해 보자. 에메스의 이야기는 종말이 다가오기 전에 전세계를 뒤흔들고 모든 믿음을 시험할 재난을 보여 준다. 『마지막 전투』는 성경의 맨 마지막 책이자, 묵시록인 요한계시록을 새롭게 다시 이야기한 작품이다. 이 작품에서 묘사되는 사건들은 서서히 다가오는 세계의 끝을 예언한다. 잘못된 예언자의 등장, 적그리스도, 선민들을 속이는 것, 사악한 힘에 의해 세계가 가혹하게 통치되는 것 등. 루이스는 어린이들에게 보내는 답장에서 이렇게 말한다. "원숭이와 퍼즐은 우리 세계에 종말이 오기 전에 나타날 적그리스도와 같단다."[264] 시프트는 사람들을 조정하려고 하는데, 그는 사탄을 상징한다. 즉, 그는 예수님을 흉내 낸다. 하지만 사탄은 창조의 능력이 없으며, 긍정적인 속성은 그 어떤 것도 나타내지 못한다. 그는 단지 적그리스도이며, 사기꾼이며 가짜

다. 시프트는 사자가죽으로 당나귀를 사자로 둔갑시켜 마구간에 아슬란이 있는 것처럼 속인다. (진정한 믿음의 사람들은 하나님의 진정한 아들인 예수님이 마구간에 왔을 때 그곳으로 이끌려갔다.) G. K. 체스터턴이 말했듯이 사람들이 하나님을 믿지 않게 될 때 그들은 아무것도 믿지 않는 것이 아니라 오히려 아무것이나 믿는다. 타슈나 심지어는 사자의 옷을 입은 당나귀조차도….

『마지막 전투』는 또한 마지막 심판을 재현해 보인다. '수백만'의 창조물들이 '아슬란이 서 있는 입구를 향해 몰려들었다.'[265] 그들은 모두 아슬란의 얼굴을 똑바로 쳐다보았고, 그들의 반응은 다음 둘 중 하나였다. 한 무리는 그를 보고 '공포와 혐오'에 사로잡혔다. 그들은 아슬란의 왼쪽으로 방향을 틀어 그의 그림자 속 – 그것은 아마 지옥일 것이다. – 으로 사라져 갔고, 다시는 그들의 모습을 볼 수 없었다. 다른 무리는 존경심을 갖고 그의 얼굴을 보았고 그의 오른쪽으로 – 그것은 천국으로 향하는 길이다. – 들어갔다. 이것은 물론 예수님이 염소들을 그의 왼편에 멸망한 자들 양들을 그의 오른편에 구원받은 자들 분리하는 성경적인 구분과 유사하다. 그리고 여기에서 축복의 환상과 고통의 환상이 다시 하나가 된다. 성스러운 얼굴을 보는 것은 먼저 심판을 받는 것이며, 우리가 마음 속에서부터 그를 향해 있다는 것을 아는 것이며, 하나님을 진정 모든 것의 주님으로 아는 것이며, 그리고 그와 분리되거나 또는 그와 하나가 될 우리의 운명이 어떻게 결정되는지에 대해 아는 것이다. 그것은 우리가 받을 만한 가치가 없는데도 받게 될, 상상을 뛰어넘는 사랑이거나 혹은 악몽보다 훨씬 더 끔찍한 공포이거나 둘 중 하나일 것이다.

『마지막 전투』에는 지옥에 대한 묘사가 없다. 타슈의 기괴한 형상을 묘사하는 부분에서만 저주에 대한 상상력을 보여 주고 있다. 타슈와 타슈의 행동은 모두 악한 것과 관련되어 있다. 타슈는 거의 인간과 같은 육체를 갖고 있고, 손톱이 있는 손가락이 달린 네 팔을 갖고 있으며, 독수리 모양의 머리를 갖고 있다. 그는 마치 그림자처럼 움직이고, 몹시 심한 악취가 나며, 영들을 박해한다. 그리고 그가 지나가는 자리에 있는 풀들은 모두 죽는다. 진저 고양이나, 원숭이 시프트, 그리고 리슈다 타르칸 같이 이기적이고 교묘한 속임수를 쓰는 등장인물들은(비록 그들이 처음에 타슈도 아슬란도 믿지 않았음에도 불구하고) 타슈와 아슬란의 이름을 모두 불렀다. 마구간에서 마지막 심판 때, 타슈는 시프트를 집어 올려서 한 번에 쪼아 삼켰다. 이것은 『스크루테이프의 편지』의 마지막 편지에서 '먹는다/삼킨다'는 은유를 통해 지옥의 파괴를 상징하는 것을 연상케 한다. 타슈가 리슈다를 팔에 들어올리자 아슬란은 그에게 '합법적인 포로'를 데리고 떠나라고 명령했는데, 우리는 타르칸에게도 유사한 운명이 기다리고 있을 거라고 생각할 수 있다.

루이스와 그의 픽션의 많은 등장인물들이 종종 지적하듯이 인간의 삶이나 세계나 우주는 영원히 지속될 수 없다. 그들은 모두 죄와, 죄로 인한 상처의 결과로부터 다시 자유롭게 만들어지기 위해 죽음에 복종해야 한다. 옛 창조의 모든 선한 것은 새 창조 속에서 보존되고 완벽하게 될 것이다. (놀랍고 믿기 어려울지라도) 새로운 창조는 단순히 옛것에서 흠을 없애는 정도가 아니라 현재 우리가 갖고 있는 것을 뛰어넘는 완전히 새로운 사물들의 질서이다. 루이스가 공통적으로 사용하는 비유에 따르자면 옛 것과 새로운 것 사이의 관계는 선이 사각형에, 사각형이 입방체에, 입방체가 미지의 차원에 통합되는 것과 같다. 나니아의 가장 현명한 이들은 세계가 영원히 지속된다는 것이 가능하지 않고, 그렇게 되지도 않는다는 것을 알고 있다. 유니콘 주얼은 질에게 말했다. "아슬란 님의 나라를 제외한 다른 세계는 모두 종말을 맞게 됩니다."[266] 디고리 경은 피터에게 그들이 알고 있던 나니아는 언제나 여기 이렇게 있고 앞으로도 영원할 '진짜 나니아의 복사판이나 그림자에 불과' 하다고 설명했다. 디고리는 루시에게 확신을 갖게 해 주었다. "루시, 나니아 일로 슬퍼하지 말아라. 옛 나니아의 중요한 것들과 착한 창조물들은 그 문을 통해 진짜 나니아로 다 들어왔으니까. 물론 다르기야 하겠지. 진짜 물건이 그림자와 다르고, 삶이 꿈과 다른 것은 당연한 이치란다. …이것은 플라톤의 얘기란다, 학교에선 도대체 뭘 가르치는지!"[267]

콜린 맨러브는 『마지막 전투』에서 뒤죽박죽으로 일어나는 사건들이 아슬란과 그의 아버지가 통제할 수 없기 때문에 생기는 일이 아니라는 점을 명확히 밝혀 주면서 이 사건들을 올바른 관점에서 볼 수 있게 해 주었다. '이 책의 가장 큰 특징은 역설과 반전에 있다. 영원히 거짓말을 하려고 할 때, 원숭이와 다른 이들은 영원한 진리 앞에 무너져 내렸다. 원숭이는 마구간에 잘못된 신을 세우려고 하다가 오히려 거기에 진짜 신을 세우게 된다. …아슬란은 나니아를 멸망시킬 때 이를 더욱 실감나게 보여 준다.' 밤은 아침으로 바뀐다. 그리고 '시작과 끝이 있는 세계는 언제나 여기에 있었고 앞으로도 있게 될 세계가 된다. …아슬란의 진정한 세계 속에서.'[268]

무기와 지혜의 힘을 겨루는 전투는 결국 주님께 속해 있다. 나니아인들이 해방되는 순간은 죽을 수밖에 없는 적들 때문이 아니라 죽을 수밖에 없는 운명으로부터 온다. 루이스가 문학 속에서 가장 원대한 결론을 펼치면서 대단원은 더 최고조로 올라간다. 그는 우리를 흥분시키면서 천국의 비전을 올바르게 가지게 만든다. 말하는 동물들과 나니아의 왕들과 여왕들은 저택에서 쉬는 대신에 위로 올라가는 회오리바람처럼 가파른 절벽과 폭포 속으로 뛰어들었다. 아슬란의 나라에 도착했을 때, 유니콘 주얼은 모두가 느끼는 것을 대신 외쳤다. "드디어 고향에 왔습니다! 이곳이 진정한 내 땅입니다! 이곳은 내 고향입니다. 지금까지는 모르고 지냈지만 평생 동안 우리가 찾던 땅입니다. 우리는 옛 나니아가 가끔씩 이곳과 비슷해 보였기 때문에 그곳을 사랑했던 것입니다."[269]

사도 베드로는 말세에 대해 우리에게 말한다. '그러나 주의 날이 도둑같이 오리니 그 날에는 하늘이 큰 소리로 떠나가고 물질이 뜨거운 불에 풀어지고 땅과 그 중에 있는 모든 일이 드러나리로다.'[270] 나니아에서도 그러하다. 별들이 집으로 돌아오고, 태양과 달이 빛을 잃고, 나니아의 피터^{베드로}는 아슬란의 명령에 따라 옛 세계에서 천국으로 들어오는 문을 영원히 닫아버린다. 그러자 땅이 흔들리면서 향긋한 공기가 갑자기 한결 더 향긋해졌다. 그들 모두 등 뒤에서 반짝이는 빛을 의식하고 뒤를 돌아보았다. 티리언 왕은 두려움에 떨며 맨 마지막으로 몸을 돌렸다. 거기에는 티리언 왕이 그토록 열망해 오던 황금 빛 사자, 아슬란이 서 있었다. …티리언은 사자에게 다가가 사자의 발치에 몸을 던졌다. 사자는 티리언 왕에게 입을 맞추며 말했다. "장하도다, 암울한 시기를 꿋꿋하게 버틴 나니아의 마지막 왕이여." [271]

모두들 새로운 세계에 대해 빨리 깨닫게 된다. 그들은 새 나니아에서 풍성하게 자라고 있는 과일들을 보고 처음에는 이렇게 느꼈다. '나를 위해 준비된 것일 리가 없어.' 이윽고 피터가 말을 열었다. "아, 괜찮습니다. 모두들 무슨 생각을 하는지 다 압니다. 하지만 걱정할 필요가 없다는 느낌이, 아니 확신이 생겨요. 무엇이든 다 허용된 땅에 들어온 듯한 예감이 듭니다." [272] 그 맛은 천상의 맛이라서, 이전에 맛보았던 그 어떤 최고의 맛도 이 맛에 비하면 모두 '약'처럼 쓰게 느껴질 것이다. 천국은 아슬란의 나라처럼 모든 것이 허용된 곳이다. 죄가 추방되고 우리는 틀림없이 모든 사물과 사람들을 사랑하게 될 것이기 때문에, 그곳에는 금지된 욕구나 충동은 없을 것이다. '하나님을 사랑하고 네가 원하는 것을 하라.'는 것이야말로 진정 그 날의 명령이 될 것이다. 우리가 세상에서 '당신의 뜻이 이루어지이다.'라고 드렸던 기도는 천국에서 이미 이루어졌다. 루이스는 한 편지에서 천사와 축복받은 인간의 영들이 '그저 복종하는 것'이 아니라 오케스트라의 연주자들이 지휘자에게 자연스럽게 반응하는 것처럼 주저함 없이 기쁨으로 '하나님의 의지대로' 할 수 있다고 설명하고 있다.

우리가 천국에 대해 공통적으로 기대하는 것들은 아슬란의 나라에서도 볼 수 있다. 에드먼드는 아픈 무릎이 치유되었고, 디고리 경은 더 이상 늙었다는 느낌이 없어지고 뻣뻣한 몸이 아이들의 몸과 같이 유연하게 되었다. 세상에 있을 때 나이든 사람들은 모두 젊어졌고, 그들의 머리카락은 더 이상 회색빛이 아니다. 그리고 모든 영원한 이별은 끝났다. 『마지막 전투』에서 새 나니아로 들어온 등장인물들은 모두 이전의 이야기에서 아슬란을 사랑했던 사람들에게 환영받는다. 부모님들, (첫번째 책에 등장했던 페번시가의 세 아이들 뿐만 아니라) 나니아의 왕과 여왕들, 켄타우로스, 말하는 동물들, 그리고 『새벽 출정호의 항해』에서 아슬란의 나라로 용케 들어갔던 걸출한 인물인 리피치프 등. 우리는 이런 등장인물들을 사랑하는 법을 배우면서, 우리가 알고 있는 예수님을 사랑하는 모든 사람들과의 연합이라는 천국의 약속된 기쁨을 누리게 된다.

새로운 육체는 새 나니아에 놀랍게도 잘 어울린다. 루이스는 그 높이와 범위와 아름다움에서 숨막힐 만한 풍경을 펼쳐 보인다. 일행들은 '더 높은 곳으로, 더 깊은 곳으로'라고 외치면서 계속 새로운 것들을 발견하게 된다. 그들은 거대한 폭포에 마주치자 엄청난 속도로 폭포를 거슬러 헤엄쳐 올라갔고, 구름보다 높이 있는 산들을 날아가는 듯이 뛰어넘어, 결국 진정한 나니아, 세상의 모든 그림자들의 근원인 천국에 도착했다. 마구간 안에 있는 모든 것은 바깥에 있는 그 어떤 것보다도 크다. 이러한 발견과 육체적인 흥분 속에서 우리는 천국이 지루하다는 예전의 두려움을 잊어버리게 된다. 그러나 이 모든 놀라움들은 '아슬란이 힘차고 아름답게 살아 있는 폭포수처럼 절벽에서 절벽으로 뛰어내려 오고 있는'[273] 것을 보면서 즉시 잊어버리게 된다. 루이스는 아슬란에 대해 마지막 문단에서 이렇게 말했다. "아슬란은 더 이상 사자처럼 보이지 않았다."[274] 우리는 아슬란의 원형인 예수님에게 서서히 가까이 다가가게 된다. 그의 존재는 우리의 가장 깊은 기쁨이 되며, 천국의 정의 그 자체가 될 것이다.

세상의 모든 아름다움은 슬픔을 가진 것이었다. 왜냐하면 우리는 그것이 몰락한다는 것을 알고 있고, 우리는 아름다움을 떠날 날이 온다는 것을 의식적으로 알고 있기 때문이다. 루시는 그들이 여러 번 왔던 옛 나니아를 떠나야 한다는 것 때문에 슬퍼했다. "아슬란 님, 우릴 다른 곳으로 보내실까 봐 걱정스러워서 그러는 거예요. 전에도 우리 세계로 되돌려 보내신 게 한두 번이 아니었잖아요." "그런 걱정은 할 필요가 없다. 아직도 눈치를 못 챈 모양이구나." 아이들은 심장이 마구 뛰었으며, 가슴 속에서 희망이 솟았다. 아슬란이 부드럽게 말했다. "열차 사고가 실제로 있었단다. 너희 부모님과 너희들 모두는 그림자 나라에서 하는 말로 표현하자면 죽은 거란다. 이제 다 끝난 거지. 축제가 시작된 거야. 꿈은 끝나고 이제는 아침이 된거다."[275]

'영원히 행복하게 살았다.'는 결말에서 모든 이야기 속에 남아 있던 갈망은 진정으로 이루어졌다. 피터는 처음 도착했을 때 자신이 나니아에 있다는 사실에 놀라워했다. 왜냐하면 아슬란이 그에게 너무 나이가 들어 다시는 나니아로 돌아오지 못할 거라고 말했기 때문이다. 디고리 경은 이렇게 설명했다. "피터, 들어 보렴. 아슬란 님께서 너에게 그런 말씀을 하셨을 때에는, 네가 지금 생각하고 있는 예전 나니아를 염두에 두고 계셨던 거야. 하지만 그건 진짜 나니아가 아니란다. 그 나니아는 시작과 끝이 있었지. 그것은, 언제나 여기 이렇게 있고 앞으로도 영원할 진짜 나니아의 복사판이나 그림자에 불과해." [276] 주얼이 "집에 왔다."고 말한 것처럼 그들은 '진정한 나라'에 왔다. 우리는 이 이야기를 듣고 또 듣고 싶어 한다. '그러나 그들에게는 이것이 진짜 이야기의 시작일 뿐이었다. 우리 세계에서 보냈던 그들의 삶과 나니아에서의 모든 모험은 책 겉장에 적혀 있는 제목에 지나지 않는다. 이제 드디어 그들은 지구상의 어느 누구도 읽지 못한 위대한 이야기의 첫 장을 시작하고 있는 중이다. 이 이야기는 영원히 계속될 것이며, 항상 새로운 장이 그 이전 장보다 훨씬 더 위대한 이야기가 될 것이다.' [277]

7
보고도 믿지 않을 때:
우리가 얼굴을 찾을 때까지

나는 생명의 떡이니 내게 오는 자는 결코 주리지 아니할 터이요, 나를 믿는 자는 영원히 목마르지 아니하리라. 그러나 내가 너희에게 이르기를 너희는 나를 보고도 믿지 아니하는도다 하였느니라. _요한복음 6:35-36

루이스의 작품 전체에 걸쳐 흐르고 있는 가장 중요한 주제는 갈망이다. 그는 어린 시절부터 자신의 이해를 넘어서 있는 거대하고, 탐험되지 않은, 굉장한 곳을 욕망하는 아픔이 어떤 것인지 알았다. 그는 책이나 음악, 아름다움, 또는 좋아하는 경험들을 통해서 이에 대해 알게 되었다. 루이스는 가끔 갈망이라는 뜻을 지닌 독일어 'Sehnshut'를 사용하기도 했다. 그러나 그는 결국 시인 워즈워스에게서 '기쁨'이라는 단어를 발견했다. 혼란스럽게도 루이스에게 이 단어는 행복이나 만족을 의미하는 것이 아니라 정반대의 의미로 사용되어진다. 루이스는 이 단어를 (기쁨의) '소유'가 아니라 '소망'이라는 의미로 사용한다. 왜냐하면 그 어떤 세상적인 만족보다도 갈망을 갖는 것이 더 바람직하기 때문이다.

　루이스는 갈망을 책이나 음악이나 풍경 속에 있다고 생각하는 것이 잘못된 것임을 알게 되었다. 그것들을 추구하면 추구할수록, 그것들은 '속임수'라는 것이 밝혀질 것이다. 세상적인 행복은 우리를 풍성하게 하고, 일시적인 만족감을 줄 것이다. 그러나 우리는 항상 무언가 더 많은 것을 원한다. 기쁨과 다른 모든 갈망들은 근본적으로 천국을 향한 것이며, 순례자를 집으로 인도하기 위해 길에 놓여 있는 표지판과 같다.

　루이스는 자신의 뿌리 깊은 상상의 경험들이 그가 지적으로 알고 싶어 한 것과 연관되어 있다는 것을 발견했을 때 - 예수 그리스도 안에 하나님은 모든 것의 창조자시며, 도덕률의 근원이자 우리의 영원한 고향을 보증해 주시는 분이라는 것 - 그는 자신의 마음과 영혼과 그의 존재의 마지막 한 터럭까지 모두 기독교로 회심했다. 루이스는 기쁨 그 자체를 목적으로 추구하려고 하는 헛된 노력을 그쳤다. 그러나 기쁨에 대해 글을 쓰는 것은 멈추지 않았다. 루이스의 책들은 대단히 매력적이다. 왜냐하면 그의 책들은 기쁨에 대해 설명해 줄 뿐만 아니라 우리가 기쁨을 향한 갈망을 가질 수 있도록 도와주기 때문이다. 변증의 측면에서나, 상상력의 측면에서나 그의 책들은 천국을 향한 표지판과 같다. 시인 루스 피터(나중에는 루이스의 친구가 되었다.)는 루이스의 책에 대해 이렇게 평했다. "천국을 향해 향수를 갖고 있는 사람은 적어도 여기에서 여인숙을 발견하게 될 것이다. 그리고 그것은 올바른 길 위에 있는 여인숙이다." [278]

신화를 다시 쓰는 루이스의 작업은 소설 『우리가 얼굴을 찾을 때까지』에서 절정에 이른다. 이 책은 루이스 자신과 대부분의 비평가들이 모두 그의 작품 중에서 최고의 작품이라고 평가하는 소설이다. 기독교의 이야기를 다른 방식으로 이야기하기 위해 이교도의 신화들을 사용하는 것은 매우 역설적이지만, 루이스는 우리의 고정관념들을 벗겨 내기 위해서 이러한 어려운 작업을 감행한다. 특히 회의주의자, 불가지론자, 무신론자와 같은 현대인들에게 - 친숙함 때문에 기독교의 신화를 무시하고 놀라워하지 않는 기독교인들에게도 - 고전적인 신화의 설정을 사용하여 이야기하는 것은 경계심을 풀게 하는데 도움이 된다. 그리고 이는 아직도 억측과 선입견과 같은 '과거의 경계심 많은 용'과 같은 상태에서 벗어나게 할 수 있는 또 다른 방법이기도 하다.

무신론자인 화자 오루알은 이교도의 이야기와 기독교의 이야기가 동시에 전개되는 독창적인 세계로 우리를 순식간에 데려간다. 성경에 대한 지식이 없는 독자들은 이것이 또 다른 형태의 진정한 기독교 신화라는 것을 결코 알지 못할 것이다. 왜냐하면 어떤 이름이나 어떤 사건도 정확하게 똑같이 주어지지는 않기 때문이다. 예를 들어, 그리스도의 형상을 하고 있는 프시케는 십자가에 매달리는 것이 아니라 사슬로 나무에 묶인다. 기독교인들에게 그 '나무'

는 십자가를 대신하는 공통점이 된다. 이러한 방식으로 접근하는 것에는 두 가지 장점이 있다. 기독교에 적대감을 갖고 있는 사람들도 매력적인 이야기를 기억함으로써 기독교의 이야기를 상상력을 통해 받아들일 수 있는 준비를 하게 된다. 그리고 기독교인들은 수많은 성경적인 상징과 암시들을 해석해 보면서 예전의 믿음을 신선한 관점에서 다시 바라볼 수 있게 된다.[279]

소설 『우리가 얼굴을 찾을 때까지』가 천국에 관해 무엇을 말하고 있는지 분별하기 위해서는 이러한 상징과 암시들을 해석하는 과정이 필요하다. 큐피트와 프시케의 신화를 다른 방식으로 이야기하면서 이 소설은 다음의 방식을 통해 우리의 주제를 다룬다. 천국을 향한 갈망 (프시케는 어릴 때부터 직접적으로, 오루알은 신들에 대한 질문들을 위해 마지못해 간접적으로), 프시케가 사는 천국, 천국을 얻기 위해서 필수적인 믿음, 그리고 사랑과 관련된 주제.

(아름답고 영적으로 조화로운)프시케와 그녀의 언니 (못생겼지만 지적인)오루알, 그리고 (사랑스럽지만 허영심 많은)레디발은 글롬 왕의 딸들이다. 이 소설은 괴팍하게 자신들의 실체와 의지를 숨기고, 프시케를 재앙이 닥친 도시를 위해 희생양으로 취한 신들을 고발하는 오루알을 주인공으로 한다. 이러한 설정, 그리고 믿음을 가진 프시케와 이것을 의심하는 오루알 사이의 관계에 이 소설은 초점을 맞추고 있다. 이 신비스러운 지방종교는 웅깃을 섬기는데, 이 신은 희생의 피를 요구하는 신이며, 형태 없는 하지만 무언가를 암시하는 돌로 표상된다. 웅깃의 사제들은 도시의 질병과 가뭄이

오직 완벽한 희생을 통해서만 진정될 수 있는데, 프시케가 희생되어야 한다고 단정한다. 그녀는 마치 메시아처럼 도시를 가로질러 걸어 다녔고, 그녀의 손길이 닿으면 병이 치료되었다. 군중들은 그녀의 앞에 절을 하고, 발에 입맞춤하고, 예수님에게 그랬듯이 그녀의 옷자락을 붙잡았다. 그녀는 웅깃의 화신처럼 경배를 받았다. 그러나 단지 일주일이 지났을 뿐인데 예수님 또한 그랬듯이 군중들은 그녀에게서 등을 돌렸다. 어떤 마을 사람들은 죽고, 문제는 계속되고, 웅깃의 사제는 죽을병에 걸렸다. 그런 이유로 그들은 이제 프시케를 비난한다. (이 이야기는 많은 면에서 예수님의 이야기와 대칭된다.) 그리고 사제는 프시케가 반드시 죽어야 한다고 선언한다.

이제 우리는 갈망을 의미하는 기쁨이라는 주제로 돌아오자. 프시케는 기꺼이 희생양이 되고자 했다. 그녀는 어렸을 때, 신들의 신성한 회색산을 보면서 갈망해 왔다. 이점은 루이스도 마찬가지였는데, 그가 어린 시절에 고향에서 보았던 멀리 떨어져있고 '도달할 수 없는' 북아일랜드의 캐슬리그 언덕들은 루이스에게 갈망에 대해 알게 해 주었다. 기독교에 관한 첫 번째 작품이자 우화적인 내용을 담고 있는 『순례자의 귀향』에서부터 생에 마지막으로 출판된 소설인 『우리가 얼굴을 찾을 때까지』에 이르기까지, 갈망과 연관된 산의 이미지는 중요한 상징이다. 예를 들어 나니아에서 도달할 수 없는 산들에 있는 아슬란의 나라(다행히도 아슬란의 은혜로 그곳에 갈 수 있다.)에 대해 생각해 보라. 루이스처럼 프시케도 마음속으로 멀리 떨어진 산에 대한 욕망을 갖고 있었다. 프시케는 그 산을 거의 처음 보자마자 (그 아이는 아주 민감하고 사려 깊은 아이었으므로) 사랑에 빠져 버렸다. 그 아이는 산에 대한 이야기들을 지어냈다. 이 아이는 말했다. "이담에 내가 크면 아주아주 위대한 여왕이 되어 세상에서 가장 위대한 왕과 결혼할 거예요. 그럼 왕이 저 산꼭대기에 황금과 호박으로 성을 지어 주겠지요."[280]

프시케의 갈망은 신성한 것과 관련되어 있었고, 그녀는 신의 산들에 가서 희생되어야 한다는 자신의 역할을 기쁘게 받아들였다. 왜냐하면 그것은 그녀가 신과 결혼한다는 것을 의미하기 때문이다. 이것은 요한계시록에 약속된 어린 양의 혼인잔치와 예수님이 교회를 신부라고 불렀던 것을 상기시킨다. 프시케는 자신 앞에 놓여 있는 것에 대해 극단적으로 낙천적이지는 않았다. "어쨌든 죽는 거지요. 오루알, 날 그것도 모르는 어린애로 생각하는 건 아니겠지요? 죽지 않으면 어떻게 글룸의 속죄양이 될 수 있겠어요? 내가 신에게 가는 거라면 당연히 죽음을 통과해야겠지요. 그렇다면 그 이상하기 짝이 없는 거룩한 말씀들도 다 사실일지 몰라요. 신에게 먹히는 것과 신과 결혼하는 것은 완전히 별개의 일이 아닐지도 모른다고요." 프쉬케는 자신이 그리스인 여우 선생을 따르지 않는다는 것을 넌지시 암시했고, 반대로 '죽음은 작고 어두운 방(우리가 전에 알고 있던 삶 전부)의 문을 열고 진정한 햇살이 비치는 넓은 곳'[281]이라는 것을 믿었다. 결국 프시케가 갈망하는 것은 자기가 가장 좋아하는 (상상조차 뛰어넘는)것을 얻게 된다는 것이었다.

그러나 오루알은 프시케가 만약 살아 있다면 그녀를 구하기 위해 그녀가 남긴 흔적을 찾으러 간다. 그때, 마음과 몸이 튼튼해진 프시케를 만나게 된다. 그녀는 신인 신랑의 총애를 받고 있었고, 웅장한 궁전과 향기로운 음식을 즐기고 있었다. 프시케는 오루알을 그녀의 집으로 초대했지만 그녀는 두 가지 이유로 천국에 들어갈 수 없었다. 첫째, 오루알은 불신 때문에 자신의 바로 앞에 있는 실재를 볼 수 없었다. 이것은 마치 『마지막 전투』에서 아슬란의 나라^{천국}에 둘러싸인 난쟁이들이 속는 것이 너무 두려운 나머지 실재의 가능성조차도 알 수 없었던 것과 같다. 그들은 '난쟁이들은 난쟁이들 편이야.' 라는 반복적인 말로 표현되는 그들의 뿌리 깊은 이기심 때문에 자기 속에 갇혔다.

오루알은 자기가 갇힌 지옥 속에서 천국의 실마리를 잡아보려고 했다. 그녀는 궁전과 음식과 프시케의 훌륭한 옷을 볼 수 없었고 단지 진흙과 잔디와 산중턱의 바람을 맞는 돌들만을 볼 수 있었다. 보기 원하는 자는 볼 수 있으되, 믿기를 거부하는 자는 볼 수 없다. 성 아우구스티누스이 '이해에 선행하는 신앙'을 말한 것처럼 말이다. 오루알은 자신에게 주어진 증거조차도 선입견에 맞추어 설명해 버렸다. 처음부터 신을 근본적으로 다른 두 가지 관점에서 생각하게 되었다. 대다수의 사람들이 오직 (죽음의 상징인) 탐욕스러운 그림자 야수를 볼 때, 프시케는 가장 위대한 왕을 보고 있었다. 오루알은 프시케의 희생을 죽음과 삼켜버림과 신성모독으로 보았다. 그러나 프시케는 믿음의 눈으로 새로운 삶과 실재와 빛을 보았다.

마이클 와드가 지적한 것처럼, 우리는 이러한 진리에 대한 탁월한 총체를 루이스의 '5개의 소네트'에서 볼 수 있다.

우리는 확신할 수 없네. 누구도 감히
세속적인 안락을 찾기 위해 천국의 문을 두드리려고 하지 않았네.
문조차도 - 오직 부드럽고, 영원한 돌….

너의 요구를 하늘 높이 올려라 그러면 이루어질 것이다.
샛별을 구하라 그리고
세상의 사랑을 취하라….

자연의 목소리를
진실로 받아들인다면, 우리는 벌과 같이 되리라.
몇 시간 동안 창유리에 윙윙거리며
그 길이 납빛의 꽃들에게 갈 수 있는 길이라고 생각하는

"만약 우리가 벌에게 말할 수 있다면" 나의 의사가 말했다.
그리고 벌에게 말했다. "그 길이 아니야! 모든 것이 헛되도다.
너는 너의 날개를 지쳐버리게 만들고, 너의 머리를 멍들게 하는 도다."
벌은 유리에 윙윙거리며, 대답하지 않을 것이다.
'여왕벌들과 신비하고 종교적인 벌들로 하여금
잔디처럼 상상할 수도 없는 것에 대해 이야기하게 하라.
둔하고 평범한 벌들은 자신이 보는 것을 향해 날아가겠지…'

벌을 손수건으로 잡아 털어낸다.
(벌이 어떤 분노, 어떤 공포, 어떤 절망을 느끼는지 누가 알겠는가?)
그리고 벌은 흥겹게 날아간다.
여름공기 속에서 떨리는 꽃들이 빽빽하게 핀 곳으로,
마음껏 들이키기 위해. 그러나 자신의 소망의 결과
벌은 결국 창턱에서 죽어 있을 것이다.[282]

오루알은 천국에 대해 자신의 마음을 열 때까지 일시적인 것과 영원한 것 사이에서 절망하고 혼란스러워 할 것이다. 그녀는 창문 밖에 있는 꽃들이 벌에게 그런 것처럼, 자신의 눈에 명백하게 보이는 것조차 이해할 수 없었다. 왜 나는 볼 수 없는데 프시케는 볼 수 있는가? 사물들이 동시에 두 가지 방식으로 존재한다는 것이 가능하기는 한가? 그 아이를 내 품에 안고 키웠는데, 프시케는 이제 내가 닿을 수 없는 곳에 있는 걸까? 그 아이는 미친 걸까? 자신을 의심하고 또 근본적인 것들을 의심하는 '지옥 속에서 구원받는 과정'에서 오루알은 밑바닥에 이르게 된다. 그녀는 자신이 이해할 수 있는 것을 넘어선, 상상도 할 수 없는 실재(그러나 나중에 그녀가 알게 되듯이 그것은 선물로 주어지는 것이다.)를 인정하기보다는 차라리 프시케를 미쳤거나 잔인하다고 판단하여, 그녀를 죽이고 자신도 죽으려고 한다. 참으로 믿어야 볼 수 있다.

오루알이 천국으로 들어가지 못한 두 번째 이유는 루이스가 『천국과 지옥의 이혼』의 서문에서 지옥의 아주 작은 것조차도 천국으로 가져갈 수 없다고 이야기했던 것처럼, 그녀가 프시케에 대한 뒤틀리고 이기적인 '사랑'이라는 지옥에 매달려 있었기 때문이다.[283] 오루알은 『천국과 지옥의 이혼』에 나오는 로버트의 아내나 마이클의 어머니인 팸과 같다. 그들은 스스로를 변화시켜 천국에 들어가려고 하기보다는 지옥에서 탐욕스런 '사랑'이라는 이름으로 그들의 남편과 아들을 지배하고 싶어 했다.[284] 오루알도 프시케의 사랑을 그녀의 남편과 나누기보다는 프시케를 그녀의 통제된 세계 속에 붙들어 놓고 싶어 했다. 그녀는 먼저 신을 사랑하면 자신을 전보다 더 사랑할 수 있다는 프시케의 말을 믿지 않았다. 우리는 루이스의 작품 전체에 등장하는, 그리고 『네 가지 사랑』의 주된 주제인 사랑의 법칙을 발견하게 된다. 하나님을 먼저 사랑하고 모든 것의 우선순위를 그 아래에 놓으면 모든 것을 사랑하게 될 것이다. 반대로 어떤 것이라도 하나님보다 그것을 먼저 사랑하면, 그것은 우상과 악마로 변하여 결국 자신을 파괴할 것이다. 『천국과 지옥의 이혼』에 나오는 다음 문장은 핵심적인 진리를 적절하게 요약해 준다. '선은 오직 하나, 하나님뿐이라네. 그 밖의 모든 것은 하나님을 바라보고 있을 때는 선하고, 등을 돌리고 있을 때는 악한 게야.'

오루알이 이기심을 사랑으로 착각하고 있다는 것을 드러내는 문장들의 예는 많이 있다. '나는 약간 화가 났다. 그 아이를 위해 죽을 각오까지 되어 있었으면서도(적어도 이것만큼은 사실이다.) 그 밤만 지나면 죽음을 맞이할 동생에게 화를 낼 수 있었다니. …우리가 헤어진다는 사실은 전혀 괘념치 않는 듯했다.'[285] 잠시 후 오루알은 망상에 시달리는 것 때문에 신들을 탓하기 시작했다. '프시케로 인해 마음이 갈가리 찢긴 상태에서 모든 환각들에 공통적으로 나타난 짓눌림은 프시케야말로 나의 가장 큰 원수라는 것이었다. 참을 수 없이 억울한 감정이 전부 프시케를 향하고 있었다. 나를 미워하는 장본인은 바로 프시케였다. 나는 복수하고 싶었다.'[286] 이런 생각으로 인해 그녀의 마음은 완고해졌다. '프시케나 내게 무언가 큰 상처를 입혔다는 느낌만큼은 확고하게 남아 있었다. 그러나 그것이 무엇인지 생각해 볼 만큼 온전히 정신을 차리지는 못했다. 시녀들은 내가 누워 있으면서 몇 시간이고 잔인한 것, 잔인한 프시케. 마음이 돌덩이처럼 단단하구나라고 중얼거렸다고 했다.'[287]

오루알을 위한 해결책은 근본적이고 심오한 것이며, 그것은 우리 모두에게도 역시 그렇다. 그녀가 신들의 법정에 있는 동안 자신을 책망하는 일을 그만두었을 때, 그녀의 눈이 열렸고 그녀는 자신의 영혼이 자기중심적인 상태에 사로잡혀 있었던 것을 후회했다. 그녀는 요한복음에 나와 있는 예수님의 말처럼 결론을 맺는다. '내가 진실로 진실로 너희에게 이르노니 한 알의 밀이 땅에 떨어져 죽지 아니하면 한 알 그대로 있고 죽으면 많은 열매를 맺느니라. 자기의 생명을 사랑하는 자는 잃어버릴 것이요 이 세상에서 자기의 생명을 미워하는 자는 영생하도록 보전하리라.'[288] 자신이 가지고 있었던 신화를 벗어나기 위한 오루알의 엄청난 몸부림, 그리고 오루알을 구하려고 했던 프시케의 위대한 희생이 아니었다면 오루알에게 해방의 순간은 오지 않았을 것이다. 오루알은 구원을 받을 만한 가치도 없었고 그녀 스스로 구원을 얻을 수도 없었다. 그것은 은혜이다.

오루알은 그녀의 탐욕스럽고 소유욕에 넘치는 사랑 때문에 자신의 못생긴 얼굴을 가리는 베일을 쓰는데, 이것은 그녀의 진정한 정체성을 파괴하는 일이었다. 그녀의 기괴한 모습은 처음에는 오직 외양과 관련된 것이었다. 그러나 후에 그녀는 그것이 진정 내면에 관한 것임을 깨닫게 된다. 하나님은 우리가 진정한 자아를 되찾기를 바라신다. 그리고 그것은 오직 그만이 하실 수 있는 일이다. 천국에서는 그 과정이 최고조에 달할 것이다. 그러나 그것은 우리가 '죽기 전에 죽을 수 있는' 유일한 장소인 세상에서 시작되며, 참으로 그렇게 되어야 한다. 오루알은 소설의 상징을 통해 이렇게 말한다. "나는 신들이 우리에게 드러내 놓고 말해 주지도 않고 우리 스스로 대답을 찾지도 못하게 하는 이유를 잘 알게 되었다. 이렇게 자기중심에 무슨 말이 있는지 찾아내지도 못한 상태에서 이게 내 말의 의미입네 떠는 소리를 신들이 뭐하러 귀 기울여 듣겠는가? 우리가 아직 얼굴을 찾지 못했는데 어떻게 신과 얼굴을 맞댈 수 있겠는가?"[289] 결말에 이르러 오루알이 프시케에게 한 이야기는 그녀가 치유되었다는 것을 증거한다. '오, 프시케, 여신이여. 다시는 당신을 내 것이라 부르지 않겠습니다. 오히려 제게 있는 것이 다 당신 것입니다. …저는 당신이 잘되길 바란 적이 없었고, 사심 없이 당신만을 생각한 적도 없었습니다. 저는 욕심덩어리였습니다.'[290] 그녀는 사랑을 요구하던 모습에서 사랑을 주는 모습으로 나아간다.

그리고 이것은 루이스가 말했듯이 천국의 방식이다. 천국에서는 모든 사람들이 사랑을 주며, 그러므로 모든 사람들이 사랑을 받는다. 이제 오루알의 영혼은 치유되었고 그녀는 사랑하게 된다. '나는 한때 더 이상 사랑할 수 없을 것처럼 그녀(프시케)를 사랑했다. …그녀가 중요하다면(오, 그녀는 영광스러운 이유에서 중요했는데) 그것은 다른 분 때문이었다. …그분이 오고 있었다. 가장 두렵고 가장 아름다운 분, 유일한 두려움이요, 아름다움이신 분이 오고 있었다.'[291] 오루알은 하나님을 먼저 사랑해야 한다는 것을 배우게 되었다. 그리고 그녀는 축복의 비전 – 하나님과 얼굴을 마주 보는 것 – 을 상으로 받았다.

지옥

1부
지옥의 신화 벗겨 내기: 논픽션

"세상에는 딱 두 종류의 인간밖에 없어. 하나님께 '당신의 뜻이 이루어지이다.'라고 말하는 인간들과, 하나님의 입에서 끝내 '그래, 네 뜻대로 되게 해주마.'라는 말을 듣고야 마는 인간들. 지옥에 있는 자들은 전부 자기가 선택해서 거기 있게 된 걸세. 자발적인 선택이라는 게 없다면 지옥도 없을 게야. 진지하고도 끈질기게 기쁨을 갈망하는 영혼은 반드시 기쁨을 얻게 되어 있네. 찾는 이가 찾을 것이요, 두드리는 이에게 열릴 것이니라."

_C. S. 루이스의 『천국과 지옥의 이혼』 중에서

8
지옥에 대한 신화들

> 예루살렘아, 예루살렘아, 선지자들을 죽이고 네게 파송된 자들을 돌로 치는 자여! 암탉이 그 새끼를 날개 아래에 모음 같이 내가 네 자녀를 모으려 한 일이 몇 번이더냐, 그러나 너희가 원하지 아니하였도다! _마태복음 23:37

신화 1: 선한 하나님은 아무도 지옥에 보내시지 않을 거야

> 저는 저주받은 자들이야말로 어떤 의미에서
> 최후까지 반역에 성공한 자들이라는 것,
> 지옥의 문은 안쪽에서 잠겨 있다는 것을 믿는데 망설임이 없습니다.[292]
> _C. S. 루이스

안타깝게도 '지옥'이라는 말은 '하나님'처럼 널리 사용되는 수사적 표현이 되었고, 우리는 그 단어를 통해 불행의 의미를 손쉽게 전달할 수 있게 되었다. 문자 그대로 지옥이 하나님이 허락하지 않은 사람들이 가는 영원한 장소를 의미한다면, 그 단어는 지독히 시대에 뒤떨어진 단어이다. 미국인들의 2/3정도는 '지옥과 악마를 믿지만, 그럼에도 아무도 자신이 지옥에 갈 거라고는 생각하지 않는다.' 대부분의 사람들의 생각 속에 지옥은 단지 히틀러 같은 사람들이 가는 장소일 뿐이다. 분명 많은 사람들은 예수님의 경고를 믿지 않는다. '좁은 문으로 들어가라. 멸망으로 인도하는 문은 크고 그 길이 넓어 그리로 들어가는 자가 많고 생명으로 인도하는 문은 좁고 길이 협착하여 찾는 자가 적음이라.'[293] 예수님이 멸망에 대해 엄격하게 말씀하실 때 많은 사람들은 이 주제를 진지하게 생각하기보다는 불쾌하게 여길 것이다.

그러나 지옥은 즐거운 주제는 아니지만 필수적이며 또한 유익한 주제이다. 우리는 루이스가 지옥에 대해 이야기하는 것에 대해 확실히 동의할 수 있다. '제 마음대로 할 수만 있다면 이보다 더 없애 버리고 싶은 기독교 교리도 없습니다. …저는 진실로 모든 사람이 구원받을 것이라고 말할 수만 있다면 어떤 대가라도 치를 용의가 있습니다.'[294] 그러나 루이스뿐만 아니라 성경을 진지하게 받아들이는 사람이라면 그 누구도 이 주제를 피해갈 수 없다. 왜냐하면 지옥을 만드신 분은 모든 만물의 창조주이시자 천국을 향한 우리의 유일한 희망인 예수님이기 때문이다. 종종 지적되듯이 예수님은 천국보다 지옥에 대해서 더 많이 말씀하셨다.[295] 왜냐하면 지옥은 인간의 기본적인 조건이기 때문이다. 만일 필사적으로 다른 길로 돌이키지 않는다면 우리가 가게 될 곳은 지옥이다. 우리가 천국을 위해 창조되었고 천국이야말로 진정한 자신을 찾을 수 있는 유일한 장소라면 왜 이와 같은 일이 일어나는가?

루이스가 『고통의 문제』에서 말하고 있는 것처럼 이것이 하나님이 일부 정해진 사람들을 지옥으로 '내주시는' 단순한 문제라면 기독교인들에게 그건 문제가 되지 않는다. 우리가 회교도였다면 문제가 되었겠지만 말이다. 그러나 이 문제를 둘러싸고 한층 더 복잡한 문제들이 제기된다. '피조물의 최종적인 멸망을 막기 위해 친히 인간이 되어 고통스럽게 죽을 정도로 자비가 충만하신 하나님이, 그 극단적인 치료법마저 듣지 않을 때 왜 완력을 써서라도 멸망을 저지하려 들지 않는 것처럼 보이는가, 아니 그렇게 하실 능력이 없는 것처럼 보이기까지 하는가? …하나님의 자비가 그처럼 큰데도 왜 지옥은 여전히 존재하는가?'[296]

나는 이 질문에 대해 답하고자 했고, 이는 뒷부분에서 지옥에 관한 신화들을 다루는 가운데 드러날 것이다. 그러나 간단하게 '왜 지옥인가?'라는 질문에 대해 답하자면 그것은 바로 죄 때문이다. 왜냐하면 '죄의 삯은 사망'이며, 하나님은 죄를 묵과할 수 없는 존재이기 때문이다. 악은 하나님과 함께 공존할 수 없다.

루이스는 타락한 삶을 사는 사람을 상상해 보라고 말한다. 그는 악을 즐기며 선을 조롱한다. 바울이 로마서 1장에서 말한 것처럼 그와 같은 사람들은 아마도 오랫동안 진리를 외면하고 끔찍하고 방탕하게 살아왔고, 그들의 마음은 무감각해진 양심의 판단을 따르고 있으며 더 이상 올바른 것과 잘못된 것을 구별하지 못한다. 이로 인해 그들에게 무시무시한 판결이 세 번 반복하여 선고된다.

'하나님이 그들을 포기하셨다.' 이런 사람이 현재 모습을 그대로 유지한 채 비뚤어진 행복을 누리고 자신이 승자임을 확신하는 상태가 영원히 계속된다면 그것은 정의가 아니다. 루이스는 그의 영혼 안에 진리의 깃발 만큼은 꽂아야 하며, 그리고 그가 악을 악으로, 자신이 잘못된 존재라는 것을 아는 것이야말로 '참으로 윤리적인 요구'라고 강력히 주장한다.[297]

문제는 하나님이 용서해 주시는가 아닌가에 대한 것이 아니다. 죄는 죄라는 것을 인정해야 하며 죄인은 반드시 회개해야 한다. 그렇지 않으면 루이스가 말한 것처럼 하나님께 단지 죄를 묵과해 달라고 요구하는 것인데 이는 하나님이 하실 수 없는 일이다. 악이나 선은 변덕스러운 하나님이 멋대로 세워 놓은 규칙이 아니다. 설사 그것이 중요해 보이지 않는다고 할지라도 결코 철회될 수 없다. 왜냐하면 선과 도덕은 하나님의 인격으로부터 흘러나오는 것이기 때문이다. 하나님의 인격에 반하는 모든 것은 악이다. 이것이 바로 십자가의 의미이다. 우리의 죄는 결코 간과될 수 없다. 죄는 반드시 회개해야 하며 우리는 스스로가 선택한 파탄의 상태에 대한 대가를 치러야 한다.

지옥의 고통은 '어둠을 빛보다 더 사랑하는' 사람들에게 어둠이 빛이 아니며 악은 악이라는 사실을 분명히 알게 해 줄 것이다. 우리가 천국이나 지옥에 대해 생각하기 어려운 이유는 하나님의 임재 속에서 죄가 거룩함과 같이 존재할 수 없다는 사실을 사소한 것으로 생각하여 심원한 하나님의 인격을 볼 수 없기 때문이다.

'나는 생각만큼 나쁘진 않아. 아무리 나빠도 단지 혼자 있기를 원했을 뿐이야.' 라며 우리 자신은 무사할 거라고 생각하는 것은 아주 위험한 일이다. 이것은 창조물인 우리의 근본적인 속성을 무시하는 이야기이다. 우리는 하나님과의 관계를 위하여 창조되었다.

루이스가 제안하듯 심판의 개념을 왜곡하기보다는 관점을 바꾸고, 자신이 스스로 선택한 모습으로 된 것을 저주로 보아야 할 것이다. '마침내 자기 소망 – 전적으로 자아 안에만 머물면서 거기서 얻는 것에 만족하겠다는 소망 – 이 이루어지는 것이지요. 결국 그가 얻는 것은 지옥입니다.'[298] 또한 루이스는 천국의 상에도 등급이 있듯이 지옥의 형벌에도 등급이 있다는 것을 알려 준다. 전지하신 하나님은 '진리의 깃발을 꽂으려 할 때' 얼마나 많은 고통이 있어야 하는지를 아신다. 형벌의 등급은 마음의 강퍅함으로 인해 스스로가 부과한 것일 것이다.

지옥에 대한 성경의 관점에 대해 또 다른 일반적인 불만은 일시적인 죄로 인해 영원한 저주를 받는다는 사실이다. 루이스는 이 주제에 대해 생각해 볼 수 있는 몇 가지 유용한 방식을 가르쳐 주었다. 먼저 전지하신 하나님이 어떤 사람이 다른 선택을 하기 위해 시간이 더 많이 필요한지 아닌지 이미 알고 계신다는 것을 믿는 것은 그리 어렵지 않다. 만약 악한 사람에게 백만 년이 주어진다고 해도 그는 더 악해지기만 하고 결국 더 큰 심판을 받게 될 것이다. 루이스는 그들에게 한두 번, 또는 여러 번 기회가 주어지는 것이 소용이 있었다면 기회를 받았을 것이라고 믿는다.

이와 비슷하게, 우리는 시간을 한 가지 방식으로 밖에 – 시간을 선으로 본다면 시간의 부분들은 나란히 열을 이루고 있다. – 생각할 수 없다는 것을 알고 있다. 그러나 천국에서는 시간의 길이가 길 뿐만 아니라 두께가 두껍기도 하다면 어떻게 될까? 우리는 파멸을 중단이라고 생각한다. 그러나 그것은 어떤 의미에서 시작이 될 수도 있다. '구원받지 못한 영혼의 악마와 같은 태도가 영원히 고착된다는 사실은 의심할 여지가 없습니다. 그러나 이처럼 영원히 고착된다는 것이 곧 끝없는 지속 – 어쨌든 지속된다는 것 – 을 의미하는지는 알 수 없는 일입니다.'[299] 저주받은 자들의 형벌은 한 순간으로 경험되는 것이 아니라 아마 영원한 순간처럼 경험되는 것이 아닐까? 영원의 문제에 다가갈 때 우리가 알고 있는 범주들은 바로 쓸모없어진다.

이 모든 이야기처럼 지옥은 여전히 '혐오스러운 교리'이다. 그러나 이야말로 왜 하나님이 우리를 구원하기 위해 값없이 용서해 주셨는지에 대한 이유이다. 그의 사랑이 미치는 범위와 그의 희생의 깊이는 영원히 측량할 수 없다. 루이스는 『네 가지 사랑』에서 이를 이해하도록 해 준다.

> 그분은 십자가 주변을 윙윙거리며 날아다니는 파리 떼, 거친 말뚝에 짓이겨지고 살점 벗겨진 등, 근심 신경을 관통하는 못들, 몸이 아래로 처질 때마다 반복되는 질식의 고통, 숨쉬기 위해 몸을 일으킬 때마다 생겨나는 등과 팔의 격통 등을 이미 예견 – 아니, 하나님은 시

제를 초월하시니 '지금 그것을 보시면서'라고 해야 할 것 같군요. - 하시면서 우주를 창조하십니다. 감히 생물학적인 이미지를 써서 표현하자면, 하나님은 일부러 기생물들을 창조하셔서는, 기생물인 우리가 하나님 자신을 '이용해 먹을 수 있게' 하시는 '숙주'이십니다. 여기에 사랑이 있습니다. 이는 모든 사랑의 발명자이시자 사랑 자체이신 분의 사랑이 어떤 것인지를 보여 주는 그림입니다.[300]

그리고 그러한 사랑을 받고 있는 우리 자신을 바라볼 때, '하나님이 우리를 사랑하시는 것은 우리가 사랑받을 만한 존재이기 때문이 아니라 그가 사랑이기 때문에, 그가 사랑을 받아야 할 필요가 있기 때문이 아니라 그가 사랑을 주는 것을 기뻐하시기 때문'이라는 것을 알게 된다. 루이스는 그 '혐오스러운 교리'를 믿는다. 그는 자신의 마음속에서 지옥에 더 어울릴 만한 것들을 발견하게 된다. 그가 자신의 내면을 들여다보았을 때, 우리의 마음속에서 보게 되는 것들을 그도 발견했다. 그는 자서전에서 이렇게 썼다. '나는 처음으로 지극히 실제적인 목적을 가지고 나 자신을 점검해 보았다. 그 결과는 경악스러웠다. 정욕의 우리, 야망의 도가니, 두려움의 온상, 애지중지 가꾼 증오의 하렘이 거기 있었다. 내 이름은 군대였다.'[301]

여기서 '군대'는 단지 커다란 숫자를 의미하는 것이 아니라 수많은 마귀들에게 사로잡혀 자기 자신을 '군대'라고 부르다 예수님에 의해 구원받은 사람을 암시한다. 그를 치유한 뒤 예수님은 그에게 명령한다.³⁰² '집으로 돌아가 주께서 네게 어떻게 큰일을 행하사 너를 불쌍히 여기신 것을 네 가족에게 알리라.' 루이스는 자신이 심판받을 수밖에 없다는 것을 알고 있었다. 그는 은혜를 입었고 자신의 남은 삶을 이를 전하는 데에 바쳤다. 그는 집에서 머무르며 책을 보거나 친구들과 함께하는 삶을 더 좋아했지만, 그러나 그는 라디오 대담에 출연하여 나중에 『순전한 기독교』라는 책으로 알려지게 될 설교를 했고, 자신도 한때 그랬던 무신론자들을 위해 책들을 썼다. 그리고 그는 매일 믿음 이후에 대해 질문하는 사람들에게 엄청난 양의 답장을 썼다. 비록 그 일이(엄지손가락 때문에)육체적으로 고통스럽고 그리고 감정적으로도 고갈되는 일이었지만 말이다. 그리고 그는 영국의 왕립공군부대에 희망과 구원에 관해 강연하기 위해 멀리 그리고 널리 여행하였다. 이러한 행위들은 한 사람이 다른 사람을 위해 할 수 있는 가장 자비로운 일이다.

신화 2: 육신의 지옥은 너무 잔인할거야

자비로운 하나님은 지옥의 고통을 정하셨네.
_ C. S. 루이스

루이스가 무신론자였을 때, 그는 또한 유물론자였고 육체가 죽을 때 정신과 인격이 함께 죽어서 아무것도 잔존하지 못한다고 믿는 단멸론자였다. 예를 들면 사무엘 존슨과 같은 사람들은 이러한 생각을 끔찍한 것으로 여겼는데 반해, 루이스는 이를 매우 편안하게 받아들였다. 그는 자신의 영적 자서전인 『예기치 못한 기쁨』에서 자신의 운명을 스스로 결정하고 대부분 모든 것에 대해 간섭받지 않기를 원했다고 말했다. 그는 삶이 너무 견디기 어렵게 된다면 자살만이 궁극적인 탈출구라고 믿으며 항상 위안을 받았다. 우리 세대의 많은 사람들도 이와 비슷한 방식으로 위안을 얻는다. 기독교인들 중에서도 어떤 신학자들은 지옥에서 잃어버린 영혼들이 절멸된다는 기독교식 단멸론을 분명히 받아들였다. 이러한 논리는 하나님이 잃어버린 영혼들에게 잔인하게도 영원한 형벌을 내리는 분이라는 난제를 해결해 주며, 게다가 복음을 듣지 못한 사람들에게 복음을 전하지 못했다는 양심의 가책을 덜어 준다.

그러나 성경의 권위라는 문제로 다시 돌아와 보자. 루이스는 성경이 저주받은 자들의 운명에 대해 언급하는 내용을 분석하면서, 지옥의 특징을 묘사하는 데 사용된 상징들과 지옥의 교리를 혼동하지 말라고 주의를 주었다. 그는 예수님이 '가장 널리 알려진 불의 이미지'와 함께 세 가지 상징('형벌' '파멸' 그리고 '추방, 박탈, 배제')을 사용한 것에 주목했다. 단멸론자의 관점이 지닌 문제는 다른 상징들을 무시하고 있다는 점이다. 루이스는 예수님이 분명히 두려움을 느끼게 하려고 했다는 점을 염두에 두고 다른 모든 이미지들을 같이 고려하여 해석하는 과정에서 한 가지 비유를 생각해 냈다. 우리가 통나무를 태우면 아무것도 남지 않는 것이 아니라 열과 가스와 재가 나온다. 이 세 가지는 '전에 통나무였던 것'을 의미한다. 유사하게, 지옥으로 던져진 것은 '잔해', 즉 인간이 창조된 가능성에 비해 무한히 열등하며 천국의 '자연스러운' 상태로부터 배제된 인간 이하의 어떤 것을 의미한다. '구원받은 자들은 그들을 위해 준비된 장소로 간 반면, 저주받은 자들은 인간을 위해 준비된 곳이 아닌 장소로 갔다는 사실을 기억할 것입니다.[303] 천국에 들어간다는 것은 이 땅에 살 때보다 더 인간다워진다는 뜻입니다. 반면에 지옥에 들어간다는 것은 인간성을 박탈 당한다는 뜻입니다. 지옥에 던져지는(또는 스스로 뛰어 들어가는) 것은 인간이 아니라 인간의 잔해입니다.'[304]

그러나 루이스는 쾌락과 고통의 구분이 완전하지 않다는 것을 인정했다. 저주받은 사람들이 우리가 생각하는 고통을 받기는커녕 어두운 쾌락을 즐기면서 산다고 할 때, 천국에 있는 사람이 그 쾌락을 맛본다면 그는 공포에 떨며 다른 곳으로 달려가 버릴 것이다. 그리고 만약 저주받은 사람들이 천국의 쾌락을 맛본다면 그들도 마찬가지로 역시 도망갈 것이다. 루이스는 다음과 같은 말을 인용한다. '지옥은 지옥의 관점에서 볼 때 지옥이 아니라 천국의 관점에서 볼 때 지옥입니다.' 아마도 '오직 저주받은 자들만이 자기 운명을 그렇게 못 견딜 상태는 아닌 것으로 받아들일 수 있는 법입니다.'[305] 루이스가 자기 형에게 보내는 편지에서 말한 것처럼 '세상에는 두 종류의 사람들이 있는 것처럼 보입니다. 그저 행복하거나 그저 불행하거나. 그러나 행복을 좋아하는 사람들과 기묘하게도 정말 행복을 좋아하지 않는 사람들로 말입니다.'[306] 루이스는 천국에 있는 사람들과 지옥에 있는 사람들의 관계도 이와 같을 거라고 생각했다.

  루이스는 육신의 지옥의 고통에 대해 또 다른 중요한 관점을 갖고 있었다. 우리는 이전 장에서 정의^{正義}를 위해 지옥이 필요하다는 것에 대해 이미 살펴보았다. 그렇다면 자비를 위해 지옥이 필요하다는 얘기는 아마 더 놀라울 것이다. 지옥과 같은 장소를 만들다니 하나님은 잔인하고 무자비하다는 비난에 대한 가장 훌륭한 답변은 루이스가 기독교인이 된 이후 처음 쓴 작품인 『순례자의 귀향』에 나타나 있다. 이 우화에서 여행자인 존은 지주님^{신}이 자신을 거부하는 사람들 때문에 '깜깜한 구멍^{지옥}'을 만들었다는 사실에 이러한 행위와 그의 인격 사이의 괴리를 어떻게 이해해야 할지 고민하고 있었다. 존은 안내자에게 물었다. "어떤 사람은 지주님이 잔인하다고 헐뜯는 경우도 있지 않을까요?" 안내인은 이런 중상모략들로는 보통 어림도 없다고 설명했다. 아마 지주를 도박꾼이라고 부르는 것이 더 큰 비난이 될 수 있을지 모르겠다. 왜냐하면 그가 그의 소작인들에게 선택할 수 있는 자유를 주는 위험을 무릅쓰는 것은 분명하기 때문이다. 이런 비난에 대한 유일한 대안은 그들을 노예로 만드는 것이다. 그리고 그들이 그곳에 가서 금지된 과일^{산사과}을 따먹지 못하도록 자유를 빼앗아야 한다. 안내인은 이렇게 설명한다.

  "산사과를 계속 먹게 되면 자꾸만 더 먹고 싶어지는 걸 막을 도리가 없어요. 몸속으로 들어간 세균은 번식을 해서, 그 식욕은 점점 더 강해지는 겁니다. 일단 엎질러진 물을 다시 담으려고 해서는 안 되지요. 하지만 어딘가에 방법이 있을 겁니다."

"그런데 지주님께서 해결해 주실 수는 없는 겁니까?"

"그분께서는 모순되는 일은 안 하십니다. 다시 말해서, 그 누군가가 의미가 없는 문장 앞에 '지주님께서는 하실 수 있다.'는 전제를 붙였다고 해서 그 문장에 의미가 생기는 건 아니지요. 스스로 자유를 거부한 사람에게 자유를 주겠다는 건 무의미한 이야기입니다."[307]

죄를 더 사랑하여 결국 그를 거부한 사람들에게 지주가 할 수 있는 유일한 일은 죄의 증식을 막는 것뿐이다. '죄악은 계속 새끼를 쳐 나가지요. (이것은 바로 죄가 끊임없는 순환 속에서 더 많은 죄악을 낳는다는 것을 의미한다.) 형식이나 한계 같은 것은 선에서만 찾아볼 수 있는 것입니다.'[308] 신을 믿지 않는 자는 홀로 남겨진 상태에서 깜깜한 구덩이를 발견하는 것이 아니라, 헤아릴 수 없는 끝없는 악과, 악한 마음속에 이미 존재하는 어둠만을 발견하게 될 것이다. 죄악은 "계속 새끼를 쳐 나가며, 영겁이나 지난다 해도 그 번식을 막을 길이 없기 때문이지요."[309] 깜깜한 구덩이, 또는 '지옥의 고통을 정하신 것'은 주님의 은혜를 거부하는 자들에게 하나님이 베푸시는 마지막 자비이다. 지옥은 '결코 죽을 수도 없는 길 잃은 영혼의 상처를 감싸서 피를 멎게 하는 지혈대'로서 창조되었다.

신화 3: 지옥은 단지 심리 상태일 뿐이야

마음은 마음이 제 집이다, 스스로
지옥을 천국으로, 천국을 지옥으로 만들 수 있다.[310]_밀턴

루이스는 지옥이 단지 심리적 상태일 뿐이라고 생각하며 위안을 얻으려는 사람들이 진정 바라는 것이 무엇인지 의아해 했다. 『천국과 지옥의 이혼』에서 루이스의 호기심 많은 여행자는 '천국에 있는 사람들은 세상을 천국의 일부로 기억하는 반면에 지옥에 있는 사람들은 세상의 경험을 지옥의 일부로 기억한다.'는 그의 안내자 맥도날드의 이야기를 이해하지 못했다. 여행자는 천국과 지옥이 모두 심리 상태에 불과한 것이 아니냐고 물어보았다. 안내자는 여행자에게 천국에 대해 이야기할 때 신성모독은 하지 말라고 꾸짖었다. 그러나 맥도날드는 지옥에 대해 다른 관점을 갖고 있었다. '지옥은 심리 상태가 맞네. 자네 입에서 나온 말 중에 그보다 더 참된 말은 없을 게야. 어떤 심리 상태도 그대로 방치해 두면,(즉 피조물이 자기 마음의 감옥 속에 자신을 가두어 고립을 자초하다 보면) 결국 지옥이 되는 게야. 하지만 천국은 심리 상태가 아닐세. 천국은 실재 그 자체야. 철저히 실재적인 것이야말로 천상의 것일세.'[311] 이때까지 살펴본 것처럼 악의 흐름을 억제하기 위해 자비로운 하나님은 지옥의 고통을 정하셨다.

루이스가 평생친구인 아더 그리브즈에게 보내는 편지에서 우리는 육신의 지옥이 갖는 또 다른 자비를 발견하게 된다.

지옥에 대해 내가 이때까지 말한 모든 것은 어떤 존재가 '외부의 어둠' 속으로 완전히 내버려질 수 있는 가능성이 신약에 명백히 암시되어 있다는 얘기라네. 이것이 순수하게 심리적인 존재로 남겨지는 것^{공포 중의 공포}을 의미한다면, 그 상태가 질투, 음란함, 분노, 외로움, 자만심만 남게 되는 것이라면, 그리고 아직도 거기에 세계나 실재가 존재한다면, 절대 이에 대해서는 아는 척하지 않겠네. 그러나 '실제적인 지옥이 존재한다는 것을 믿습니다.' 라는 식으로 의문을 던지지는 않을 것이라네. 한 사람의 마음으로도 충분히 실제적이라네. 만약 지금 충분히 실제적으로 보이지 않는다면 그것은 바로 자네가 항상 그로부터 물질적인 세계로 도망칠 수 있기 때문이라네. – 창문 바깥을 내다보며 담배를 피우고 잠을 자러갈 수 있지. 그러나 그런 것이 모두 없어지고 오직 자네의 마음만 남는다면 (잠을 잘 수 있는 육신도 없고, 책도, 풍경도, 음악도, 약도 없다면) 그것은 정말 사람이 산채로 관 속에 묻힌 것만큼이나 실제적일 거라네.[312]

T. S. 엘리어트는 『칵테일 파티』에서 지옥의 특징에 대해 이렇게 말했다.

> 지옥은 자아, 지옥은 단 혼자인 것,
> 그 안에 있는 기타의 형상은
> 다만 그림자일 뿐, 도망쳐 나올 곳도,
> 도망쳐 빠져나갈 곳도 없지. 우리는 언제나 혼자일 뿐.[313]

루이스와 엘리어트가 설명한 것처럼 지옥이 만약 정신과 인격이 오염된 심리상태라면, 육신도 없이 정신적인 지옥에 갇힌다는 것은 무자비한 일이 될 것이다. 여러분이 어떤 곳을 더 좋아할지는 의문이다. 정신 속에서 어두움이 미치는 범위를 진지하게 살펴본 사람이라면 누구나 심장이 요동치면서 도망가게 될 정신적인 외상의 영역에 대해 알게 될 것이다.

신화 4: 흥미로운 사람들은 모두 지옥에 있을 거야

두려워하는 자들과 믿지 아니하는 자들과 흉악한 자들과 살인자들과 음행하는 자들과 점술가들과 우상 숭배자들과 거짓말하는 모든 자들은 불과 유황으로 타는 못에 던져지리니 이것이 둘째 사망이라. _요한계시록 21:8

조지 버나드 쇼, 오스카 와일드, 그루초 막스에서 요즘 코미디언에 이르기까지 지옥이 재미있는 곳이며 흥미로운 사람들이 모여 있는 곳이라고 재치 있게 합리화하는 이야기들을 들어보았을 것이다. 이것은 빼앗긴 쾌락이 지옥에 있다는 이야기이다. 그러나 우리는 이러한 종류의 쾌락이 가시가 있는 낚시 바늘이며 사기라는 것을 안다. 하지만 많은 사람들이 지옥에서는 정의가 성욕을 억누르는 일이 없다는 식으로 생각한다. 이것은 지옥의 '자유로운' 생활에 대한 상상을 반영한다. 하지만 이러한 순간적인 생각에서조차 탐욕과 성욕 배후에 있는 자기중심성이 드러난다. 지옥은 인간의 가능성이 고갈되는 곳이다. 한때는 인간이었으나 이제 단지 껍데기와 흔적들의 잔해로 가득 찬 곳이며 교제를 추구할 수 없는 곳이다. 앞으로 루이스의 작품에서 그 자체가 지옥인 죄와 자기 속에 갇혀 있는 전형적인 인물들을 통해 지옥의 진정한 본색을 상상해 보게 될 것이다. 먼저, 몇 개의 장면들을 통해 무엇이 지옥의 본색인지 생각해 보자.

『천국과 지옥의 이혼』에서 지옥에 살고 있는 사람들이 서로 함께 지내려고 하지 않기 때문에 영원히 쫓겨나게 되는 것에 대해 생각해 보라. 클래런스 다이는 루이스의 생각을 다음과 같이 적절하게 설명한다. '루이스는 지옥을 인간이 하나님과 자연과 그의 친구들로부터 전적으로 단절된 것으로 개념화한다. 그리고 이것은 지옥의 이미지를 통해 극적으로 묘사된다. …서로 이웃이 되지 않으려고 미친 듯이 노력하는 개별적인 인간들로서 말이다.'[314]

『페렐란드라』에서 사탄에게 사로잡힌 웨스턴은 너무나 인간이 아닌 것 같아서 비인간이라고 불리는데, 그는 말할 수 없이 유치하고 진부한 상태로 타락했다. 그는 랜섬의 이름을 끊임없이 불러댔고, 랜섬이 대답하면 "아무것도 아니야."라고 응수했다. 『저 무서운 힘』에서도 위더와 프로스트의 이름은 바로 그들의 잃어버린 인간성을 드러낸다. 지성이 있다고 해도 그것은 뒤틀려 있고, 악을 위해 또는 다른 사람을 속이는 데 쓰인다. 일찍이 모든 것들을 해체하려는 사람들에게 언어는 소통과 진리를 위한 도구가 아니라 혼란과 조작을 위한 도구가 되었다. 모든 것은 정치적이며, 권력은 야만적으로 오용된다. 결국 스크루테이프, 제이디스, 백색 마녀,

리슈다, 그리고 스위프트와 함께 지옥에서 종말을 맞게 된다는 것은 깨어날 희망이 없는 악몽 속으로 걸어 들어가는 것과 같다. 장 폴 사르트르가 그의 연극 『닫힌 방』에서 '지옥은 타자다.'라고 썼을 때, 그는 G.B. 쇼보다는 진리에 더 가까이 다가갔다. 그러나 사실 지옥은 저주받은 사람들이 모여 있는 것보다 더 최악이다. 거기에는 어떠한 교제도 전혀 없다. 해리 블레마이어스가 지적했듯이 거기에는 '자아, 즉 갇혀 있고, 죽지 않고, 소통할 수 없고, 벗어날 수 없는 자아'만이 있다.[315]

사탄은 우리에게 창조된 가능성이 움츠러들어 지루하게 되어버린 극단적인 예를 보여 준다. 그는 대천사장 루시퍼였고 타락하기 전에는 하나님 다음 가는 존재였다. 루이스는 밀턴의 『실낙원』을 연구하면서 사탄이 왜 움츠러들었는지 분석했고, 그를 새로이 창조된 아담과 대비시켰다.

> 아담은 비록 위치상 작은 행성의 작은 구역에 제약된 존재지만 '천국의 모든 성가대와 세상의 모든 가구'를 받아들이려는 관심을 갖고 있습니다. 사탄은 최고의 하늘에서 살아왔고 지옥의 심연에서도 살아왔기 때문에 둘 사이에 놓여 있는 모든 것을 조사했습니다. 그리고 그 완전한 무한 속에서 사탄은 자신의 관심을 끌게 만드는 오직 딱 하나의 존재를 발견했습니다. 그것은 자신의 처지에도 불구하고 아담의 정신이 사탄보다 더 쉽게 돌아다닐 수 있다는 것이었습니다. 사탄은 자기 자신에게 그리고 자신이 생각하는 선과 악에 대해 편집

광적인 관심을 갖고 있었고, 그로 인해 사탄은 곤경에 빠지지 않을 수 없었습니다. 확실히 그에게는 선택의 여지가 없었습니다. 그는 선택하지 않는 것을 선택했습니다. 그는 '자기 자신'이 되기를 소망했고, 자기 속에 머무르기를, 자신을 위해 살기를 소망했습니다. 그리고 그의 소망은 허락되었습니다. 그가 유지하는 지옥은 어떤 의미에서 무한한 지루함의 지옥입니다. …사탄은 계속 사탄으로 남아 있기를 원했습니다. 이것이 그의 선택의 진정한 의미입니다. '지옥에서 통치하는 것이 천국에서 섬기는 것보다 낫지.'[316]

처벌을 어떤 식으로든 천국으로부터 배제되는 것이라고 이해한다면, 하나님이 악을 처벌하지 않으신다면 그는 선한 존재가 될 수 없을 것이다. 하나님이 악으로 구부러진 자들이 자신의 왕국에서 자유롭게 뛰놀도록 허락하신다면 천국은 더 이상 선이 아닐 것이다. 악은 진부하고 자기중심적으로 되는 것이므로 지옥은 단조롭다. 천국은 각각의 사람들이 하나님이 계획한 독특하고 계속 전개되는 역할 속에서 구별된 인격으로 영원히 자라나는 곳이다. 그래서 천국은 흥미로운 인물들이 모두 있는 곳이기도 하다. 역사를 알고 계시며, 우주의 가장 먼 거리에서도 전자들의 미래의 경로를 알고 계시며, 수염고래를 통해 플랑크톤의 분자수까지 조절하시며, 모든 유성의 비행을 인도하는 그 분 – 우리의 창조주의 정신을 탐색하는 것은 흥미로운 교제가 될 것이다.

신화 5: 참을성 있는 하나님은
내가 선택하도록 내버려 두실 거야

너희가 섬길 자를 오늘 택하라 _여호수아 24:15

'욕망'과 '갈망'이 루이스의 작품의 가장 핵심적인 주제라면 '선택'은 그 다음으로 중요한 주제이다. 루이스가 천국과 지옥에 대해 생각할 때, 하나님의 인격과 그리스도의 희생이 근본적인 바탕이 된다면, 하나님이 주신 인간의 선택의 자유는 그 위에 지어진 구조물과 같다. 창조된 존재의 궁극적인 행복이 자기를 하나님께 자신의 의지로 항복하는 데서 오는 것이라면 그 의지는 반드시 자유로워야 한다. 만일 우리가 자유의지를 갖고 있다면 우리가 하나님을 거부할 수 있는 가능성을 갖고 있는 것도 틀림이 없다. 『천국과 지옥의 이혼』에서 천국에서 화자를 안내하는 맥도날드는 그에게 이렇게 가르친다.

세상에는 딱 두 종류의 인간밖에 없어. 하나님께 '당신의 뜻이 이루어지이다.' 라고 말하는 인간들과, 하나님의 입에서 끝내 '그래, 네 뜻대로 되게 해 주마.' 라는 말을 듣고야 마는 인간들. 지옥에 있는 자들은 전부 자기가 선택해서 거기 있게 된 걸세. 자발적인 선택이라는 게 없다면 지옥도 없을 게야. 진지하고도 끈질기게 기쁨을 갈망하는 영혼은 반드시 기쁨을 얻게 되어 있네. 찾는 이가 찾을 것이

요, 두드리는 이에게 열릴 것이니라.[317]

맥도날드는 모든 인간의 행동이 이미 결정되어 있다는 말에 화자가 놀라워하자 그것은 시간에 제약된 논리 때문이라고 가르쳐 준다. 그는 영원을 볼 수 있는 우리의 유일한 렌즈인 시간의 틀 속에서는 영원의 진실을 이해할 수 없다고 단언한다. 우리는 시간 속에 살기 때문에 어떻게 우리의 행동과 하나님의 행동이 자유롭게 일치와 조화를 이루는지 이해할 수 없다. 개혁주의 신학은 기독교의 학파 중에서도 활발하게 성장한 학파인데, 이 학파의 많은 신학자들은 하나님의 주권으로부터 루이스처럼 알미니안들이 강조하는 부분으로 초점을 옮기는 것을 불편해 한다.[318] 그러나 루이스는 본질적으로 예정을 부정하지 않으며, 또한 분명히 하나님의 주권도 부정하지 않는다. 그가 거부하는 것은 예정이 인간의 선택을 배제한다는 협소한 정의이다. 성경을 정직하게 읽는다면 누구나 성경의 동일한 부분에서, 심지어 같은 문장들에서조차 하나님의 주권과 인간의 선택이 나란히 존재한다는 것을 발견할 수밖에 없다.

끝으로 우리는 삼위일체에 관해서도 동일한 상황에 처해 있다. 하나님은 한분이시자 동시에 아버지, 아들, 성령이시다. 모든 비유들은 이를 설명하는데 실패했다. 우리는 우리의 지성이 한계를 갖고 있고 무한을 이해할 수 없다는 사실을 고백해야 한다. 루이스는 이 역설을 해결하기 위해 하나님을 시간으로부터 독립적이라고 주장했다. 하나님에게 모든 시간은 항상 우리의 과거와 미래를 포함하고 있는 현재이다. 그는 우리가 내년에, 십 년 뒤에, 그리고 세상의 시간이 끝날 때 우리가 선택하는 것을 보신다. 그러므로 그 분은 세상의 시작부터 모든 선택들을 고려하신다. 이것은 하나님이 수백만 개의 기도에 동시에 응답하시고 그리고 내일은 육 개월 전에 시작하기로 되어 있던 사건에 대해 응답하신다는 문제를 해결해 준다. 인간성이 그렇듯이 시간과 공간은 하나님의 창조물이다. 그리고 그 분은 그의 창조물 속에 갇히지 않는다.[319]

루이스는 주권과 선택의 공존을 『페렐란드라』에서 극적으로 보여 준다. 랜섬은 하나님이 그가 비인간과 맨손으로 싸워야 한다고 이미 정해 놓은 것인지, 그가 이 문제에 대해 선택권을 갖고 있는 것인지에 대해 결정을 내려야만 했다. '우연과 예정 사이의 전적인 구별은 사실과 신화 사이의 구별과 같은 것인데, 이는 완전히 세상적인 구분이다.' 랜섬은 이러한 패턴이 너무 거대하여 자신의 눈으로는 오직 일부만을 볼 수밖에 없다는 것을 깨닫는다. 랜섬의 마지막 선택은 오랜 싸움 끝에 기독교로 회심한 루이스의 이야기를 상기시킨다. '확실히 어떤 의지가 움직인 것이 아니라, 내일 이맘때 네가 불가능한 일을 했을 것이라는 생각과 완벽한 확신이 객관적이고 감정에 치우침 없이 그의 앞에 생겨났다. 당신은 선택의 힘은 이제 소용없고, 확고한 운명이 선택을 대신하게 된 것이라고 말할 것이다. 단지 선택의 힘은 배제되고 불변의 운명이 선택을 대신하게 되었다. 또 한편, 당신은 이렇게 말할 것이다. 그는 이미 자신의 열정의 수사로부터 해방되었고 의심할 여지없이 자유롭게 되었다.

랜섬은 그의 삶에서 이 두 문장의 차이를 알 수 없었다. 더 이상 이 주제에 관해 들었던 수많은 문장들이 아무런 의미가 없었다.' [320]

천국과 지옥에 관해 생각할 때 이러한 믿음은 루이스에게 더할 나위 없이 중요하다. 물론 그는 하나님의 심판과 사람들을 지옥으로 보내는 것에 대해 우리가 궁금함을 갖고 이야기 할 수 있다는 것을 이해한다. 루이스는 그에 대해 논쟁하지 않을 것이다. 그러나 하나님이 왜 심판을 하시는지에 대해 설명할 때 그는 인간의 선택으로 초점을 옮긴다. 이전에 우리는 『고통의 문제』와 『순전한 기독교』에서 루이스가 제시한 논리의 순서에 대해 이야기했었다. 하나님은 인간 창조물을 사랑하시고 그들과 관계를 맺기 원하신다. 만약 하나님이 우리의 응답을 강요하려고 하셨다면 우리를 로봇으로 만드는 게 효과적이었을 것이다. 우리가 그것을 어떻게 이해하든지간에 사랑은 정의상 자유로운 자아의 선택을 의미한다. 또한 우리를 얻기 위한 하나님의 자발적인 희생은 그 누구도 그 신적인 겸손의 깊이를 측량할 수 없다. 그러나 그는 자신의 속성을 우리에게 강요하지 않으신다. 루이스에게 이것은 가장 놀라운 하나님의 기적 중 하나이다. 창조물들을 독립적이며, 자유의지를 갖고, 자신을 거절하는 것조차 가능하게 만드신 것.

우리의 유일한 선, 우리의 인격과 영원한 운명을 충족시킬 수 있다는 희망은, 우리의 의지로 그 분에게 복종할 것을 요구한다. 만약 그렇게 하지 않는다면 우리는 자신의 선택에 의해 영원히 그 분과 분리될 것이다. 우리가 다른 사람들이 보기에 선한 삶을 살았는지 아닌지는 중요하지 않다. 천국은 정의상 그리스도를 통한 하나님 안에서의 삶과 연결되는 것이다. 우리가 그 분을 첫째로 놓지 않는다면 거기에 무엇을 놓는지는 중요하지 않다. 그 분은 우리가 그 분에게 드리지 않은 것을 축복할 수 없다. 그러므로 하나님은 사랑으로 모든 것을 요구하신다. '완전한 인간이 된다는 것은 자신의 열정을 의지에 순종시키며 그 의지를 하나님께 바친다는 것입니다. 전에 인간이었던 것 - 전-인간 내지는 저주받은 혼령 - 이란 곧 전적으로 자아에 집중된 의지와, 의지의 통제를 전혀 받지 않는 열정으로 구성된 존재라는 뜻일 것입니다.'[321] 루이스의 관점에서 볼 때 지옥에 있는 사람들은 지옥을 선택한 것이다. 이것은 확실히 진리이다. 그들이 하나님을 배제하는 선택을 무슨 이름으로 부르든지 간에, 그들이 하나님보다 중요하게 여긴 것이 무엇이든 간에 말이다.

이러한 이유로 루이스는 성경의 권위를 언급할 필요도 없이 모든 사람들이 종말에 구원받을 거라는 보편구원론을 거부한다. 루이스는 조지 맥도날드에게 영적으로, 상상력으로, 지적으로도 커다란 빚을 지고 있다. 루이스가 열여섯 살 때부터 맥도날드의 책은 그를 풍부하게 채워 준 스승과도 같았다. 그러나 루이스는 맥도날드의 보편구원론에 동의하지 않는다. 그는 『천국과 지옥의 이혼』에서 안내자 맥도날드가 모든 사람들이 종말에 구원받을 거라는 생각을 거부하게 한다. 만약 하나님이 인간의 선택을 무효로 하고 그들이 원하든 원하지 않든 간에 모두 구원하신다면 우리는 사랑의 불가능성이라는 문제에 동일하게 봉착할 것이다. 『순례자의 귀향』에서 루이스는 선택에 관한 문제를 다룬다. '하나님은 이 나라의 일을, 쇠사슬에 묶인 노예가 아닌 자유 소작인에게 맡기는 모험을 하신 겁니다. 그들은 자유로운 몸이기 때문에 금지구역에 있는 금단의 열매를 따먹지 못하게 하실 수는 없었답니다.' [322]

선택의 과정은 일생 동안의 일이다. 그래서 하루 또는 일 년 동안 개인적으로 선택한 것들은 중요하지 않게 보인다. 그것이 바로 악마가 좋아하는 방식이다. 스크루테이프가 견습 악마에게 충고하듯이 시간은 지옥의 편이 되어 줄 수 있다.

> 중년이라는 길고 지루하고 단조로운 세월은, 풍요롭게 사느냐 역경을 겪으며 사느냐에 상관없이 우리 작전을 펼치기에 아주 좋은 적기이다. …풍요로움은 인간을 세상에 엮어 놓거든. 풍요로운 중년기를 보내는 인간은 '세상에서 내 자리를 찾았다.'고 생각하지. 사실은 세상이 자기 속에서 자리를 찾은 것인데도 말이야. 갈수록 높아지는 명성, 넓어지는 교제권, '나는 중요인물'이라는 의식, 열중할 수 있는 즐거운 일의 가중되는 압력 등은 '이 땅이야말로 편안히 안주할 수 있는 고향'이라는 인식을 심어주는데, 이것이야말로 우리가 원하는 바다. 너도 알게 되겠지만, 일반적으로 중년층이나 노년층보다는 청년층이 죽음을 훨씬 덜 꺼리는 법이지. 원수가 이 하찮은 짐승들한테 영생을 주어서 자기의 영원한 세계에서 살 수 있게 했다는 것은 참으로 이상한 일이지만, 어쨌든 그는 인간들이 그 밖의 장소

에서 고향처럼 편안한 느낌을 갖기가 쉽지 않도록 꽤나 효율적으로 대비해 두었다. 우리가 환자들의 장수를 빌어야 할 경우가 왕왕 있는 것도 다 이 때문이야. 천국과 뒤얽혀 있는 인간들의 영혼을 풀어내서 이 땅에 단단히 묶어 놓는 고난도 작업을 수행하려면 설사 그들이 칠십 년을 산다 해도 하루가 아쉬운 형편이거든.[323]

루이스의 픽션에는 웨스턴과 위더 같은 완전한 악인에서 『저 무서운 힘』에 등장하는 마크 스터독(그는 새로운 사회적 실험을 하는 무모한 기관의 일원이 되고 싶은 욕망 때문에 유혹을 당하여 거의 파멸할 뻔한다.)과 같은 풋내기 연구자에 이르기까지, 선택을 통해 그들의 운명을 결정하는 등장인물들이 넘쳐 난다. 하나님으로부터 분리되고자 하는 유혹은 어떤 형태를 취하든지 항상 하나님보다 자기를 위한 것을 선택하는 방식을 뜻한다. 마음속에서 자신을 선택하는 것과 지옥을 선택하는 것은 동일한 것이다. 하나님이 되기 원하는 것은 모든 악의 근원이다. 『침묵의 행성 바깥』에서 성숙한 손인 오그레이는 더 어린 손들에게 지구의 죄의 원인은 '모든 사람들이 작은 오야르사(세계의 통치자)가 되길 원하기' 때문이라고 설명해 준다.

잘못된 선택으로 인하여 양심의 부르짖음과 하나님을 향한 갈망이 죽어버린 인물들을 통해 우리는 저주에 대해 어렴풋이 알게 된다. 여기에 두 가지 예가 있다. 『침묵의 행성 바깥』에서 맬러캔드라의 오야르사는 사탄에 대해서 이렇게 말한다.

그는 자네 ᵂᵉˢᵗᵒⁿ 에게 이것 ᵏᵒᵏ에 대해 충성하라는 저열한 법 을 남겨 주었지. 왜냐하면 구부러진 흐나우 ᵒᵒᵒᵒ ᵏᵒⁿ 창조물 는 망가진 흐나우보다 더 사악한 일을 할 수 있기 때문이라네. 그는 오직 당신만 구부렸지. 그러나 여기 있는 이 얇은 자ᵈᵉᵛᶦⁿ는 망가졌다네. 그래서 그에게는 탐욕밖에 남아 있지 않네. 그는 이제 오직 말하는 동물일 뿐이네. 그리고 그는 나의 세계에서 동물만큼도 악한 일을 할 수 없을 거라네. 만약 그가 나의 백성이었다면 이미 죽어버린 흐나우를 위해 그의 육신을 분해해 버렸겠지. 그러나 만약 당신이 나의 백성이라면 나는 당신을 치유하려고 했을 거라네.[324]

또 다른 예를 보면 『마법사의 조카』에서 아슬란은 앤드루 삼촌을 '늙은 죄인'이라고 불렀는데, 자기는 그를 도울 수도 없고 위로해줄 수도 없다고 말했다. 왜냐하면 앤드루 삼촌은 "스스로 내 소리를 들을 수 없게 만들었으니 말이다. 내가 말을 해도 저 친구에게는 으르렁거리는 소리나 울부짖는 소리로만 들리겠지. 그렇다, 아담의 아들들아, 너희는 너희에게 은혜가 될 모든 것들에 대해 얼마나 교묘하게 너희 스스로 막아버렸느냐!"[325] 앤드루 삼촌은 너무 오랫동안 양심의 목소리를 듣지 않아서 이제 귀머거리가 되었고 더 이상 선과 악을 구별할 수도 없게 되었다. 그의 마음은 어두워졌다. 그는 저주받은 것이다. 아슬란이 베풀어 줄 수 있는 유일한 자비는 그를 잠들게 하는 것이다.[326] 리처드 커닝햄은 이러한 상황이, 아마 드물게는 세상에서도, 지옥의 규칙이라고 말했다. "그들의 의지는 너무나 내적으로 확고하여 죽음 이후에 두 번째 기회가 오더라도 아무 소용이 없을 것이다."[327]

물론 여기에는 진지한 경고가 담겨 있다. 죄를 합리화하는 것은 인간의 본성이다. 사실 인지부조화의 원리 때문에 우리에게는 합리화가 필요하다. 우리는 믿는 것과 행하는 것 사이의 모순을 편안하게 받아들이며 살아갈 수 없다. 그러므로 양심을 편하게 하기 위해서는 우리가 하는 것을 정당화해야만 한다. 대표적인 예로 우리는 선을 악으로, 악을 선으로 오해한다. 리처드 커닝햄은 그 원리를 다음과 같이 요약한다. '어떤 사람의 미래의 모습은 단지 세상에서 이루어진 선택들의 모방일 뿐이다. 그것은 천국 또는 지옥의 시작이다. 그리고 이는 그가 세상에서 욕망했던 것들을 영원히 얻는 것이다.' 『피고인석의 하나님』에서 루이스는 이렇게 경고했다.

당신은 아마 '변화되지 않는다면 자기 존재가 영원히 비참해지는 것을 막기 위해 하나님의 권세를 무시하려고 하는 무엇인가 자기 속에 존재한다는 것을 확실히 알고 있을 것이다. 그게 남아 있다면 마치 감기 걸린 사람의 코가 달콤한 냄새를 맡을 수 없는 것처럼, 그리고 귀가 먼 사람이 음악을 들을 수 없는 것처럼 천국에 당신을 위한 자리는 없을 것이다. 하나님이 우리를 지옥으로 보내시는 일은 질문의 대상이 아니다. 우리들 각자 속에서 무엇인가 자라고 있다. 싹을 잘라 내지 않는다면 그것은 자신의 의지에 따라 지옥이 될 것이다. 우리 자신을 당장, 바로 지금 이 시간에 하나님께 드려야 한다.'[328]

루이스는 다음에 나오는 매우 통렬한 시에서 영원이 정해지는 칼날 같은 결정에 대해 생각한다.

> 넘어지는 자들은 곧 일어서리
> 지나온 길을 뒤돌아 보면
> 언제나 어디에나 죄악의 발자국
> 그러나 아직은 자유로운 발이
> 그곳에서 조금이라도 벗어나서
> 마음 한 구석에
> 아주 작은 동요라도 일게 되면
> 구원을 받으리라
>
> 일어선 자는 곧 넘어지리
> 택할 길은 좁으나, 그 대가는 엄청난 것
>
> 그러하니, 오 인간이여, 두려워하라
> 예전의 두려움을 버리되
> 너무 깨끗한 길도 멀리 가서는 안되는 법,
> 조심스럽게 걸어가라
> 머리털 만큼이라도 빗나가는 날엔
> 모르는 사이에 목적지를 지나쳐
> 다시는 돌아올 수 없으니 [329]

신화 6: 누군가 지옥에 있다는 걸 안다면 아무도 천국에서 행복할 수는 없을 거야

모든 눈물을 그 눈에서 닦아 주시니 …곡하는 것이나 아픈 것이 다시 있지 아니하리니 처음 것들이 다 지나갔음이러라. _요한계시록 21:4

누군가 지옥에 있다는 걸 안다면, 특히 우리가 사랑하는 사람들이 그곳에 있다면 천국에서 완전한 행복을 누릴 수 없을 거라는 주장에 대한 루이스는 『천국과 지옥의 이혼』에서 훌륭하게 답변을 한다. 문제가 되는 장면은 사라 스미스라는 이름의 여성과 그녀의 남편인 프랭크가 나오는 장면이다. 사라는 이제 영광스럽게 부활한 육신을 입고, 지옥에서 온 프랭크를 만나기 위해 천국의 입구까지 온다. 현명한 안내자인 맥도날드는 지켜 보고 있는 화자에게 이렇게 설명한다. '저 부인처럼 위대한 성인은 새끼손가락 하나에도 우주의 죽은 것들을 전부 살려 낼 수 있는 기쁨이 깃들여 있다네.'[330] 사라는 세상에서는 골더즈 그린에 살았고, 사람들의 기준으로는 빈민굴의 아무개처럼 '아무것도 아닌 사람'이었지만 천국의 기준에서 그녀는 '성인'이다. 그리고 그녀는 화자에게 외양상으로도 여신처럼 보였다.

화자는 그 다음에 구식 극단의 '비극배우'처럼 보이는 형상을 보게 된다. 그는 '풍금 연주자가 데리고 다니는' 원숭이를 사슬에 묶어 끌고 오고 있었다. 그 원숭이가 바로 프랭크였다. 비극배우는 그에게 끊임없이 붙어 다니는 죄와 동정심을 투영하는 존재이다.

프랭크는 동정심을 악용하여 상처 입은 사람인 척하거나 또는 다른 사람들의 말과 행동에 상처를 입은 것처럼 행동하여 세상에서 사는 동안 주변사람들을 속이고 조종했다. 비극배우는 크고 프랭크는 조그만 유령인데, 그것은 프랭크에게 더 많은 동정심을 불러일으키기 때문이다. 사라는 프랭크에게 직접 말을 걸었지만, 그는 완전히 죄에 지배받고 있기 때문에 비극배우가 그를 대신하여 말을 했다. 프랭크는 오직 자기를 보고 싶어 했다는 자기만족적인 느낌을 즐기기 위하여, 그리고 외로움으로 인한 사라의 비참함을 보기 위해 천국의 끝까지 온 것이다. 그러나 그는 천국에서 모자란 것은 없으며 사라가 이제 진정한 사랑이 무엇인지 알게 되었다는 것을 발견한다. 왜냐하면 그녀는 '사랑이신 그 분' 그리스도 안에 있기 때문이다.

어느 정도 진실한 사랑이 있었음에도 불구하고 세상에서 그녀가 그를 사랑한 것은 단지 사랑받고 싶었던 욕구였다고 말했을 때, 그것은 프랭크에게 자신의 상처 입은 감정들에 빠질 수 있는 또 다른 기회가 되었다. 그는 그녀에게 자신이 필요 없다는 이야기를 듣느니 그녀가 그의 발밑에서 죽는 것을 보았으면 좋았을 거라고 말했다. 계속해서 '즐거움이 부인의 눈빛 속에서 춤을 추었다.' 그리고 기쁨이 그녀의 표정에서 흘러나왔다. 놀랍고 당황스럽게도 프랭크와 대화를 나누는 내내 그녀는 쾌활했다. 그녀는 대화 도중에 그가 자기 자신 이외의 다른 것을 생각할 수 있도록(그를 천국으로 들어오도록 하기 위해) 더 이상 사람들을 조정하려고 하는 일을 포기하라고 설득했다. 그녀는 자신이 참여하고 있는 넘치는 기쁨에 관해 이야기했고 그에게 함께하자고 했다. 하지만 프랭크는 충만한 기쁨을 위해 그가 애지중지하는 죄의 비참함을 버리기보다는 그것을 즐기는 쪽을 선택했다. 결국 유령은 사라지고 오직 비극배우만이 샐쭉하게 지옥으로 돌아갔다. 그는 자신이 선택한 죄가 된 것이다.

놀랍게도 사라는 '한없는 생명을 잔이 넘치게 채우시고 세상 욕망의 정체를 보게 하시는' [331] 하나님을 찬양하는 시를 노래하면서 기쁘게 걸어갔다. 그리고 여느 때와 같이 화자는 안내자에게 우리의 마음속에 생겨날 법한 질문을 던진다. 그녀의 남편이 영원히 지옥에서 괴로워하는데 그녀가 행복할 수 있다는 게 어떻게 가능한가? 맥도날드는 영원하고 다른 사람의 선을 위해 희생할 준비가 되어 있는 '행동으로서의 동정심'과 개인적인 유익을 위해 다른 사람들을 협박하는 무기로 사용되는 '열정으로서의 동정심'을 구분한다. 그러한 열정은 정치가들이 그들의 국가를 속이게 만들고 여자들을 속여 순결을 잃게 만든다. 선에 대항하기 위해 악을 사용하는 그런 무기는 '부러뜨려야 한다.' [332] 지옥은 천국을 협박할 수 없다. '순순히 약을 먹으면 질병은 치료되기 마련일세. 그러나 자기는 낫기 싫다고 우기는 황달 환자의 마음을 위로하려고 노란 얼굴을 파랗다고 할 수는 없는 법이지.' [333] 루이스의 입장에서 논리와 정당성은 선택에 의해 결정된다. 하나님은 사람들로 하여금 천국을 선택하라고 강요하시지 않는다. 달리 말하자면 그는 어떤 사람에게 자신을 사랑하라고 강요하시지 않을 것이다. 왜냐하면 사랑은 주어지는 것이기 때문이다. 사랑은 항상 항복을 내포하고 있으며, 강요는 사랑을 절멸시킨다.

프랭크와 사라 스미스의 이야기와 『천국과 지옥의 이혼』에 나오는 여러 비슷한 상황들 – 아들을 마음대로 할 수 없으니 지옥에서 아들을 소유하겠다는 엄마나 또는 그녀의 남편을 조종하여 세상에서 대리 만족을 추구하고 독점하고 싶어 한 아내 – 은 루이스가 말하는 성경적인 교리가 왜 이해하기 어려울 수밖에 없는지에 대해 설명해 준다. 『피고인석의 하나님』에서 루이스는 예수님의 말씀을 바로 인용한다. '무릇 내게 오는 자가 자기 부모와 처자와 형제와 자매와 더욱이 자기 목숨까지 미워하지 아니하면 능히 내 제자가 되지 못하고.' [334] 신약에서 가족은 새롭게 정의된다. 천국에서 가족은 근본적으로 변화될 것이다. 구원받은 자들은 친구들, 형제들, 자매들, 예수님의 상속자들, 그리스도의 신부와 같은 모습으로 그려진다. 달리 말해 천국의 새로운 관계들은 세상에서 가장 가까운 관계라는 구분으로 설명할 수밖에 없을 것이다.

예수님은 세상에서 새로운 우선순위를 정하셨다. 이는 예수님을 첫째로 두고 가족에 대한 충성을 그 다음으로 두는 것이다. 루이스는 이렇게 변화하는 것만이 진실로 그리고 가장 깊게 다른 사람들을 사랑할 수 있는 유일한 방법이라고 하였다. 『천국과 지옥의 이혼』에서 우리는 사라 스미스와 같이 세상의 가족과는 헤어졌지만 '사랑 그 자체'이신 그 분 안에서 즐거워하는 광경들을 볼 수 있다.

사두개인들은 예수님을 시험하기 위해 율법에 따라 일곱 형제들이 죽을 때마다 동생과 결혼한 여인에 대해 부활 때에 그녀가 누구의 아내가 되겠느냐고 물었다. 예수님은 천국에서는 장가도 아니 가고 시집도 아니 가고 하늘에 있는 천사와 같다고 대답하시어 세상적인 범주들을 논파하셨다.[335] 루이스가 말했듯이 그 이유는 추측하기 쉽다. 세상에서 가장 훌륭한 것조차 더 위대한 것 속으로 포함될 것이다. 세상에서 가장 가까운 관계들도 우리를 기다리고 있는 친밀한 관계의 그림자일 뿐이다.[336]

마지막으로 천국을 거부하는 자들에게는 어떤 일이 일어날까? 루이스는 이렇게 결론 내렸다.

> 저는 저주받은 자들이야말로 어떤 의미에서 최후까지 반역에 성공한 자들이라는 것, 지옥의 문은 안쪽에서 잠겨 있다는 것을 믿는데 망설임이 없습니다. …결론적으로 저는 지옥의 교리를 반대하는 모든 사람들에게 주는 대답으로 다음과 같은 질문을 던지겠습니다. "당신이 정말 하나님께 요구하는 바가 무엇입니까?" 그들의 과거의 죄를 씻어 주고, 모든 장애를 제거하며, 모든 기적적인 도움을 제공함으로써, 어떻게 해서든지 그들을 새롭게 출발할 수 있게 해 주는 것입니까? 하나님은 갈보리에서 이미 그 일을 하셨습니다. 그들을 용서해 주는 것입니까? 그들에게는 용서받을 마음이 없습니다. 그들을 내버려 두는 것입니까? 아, 유감스럽게도 하나님은 지금 그렇게 하고 계십니다.[337]

만약 어떤 사람이 지옥에 떨어질 때 하나님의 사랑과 지혜를 의심한다면 그것은 자신이 하나님보다 더 자비롭고 사랑이 많다고 생각하는 것을 의미한다. 그러나 그러한 생각이 무엇을 요구하는지 보라.

"지상의 사람들 중에는, 한 영혼이라도 멸망당하는 사람이 있다면 어떻게 구원받은 사람들이 온전히 기뻐할 수 있겠느냐고 말하는 이들이 있거든요."
"그 말은 아주 자비롭게 들리네만, 그 배후에 무엇이 도사리고 있는지 봐야 해."
"사랑 없이 자아에 갇혀 있는 사람들의 요구, 자기네가 우주를 협박할 수 있게 허락해 달라는 요구, 자기네가 행복해지는 데(자기네가 제시하는 조건대로) 동의할 때까지는 세상 어느 누구도 기쁨을 맛보아서는 안 된다는 요구, 자기네가 최종 권력을 휘둘러야 한다는 요구, 지옥이 천국에 거부권을 행사할 수 있게 해 달라는 요구."[338]

사실 반대로 이야기해야 할 것이다. 자비롭고 정의로우신 하나님은 지옥을 선택한 사람들이 천국을 선택한 사람들을 조정하도록 허락지 않으실 것이다. 우리는 하나님의 사랑 밖에 존재할 수 없다는 것을 기억해야만 한다. 모든 것은 이루어질 수 있고 이루어질 것이다. 하나님은 나중에 안식할 날을 우리에게 약속하셨다.

지옥

2부
지옥의 신화를 다시 쓰기: 픽션

루이스는 지옥의 신화를 다시 쓰면서 매우 다양한 등장인물과 배경을 통해 다섯 가지 중요한 주제를 전개하였다.
(1) 지옥에 있는 사람들은 자기 자신에게 사로잡힌 사람들이다. (2) 그 결과, 지옥은 그리스도로부터 분리되어 인간의 가능성이 고갈되는 곳이다. 우리는 그리스도 안에서 모든 충만을 얻게 되든지 아니면 모두 잃어버린다. (3) 지옥과 악은 창조의 능력이 없다. 그리하여 선을 흉내 내게 된다. (4) 지옥에 가는 사람들은 그리스도가 아닌 다른 것을 선택한 것이다. (5) 지옥은 영원히 패배할 운명이다.

이 픽션 작품들은 연대기적인 순서로 다루어진다. 그러나 아마 『스크루테이프의 편지』 다음에 『저 무서운 힘』을 읽는 것이 유익할 것이다. 왜냐하면 두 작품에서 지옥에 대해 강조된 점들이 상당히 일치하기 때문이다.

9
지옥의 철학: 스크루테이프의 편지

근신하라 깨어라 너희 대적 마귀가 우는 사자 같이 두루 다니며 삼킬 자를 찾나니. _베드로전서 5:8

우리 머릿속에는 지옥에 대한 몇 가지 전형적인 고정관념들이 들어 있다. 사람들에게 지옥에 대해 무엇이 떠오르는지 물어보면 아마 화염과 쇠스랑을 들고 있는 붉은 악마들을 이야기할 것이다. 또한 지옥에 관한 설교를 들어본 적이 있냐고 물어보면 아마 '불과 유황'에 관한 무서운 설교를 이야기할 것이다. 교양 있는 사람들조차도 문학과 예술의 영향으로 인해 고정관념에 빠져 있다.

루이스의 판단으로는 사탄에 대한 위험한 관점들이 역설적이게도 기독교인이었던 밀턴의 문학작품에서 유래한 것이었다. 밀턴이 묘사한 사탄은 웅장한 말로 위엄 있게 연설하며(하나님을 부정하기 때문에 결국 패배할 수밖에 없지만), 위험을 무릅쓰고 과감하게 도전하는 일종의 영웅처럼 나타난다. 그러나 루이스는 이러한 위험스러운 이미지들은 모두 괴테로부터 유래한 것이라고 말한다. 메피스토펠레스는 부드럽고, 유머 있고, 세련되며, 지각 있고, 융통성 있는 존재이며 이러한 이미지는 '악이 인간을 자유롭게 한다는 환상'을 강화시킨다. 사실 악마는 '집요하고도 병적으로 자아에 집착 – 이것은 지옥의 표지이다. – 하는'[339] 파우스트와 같다. 루이스는 악이 인간보다 더 실제적인 것은 아니지만, 더 위험하고 동시에 더 어리석다는 것을 알게 되었다. 『페렐란드라』에서 랜섬은 육신과 영혼이 모두 악에 사로잡힌 반인간 웨스턴을 만났을 때 '붉은 망토를 입고 긴 쌍날칼에 깃털이 달린 모자를 쓴 메피스토펠레스나 『실낙원』에 등장하는 비극적인 사탄들은 결국 자신들이 직면하게 될 운명으로부터 풀려나지 못했을 거라는 생각을 하게 되었다. 이는 사악한 정치인들을 다뤄야 하는 종류의 일과는 전혀 다르다. 오히려 매우 심술궂은 아이나 원숭이, 바보들을 보호해야 하는 것과 비슷하다.'[340] 악마는 지성을 오직 무기로만 간주하기 때문에 전쟁 시가 아닌 상황에서 악마는 언제나 진부한 상태가 된다.

악을 의인화하여 표현하는 것은 마치 하나님과 천사들을 의인화하여 표현할 때처럼 오해를 불러일으킨다. 우리가 갖고 있는 모든 위험한 고정관념들은 아마 예술을 통해 생겨났을 것이다. 라파엘의 '벌거벗은 통통한 아기의 모습'에서부터, 천사가 백조와 같은 날개를 지니고 미끈하게 처진 의복을 입으며 가냘픈 창조물로 묘사되는 19세기 예술에 이르기까지, 천사에 대한 표현들은 꾸준히 변질되어 왔다고 루이스는 분석한다. 성경에서 천사는 그들을 바라보는 인간들에게 경외감과 공포를 불러일으키기 때문에 인간들 앞에 나타날 때에는 그들을 기절시키지 않도록 안심시켜야 한다. 천사들은 전언을 전하기 전에 종종 이렇게 말한다. "두려워 말라." 그러나 빅토리아 시대에 만들어진 천사들은 마치 "오냐, 오냐."라고 말할 듯한 인상을 준다.[341] 루이스는 이러한 오류들이 퍼지는 것을 막고 사람들에게 진리를 듣게 하려면 영적인 공격에 대해 어떻게 이야기해야 하는가라는 문제에 마주쳤다.

이러한 고정관념에 사로잡힌 사람들은 지옥에 대한 신학적 책을 읽는 데 관심이 없다. 그러나 루이스는 모든 고정관념들 속에서 살짝 빠져나와 누군가의 편지를 읽는 월요일 아침의 사무실로 우리를 데려간다. 우리는 남의 편지들을 몰래 읽는 부드러운 관음증적 쾌락에 빠져 있다가 그 편지의 주제가 우리를 파멸시키려고 하는 것임을 깨닫자마자 움찔하게 된다. 이 끔찍한 편지를 쓴 스크루테이프는 지옥의 '위계상 lowerarchy'과 '지옥 심연숭고부 차관'[342]이라는 직함의 중간 관리자이다.

루이스는 능률적인 현대 관료제를 지옥에 대한 중요한 상징으로 택한다. 그것은 지옥의 본질적인 특성들을 가장 깊이 있는 수준에서 이야기하기에 완벽한 선택이다. 모든 집단에서 관료제는 필수적이다. 그러나 과거나 현재의 독재 정부가 충분히 잘 보여 주는 것처럼 빈틈없이 통제를 하면 할수록 '정부'를 더 강조하게 되어 국민들에게 더 치명적인 영향을 주게 된다. 지옥도 관료제처럼 추상적인 조직을 위해 개인들을 파괴한다. 결국 공동의 선이라는 것도 권력을 잡으려는 탐욕과 이기심에 대한 편리한 변명 또는 철학적인 위장이다. 조직은 지배해야만 살아남을 수 있다는 단순한 이유로 인해 자기 이익만을 생각하는 개인들을 조장하게 된다. '조직을 이용하라. 그렇지 않으면 조직이 너를 이용할 것이다.' 개인은 조직이나 타인을 멸망시켜야만 무언가를 얻거나 성공할 수 있다. '우리는 지옥을 그릴 때, 모두가 끊임없이 자신의 체면과 성공에만 신경을 쓰며, 모두가 불평불만이 가득하고, 모두가 시기와 자만심과 원망이라는 치명적일 만큼 엄숙한 열정으로 살아가는 상태를 생각해야 한다.'[343]

『실낙원 서설』에서 악마들에 대해 묘사할 때 루이스는 지옥의 비열함을 완벽하게 포착하여 보여 준다. 그들은 타락했고, 천국에서 쫓겨나 지옥에서 깨어났으며, 떠올리기 고통스러운 패배 때문에 어리벙벙한 상태의 천사들이다. 그들은 자신들이 국가를 배반하였음에도 '자기는 버림받은 자라고 생각하는' 반역자와 같거나 또는 사랑하는 여인과 돌이킬 수 없는 싸움을 한 남자와 같다. 인간이라는 존재에게는 겸손, 회개, (가능하다면) 회복 이외에는 이러한 지옥에서 탈출할 수 있는 방법(애당초 그곳으로 가는 일을 피할 수 있는 방법)이 없다.[344]

또한 지옥에 있는 사람들에게는 탈출구가 없다. 오직 시무룩함,

분노, 끊임없는 후회만이 있을 뿐이다. 지옥에서 탈출할 수도 없고 하나님을 해칠 수도 없다는 것을 알게 되었을 때, 그들은 하나님이 사랑하는 인간 창조물을 해치려고 한다. '아마 너는 자신의 왕국을 해할 수는 없을 것이다. 그러나 이미 깃발이 세워져 있는 세상에서 네가 폭격하거나 마구 쳐댈 만한 악한 인간들이 어디에 있을까? 아마 세상은 너로부터 안전할 것이다. 어쩌면 너에게 맞는 작은 세상이 있지 않을까? 아니면 네가 타락시킬 수 있는 개 정도는 있지 않을까? 이야말로 실제적인 정치이며 지옥의 현실주의이다.'[345]

루이스는 나뭇가지에서 뿌리로 내려가듯 가장 극심한 악이 일어나는 집단수용소와 같은 곳들을 보고 있는 것이 아니다. 그러한 수용소들은 더 훌륭하고 더 존경받을 만한 곳에서 최후에 일어난 결과일 뿐이다.

흰 셔츠를 차려 입고 손톱과 수염을 말쑥하게 깎은, 굳이 목소리를 높일 필요가 없는 점잖은 사람들이 고안하고 명령(제안하고 제청 받고 통과시키고 의사록에 기록)하는 것이다. 따라서 나는 당연히 지옥에 대한 상징으로서 경찰국가의 관료조직이나 아주 비열한 사업을 벌이는 사무실 비슷한 것을 택하게 되었다.[346]

악마는 형식적인 존경과 복종의 얄팍한 허식 아래에서 움직인다. 이를 통해 우리는 비인격적이고 이기적인 조직원들이 삼켜지는 것을 쉽게 볼 수 있다. 심지어 악마들조차도 삼켜진다.

이러한 '행정의 세계'는 스크루테이프가 18번째 편지에서 명쾌하게 설명한 지옥의 철학이 펼쳐지기에 완벽한 무대가 된다.

> 지옥의 전체 철학은 '하나의 사물은 다른 사물과 별개'라는, 특히 '하나의 자아는 다른 자아와 별개'라는 원칙을 인식하는 데 있다. 즉 나한테 좋은 건 나한테 좋은 거고, 너한테 좋은 건 너한테 좋은 거지. 누군가 얻은 게 있으면 다른 누군가는 잃은 게 있는 법이다. 심지어 무생물도 다른 사물들을 공간에서 밀어내고 그 자리를 차지함으로써 존재한다. 그러니까 자기가 확장되려면 다른 사물을 밀어내거나 흡수해야만 하는 거지. 자아가 확장될 때도 마찬가지야. 짐승한테 흡수란 잡아먹는 것이고, 우리한테 흡수란 강한 자아가 약한 자아의 의지와 자유를 빨아들이는 것이다. '존재한다.'는 것은 곧 '경쟁한다.'는 뜻이야.[347]

『순전한 기독교』를 읽어 본 독자들은 그 책에서 전개된 루이스의 생각이 『스크루테이프의 편지』에서 이미 전개되었다는 것을 알 수 있다. 루이스는 '자만심'이라는 탁월한 장에서 모든 죄는 자만심으로부터 온다고 말했다. 자만심은 다른 죄들의 근원에 존재한다. 왜냐하면 '자만심은 완전히 하나님을 대적하는 마음 상태'이며 '다른 모든 사람의 교만과 경쟁하고 있는 것'이기 때문이다.[348] 바울은 로마서 1장에서 도착적인 성범죄와 같은 '큰' 죄뿐만 아니라 모든 죄는 하나님을 영화롭게 하지 못하는 결과라고 분명히 말했다. 그것은 우리 자신을 가장 중요하게 여기는 것이다. 예수님은 성경이 우리에게 본질적으로 요구하는 것을 압축하여 두 가지로 명하셨다. 하나님을 사랑하고, 네 이웃을 네 몸과 같이 사랑하라. 이것은 하나님을 중심에 두고 우리 자신보다 다른 사람들의 필요를 우선적으로 놓는다는 것을 의미한다.[349] 자만심은 자신을 중심에 놓고, 자신을 위해 다른 사람들을 희생시킨다.

또한 오직 하나님만이 창조하실 수 있다. 반면에 사탄과 악마들은 창조물들을 그저 악용할 수 있을 뿐이다.[350] 오직 하나님만이 사랑이시다. 지옥의 힘은 그저 원천을 흉내 낼 수 있을 뿐이다. 사랑으로 주는 대신 그들은 먹어 치우기를 욕망한다. 스크루테이프는 18번째 편지에서 웜우드에게 이렇게 설명한다. "우리에게 인간이란 기본적으로 식량에 해당한다. 인간의 의지를 흡수해서 우리 자아의 영역을 확장시키는 게 목적이니까." 최종적인 목표는 '저 아래 계신 우리 아버지'인 사탄이 '다른 존재들을 모조리 삼켜 버리는' 것으로 그려진다. 이것은 그가 말하는 하나님의 목적과 대조된다.

원수가 인간을 사랑한다느니 원수를 섬기는 게 외려 완벽한 자유라느니 하는 말들이 단순한 선전문구가 아니라(우리야 그렇게 믿고 싶은 마음이 굴뚝같다만) 소름끼치는 진실이라는 점은 우리도 직시해야 한다. 원수는 자신을 작게 복제해 놓은 이 혐오스러운 인간들 — 원수에게 흡수당해서가 아니라 자신의 의지로 자유롭게 원수의 뜻에 따른 결과, 규모는 작지만 어쨌든 원수의 삶을 닮게 된 것들-로 우주를 우글우글 채울 생각을 정말 하고 있다구. 우리가 원하는 건 키워서 잡아먹을 가축들이지만, 그 작자가 원하는 건 처음엔 종으로 불렀다가 결국 아들로 삼는 것이다. 우리는 빨아들이고 싶어 하지만 그는 내뿜고 싶어 하지. 우리는 비어 있어 채워져야 하지만 그는 충만해서 넘쳐흐른다.[351]

여기서 설명된 것처럼 천국의 철학은 사랑에 기초를 두고 있다. 이를 이해할 수 없어서 좌절한 스크루테이프는 끊임없이 그것이 불가능하며 하나님의 속임수라고 주장한다. 웜우드에게 천국의 철학에 대해 반대로 설명하는 장면에서 우리는 스크루테이프가 수수께끼를 풀기 위해 노력하고 있다는 것을 알게 된다.

원수의 철학은 이렇게 명백한 진리를 계속해서 회피하려는 시도, 그 이상도 그 이하도 아니다. 그는 모순되는 걸 목표로 삼고 있지. 그가 볼 때 만물은 여러 개인 동시에 어쨌든 하나라구. 한 자아한테 좋은 것은 다른 자아한테도 좋은 것이고. 그는 이 불가능한 일을 사랑이라고 부르는데, 이 천편일률적인 만병통치약은 그 작자가 하는 모든 일뿐 아니라 심지어 그 작자의 모든 성품 - 저 자신의 주장에 따른 성품이라고 할 수도 있겠지 - 에서도 감지해 낼 수가 있다. 원수 자신도 순수한 수학적 단일 개체가 되는 데 만족을 못하고 자기가 하나인 동시에 셋이라고 주장하는데, 그 속셈은 이 사랑이니 뭐니 하는 터무니없는 말의 근거를 바로 자기의 본질에서 찾으려는 데 있다. 원수는 또 유기체라는 걸 물질계에 만들어 냈지. 유기체란 각 요소들이 서로 경쟁하게 되어 있는 자연의 숙명을 거슬러 서로 협력하게 되어 있는 음란한 발명품이야.[352]

스크루테이프는 '힘의 의지'와 같은 니체의 사상을 내면화하여 오직 자신의 '선'만을 중심에 두었기 때문에 이를 이해하지 못한다. 지옥에 있는 사람들은 모든 것이 제로섬 게임이라고 생각한다. 내가 얻으면 너는 잃는다. 그리고 네가 잃으면 내가 얻는다. 천국에서는 모두 승자인 것과 달리 여기에는 항상 승자와 패자만이 있다. 스크루테이프에게 사랑은 환상이며, 자기희생은 기이하고 비합리적인 수수께끼와 같다. 그는 부부간의 사랑을 이해할 수 없는데, 이 때문에 매우 재미있는 상황들이 발생한다. '환자'는 건전한 기독교인 여성과 사랑에 빠진다. 스크루테이프는 그녀라는 존재를 증오할 뿐만 아니라 그들이 이제 서로 도와주기 시작하여 둘 다 유혹하기 어렵게 되었다는 것도 증오하게 된다. 22번째 편지에는 이 악마의 증오가 끓어 넘치는 것을 볼 수 있는데, 여기에서 선하고 유익하며 정당한 즐거움을 혐오하는 지옥의 진정한 본색이 드러난다.

이 여자의 신상기록부를 찾아보니 정말 끔찍하더구나. 그리스도인도 보통 그리스도인이 아니야. 역겹고 조용조용하고 선웃음을 쳐 대고 얌전을 떠는데다가 말수도 적고 쥐새끼 같고 맥아리 없고 미천하고 순결하고 순진한 아가씨더라구. 쬐끄만 짐승 같은 것. 생각만 해도 욕지기가 나네. 신상기록부를 한 장 한 장 넘길 때마다 악취가 진동을 하면서 꼭 불에 덴 것처럼 뜨끔뜨끔하더라니까. 세상이 이렇게까지 타락하다니, 정말 미치겠군. 옛날 같으면 두말할 것도 없이 원형경기장으로 보내 버렸을 텐데. 거기야말로 그런 여자한테 딱 어울리는 장소지. 하긴 거기서도 썩 좋은 일을 할 것 같진 않다. 두 얼굴을 가지고 있는 그 쬐끄만 사기꾼(나는 이런 부류의 여자들을 잘 알고 있지)은, 평소에는 핏기만 조금 비쳐도 기절할 것처럼 호들갑을 떨다가도 막상 죽음이 닥쳤을 때에는 태연하게 웃음으로 맞이하니까 말이야. 어느 모로 보나 새빨간 사기꾼이지. 버터도 녹이지 못할 것처럼 부드러워 보이는 입술 속에 풍자의 재기를 숨기고 있다고. 심지어 나한테서까지 웃음거리를 찾아낼 종자다! 재밋대가리라곤 눈꼽만큼도 찾아볼 수 없는 그 추잡하고 쬐끄만 내숭덩어리가 이 얼간이의 품에는 새끼들을 싸지르는 다른 동물들처럼 냉큼 뛰어들 준비를 하고 있으니, 내 참, 순결이라면 미쳐 날뛰는 원수가 왜 이런 여자는 한 방에 날려 버리지 않는 걸까? 오히려 싱글거리며 구경만 하는 이유가 대체 뭐냐구?[353]

스크루테이프는 자신도 선한 사람들에게 비웃음거리가 될 수 있다는 것 때문에 매우 역정을 내다가 결국 지네로 변해 버리는데, 이 부분은 더할 나위 없이 재미있는 필치로 그려져 있다.[354] 그는 그저 견뎌 낼 수 없었던 것이다. 이 젊은 여성은 도덕적으로 강인할 뿐만 아니라 그녀의 가족들과 친구들마저도 스크루테이프가 보기에 천국을 연상케 한다. 이로 인해 스크루테이프는 하나님이 '속물'이자 '부르주아' 그리고 '세상을 쾌락으로 꽉' 채워 놓은 '쾌락주의자'라고 결론짓는다. 이는 이 책 전체가 그런 것처럼 어떤 것을 말하면서, 동시에 다른 의미를 말하는 아이러니의 극치를 보여 준다. 이 장면은 재미있기도 한데 왜냐하면 언어폭력이 심하면 심할수록 그에 반해 소녀의 순결과 선이 더 부각되기 때문이다. 또한 이는 스크루테이프가 유머 감각이 전혀 없다는 것을 보여 주며 지옥의 특성을 부분적으로나마 보여 주기도 한다. 유머를 구사하려면 균형 감각이 있어야 할 뿐만 아니라 도덕적 규범에 대해서도 알고 있어야 한다. 그래야만 일탈이 가능하기 때문이다. 옳고 그름을 분별할 수 없다면 농담과 풍자와 아이러니는 불가능하다. 우리가 웃을 수 있다는 것은 아직도 우리가 하나님의 영역 안에 있다는 것이다.

스크루테이프가 사랑을 이해하기 위해 고군분투하다 곤란한 상황에 빠지게 되는 장면을 통해 우리는 스크루테이프와 웜우드의 관계에 대해 어렴풋이 알게 된다. 표면적으로 삼촌은 조카에게 애정을 표하며, 편지의 마지막에는 항상 습관적으로 이렇게 쓴다. '너를 아끼는 삼촌, 스크루테이프.' 웜우드가 비밀경찰에게 스크루테이프가 하나님이 진심으로 '인간 버러지들을 사랑'하며 그것들의 자유와 충만을 갈망한다는 이단적인 주장으로 조직의 위계를 위반했다고 밀고했을 때, 얄팍하게 꾸며진 가족애는 산산조각난다. 이단적인 주장 때문에 자신이 위험에 처했다는 것을 깨달은 스크루테이프는 조카에게 달콤한 말투로 그것이 우발적인 일이었다고 설명한다.

> 애야, 설마 내 편지들을 누구한테 보여 주진 않았겠지. 물론 크게 문제될 건 없다만. 누구나 알겠지만, 내가 잠시 이단에 빠진 듯한 모습을 보인 건 순전히 우발적인 것이었단다. 그건 그렇고, 슬럽갑에 대해 얼핏 듣기에 칭찬이라고 할 수 없는 말을 몇 마디 했다만 순전히 농담이었다는 점을 이해해 주었으면 좋겠구나. 사실 나는 그분을 깊이 존경하고 있단다. 물론 당국에서 질책이 있을 시 널 보호해 줄 생각이 없다는 말도 진심은 아니었지. 네 뒤는 내가 잘 봐 줄 테니 나만 믿거라. 그 대신 허튼 소리 말고 입단속 잘해야 한다.[355]

세 번의 편지 후에 웜우드가 자신의 이익을 위해 삼촌의 실언을 당국에 고발했다는 것은 명백해졌다. 물론 웜우드가 상사이자 삼촌인 스크루테이프를 배신한 이유는 편지에 거의 모두 드러나 있다. 그는 웜우드를 가차 없이 비판하고, 얕보고, 위협했다. 바로 첫 번째 편지부터 그는 웜우드에게 '순진한 생각을 하고 있다.'고 말했다. 웜우드는 자기 환자가 기독교인이 되자 '치러야 하는 대가를 피할 수 없다.'는 것을 확신하게 된다. 그러자 그는 '실망했고', '불안해 했으며' '매우 나빠졌다.' 등. 스크루테이프는 어떤 것을 칭찬할 때조차 변함없이 짐짓 생색내는 듯한 어조로 이렇게 말한다. "그건 그렇고, 네가 무슨 큰 실수를 했는지 좀 따져 보자."

웜우드가 삼촌을 비밀경찰에게 밀고하자 22번째 편지에서 스크루테이프는 적의를 숨기지 않는다. 그는 먼저 이렇게 탄식한다. '우리로선 지독하게 불리한 상황에서 싸우는 셈이지. 우리 편에 본래 주어진 거라곤 단 하나도 없으니까.' 선은 독립적이다. 악은 빵에 있는 곰팡이 같은 기생충처럼 오직 선의 왜곡일 뿐이다. 편지는 그 뒤에 이렇게 이어진다. '그렇다고 너의 변명거리는 못된다. 네 문제는 내가 곧 처리할 테니 기다려. 넌 항상 나를 증오했고, 배짱이 생길 때는 오만방자하게 까불어댔지.'[356] 둘 다 이 소동 속에서 살아남게 되자, 웜우드가 환자를 지옥에 떨어뜨리는 일이 성공할 때 무언가 얻을 것이 있는 스크루테이프는 다시 '너를 아끼는 삼촌' 같은 뻔뻔한 태도를 취한다. 9번째 편지 후, 31번째 편지와 마지막 편지에서 우리는 환자가 기독교인으로서 믿음을 지닌 채 전시의 폭격으로 사망했다는 것을 알게 된다. 그는 이제 웜우드와 스크루테이프의 지옥 합동작전의 영향에서 벗어나 버렸다. 이제 스크루테이프는 조카로부터 아무것도 얻을 것이 없게 되자 관리자로 돌변하여 자신의 실패를 합리화하고, 이제 자기 몫으로 주어진 자아를 먹어 치우려고 한다. 타인을 완전히 삼키거나 지배하려는 악마의 욕망은 '먹는다.'라는 상징적인 형태를 취한다. 스크루테이프는 이렇게 쓴다. '너를 향한 내 사랑과 나를 향한 네 사랑은 한 치 어긋남 없이 똑같으니까. 네가 항상 나를 갈구했듯이(가엾은 바보 같으니) 나 또한 항상 너를 갈구했단다. 차이가 있다면 내가 더 강하다는 것뿐. 이제 그들이 너를 내게 넘겨주겠지. 최소한 일부분이라도. 너를 사랑하느냐고? 사랑하고말고. 나를 살찌워 줄 맛있는 먹이를 사랑하지 않을 리 있겠느냐.'[357] 그는 이제 이렇게 서명한다. '너를 더더욱 게걸스레 탐내며 아끼는 삼촌.'

스크루테이프는 웜우드를 먹기 전에 지옥의 존재들이 굴욕으로 생각하는 것 – 그들의 희생자가 도망쳐서 진정한 영적 세계를 보게 된다는 것 – 에 대해 이야기하며 그를 조롱한다. 환자는 이제 웜우드처럼 자기 앞에 포진된 악을 확실히 보게 된다. 그리고 그들이 다시는 자신에게 아무런 영향도 미치지 못할 것이라는 것을 깨닫는다. 악마들에게는 놀라운 일이겠지만 환자는 악의 진정한 본색을 볼 수 있을 뿐만 아니라 천국의 영광도 볼 수 있게 된다. 우선, '지금껏 품었던 의심들이 눈 깜짝할 사이에 우스갯거리로 변하게 된다.'[358] 이는 작은 일이 아니다. 루이스 자신도 스물두 살 때까지 자기 인생의 절반 동안 지적인 문제를 풀기 위해 고군분투해 왔다. 월터 후퍼가 말한 것처럼 그 이후의 루이스는 '내가 아는 한 가장 철저하게 회심한 인간'이었다.[359] 루이스는 사물의 이면을 알고 있었기 때문에 엄청난 양의 편지들이 입증하듯이 그는 진리로 고군분투하는 사람들에게 공감하고 그들을 위로해 주었다. 루이스는 우리의 의심들에 대해 대답하고자 했고, 천국에 대한 그의 관점은 너무나 훌륭하다. 이는 마침내 우리의 질문에 대한 해답을 얻게 되었다는 것이 아니라 오히려 이러한 질문들이 더 이상 중요해 보이지 않는다는 것을 알게 될 것이다. 왜 그런가? 천국을 만나게 된 환자에게 되돌아가 보자. 그의 의심들은 사라져 버렸다. 왜냐하면 그가 실재를 보았기 때문이다. 스크루테이프와 같은 악마의 관점에서 보기에는 이렇다.

환자는 너(웜우드)를 본 순간, '그들'도 보았겠지. 어떤 상황이 벌어졌을지 훤하구나. 너는 그들 앞에서 눈도 못 뜬 채 현기증으로 비틀거렸겠고, 환자는 폭탄으로 입은 상처보다 더 깊은 상처를 입었을 테지. 이렇게 치욕스러울 데가! 영적인 네놈도 벌벌 기는 판국에, 흙과 진창에서 태어난 버러지가 그 영들 앞에 꼿꼿이 선 채 대화를 나누다니. …놈은 신을 만나기 직전까지만 해도 신이 어떻게 생겼는지 전혀 감을 잡지 못했을 뿐 아니라, 심지어 그 존재 자체까지 의심했다. 그런데 막상 신들을 만나는 순간, 자기가 처음부터 그들을 알고 있었다는 사실을 알게 되었고 자기 혼자라고 생각했던 수많은 삶의 시간 시간마다 그들이 어떤 역할을 해 주었는지도 깨닫게 되었단 말이다. 그래서 그들이 일일이 '당신은 누구시죠?'라고 묻는 게 아니라 '바로 당신 이었군요.'라고 말할 수 있었던 거야.[360]

기독교인들은 진리 그 자체이신 그 분이 이렇게 말하는 것을 볼 때 마침내 모든 의심들이 사라져 버린다. '내가 길이요, 진리요 생명이니.'[361] 스크루테이프는 다시 이렇게 말한다.

놈은 '그들'만 본 게 아니야. '그'도 보았다. 한갓 짐승이, 침대에서 태어난 버러지가 원수를 똑바로 봤다구. 네 눈을 멀게 하고 네 숨을 틀어막는 그 불길이 그에게는 시원한 빛이요, 명징함 그 자체로 인간의 형상을 입고 나타났단 말이다.[362]

그는 예수님을 보았다. 이것이 '축복의 환상'이다. 루이스는 이 이야기를 통해 길을 잃은 자들에게는 방향을 보여 주고 믿는 사람들에게는 희망을 주고 싶어 했다. 이 이야기는 지옥에 대한 생각을 교정해 주며, 지옥을 피하라고 경고하고, 기독교인의 삶을 온전한 방식으로 안내한다. 영원은 항상 보이는 곳에 있다. 결국 스크루테이프와 웜우드의 목적은 모든 악마들처럼 하나님을 화나게 하고, 인간 영혼들을 지옥에 보내 놓고 우쭐대는 것이다. 우리는 도착지로서의 지옥은 많이 알고 있지만 장소로서의 지옥에 대해서는 아무것도 모르고 있다. 물질적인 지옥에 대한 설명은 없다. 그러나 하나님과 인간에 대해 두 악마가 서로 이야기하는 내용과 태도는 우리에게 지옥이 어디에 있든지 간에 지옥의 특성을 알게 해 주는 훌륭한 설명이 된다. 더불어 (주된 유혹의 장소인)집과 사무실에서 우리가 어떻게 살아야 하는지 그리고 어떻게 악마의 계획을 좌절시킬 수 있는지에 대해서도 배우게 된다.

지옥의 철학에는 다른 자아를 삼켜서 자아를 확장하려고 하는 그릇된 사랑도 속해 있다. 그 때문에 영혼들을 하나님으로부터 분리시키려고 하는 것이다. 왜냐하면 하나님은 우리들을 자유로운 도덕적 행위자로 만드셨기 때문에 악마들은 오직 인간들이 잘못된 선택을 하도록 유혹하여 자신들의 목표를 성취할 수 있을 뿐이다. 그리고 모든 선택은 궁극적으로 하나님을 위한 것이거나 또는 자신을 위한 것이기 때문에, 아주 평범한 선택조차도 매우 중요한 문제가 된다. 신참 유혹자들이 종종 저지르는 잘못처럼 웜우드가 '깜짝 놀랄 만한 죄악을 보고하고' 싶은 열의를 지나치게 보이자, 스크루테이프는 그에게 '중요한 것은 네가 환자를 원수에게서 얼마나 멀리 떼어 놓느냐 하는 것 한 가지뿐이다.'라고 상기시킨다. 사실 '만약 도박으로 그런 효과만 낼 수 있다면 살인을 유도하는 것보다 못할 게 없다. 사실 가장 안전한 지옥행 길은 한 걸음 한 걸음 가게 되어 있다. 그것은 경사도 완만하고 걷기도 쉬운데다가, 갈랫길도, 이정표도, 표지판도 없는 길이지.'[363]

루이스는 윌리엄 로의 이야기를 인용한다. "만약 여러분이 하나님의 왕국을 선택하지 않는다면 그 대신 무엇을 선택하든지 결국 아무런 차이도 없을 것입니다." 그리고 이렇게 질문한다. "정말 여성과 애국심, 코카인과 예술, 위스키나 각료, 돈이나 과학에 아무런 차이가 없을까요? 확실히 아무런 차이가 없습니다. 우리는 종종 자신이 창조된 목적을 잃어버리고 우리를 충족시킬 수 있는 유일한 것을 거부해 왔습니다. 사막에서 죽어 가는 사람에게 하나 뿐인 우물로 가는 길을 놓친다는 것은 중요한 문제가 아닙니까?"[364]

성, 약물, 음료, 정치, 돈 그 어떠한 것도 본질적으로 악하게 창조되지 않았다. 죄는 하나님보다 이것들을 우선시하는 것이다. 일반적으로 죄는 자아를 강화하고 하나님께 맹목적으로 도전하기 위해 창조를 미묘하게 사용하는 방식을 취한다. 사랑이 우선적이라는 생각은 성경의 가장 오래된 내용에 기반하고 있다. 예를 들면 십계명의 첫째 계명을 보라. '너는 나 외에는 다른 신들을 네게 두지 말라.'[365] 이는 다음과 같은 것을 의미한다. '가장 중요한 것들에 우리의 가장 깊은 관심이 향하고, 두 번째로 중요한 것들에 그 다음 관심이 향하고, 그렇게 해서 결국엔 관심이 없는 부분에까지 내려가야 할 거네. 즉, 전혀 선하지 않거나 선의 수단이 아닌 것들에 대해서는 전적으로 무관심해지는 데까지 이르러야겠지.'[366] 루이스는 성 아우구스티누스의 '균형 잡힌 사랑'이라는 개념을 인용하여 그의 저작에서 종종 사용한다. 나는 가끔 결혼 선물로 『네 가지 사랑』이라는 귀중한 책을 주곤 하는데, 이 개념은 이 책에서 완벽하게 다루어지고 있다. 다음 인용문은 낭만적인 사랑이라는 개념을 설명하고 있다. 이는 어떻게 낭만적인 사랑이 우리 삶의 첫 번째 자리를 차지할 수 없는지 설명해 주고 결국 사랑이 감정이 아니라 의지에 뿌리를 내려야 한다는 것을 보여 준다.

> 어떤 사람을 단순히 '너무 많이' 사랑하는 것은 불가능한 일입니다. 하나님을 향한 사랑에 비해서 그를 너무 많이 사랑할 수는 있습니다. 그러나 그것이 무질서한 사랑인 것은, 하나님을 향한 우리의 사랑이 작아서이지 그를 향한 우리의 사랑이 크다는 의미는 아닙니다. …그러나 하나님과 지상의 연인 중 누구를 '더' 사랑하는가라는 질문은, 우리의 기독교적 의무에 관한 한, 두 감정 사이의 강도를 비

교하는 질문은 아닙니다. 진짜 질문은 우리가 어느 쪽을 섬기고 선택하고 우선시할 것인가에 있습니다. 최종적으로 어느 쪽 요구에 우리의 의지를 굴복시킬 것인가 하는 문제입니다.[367]

균형 잡힌 사랑은 하나님을 가장 우선시하며, 세상에서 천국을 가능한 많이 경험하게 한다. 또한 천국에서는 우리의 모든 충동이 올바르게 될 것이기 때문에 충동에 따라 행동해도 문제될 것이 없는 자유를 누리게 될 것이다. 반대로 우리의 사랑에서 부차적인 것이 우선성을 갖게 된다면 언제나 그것은 모든 사랑을 파괴하고 하나님을 우선시하며 사는 기쁨이 무엇인지 알지 못하게 할 것이다. 사랑의 실패야말로 지옥의 특징이다. 우리가 앞으로 살펴보게 되겠지만, 루이스의 픽션은 균형이 없는, 파괴적인 사랑의 다양한 예들을 보여 준다.

이름과 호칭에 대한 뒷이야기
루이스의 픽션에서 가장 훌륭한 점은 우리의 감정을 훈련시켜 선한 것을 사랑하게 하고, 악한 것을 증오하게 해 준다는 것이다. 루이스의 전기 작가인 조지 세이어는 『스크루테이프의 편지』에서 그러한 일이 일어나는 것을 보았다.

'이 책은 생각을 명료하게 해 주고, 선과 악을 구별하는 지식을 날카롭게 해 준다. 또한 순결함에 대한 열망을 키워 주며, 수많은 실제적인 충고를 통해 쉽게 진리로 향하게 만드는 영향력을 갖고

있다. 이것은 진정으로 헌신적인 작업이다.'[368]

이 작품은 이름과 호칭을 통해 선과 악의 구분을 명백히 설명한다. 악마들의 이름은 불쾌하고 천박하다. '스크루테이프 screwtape'는 관료적 형식주의의 상징인 '빨간 끈 red tape'을 나타내며 '손가락을 비트는 고문기구 thumb screw'가 암시하듯이 관료들의 음흉함을 보여 준다. 다른 악마들의 이름에서도 비슷한 특성들이 드러난다. 그러나 가장 놀라운 것은 악마들이 인간을 부르는 이름이다. 우리는 음식의 은유로 '가축', '인간 동물', 그리고 '축배'로 불린다. 이 이름들에는 우리를 삼키려는 악마들의 욕망이 내포되어 있다. 악마들은 어떤 사람들을 '부정하고 미적지근한 캐서롤(냄비요리)', '아주 늙고 케케묵은 바리새인', 가장 심할 경우에는 '쓰레기', '역겹고 하찮은 인간 버러지', '털 없는 두 발 짐승들'이라고 부르기도 한다. 웜우드의 환자는 '바보', '얼간이', '흙에서 나온 버러지', '흙과 진창에서 태어난 버러지'로 불린다.[369]

스크루테이프는 단지 영이며 하나님의 선한 창조를 신뢰하려고 하지 않았기 때문에 물질적인 것을 이해할 수도 없고, 견뎌 낼 수 없는 영지주의자이다. 그는 하나님이 물질을 창조하셨고 인간들이 그를 즐기도록 하셨다는 것을 이해하지 못한다. 스크루테이프는 우리를 열등한 존재로 본다. 왜냐하면 우리는 동물들처럼 육체를 갖고 있기 때문이다. 데이비드 클라크는 이렇게 말한다. '그는 오직 인간들만 경멸하는 것이 아니다. 먼지처럼 미약한 창조물들을 창조하여 사랑하시고 그를 위해 죽기까지 낮아지신 하나님을 지옥이 얼마나 혐오하는지 누구나 느낄 수 있을 것이다. 잡아먹기 위해 살찌워진 가축 떼가 무리지어 다니는 광경을 생각해 본다면 우리가 하나님께 돌아가야 하는 이유는 충분할 것이다.'[370] 스크루테이프는 하나님에 대해 '원수'라는 이름을 31번의 편지에서 149회 사용했다. 이는 클라크가 말하듯이 우리에게 '천국과 지옥사이에 놓여 있는 적대관계'를 상기시킨다.[371]

10
낙원 속의 악: 페렐랜드라

사망이 한 사람으로 말미암았으니 _고린도전서 15:21

『페렐랜드라』는 생명과 선으로 충만한, 타락하지 않은 세계에 대한 새로운 비전을 보여 준다. 이러한 작업은 『침묵의 행성 바깥』에서부터 시작되었지만, 우주 3부작의 두 번째 작품인 『페렐랜드라』에서 한층 더 높은 수준에 이르렀다. 내가 알고 있던 것 – 그리스도가 완전하게 통치하시는 영광의 왕국이 있었고, 끔찍하게도 죄로 인해 그 세계를 상실했다는 것 – 이 신학적으로 진실이라는 것을 처음 느끼게 해 주었다는 점에서 『페렐랜드라』는 내게 특별한 선물이었다.

나는 랜섬과 함께 페렐랜드라 행성을 여행하며 공중에 떠다니는 섬들과 '새로운 종류의 기쁨'을 처음 느끼게 해 준 노란 열매, 상쾌한 수액을 지닌 매혹적인 거품나무들, 순결한 녹색 여인, 그리고 기쁨으로 인간 주인들을 섬기는 돌고래들을 좋아하게 되었다.

그때 악이 들어왔다. 웨스턴의 우주선이 착륙하자, 그는 이 타락하지 않은 세계의 아름다움과 조화를 무자비하게 파괴하기 시작했다. 이 부분을 읽을 때 나는 정말 고통을 느꼈다. 악마에게 사로잡힌 웨스턴은 녹색 여인이 안보이게 되자 하나님이 만드신 것들을 즐겁게 파괴하기 시작했다. 이런 대단히 놀랍고도 가슴 아픈 사건 와중에 랜섬은 뒤통수부터 뒷다리까지 끔찍한 상처를 입은 페렐랜드라의 밝은 색깔 개구리들을 발견하게 된다. 그는 개구리들을 구해 보려고 했지만, 개구리들은 한 시간 만에 죽어 버렸다. 랜섬은 이전에도 전쟁의 공포를 경험한 적이 있었지만, 손상되지 않은 세계에서 처음으로 죽음을 대면하게 되자 우리 세계의 악이 떠올라 '참을 수 없는 음탕함'과 '부끄러움'을 느끼게 되었다. 어떤 면에서는 이것이 『저 무서운 힘』의 묵시적인 악몽으로 타락해 버린 악보다 더욱 악한 것이다. 그 후 랜섬은 불구가 된 개구리들이 반인간을 안내한 흔적을 발견하게 된다. 그들의 서로 헐뜯는 무감정한 행동을 보면서 랜섬과 독자들은 고통을 느끼게 된다.

여기서 루이스는 청교도들이 올바르게 옹호했던 것 – 선을 사랑하는 감정을 배우고 죄의 본색을 보고 악을 증오하는 것 – 들을 이루게 된다. '죄의 삯은 사망이다.' 그리고 우리는 그 삯이 얼마나 무거운 것인지 이 축소된 소우주에서 느끼게 된다.[372] 어떤 사람이 그런 일을 할 수 있을까? 웨스턴의 경우, 그는 자신을 스스로 악마와 맞바꾸었다. '웨스턴 자신은 사라졌다.'[373]

웨스턴에게 나타난 자기중심성은 지옥의 첫 번째 증표이다. 웨스턴은 편집광적으로 변했고, 자기 자신을 '선택받은, 인도받은, 구별된 사람'이라고 바라보게 되었다.[374] 그는 무기적인 것이 유기적인 것으로 급상승하게 된다는 식의 '창조적 진화'를 믿게 되었다. 그래서 순수한 정신을 향해 진보하는 과정을 위해 자신이 현 시대에서 중요한 역할을 맡게 되었다고 믿었다. 이러한 신념은 이전에 『인간 폐지』에서도 다루어진 적이 있고, 우주 3부작의 마지막 작품인 『저 무서운 힘』에서는 더 완전하게 전개된다. 웨스턴은 말한다. "나는 그것이다." 이것은 "누가 나를 보내셨다고 말하오리까?"라는 모세의 질문에 하나님이 "나는 나다."라고 대답하신 것을 풍자한 것이다. 웨스턴은 오만한 월터 휘트먼처럼 이렇게 주장했다. "나는 우주다. 나, 웨스턴은 너의 하나님이자 악마이다. 나는 완벽한 힘을 불러냈다."[375] 그의 얼굴은 아주 구역질 날만큼 일그러졌고 마치 미친 사람처럼 땅에서 몸부림쳤다. 자신에게 사로잡힌다는 것은 바로 미쳤다는 것을 의미한다. 이는 창조물들이 순종 속에서 자유를 찾으며, 하나님과의 관계를 위해 만들어졌다는 점과 대조된다. 웨스턴은 지옥의 공포스러움을 보여 주는 끔찍한 모습과 더불어 인간 존재로서의 가능성이 완전히 고갈되어 버린 상태에 이르렀다. 그는 스크루테이프에게 잡아먹혔다.

웨스턴의 목표는 아직 타락하지 않은 녹색 여인을 타락시키는 것이었다. 웨스턴은 그녀에게 맬럴딜^하나님이 그녀에게 알려 준 지식을 넘어선 지식을 줄 수 있는 것처럼 행동했다. 그녀는 고정된 땅에서 하룻밤을 자서는 안 된다는 맬럴딜의 명령을 거역하여 자신이 독립적인 존재라는 것을 입증해야만 그 지식을 얻을 수 있었다. 랜섬과 웨스턴 이외에는 트리드릴이라는 이름의 녹색 여인과 잠시 자리를 비운 그녀의 남편 토르만이(마치 아담과 하와처럼) 그 행성의 유일한 인간들이었다. 웨스턴은 빗발치는 논증으로 사람을 위축시키고, 허영심을 자극하고, 마지막으로 자존심을 움직여서 녹색 여인을 유혹하려고 한다. 그는 허영심을 자연스럽고 당연한 것으로, 죽음을 생명으로, 불복종을 맬럴딜의 비밀스러운 의지에 대한 불가사의한 복종으로, 죄를 하나님과 토르에 대한 봉사로 재 정의했다.

랜섬은 진리의 편에 서 있었지만, 악마 덕분에 잠이 없고 기운이 넘치는 웨스턴과 육체적으로 경쟁할 수가 없었다. 웨스턴은 자신이 선택한 대로 편집광적인 죄 그 자체가 되어 버렸다. 그는 자신이 자기 종족의 구원자라고 주장하며, 이 행성과 다른 모든 행성을 멸망시키고 후손들을 각각의 행성으로 보내어 같은 일을 하려고 할 것이다. 랜섬은 반인간을 무찌르기 위해 선택할 수 있는 방법이 단 한 가지 밖에 없다는 사실을 알게 되었다. 그것은 이미 죄가 하나님 대신 들어앉은 웨스턴의 물질적인 육체를 반드시 죽이는 것이다.[376] 세상 사람들, 또는 루이스의 작품들의 많은 등장인물들처럼,

웨스턴은 하나님으로부터 독립적이라고 주장함으로써 스스로 저주를 받았다. 하나님을 버린, 반대로 하나님께 버려진 사람들의 생생한 모습을 통해 우리는 지옥의 공포를 보게 된다.

사탄의 역할을 맡은 웨스턴은 사탄의 운명을 겪게 된다. 랜섬은 처음에 그를 질식시켜서 죽인다. 하지만 반인간은 이상하게 비틀려진 상태에서 끝에 불구덩이가 있는 지하 동굴로 되돌아온다. 다시 살아난 웨스턴의 육신은 랜섬에게 느릿느릿하게 다가오는데, 랜섬은 돌로 웨스턴의 머리를 부수고 그를 불의 연못에 던져 넣는다. 성경의 표현대로 '이것이 둘째 사망이다.' 그리스도의 형상을 입은 랜섬은 마지막에 사탄의 형상을 입은 인물을 패배시킨다. 결국 지옥은 악마와 그의 천사들을 위해 창조된 곳이다. 랜섬은 지하세계로의 여행이라는 서사시를 보여 줄 뿐만 아니라 사도신경에 나오는 예수님이 '지옥으로 내려가셨다.'는 구절을 체현하고 있다.

랜섬은 물결 - 이는 세례와 부활을 상징한다. - 속에서 나타난 뒤, 웨스턴의 이빨 때문에 뒤꿈치에 피를 흘리는 것 말고는 그저 육신이 조금 아프고 지쳤을 뿐이라는 것을 깨닫게 된다. 이는 창세기 3:15에 처음 나타나 있는 메시아에 대한 예언과 지옥의 패배를 암시하는 것이다. 하나님은 히외의 지손으로부터 사탄의 미리를 '다치게' (또는 '부수게') 할 메시아가 나올 것이라고 약속하셨다. 그러나 그 사탄은 '그의 뒤꿈치를 물' 것이다.

우리는 또다시 루이스가 지옥에 대해 정교하게 설명하고 있는 중요한 주제들을 보게 된다. 지옥은 자기에게 사로잡힌 곳이다. 그곳은 인간의 가능성이 고갈되는 곳이다. 악은 선을 흉내 낼 뿐이다. 지옥으로 가는 것을 선택한 사람들은 그리스도가 아닌 다른 것을 선택한 사람들이다. 지옥에는 궁극적으로 패배가 운명지어져 있다.

11
지옥의 사회학: 저 무서운 힘

> 하나님을 영화롭게도 아니하며 감사하지도 아니하고 오히려 그 생각
> 이 허망하여지며 미련한 마음이 어두워졌나니 스스로 지혜 있다 하나
> 어리석게 되어 _ 로마서 1:21-22

루이스의 픽션은 풍부한 상상력과 신학적 내용이 적절하게 조화를 이루고, 세계의 역사와 인간의 본성을 잘 포착하고 있다. 또한 이러한 이야기들은 진정한 본향에 대한 충족될 수 없는 갈망을 불러 일으킨다. 많은 사람들이 루이스의 픽션이 유익하다고 생각하는 것은 바로 이러한 이유 때문이다. 토마스 호워드가 지적한 것처럼 루이스의 픽션은 대부분 탈출할 수 있는 새로운 세계를 보여 준다는 특징을 갖고 있다. 천국 그 자체를 보여 주기도 하고(『천국과 지옥의 이혼』), 천국의 분위기를 느낄 수 있는 세계(나니아 같은)들

을 만들기도 하며, 타락하기 이전의 선과 조화가 존재하는 우주 속의 공간들(『침묵의 행성 바깥』의 맬러캔드라나 『페렐랜드라』의 페렐랜드라와 같은)을 보여 주기도 한다.[377] 그러나 루이스의 작품들 가운데 오직 『저 무서운 힘』에는 동경하고 싶은 어떠한 새로운 세계도 존재하지 않는다. 나는 루이스의 14개의 픽션 작품들 중에서 이 작품만큼은 별로 다시 읽고 싶지 않았다. 이 픽션은 악이 창궐하여 지옥으로 변해 버린 세계를 그려내고 있는데, 그것이 우리의 세계이다.[378]

지옥의 모습을 자세히 살펴보기 전에, 우선 이 이야기 역시 주인공(마크와 제인 스터독에게 천국의 힘이 나타나)이 구원을 받는 것으로 마무리된다는 점을 언급해야겠다. 천국을 대표하는 가장 중요한 인물인 엘윈 랜섬은 - 자신은 깨닫지 못하고 있지만 그는 『침묵의 행성 바깥』과 『페렐랜드라』에서 의지에 가득 차 있는 영웅이었다. - 강력한 국가 공동실험 연구소 N.I.C.E.에 맞서 싸우고 있는 믿음의 사람들의 작은 모임으로 향한다. 그리고 오로지 하나님의 간섭하심으로 인해 승리한다. 물론 우리의 삶 속에서 하나님이 간섭하지 않으신다면 - 그러나 그 분은 항상 우리가 자발적으로 행할 때 간섭하신다. - 우리는 죄악에 압도되어 파멸할 것이다.

이 책에서 랜섬은 로그레스의 펜드래곤 Pendragon - 정의와 자비와 선에 관한 이상적인 꿈으로 가득 차 있는 아더 왕의 왕국 통치자 - 이 된다.[379] 랜섬과 멀린을 연결해 주는 것은 바로 이러한 점이다. 멀린은 15세기 전 아더 왕 궁전에서 온 마법사이며, 초자연적인 힘을 갖고 있기 때문에 그를 모두가 자신의 편으로 끌어들이려고 한다. 랜섬은 영적으로 눈을 뜨게 된 마크 스터독의 도움으로 악의 힘이 도달하기 전에 멀린과 만나는 데 성공한다. 우선 몇 가지를 지적해 보자. 루이스는 이 이야기에서 성 St. 아우구스티누스의 작품을 응용하여[380] 천국과 세상의 두 개의 도시를 그려내고 있다. (여기서 산 위의 '성St. 안나'와 '에지스토우'는 서로 대립하는 상태에 있는 집단인 '성St. 안나'와 '벨버리'를 나타낸다.) 성 아우구스티누스는 이전에 단테가 그랬듯이 두 도시를 대조하는 가운데 우리가 '지옥의 철학'이라고 부르는 것도 천국과 마찬가지로 사랑에 근거하고 있다는 사실을 깨닫는다.[381]

> 그래서 두 가지 사랑이 두 도시를 건설했다. 심지어 하나님까지도 멸시하는 자기 사랑이 '지상 도성'을 만들었고, 자기를 멸시하면서 하나님을 사랑하는 사랑이 '천상 도성'을 만들었다. 따라서 지상 도성은 자기 자신을 자랑하며, 천상 도성은 주를 자랑한다. 지상 도성은 사람들에게서 영광받기를 원하고, 천상 도성은 우리의 양심을 보시는 하나님을 최대의 영광으로 여긴다. …지상 도성에서는 지배욕이 피정복 민족들 위에 군림하고, 천상 도성에서는 지도자와 피지도자들이 사랑으로 서로 섬기되, 지도자는 그 지혜로 피지도자는 복종으로 섬긴다. 지상 도성은 그 권력자들이 나타내듯이 자기 자신의 권력을 사랑하며, 천상 도성은 하나님께 '나의 힘이 되신 주여, 내가 주를 사랑하나이다.'라고 한다.[382] (일반적인 생각과는 달리 성

아우구스티누스는 지옥 역시 일종의 '사랑'에 기초하고 있는데 그것은 하나님까지도 멸시하는 '자기사랑'이며, 반대로 천국은 자기를 멸시하며 하나님을 사랑하는 사랑에 기초하고 있는 것이라고 보았다.)

『스크루테이프의 편지』에서 보았던 지옥의 모습처럼 N. I. C. E. 내부의 관계들은 공포와 탐욕에 의해 움직인다. 마크 스터독 같은 하급 직원들은 '내부 조직' – 내부인의 특별한 지식을 얻고 배타적인 집단에 소속되어, 이를 경험해 보지 못한 자들을 경멸하면서 쾌락을 느끼는 영지주의자들 – 으로 들어가고자 하는 욕망에 빠져 교묘하게 조종 당하고 있다. 지옥의 모든 매력이 그러하듯이 이는 허위적인 것이다. 그 약속은 결코 지켜지지 않는다. 그래서 희생자들은 허망한 꿈에서 깨어나거나, 무익하게도 또 다른 종류의 관계나 더 깊은 종류의 종속을 찾으려고 시도한다. 그러나 지옥과 벨버리에서는 다른 사람을 이롭게 하고 보살피려는 사랑이나 개인적인 희생에 대해 아무것도 알 수 없다.

반대로 랜섬과 '산 위의' 성 안나 공동체는 사랑을 통해 성장하고 있으며, 항상 자기 자신보다 하나님과 다른 사람에게 주의를 기울인다. '산 위의'라는 이름에 대해 설명을 하자면, 루이스는 이 명칭을 통해 모든 기독교인들에게 공동체를 세우라고 명하신 예수님의 말씀을 상기하게 한다. 예수님이 처음으로 공적인 사역을 시작했을 때, 산상설교에서 이렇게 말씀하셨다. "'산 위에' 있는 동네가 숨겨지지 못할 것이요. …이같이 너희 빛이 사람 앞에 비치게 하여 그들로 너희 착한 행실을 보고 하늘에 계신 너희 아버지께 영광을 돌리게 하라."[383] 성 안나 공동체의 빛은 고통 속에서 안식을 찾는 제인 같은 사람의 어두워진 마음에도 비치며 결국 벨버리의 어두운 환상을 극복하게 만든다.

벨버리처럼 성 안나에도 일종의 위계적인 관계가 있다. 그러나 성 안나의 지도자들은 기꺼이 아랫사람들을 섬긴다. 제인 스터독은 여기에서 사랑에 대해 배우게 된다. 이 책은 '부부관계'라는 단어로 시작되는데, 이는 제인이 최근에 부부관계에 대해 환멸을 느끼고 있고, 마크에 대한 소외감이 점점 커져간다는 것을 설명해 준다. 그녀의 남편은 대학과 N. I. C. E.의 비위를 맞추고 아첨하는 데 많은 시간을 쏟으며, 무의식적으로 자신의 파멸을 부르고 있다. 제인은 완벽하게 '자유로운' 현대 여성으로, 그녀는 박사학위를 받겠다는 허상의 만족을 추구하고 있다. 역설적이게도 그녀의 논문 주제는 '육체의 승리에 대한 옹호'라는 던의 개념 Donne's concept 에 대한 것이다. 제인은 아이가 없고 아이를 원하지도 않는다. 그리고 그녀는 자신의 성 정체성에 대해 심각한 의문을 가지고 있다. 중요하지 않게 보이는 등장인물들이 그녀를 치유하는 역할을 한다.

데니스톤 부부는 성 안나에 가장 잘 적응한 부부들 중 한 쌍인데, 그들은 제인과 함께 소풍을 간다. 이는 충분히 순수한 일처럼 보이지만 지옥의 관점에서 볼 때는 그렇지 않다. 악마 스크루테이프가 웜우드에게 '환자'가 읽고 싶어 하는 책을 읽게 했다는 것과 그가 자신의 배움을 자랑하지 않았다는 것, 그리고 (환자는 단지 즐기기 위해) 시골 길을 산책시킨 것으로 웜우드에게 욕설을 퍼부었던 것을 기억해 보라. 스크루테이프가 탄식하듯이 모든 쾌락은 하나님이 창조하신 것이다. 그리고 우리가 하나님의 영역 속에 있다면, 우리는 언제든지 하나님이 원하시는 그러한 쾌락들을 취할 수 있다. 우리가 자기 자신을 벗어나는 것은 하나님에게로 향하는 첫 번째 발걸음이다. 데니스톤 부부는 모든 종류의 날씨와 자연의 가지각색의 풍부함을 즐길 줄 아는 루이스의 감각을 가지고 있었다.

제인은 춥고 안개 낀 소풍 장소를 벗어나서 음식점으로 가자고 제안한다. 그러나 프랭크는 이렇게 대답했다. "당신은 숲 속의 안개 낀 가을날을 좋아하지 않는단 말이오?" 그리고 자신과 카밀라는 '둘 다 모든 종류의 날씨를 좋아하기 때문에' 결혼하게 되었다고 말한다. 제인은 어떻게 하면 그런 것을 배울 수 있느냐고 묻는다. 프랭크는 아이들은 비와 눈 속에서 노는 것이 자연스럽다는 것을 알고 있다고 대답한다. 우리는 어른이 되면서 그것을 잊어버렸다. 데니스톤 부부는 건강한 호기심을 유지하고 있을 뿐만 아니라 어린아이와 같은 영적인 덕목들을 가지고 있었다. 그리스도가 명령하셨듯이 우리는 어린아이와 같이 그를 의지하고 신뢰하는 법을 배워야 한다. 치료는 시작되었다. 그리고 제인은 결국 모든 권위 – 하나님, 랜섬, 그리고 마크 – 에 순종하는 법을 배우게 되고 거기에서 자유를 발견한다. 자유는 영원한 의미를 지닌 목적과 계획과 역할을 갖고 있는 창조물이 된다는 것이 무엇인지를 발견할 때 나타나게 된다. 지옥에는 이와 같은 치료를 할 수 있는 요소들이 없고, 자아의 감옥에서 탈출하는 데 도움이 될 수 있는, 하나님을 암시하는 창조물도 없다. 그리스도 안에서의 삶의 필수 조건은 자기 자신을 죽이는 것이다. 마크의 회심은 그가 연구소의 음모에 휘말려 도망칠 희망도 없이 죽음을 맞이하게 되었을 때 일어난다.

『저 무서운 힘』은 천국과 지옥에 대한 루이스의 핵심적인 생각을 완전하게 전개하고 있는 다른 책들과 맥락을 같이한다. 우리는 성 안나의 공동체와 주인공 마크와 제인 스터독의 사이에서, 주인공의 적대자들인 위더와 프로스트의 사이에서 긍정적이고 부정적인 두 가지 정점을 모두 보게 된다. 위더 Wither는 '시들다'는 의미 와 프로스트 Frost는 '냉담함'을 의미 라는 바로 그들의 이름 자체가 인간의 속성에 대한 풍자이다. 그들은 완전히 실재적이고 영원한 것, 세상에서의 삶을 풍부하게 하는 모든 것들을 부정한다. 그들은 하나님, 인간, 자연, 물질, 그리고 정신에 반대한다. 역설적이게도 위더와 프로스트는 자신들의 목적에 따라 인간을 지배하고 재구성함으로써 인간을 구원하겠다는 매력적인 속임수에 빠져 자신들을 파괴할 뿐만 아니라 같이 음모를 꾸민 사람들도 죽게 만든다. 그들을 멈추지 않았더라면 벨버리에 닥친 종말적인 파괴는 세계를 파괴했을 것이다.

비록 선의 힘이 승리하고 주인공인 마크와 제인 스터독이 자기중심성이라는 자신들의 죄를 깨닫고 회심했음에도 불구하고, 이 책은 매우 음울한 어조를 띠고 있다. 『침묵의 행성 바깥』과 『페렐랜드라』가 천국에서 무엇을 되찾게 될지를 보여 준다면, 『저 무서운 힘』은 세상에서 어떤 일이 일어나게 될지 그리고 지옥의 최후의 공포에 대한 징조를 보여 준다. 그 공포란 마치 천국의 영광처럼 거의 상상할 수도 없는 것이다. 우리는 자신의 상상력을 올바른 방향으로 이끌어야 한다. 왜냐하면 우리가 정말 믿고 있는 것, 궁극적인 운명에 대해 느낄 수 있도록 자신을 훈련하는 것은 매일의 삶의 윤곽과 세부적인 것들을 결정하기 때문이다. 결과를 이해할 수 있는 것이야말로 지혜의 특징이다.

루이스는 이 작품에서 '상징적인 이름과 대상과 행동을 통해' 그리고 '지옥의 속성을 제시함'으로써 지옥과 지옥에 간 사람의 행동에 대해 건강한 공포심을 갖게 해 준다. 가장 명백한 상징은 이름이다. 앞서 언급한 것처럼 위더와 프로스트의 이름은 이 소설을 관통하고 있는 생각이 무엇인지를 보여 준다. 그들이 냉정하고 계산적으로 통제하는 것은 무엇이든 시들고 죽는다. 그들은 인간의 속성 중에서 선한 것이 모두 제거되고 악만 남은 찌꺼기가 되었다. 그리고 그들은 세계 전체에 대해 똑같은 것을 계획했다. 역설적이게도 이 두 사람이 이끄는 조직은 국가공동실험연구소, National Institute of Co-ordinated Experiments의 머리글자로 이루어진 약어로 N.I.C.E.^훌륭한 라고 불린다. 이 조직은 순수하게 정신적인 존재라는 상태를 받아들이고 물질적인 것을 증오하고 소멸시키기 위해 일을 한다. 몸에서 분리된 머리를 비밀리에 보존하는 것은 이러한 철학을 상징한다. 딤블은 사라센의 머리인 앨카산이 자신들

이 상상할 수도 없는 의식 상태를 경험한 '고통과 증오에 몸부림치는 범죄자의 머리'라고 설명한다.[384]

첫째, 작게는 벨버리의 모든 머리가 '범죄자'이며 개인적인 지옥이다. 마크는 연구소 소장인 존 위더에 대해 이렇게 생각했다. "그(위더)가 자신의 말을 전혀 듣질 않자 마크는 이런 어리석은 생각이 들었다. 그는 여기에 없는 게 아닐까, 연구 소장의 영혼은 형태도 없고 빛도 없는 세계와 폐허가 된 땅과 우주의 공간에 가스처럼 흩뿌려져 떠다니는 것은 아닐까."[385] 곧 마크는 겁이 나기 시작했고 벨버리로부터 도망 나와 제인에게 돌아왔다.

둘째, 적대자들의 행동들은 결과적으로 N.I.C.E.와 그를 받아들인 공동체를 파괴한다. 『저 무서운 힘』의 서문에서 말한 것처럼 루이스는 『인간 폐지』에서 제시했던 생각들을 완성했다. 이 책에서 루이스는 절대적인 도덕의 표준에 근거하여 삶을 통제해야 할 필요성에 대해 설명하고 있다. 우리가 도덕법에서 벗어난다면(그는 조심스럽게 '도'라는 중립적인 용어로 설명한다.) 인간 본성 그 자체가 파괴될 것이다. 『순전한 기독교』에서 루이스는 자의적인 것과는 전혀 상관없는 이 법이 어떻게 창조주 하나님의 인격에서 유래한 것인지 보여 준다. 우리가 삶과 의미의 원천이신 하나님과의 연결고리를 잃어버렸을 때, 우리는 도덕의 혼돈과 공허 속에서 고립된다. 나는 여기서 이 책의 주장들을 되풀이하고 싶지는 않다.[386] 『저 무서운 힘』은 하나님이 주신 것을 '자기 자신의 가치'로 대체한 사람들이 장악한 세계가 어떤 모습이 될지를 보여 주고 있다.

N.I.C.E.가 지배하는 신세계는 어떤 모습이 될까? 위더와 프로스트는 일종의 관료제를 운영하고 있는데 이는 『스크루테이프의 편지』에서 암시된 것과 비슷하다. 여기에 있는 사람들은 모두 기회주의자들이다. 역경을 딛고 내부 집단에 들어가 출세를 하려고 하고, 인간의 예의범절이 마치 흔적도 남지 않고 완전히 사라져 버리기라도 한 것처럼 다른 사람들을 이용하고 속인다. 그들이 만든 N.I.C.E. 내부의 신세계는 마치 공포의 집처럼 보인다. 레즈비언 새디스트인 페어리 하드캐슬은 연구소의 게슈타포(비밀경찰)를 지휘한다. 거세된 남자로 묘사되는 필로스트라토는 인간의 육체에서부터 식물에 이르기까지 지구의 모든 유기체를 불임 상태로 만들려고 한다. 그는 자신의 상상대로 '인공적인 인간'을 창조함으로써 죽음을 극복한 순수한 정신만을 남기려고 한다.[387] 필로스트라토와 벨버리의 과학자들은 프랑켄슈타인의 괴물이 되돌아온 것처럼 기술적인 수단을 통해 단두대에서 처형된 살인자 앨카산의 머리를 살아 있는 상태로 만들 수 있다는 것을 알게 된다. 그 머리는 초자연적인 고통 속에서 침을 흘리며, 그들을 '맥로브'들의 세계로 연결해 준다. 물론 맥로브는 다른 종족이기는 하지만, 인간 종족을 구원할 순수하게 지적인 종족이 아니다. N.I.C.E.의 미친 과학자들은 자신들을 악마에게 개방한다. 미래에 대한 그들의 희망은 이제 저주받은 운명이 된다.

또한 하나님이 없는 새로운 세계는 배교자 스트라익 신부의 모습처럼 보인다. 그는 그들이 사라센의 머리에서 불멸을 발견했다고 믿는 사람이다. '성경에서 예수님의 부활은 상징이었다.' 그는 크게 기뻐하며 이렇게 말했다. "오늘밤 여러분은 그것이 무엇을 상징하는지 보게 될 것이다. 여기에 진정한 최후의 인간이 있다. 그리고 우리는 그에게 모든 충성을 맹세한다."[388] 이교도의 우상숭배보다 더 악하고 어리석게도 그들은 자신들의 손으로 만든 신을 섬기는 지경에 이른다. 그리고 그들은 예수님을 향해 신성모독을 저지를 뿐만 아니라 저주를 퍼붓기까지 한다. 스트라익은 마크에게 이렇게 말한다. "우리는 네게 전능한 하나님의 창조에 동참하는 이루 말할 수 없는 영광을 선사한다."[389] 그리고 그들은 자신들의 머리가 다음에 선택되기를 희망하며 줄을 선다.

N.I.C.E.의 정책들이 완전히 실행되기 시작한 벨버리에 대해 토마스 호워드는 단순하고 진실 하게 '이것이 바로 지옥'이라고 말한다.[390] 선하고 합리적이고 생명을 주는 모든 것들은 파괴되거나 왜곡되었다. 이는 하나님이 창조하시고 선하다고 선언하신 물질적인 세계를 소멸시키고, 살아 있는 식물들을 금속으로 바꾸고, 몸에서 머리를 분리하는 데까지 이른다. 육신의 감옥에서 영혼을 해방시키는 사업은 특별한 지식을 지니고 있는 엘리트들에 의해 통제되는데, 적절하게도 몸이 없는 섬뜩하고 무시무시한 머리가 이 사업을 상징하고 있다. 그 머리는 침을 흘리며 백치 같은 말을 지껄여댄다. 비슷하게 위더가 질문들에 대해 아무 의미없는 정치적인 문장들로 대답할 때, 그의 입에서 나오는 언어는 의사소통의

도구가 아니라 사람들을 당황하게 만드는 도구가 된다. 모든 전통적인 가치들은 인간사회와 인간의 정의 자체를 재구성하기 위해 깨끗이 사라졌다. 마크가 뇌를 씻는 것은 바로 이를 상징한다. 그곳에서 모든 것은 사람을 현혹시키는 천사들의 수중에 놓여 있다. 그 결과 마크는 이 연구소의 사상이 맞는지 틀린지 혼란스러워 하는 것처럼 위아래에 대한 감각조차 혼란스러워한다. 묵시적인 결말부분에서 '바벨'에서 일어났던 언어들의 혼란이 되풀이되자 연구소에 있는 그 누구도 다른 사람들을 이해하지 못하게 된다. 결과적으로 모두 완전히 고립된다. 이러한 목적에 따라 재창조된 인간은 더 이상 인간이 아니다. 생명을 거부하는 프로스트는 결국 필연적으로 벨버리와 이웃 마을을 파괴하고 자신도 자살할 수밖에 없다. 잔인한 실험에 이용되던 동물들은 이제 주인들의 유린과 짓밟힘에서 해방되었다. 신들과 동물들과 모든 자연처럼 마지막에는 '존재의 대사슬'(삼라만상이 하나로 연결된 세계)마저도 인간에게서 고개를 돌린다. 절대적인 도덕의 가치를 내던진 결과에 대해 루이스가 예언한 것은 이 픽션의 서사 속에서 일어난다. 이 이야기의 놀라운 면은 이러한 생각들이 서구 사회에서 너무나 많이 받아들여지고 있다는 점이다. 『저 무서운 힘』에 나타나는 냉소와 중상모략과 혼란은 선과 연대의 모든 가능성이 사멸한 지옥에 대해, 또는 세상 속의 지옥에 대해 우리가 예상할 수 있는 것이다.

계속 악마의 편에 서있던 위더와 프로스트의 생각과 그로 인한 결과들은 검토해볼 가치가 있다. 둘 다 천국과 지옥에 대한 루이스의 또 다른 중요한 주제를 설명 주기 때문이다. 우리는 자유로운 선택에 의해 오직 둘 중 하나의 목적지에 어울리는 창조물로 변화한다. 루이스는 하나님이 주권자이시며 창조에 관해 세부적인 것까지 선택하셨다는 것을 알고 있다. 이것을 루이스는 삼위일체와 성육신, 예정과 자유의지의 공존과 같은 신비로 받아들였다. 여러분이 둘 중에서 무엇을 강조하게 되는지는 하나님의 영원하고 무시간적인 관점에서 보느냐 또는 여러분의 시간 속에서의 보느냐에 달려 있다.

루이스는 선택의 자유를 강조했는데, 이는 우선 변증적인 목적 때문이었고, 그리고 영원의 관점을 설명한다는 것이 시도자체가 어렵고, 위험한 것이기 때문이었다. 『천국과 지옥의 이혼』에서 조지 맥도날드는 일시적으로 머무르는 화자에게 이렇게 경고한다. "시간의 렌즈를 통하지 않고 영원의 형체를 보려고 하는 것은, 자유를 아는 지식이 예외 없이 파괴되어 버리는 법일세. 예정설을 보게. 그 교리는 '영원한 실재는 굳이 명실상부한 실재가 될 미래를 기다릴 필요가 없다.'는 사실을 (충분히 참되게) 보여 주고 있다네. 하지만 그 대가로 둘 중에서 더 심오한 진리인 자유의 교리를 희생시켜 버리지."[391] 위더와 프로스트에 대해 말하자면 '사람은 지옥에 끌려가거나 보내질 수 있는 것이 아니다. 여러분은 오직 자신의 힘으로만 그곳에 갈 수 있다.'[392]

프로스트의 운명의 순간이 다가올 때, 우리는 또다시 지옥에 대한두 가지 핵심적인 주제를 보게 되는데, 이는 루이스의 저작 전체에 걸쳐 나타나며 여기에서 더 두드러지게 강조된다. 지옥은 인간의 가능성이 고갈되는 곳이며 그것은 자기의 선택에 의한 것이다. 프로스트는 철학적 무신론에 따라 먼저 신뢰할 수 있는 지식의 존재를 부정했고, 결국 실재 그 자체도 부정하게 되었다. 그는 삶이 환상이라는 관점을 받아들였다. 그는 '완전한 공허에 이르는' 인간주의적인 철학의 노선을 따라갔다. '그는 오랫동안 지식 그 자체를 믿는 것을 그만두었다. …그는 전심으로 실재와 진리가 없어야 한다고 바랐다. 그리고 이제 그 자신이 파멸될 절박한 상황조차도 그를 깨우지 못한다.'[393] 프로스트는 마지막까지 은혜를 거부했고 그리 오래지 않아 그가 처음부터 틀렸으며, 영혼과 개인적인 책임이라는 것이 존재한다는 것을 알 수 있게 되었다.(그리고 동시에 그 지식을 거부하게 되었다.) 그는 절반만 보았고, 전체를 증오했다. 그래서 '그는 자신의 착각을 고수하기 위해 엄청나게 노력했다.'[394] 그리하여 프로스트는 불 속으로 뛰어들어 자살하려고 했다. 이것은 우리에게 『천국과 지옥의 이혼』에서 자기 연민과 다른 사람들의 동정심을 조정하는 삶을 선택한 비극 배우를 떠올리게 한다. 그 결과 그는 자신이 선택한 죄가 되었다. 그는 수축되어 결국 육체적으로 사라져 버린다.

신세계의 지도자인 위더와 프로스트는 파멸을 향해 돌진한다. 우리는 지옥으로 내려가는 그들의 질주를 쫓아가게 된다. 그들의 상실한 마음은 심판을 받았다. 바울이 로마서 1장에서 말한 것처럼 그들은 계속해서 죄를 지었고, 그들의 양심은 완전히 침묵하게 되었다. 그들은 더 이상 선과 악을 구별하지 못하며, 그들의 악한 범행을 합리화하는 그릇된 이성을 가지게 되었다. 여기에 천국과 지옥을 암시하는 중요한 주제가 있다. 이것이 바로 선택으로 인한 운명이다. 이 등장인물들은 자신이 선택한 죄가 되었다. 그 때문에 그들의 인간으로서의 가능성은 편집증적인 것으로 수축되었다. 어떤 의미에서 그들은 죽기 전에 이미 지옥으로 간 것이다. 왜냐하면 그들은 하나님의 목소리에 귀를 기울이지 않기 때문이다. 『페렐랜드라』에서 반인간으로 불리던 웨스턴처럼 그들은 인간성을 잃어버렸고 악마에게 사로잡혔다. 그들은 영원히 '머리' 그 자체가 될 것이다.

악몽과 같은 결말은 어둠의 힘이 필요로 하는 피로 가득 차 있다. 지도자들은 그들의 목적을 위해 그러한 힘을 추구한다. 악마들은 N.I.C.E. 내부에서 또 다른 머리, 제물, 치명적인 상처, 참수형, (골목길에서 갱들이 싸울 때 하는) 칼부림을 원한다. 에지스토우 마을은 지진과 산사태와 불로 인해 파괴된다. 그 골짜기는 지옥으로 변한 것처럼 보인다.[395] 어두운 엘딜들은 그들이 항상 해 왔던 일을 한다. 그들은 하나님을 대적한다. 그들은 사랑과 창조와 생명의 자리를 증오와 파괴와 죽음으로 대신하려고 한다. 랜섬이 연구소에서 풀려난 힘에 대해 말한 것처럼 "그 어떤 세상의 힘도 저 무서운 힘에 대항하려고 하지 않을 것이다."[396]

그러나 우리는 인간과 N.I.C.E.가 풀어놓은 사악한 힘을 패배시킬 수 있고, 큰 재난을 막을 수 있는 힘에 대해 알고 있다. 분명히, 유일한 해결책은 하나님과 그의 인격으로부터 흘러나오는 가치들을 선택하는 것이다. 인간의 역사 속에서 그러한 가치들은 인간의 행동을 구속해 왔다. 그것은 '어떻게 해야 훌륭해질 수 있는가?'라는 질문은 아니다. '어떻게 해야 훌륭한 삶을 살 수 있는가?'라는 궁극적인 질문도 아니다. 그것은 우선적인 원칙들과 영원한 운명에 대한 질문이다. 그리스도 안에서 하나님을 선택하는 것은 사랑과 선과 생명을 선택하는 것이다.[397] 이는 반대로 이루어질 수 없다. 우리는 자신의 선을 통해 하나님께 도달할 수 없다. 왜냐하면 우리는 그 분 없이는 선해질 수 없기 때문이다. 그 분 없이는, 20세기의 '문명화 된' 세계가 풍부하게 증명해 주듯이 인간의 가장 이상적인 노력들조차 루이스가 그려낸 것처럼 모두 무시무시한 것이 된다.

12
지옥 역시 선택이다: 천국과 지옥의 이혼

> 우리는 지옥을 박탈이라는 측면에서 이해할 수 있습니다. 여러분은 손에 잡히지 않는 황홀경이 의식 바로 바깥에서 맴도는 것을 평생토록 경험해 왔습니다. 그런데 모든 희망을 넘어 자신이 마침내 그것을 얻게 되었음을 깨닫는 날, 또는 손만 뻗으면 잡을 만한 곳에 그것이 있었음에도 불구하고 영원히 잃고 말았음을 깨닫는 날이 다가오고 있습니다.398 _C. S. 루이스

루이스는 대조의 기법을 사용하여 천국을 열망의 대상으로 지옥을 혐오스러운 대상으로 그려내는 데 성공했다. 우리는 『천국과 지옥의 이혼』을 통해 지옥이 황량하고, 단조롭고, 말 그대로 공허한 장소라는 것을 알게 되었다. 왜냐하면 그곳에는 겉치레밖에 없기 때문이다. 우리가 지옥에서 만나게 되는 사람들은 고집불통에, 자기 중심적이고, 욕심이 많고, 불쾌하다. 이 이야기의 배경은 천국과 지옥이지만 우리는 천국과 지옥의 변두리보다 더 깊은 곳으로 들어갈 수는 없다. 루이스는 시작 부분에 지옥의 사람들이 그들을 천

국으로 데려다 줄 버스를 기다리며 일렬로 서 있는 모습을 보여 준다. 화자는 지옥에 인적이 별로 없다는 사실에 놀란다. 그 이유는 지옥에서는 누구나 원하는 것을 바라기만 하면 얻을 수 있기 때문이다. (물론, 지옥의 사람들은 올바른 것을 바라지 않는다.) 지옥에 있는 사람들은 항상 옆집에 사는 사람들과 말다툼을 하고 난 뒤, 귀찮은 이웃들로부터 멀리 떨어진 곳에 새 집을 얻기를 바란다. 그 결과 지옥은 항상 확장되고 있다. 역사상의 위인 중에 제일 가까운 곳에 사는 사람이 나폴레옹인데, 그를 만나러 간 사람들이 다시 돌아오는데 15,000년이 걸렸다. 그들은 그를 1년 쯤 지켜봤는데 정말 한 번도 쉬지 않고 내내 혼자 중얼거리고 있었다. '다 슐트 잘못이었어. 네이 잘못이었어. 조세핀 잘못이었어.' 등.[399]

우리는 지옥이 흥미로운 곳일 거라고 생각할지도 모른다. 왜냐하면 지옥에는 훌륭한 사교클럽처럼 매우 다양한 사람들이 있을 것이기 때문이다. 그러나 그것은 금이 아니라 황철광이 희미하게 빛나고 있는 것과 같다. 나폴레옹처럼 지옥에 있는 사람들은 모두 자신이 선택한 죄가 되었다. 그리고 세상에서 자유롭게 베풀어지는 하나님의 일반적인 은혜는 더 이상 지옥에 비춰지지 않는다. 천박하고 단조로운 자아보다 더 지루한 것은 없다. 천국이 지루할 것이라고 두려워할 때, 처음부터 지옥을 두려워할 때, 우리는 속고 있는 것이다. 『천국과 지옥의 이혼』은 지옥이 따분한 인간들로 가득 차 있는 지루한 곳이라는 것을 보여 준다.

지옥에 아무런 쾌락이 없다는 것은 놀라운 일이 아니다. 지옥에서 연구와 개발을 거듭했지만 쾌락을 만드는 데 실패했다는 스크루테이프의 탄식을 기억해 보라. 게다가 지옥은 오직 쾌락을 함정에 빠뜨리기 위해 사용한다. 그리고 욕망은 점차 늘어나는 반면에 즐거움은 점차 줄어든다. 우리는 이렇게 잘못 취해진 쾌락을 악덕이라고 부른다. 그러나 하나님의 방식으로 취해진 쾌락의 즐거움은 기억을 유쾌하게 만들고 하나님에게 좀 더 가까이 다가가게 해준다. 성경과 성 아우구스티누스, 단테, 밀턴, 그리고 루이스가 길게 설명한 것처럼, 지옥은 하나님이 부재하는 곳이다.

우리는 『천국과 지옥의 이혼』의 여러 장면에서 천국이 우주에서 유일하게 실제적인 장소이며 반대로 지옥은 그림자 나라라는 것을 깨닫게 된다. 그렇다면 지옥은 무엇인가? 그것은 궁극적으로 '아무것도 없는'[400] 비실재이다. 지옥에 존재하는 것은 천국에서 누릴 수 있었던 가능성을 놓쳐 버린 인간의 잔해들(또는 천사의 경우에는 영)이다. 천국과 지옥을 묘사할 때 발생하는 문제 – 천국의 영광과 지옥의 공포가 우리 인간의 경험을 넘어서 있는 것이라면 어떻게 그것을 믿을 만하게 그려낼 수 있는가? – 는 우리가 이미 고려했다. 우리가 죽었을 때 우리는 공간과 시간의 한계 속에 존재하기 때문에 유령들이 증기처럼 올라간다고 상상한다. 이것이 우리의 상상력이 움직이는 방식이며, 여기에는 영을 감지할 수 있는 능력이 결여되어 있다.

루이스는 우리의 상상력이 실재를 더 잘 이해할 수 있게 하기 위하여 영혼에 대해 널리 퍼져 있는 오해들을 바꾸기 위해 노력하였다. 『천국과 지옥의 이혼』에서 지옥에서 온 사람들은 유령들이며, 천국에서 온 사람들은 견고하다. 루이스의 친구인 오웬 바필드는 역설적이게도 '루이스는 비물질적인 것을 상징화하기 위해 물질적인 형상뿐만 아니라 물질 그 자체를 사용했다.'고 지적했다.[401]

천국에서는 지옥의 사람들이 우중충한 연기나 공기 중의 더러운 얼룩처럼 보인다. 화자는 이렇게 말한다. "창유리에 묻은 먼지처럼, 보는 사람의 마음에 따라 눈여겨볼 수도 있고 무시할 수도 있는 존재였다."[402] 앞서 말한 것처럼 지옥에서 온 사람들이 천국의 변두리의 풀을 밟았을 때, 풀은 그들의 발을 대못처럼 찌르고 들어왔다. 풀조차 그들보다 더 실재적이다. 반대로 천국에서 온 견고한 사람들의 발밑의 잔디는 평범하게 구부러진다. 지옥에서 천국으로 처음 온 화자는 잔디가 구부러지지 않는 것을 보고 물도 단단할 것이라고 생각하여 물 위를 걸을 수 있을 것 같다고 여기지만 발은 물에 휩쓸려 물살이 세차게 흐르는 표면에서 꽈당 부딪히게 된다. 유령은 몸에 심한 타박상을 입게 되었다. 또한 폭포에서 내려오는 물살은 그를 총알처럼 통과해 갔다.

화자가 천국에서 자신을 안내하는 맥도날드에게 왜 천국의 사람들은 지옥의 사람들을 구하러 지옥으로 내려오지 않느냐고 물었을 때, 그는 천국에 있는 사람들이 너무 크고 실재적이라서 그렇게 할 수 없다는 대답을 듣게 된다. 지옥에서 온 버스는 땅의 아주 작게 갈라진 틈을 통해 천국으로 들어왔던 것이다. 그는 만약 천국의 나비가 지옥을 전부 삼켜 버린다 해도 원자 하나를 삼키는 것과 전혀 다를 것이 없을 것이라고 말한다. 지옥의 사람들이 유령들인 이유는 그들이 무^{無}에서 천국의 견고한 사람들의 크기로 확대되었기 때문이다. 지옥 사람들의 관점에서 지옥은 텅 비어 있지만 광대해 보인다. 반대로 천국은 너무 넓어서 다른 차원에 존재하고 있는 것처럼 보인다. 화자는 이렇게 말한다. "나는 태양계마저 실내처럼 느끼게 만드는 '밖'에 나와 있었다."[403]

잠깐 생각해 보면 왜 영혼이 더 실재적인지 이해할 수 있다. 하나님은 영이시다. 하나님은 우주를 창조하셨고 물질적인 우주 전체를 창조하셨다. 그리고 하나님은 자신의 창조 속에 갇히지 않으신다. 그는 자신이 만든 것보다 더 크다.『천국과 지옥의 이혼』에 나오는 천국의 나비의 예처럼, 하나님이 전 우주를 삼켜 버린다고 해도 우리가 원자를 삼키는 것과 다를 바가 없을 것이다. 또는 만약 모든 것이 갑자기 붕괴되고 무^{無}로 증발하여 사라진다고 해도 하나님은 현재와 아무것도 다를 것이 없고 그가 원하신다면 모든 것을 다시 만드실 수 있다. 사실 이것이 바로 부활의 때에 일어날 일이다. 지금의 하늘과 땅은 사라질 것이고 새로운 하늘과 새 땅을 만드실 것이다. 영은 육보다 더 실재적이고 더 강해질 것이다. 우리들 각자의 경우에도 육체를 움직이게 하는 것이 영혼이라는 것을 알고 있다. 영혼이 떠나면 육체는 썩는다. 영혼은 천국에서 우리의 불멸의 육신을 되살아나게 할 것이다.

지옥에서 온 등장인물들이 천국의 교외에 도착하여 버스에서 내렸을 때, 그들은 세상에서 알고 있던 사람들을 만난다. 그 사람들은 더 깊은 천국에서 그들을 초대하기 위해 나온 것이다. 그러나 한 사람을 제외하고는 모두 처음에 천국으로 왔던 이유 때문에 지옥으로 되돌아간다. 몇몇 경우들을 살펴보는 것이 유익할 것이다. 루이스는 지옥과 천국에 대한 설정과 여행의 동기를 통해 평범한 말에 새로운 관점을 던져줄 수 있는 효과적인 재담들을 만들어냈다. 더 좋은 대접을 받기 위해 천국에 온 첫 번째 방문자는 지옥에서는 '큰 사람'으로 불렸고, 천국에서는 '큰 유령'이라고 불린다. 그는 천국에서 렌을 만났다. 렌은 그를 위해 일했던 사람이었고, (둘 다 알고 있는) 잭이라는 사람을 죽였다. 렌이 견고한 사람이 되었다 것을 보자마자 그리고 천국의 빛나는 긴 옷을 입고 있는 것을 보자마자, 큰 유령의 입에서 처음 나온 말은 '빌어먹을!'이었다.[404] 그는 세상에서 말하던 투로 말했다. 그는 자신의 놀라움을 보여 주기 위해 불경한 말을 지껄여댔다. 그러나 렌을 보는 사람은 누구나 렌이 견고한 사람이며, 반대로 그는 유령과 같은 '자아'라고 확신할 것이다. 이제 이것이 말 그대로 진실이다.

렌은 자신을 살인자로 바라보는 부담감이 그를 그리스도에게 이끌었다고 설명했다. 큰 유령은 단지 그게 전부 불공평하다는 주장을 계속하고 있었다. 그는 자신을 점잖은 사람이라고 생각하며 '그의 권리'를 요구했다. 역설적이게도 큰 유령과 지옥에 있는 모든 사람들은 정확히 그들의 권리를 요구한다. 모든 사람들은 죄인이며 지옥에 가는 것이 마땅하다. 렌이 그에게 '자신'과 '권리'에 대해 잊어버리라고 말하자, 그 유령은 다음과 같이 주장했다. "엄청난 bleeding 자비를 베풀어 달라는 게 아니라구."⁴⁰⁵ 이는 자신이 알고 있는 것보다 더 많은 것을 말한 것이었다. 영국에서 이렇게 사용되는 '엄청난 bleeding'이라는 단어는 십자가에 뿌려진 그리스도의 피를 언급하는 속어이다. 그것이야말로 큰 유령이 천국에 대해 갖고 있는 유일한 희망이다. 렌은 대답한다. "아니, 그렇게 구하세요, 지금 당장. 엄청난 bleeding 자비를 베풀어 달라고 구하세요. 여기에서는 무엇이든 돈을 주고 사는 것이 아니라, 구해서 얻게 되어 있습니다."⁴⁰⁶

그런데 큰 유령은 천국에 관한 것을 받아들이는데 있어 고집불통이다. 그리고 렌과 같은 살인자를 인정해야 한다고 할 때 이렇게 결론짓는다. "네 녀석과 같이 가느니 차라리 저주를 받겠어. 난 내 권리를 찾으려고 온 거라고, 알겠어? 네 녀석 앞치마 끈에 매달려서 자비나 구걸하며 훌쩍거리려고 온 게 아니야. 네 녀석 없이는 날 안 받아 주겠다고 까탈을 부리면 난 집에 가 버리겠어!"⁴⁰⁷ 그리고 그는 지옥의 '집'으로 돌아가 버린다.

지옥을 더 좋아하는 또 다른 등장인물은 예전 동료를 만난 주교이다. 그리고 루이스의 풍자적인 묘사는 오직 성직자들에 대한 것만은 아니었다. 그가 말하는 것은 살아 있는 하나님과의 개인적이며 생생한 관계의 실재성을 종교로 바꾸려고 시도하는 사람들에게 적용할 수 있다. 주교는 종교와 종교적인 질문들에 큰 관심을 갖고 있었다. 억울하게도 그는 천국에서는 그 누구도 자신의 고찰에 조금도 관심을 기울여 주지 않는다는 것을 발견했다. 그들 모두는 하나님이 계시기 때문에 신학이 필요하지 않았던 것이다. 주교 유령은 해답보다는 질문을 좋아했고, 도달하는 것보다 탐험하는 것을 더 좋아했고, 하나님과 1:1로 만나는 것보다 하나님에 대해 이야기하기를 더 좋아했다. 그는 스스로 선택을 한 것이다. 마지막에 그의 신학이 천국에서는 필요 없다는 것을 알게 되자 그는 서둘러 지옥과 '그리스도의 장성한 분량이 충만한 데까지 이르는 일'에 대한 논문을 제출할 작은 신학 학회로 돌아가 버린다.

견고한 천국의 사람들과 지옥의 유령들 사이의 만남을 통해 진행되는 주제는 '선택'이다. 우리가 수많은 경우들에서 보았듯이 죄는 궁극적으로 자신을 선택하는 것이다. 천벌과 지옥은 하나님보다 자기를 영원히 선택하는 것이다. 성직자의 관심은 정말 신학에 있었던 것이 아니라 사실은 그의 관점에 있었다. 나중에 맥도날드는 밀턴을 인용하면서 이렇게 설명한다. "버림 받은 영혼들의 선택은 '천국에서 섬기느니 차라리 지옥에서 지배하는 편이 낫다.'는 말로 표현될 수 있다네. 사람들이 비참한 대가를 치르면서까지 지키려고 고집하는 것들이 늘 있게 마련이지. 사람들은 기쁨보다 더 좋아하는 것, 즉 실재보다 더 좋아하는 것을 갖고 있다네. 미안하다고 말하고 화해하느니 차라리 저녁도 못 먹고 놀지도 못하는 편을 선택하는 아이들을 보면 쉽게 알 수 있지 않나."[408]

13
지옥으로 가는 버리막길: 나니아 연대기

> 멸망으로 인도하는 문은 크고 그 길이 넓어 그리로 들어가는 자가 많고, …거짓 선지자들을 삼가라 양의 옷을 입고 너희에게 나아오나 속에는 노략질하는 이리라. _마태복음 7:13, 15

사자와 마녀와 옷장: 제이디스와 선의 모방 409

나니아에서 지옥에 관한 루이스의 관점은 악한 등장인물들을 통해 가장 잘 드러난다. 그 중에서도 아슬란에게 대적하는 하얀 마녀 제이디스가 가장 두드러지는 교훈적인 사례일 것이다. 아슬란과 제이디스의 대조점들을 몇 가지 살펴보면 다음과 같다.

아슬란은 모두를 섬기지만 제이디스는 모두를 이용한다. 아슬란은 죄인을 위해 자신의 생명을 내려놓았으나 제이디스는 다른 사람들의 생명을 희생시킨다. 아슬란은 세계를 만들었고 제이디스는 세계를 파괴한다. 아슬란은 천국의 활기찬 음악을 만들었고 제이디스는 스크루테이프나 밀턴의 작품에 등장하는 사탄처럼 음악을 증오하고 소음을 사랑한다. 아슬란은 심판한다. 그러나 사랑으로 통치한다. 제이디스는 정죄하고 공포심을 통해 통치한다. 아슬란(과 성삼위)은 근원적인 존재이며 모든 것들의 창조자이다. 제이디스는 그녀 스스로가 파생적인 존재이며 오직 아슬란이 만든 선한 것을 모방할 수 있을 뿐이다. 악은 잘못된 선이며, 선이 사라진다면 살아남을 수 없는 기생충일 따름이다.

제이디스는 자신의 모습을 실제보다 더 과장되게 만든다. 그녀는 순수함을 흉내 내어 하얀색의 옷을 차려입고 있는데 이는 순수함을 풍자하며 동시에 그녀의 냉혹함을 보여 준다. 또한 하얀색은 죽음과 비인간성을 상징한다. 그녀는 강력한 힘을 지니고 있지만 자신의 반대자들을 돌로 만들어 버리는 것처럼 오직 그 힘을 지배를 위해 사용한다. 자기 언니가 찬을 소유하도록 내버려 두느니 차라리 찬 – 사람들, 식물들, 그리고 행성까지도 – 을 파괴했던 것처럼, 그녀는 악과 파괴와 선을 방해하는 것을 즐거워한다. 제이디스는 처음에는 투박하게도 쇠막대를 던져 아슬란을 해치려 한다. 그러나 나중에는 죄 있으나 아슬란에게 사랑받는 창조물들을 조종하여 에드먼드를 속이고 아슬란을 죽인 다음에 나니아를 정복하려는 계획을 세운다. 처음에 우리는 제이디스를 나니아를 찬탈하고 항상 겨울로 만들어 크리스마스 – 크리스마스는 겨울을 위로하고 생명을 주는 그리스도(아슬란)를 기뻐하는 날이다. – 를 없애 버린 통치자로 대면하게 된다.

제이디스를 따르는 자들은 잔인하고 기괴스럽고 악을 기뻐한다. 그들은 아슬란이 사형수로 묶여 있을 때, 십자가를 메고 '슬픔의 길'을 걸어가던 예수님을 향해 조롱과 비난을 퍼 부었던 흉악한 사람들처럼, 아슬란을 향해 조롱과 침을 뱉는다. 제이디스는 『은의 자』에 등장하는 사악한 여왕의 화신이기도 한데, 이 여왕은 적그리스도인 원숭이 시프트가 등장하기 전까지 나니아를 지배한 악한 존재였다.[410] 아슬란이 그리스도의 형상인 것처럼 그녀는 명백히 나니아에서 사탄의 형상을 하고 있다. 만약 우리가 지옥의 속성에 대해 단서를 발견하기를 원한다면, 지옥이 사탄과 그를 따르는 반역한 천사들을 위해 창조되었다는 것을 기억하는 것이 좋을 것이다. 사탄(제이디스)을 따르는 – 즉, 그리스도(아슬란) 이외에 다른 것을 선택하는 – 자들은 결코 인간을 위해 창조되지 않은 비인간적인 곳으로 넘겨진다.

루이스의 관점에서 볼 때 지옥으로 가는 것은 이전에는 인간이었으나 인간이 아닌, 하나님께 응답할 능력을 잃어버리고, 스스로 변하여 자신이 선택한 죄가 되어 버린 기괴한 존재들이다. 루이스는 『나니아 연대기』에서 악한 등장인물들을 보여 주면서 재미있는 사람들은 모두 지옥에 있다는 저질스러운 유머의 신화를 상상력을 통해 말끔히 벗겨 내 준다. 독자들은 믿을 수 없고, 자기중심적이고, 잔인한 제이디스와 그녀의 무리에 대해 알고 나면, 아무도 그들이 있는 곳을 '마음에서 우러나는 연대감이 존재하는 공간'이라고 생각하지 않을 것이다. 제이디스는 아슬란을 따르는 자들을 돌로 만드는 마법을 가장 좋아한다. 이는 아슬란이 숨을 불어넣어 생명을 주는 것에 반대되는 행동일 뿐만 아니라 궁극적으로 자신이 선택한 죄에 갇힌 지옥의 상태를 상징한다.

제이디스를 따르는 악한 자들의 모습들도 똑같이 아주 섬뜩하다. 비밀경찰로 일하는 늑대들은 히틀러가 통치하는 경찰국가의 암살자들처럼 사악하다. 그리고 『사자와 마녀와 옷장』에는 그녀가 '우리 국민들'이라고 부르는 자들을 향해 다음과 같은 명령을 한다. "거인들과 늑대인간들과 우리 편인 나무의 정령들을 불러. 굴, 요괴, 식인귀, 미노타우루스, 잔인한 야수, 마귀할멈, 유령, 독버섯 정령들도 모조리 불러라." 이들은 모두 공포스럽고 잔인하고 피에 굶주려 있고 기괴하다.[411] 또한 그들은 인간성과 선을 잃어버렸다. 그들은 악을 사랑하고, 악을 행하는 자들을 격려한다. 그리고 그들이 선을 증오하지 않는다면, 그들은 서로를 증오한다.

마법사의 조카: 불길한 낱말

악한 힘을 지닌 제이디스는 '불길한 낱말'을 외워 찬의 세계를 파괴했고 이제 그녀 이외의 모든 사람들은 죽었다. 제이디스의 언니가 찬의 세계를 계승하려고 하자 그녀는 내가 가질 수 없다면 아무도 가질 수 없어라고 주장하며 비밀의 마법을 사용했다. 이것은 운동장에서 "내가 대장이 될 수 없다면 축구공을 가지고 집으로 갈래."라고 말하는 아이들과 같은 것이다.

제이디스도 사탄처럼 자기 세계에서는 진정한 왕의 최고 위조품이다. 그녀 스스로는 본질적인 힘을 갖고 있지 못하며 창조적이지도 않고 할 수 있는 일이라곤 자신의 파생적인 힘을 사용하여 뒤틀고 파괴하는 것이다. 우주는 예수님의 창조의 말을 통해 존재하게 되었다. 창조와 타락의 이야기, 그리고 그 결과 우리에게 내려진 저주에 대한 이야기는 『마법사의 조카』에서 나니아의 언어로 번역된다.

천국과 지옥의 의미는 우리에게 하나님이 궁극적으로 죄의 문제를 해결하기 위해 지옥을 창조했다는 사실을 상기시켜 준다. 제이디스^{사탄}는 자신의 추종자들과 함께 그들을 위해 창조된 지옥으로 넘겨진다. 만약 제이디스와 그녀의 추종자들이 천국으로 들어간다면 그것은 과연 누구를 위한 자비일까? 분명히 정의로운 사람들을 위한 것은 아닐 것이다. 그러나 제이디스와 그 무리를 위한 자비도 아닐 것이다. 왜냐하면 그들은 아슬란을 증오하며 천국은 아슬란이 존재하는 곳이기 때문이다.

아슬란을 위한 임무를 수행하는 중에(나중에 이는 디고리의 마음속에 있는 욕망을 충족시켜 주기 위한 것이었다는 사실이 밝혀진다.) 디고리는 산꼭대기에 있는 정원 입구의 황금문으로 가까이 다가갔다. 그 문에는 다음과 같은 경고가 쓰여 있었다.

> 황금문으로 들어오지 않으려면, 절대 들어오지 말아라,
> 조상이나 다른 사람을 위해서라면 내 열매를 가져가라,
> 내 담을 넘는 자나 열매를 훔치는 자는
> 마음속의 욕망과 절망을 깨닫게 되리라.[412]

자신의 이기적인 욕망을 깨닫고 하나님으로부터 분리되는 것이 바로 지옥이다. 반면에 동일한 행동조차도 선한 목적을 갖고 있으며 다른 사람을 위한 것이라면 이는 천국에 속한다. 하나님은 행위뿐만 아니라 마음도 판단하신다. 제이디스는 디고리에게 과일을 먹으라고 유혹하며 자신과 함께 "영원한 삶을 누리며 이 모든 세계의 왕과 여왕이 될 수 있어"[413]라고 말한다. 현명하게도 디고리는 이렇게 대답한다. "평범하게 살다가 죽어서 천당 가는 게 훨씬 낫지."[414] 이것이 진정 영생으로 가는 길이다.

마녀가 과일을 먹는 것을 선택했다는 사실은 악의 속성을 간결하게 설명해 준다. 그릇된 이유로 복종하지 않고 과일을 먹었을 때, 그 과일 자체는 선한 것이지만 이제 그 과일은 그녀에게 증오스러운 것이 된다. 아슬란은 이렇게 설명한다.

> "이브의 딸아, 그래서 다른 모든 사과가 마녀에게는 공포가 되는 법이다. 잘못된 시간과 잘못된 방법으로 과일을 따먹은 이들에게 벌어지는 일이 바로 그것이다. 그 과일은 맛이 좋긴 하나, 먹은 뒤로는 영 싫어하게 되지."

폴리가 말했다.

"아하, 그렇군요. 그럼 마녀는 잘못된 방법으로 사과를 먹었으니까 효력이 없겠네요. 말하자면 그 사과를 먹었다고 해서 영원한 젊은 같은 걸 지닐 순 없단 말씀이죠?"

아슬란은 고개를 흔들며 말했다.

"아니다. 슬프게도 그리 될 것이다. 어떤 것이나 항상 제 본성에 따라 작용하는 법이니까. 마녀는 마음의 욕망을 채웠다. 여신처럼 지치지 않는 힘과 영원한 나날을 갖게 되겠지. 하나 악한 마음으로 오랫동안 살아가는 것은 불행일 뿐이고, 마녀는 벌써 그 사실을 깨닫기 시작했을 게다. 그 사과를 먹은 자들은 원하는 것을 모두 얻게 되지. 하지만 그렇게 얻은 것을 항상 좋아하지는 않을 것이다."[415]

그러나 디고리가 아슬란의 명령으로 똑같은 사과를 따서 자신의 세계로 돌아와 어머니에게 그 사과를 드렸을 때, 어머니는 그 과일로 인해 치유되었다. 그리고 그 과일의 씨앗에서 자라난 나무에서 나온 목재는 결국 나니아와 아슬란에게 돌아가는 마법의 옷장이 되었다.

나니아에서 우리 세계로 돌아오려면 세계와 세계 사이에 있는 숲을 반드시 지나가야 한다. 거기에서 폴리와 디고리는 한 연못이 메말랐다는 것을 알게 된다. 아슬란은 그 연못이 바로 그들이 찬으로 들어갔던 연못이라고 설명해 준다. 그러나 그 연못은 이제 말라 없어졌다. 아슬란은 이렇게 말했다. "그 세계는 마치 존재한 적이 없던 것처럼 끝난 거다. 아담과 이브의 종족은 이를 경고로 받아들이거라." 폴리는 자신의 세계가 그 세계처럼 악한지 물었다.

"아직은 아니란다, 이브의 딸아, 아직은 아니지. 하나 너희 세계는 점점 그 세계처럼 변해 갈 것이다. 어쩌면 너희 종족 가운데 어떤 사악한 자가 불길한 낱말과 같은 사악한 비밀을 알아내어 모든 생명체를 파괴하는 데 사용할지도 모르니까. 머지않아 너희가 할머니와 할아버지가 되기 전에, 기쁨과 정의와 자비에 대해 제이디스 여왕보다 더 아랑곳하지 않는 독재자들이 너희 세계의 큰 나라들을 다스릴 것이다. 너희 세계를 조심하거라. 이것이 경고이다."[416]

어떤 세계가 돌이킬 수 없는 심판에 이르렀던 것처럼 사람도 역시 그럴 수 있다. 앤드루 삼촌은 선과 악을 혼동하는 마술사인데, 아슬란은 자신이 앤드루 삼촌을 회복시킬 수도 위로할 수도 없다고 말한다. 그 이유는 아슬란이 그를 부르지 않았기 때문이 아니라 앤드루 삼촌 자신이 스스로를 귀머거리로 만들어 버렸기 때문이다. 그의 양심은 죽었다. 아슬란이 그에게 해 줄 수 있는 것은 일시적으로 의식을 잃게 만드는 것뿐이다. '잠들어라, 그리하여 너 스스로 만들어 낸 이 모든 고통에서 몇 시간 동안 떨어져 있거라.'[417] 지옥은 자신의 선택에 의한, 논리적이고 필연적인 결과이다.[418]

말과 소년: 어리석은 라바다슈

『말과 소년』에 등장하는 칼로르멘 사람들이 숭배하는 그릇된 신, 타슈는 가장 초자연적인 악이며, '노예와 폭군의 나라'⁴¹⁹의 수도 타슈반은 지옥과 가장 유사한 장소이다. 그리고 정욕과 탐욕에 사로잡힌 라바다슈는 가장 사악한 등장인물이다. 라바다슈는 지옥 – 또는 지옥에 있는 사람들 – 의 몇몇 측면들을 구체적으로 보여 준다. 폴 포드가 지적한 것처럼, rabid 제어할 수 없고 위험한 와 dash 충동적인 의 결합으로 만들어진 그의 이름은 그의 성격을 나타낸다.⁴²⁰ 라바다슈는 수잔 여왕을 계속 갈망해 왔고, 이 때문에 나중에 타슈반을 위험에 빠뜨리고 아첸랜드와 나니아를 유린하려고 한다. 라바다슈가 얼마나 사악하고 자기중심적인지는 그가 아슬란과 직접 만났을 때 가장 잘 드러난다.

아슬란을 만난 사람들은 모두 자신의 죄에서 벗어나 믿음의 사람들 또는 인격적으로 성숙하고 단련된 제자들이 된다. 룬 왕이 위협하기도 하고 나니아 사람들이 자비를 베풀기도 했지만 라바다슈는 공공연하게 증오심을 드러냈고, 무력하게 으르렁거렸다. 만약 아슬란이 그에게 직접 몸소 나타났더라면 확실히 변화되었을지도 모른다. 그러나 그런 일은 일어나지 않았다. 라바다슈는 자신의 최후의 순간이 가까웠다는 경고를 두 번이나 받았지만, 자신의 이름에 걸맞게 아슬란을 '악마'라고 모욕하는 무모한 행동을 했다. 그가 험악함을 드러내며 경고와 자비를 세 번째로 무시하자 아슬란은 라바다슈를 당나귀로 만들어 버렸다. 라바다슈는 이제 오직 수도 타슈반에서만 사람으로 되돌아 올 수 있다. 이 때문에 그는 죽고 나서조차도 영원히 바보로 취급받게 된다. 누가 멍청한 짓을 하면 그는 '라바다슈 2세'라고 놀림을 받게 되었다. 사람들은 라바다슈의 등 뒤에서 그를 '어리석은 라바다슈'라고 불렀고, 역사책에도 그렇게 기록되어 있다.

루이스의 관점에 따르면 지옥은 꿈이 현실이 되는 곳이다. 무모한 라바다슈는 자신의 헛된 소원 – 타슈라고 불리고 싶다는 – 에 대해 보상받은 것이다. 그래서 그는 타슈의 사원에서 10마일 이상 벗어나서는 안 되며, 만약 그 이상 벗어날 경우에는 당나귀로 변하여 영원히 제 모습을 찾지 못하게 된다는 저주를 받았다. 죄를 지은 자는 당연히 처벌을 받게 될 뿐만 아니라 그의 사악함도 누그러진다. 라바다슈는 다른 나라들을 공격할 수 없었고 자신의 군대가 그렇게 하는 것을 허락하지도 않았다. 왜냐하면 그러한 명성과 갈채 때문에 타르칸에게 황제의 자리를 빼앗길 수도 있기 때문이었다. 여기에서 우리는 루이스가 기독교인이 된 이후 처음으로 쓴 작품인 『순례자의 귀향』에서 제시되었던 주제로 되돌아가게 된다. 이 작품에서 하나님은 끝까지 자신에게 대적하는 완고한 죄인들을 위해 마지막으로 자비를 베풀어 지옥의 고통을 정해 놓은 것으로 설명된다. 아슬란은 라바다슈를 완고한 짐승으로 변하게 하여 라바다슈의 현재의 삶과 미래의 삶을 용서해 주었을 뿐만 아니라, 아첸랜드와 나니아의 수많은 사람들의 무고한 생명을 구했다. 왜냐하면 이제 칼로르멘과의 전쟁이 사라졌기 때문이다.

라바다슈는 칼로르멘 사람들의 특징을 가장 잘 드러내 주는 인물이다. 그러나 우리는 다른 사람들을 통해 그 나라가 위에서 아래에 이르기까지 잔인하고 이기적인 사람들로 가득 차 있다는 것을 충분히 알 수 있다. 라바다슈와 그의 아버지 사이에는 애정이 존재하지 않으며, 아버지와 측근들은 모두 서로 속이고 매도한다. 지옥은 죄가 우두머리 노릇하는 곳이며, 악을 저지하는 고통을 통해서만 억제될 수 있다. 그 결과 지옥은 흥미롭고 신나는 사람들의 모임이 아니라 저열하고 자기중심적인 사람들의 모임이다. 이는 훌륭한 광경이 못된다. 타슈반과 칼로르멘 사람들이 사는 땅이 지옥은 아니다. 그러나 그곳은 지옥과 거의 비슷하며 이는 일종의 경고이다. 우리는 악한 것을 증오하는 감정을 배워야 한다. 끔찍한 악이 정체를 드러내는 것을 보게 됨으로써 우리의 상상력은 건강해진다.

새벽 출정호의 항해: 자신이 선택한 죄로 되는 것

지옥은 선택이다. 하나님 대신 선택한 것들은 지옥의 심판이 된다. 이러한 루이스의 주요 생각들은 단테의 「지옥편」에서 전개되었던 상상에 기원을 두고 있다. 우리는 『새벽 출정호의 항해』에서 두 가지 예를 보게 될 것이다. 그 중 첫 번째는 루이스의 작품에서 이 원리의 예를 명확하게 보여 주는 '유스터스'라는 인물이다. 그는 이기심과 탐욕 때문에 용으로 변했다. 루이스가 좋아하는 중세의 이야기에서 용은 본질적으로 탐욕을 표현하는 존재이다. '유스터스는 잠을 자는 동안 용이 되어 버렸다. 마음속에 용과 같은 생각을 품고 탐욕스럽게 용의 보물 동굴에서 잠을 자다가 유스터스 자신이 그만 용이 되어 버리고 만 것이다.'[421] 유스터스가 얼마나 저질스러운지는 – 그는 매우 심각하게 못된 아이였다. – 그가 용으로 변하는 심판을 당한 뒤에 처음으로 생각한 것이 무엇인지를 보면 알 수 있다. '그러한 고통 속에서도, 유스터스한테 맨 먼저 든 느낌은 안도감이었다. 더 이상 두려워할 게 아무것도 없었기 때문이다. 이제부터는 자기 자신이 모든 이들에게 공포의 대상이었고, 이 세계에서 기사(그것도 모든 기사가 그럴 수 있는 것도 아니고) 외에는 감히 자기에게 덤빌 존재가 없었다. 자신은 이제 캐스피언과 에드먼드에게 복수할 수도 있고…'[422]

소년일 때는 다이아몬드가 박힌 금팔찌가 그의 손에 딱 맞았지만, 용이 되고난 뒤에는 금팔찌가 너무 작아져서 그의 팔은 고통으로 요동쳤다. 그럴 때조차 유스터스는 자신이 끔찍하게 변한 모습을 무기로 삼아 다른 소년들에게 모욕 주는 것을 상상했다. 그는 악의에 가득 찬, 고약한 인물이 되었다. 유스터스는 '용으로 변하기' 전에도 인격적으로나 영적으로 악의에 가득 차 있는 고약한 인물이었는데 이제 육체적으로 실제 그런 인물이 되었다. 유스터스가 계속 고통을 느끼지 않았다면 아마 그는 은혜가 닿을 수 있는 범위를 넘어서서 자신이 필요로 하는 것을 아무것도 보지 못하게 되었을 것이다. 이는 우리에게 매우 교훈적이다.

유스터스가 두 번째로 생각한 것은 자신의 고통과 지옥의 또 다른 모습에 대한 것이었다. 그는 자신이 인간 세계에서 떨어져 나왔다는 것을 느꼈다. '유스터스는 사람들 속으로 돌아가서 서로 이야기하고, 웃고, 무엇이든 나누어 갖고 싶었다. 유스터스는 자신이 인간 세계에서 떨어져 나온 괴물이라는 사실을 생각하자마자 무서운 고독에 휩싸였다.'[423] 그가 세 번째로 한 생각에서는 유스터스가 아직 지옥에 있는 것이 아니라 아직도 인간 본성을 갖고 있다는 것이 암시된다. 유스터스는 고통으로 인해 인간보다는 상태가 더 심각하지만 못된 꼬마보다는 덜한 상태가 되었다. 그는 다른 사람들이 생각하듯이 자신이 악마가 아니라는 것을 깨닫기 시작했고 '스스로가 항상 생각했던 것처럼 자신이 그렇게 좋은 사람'[424]이 아니라는 것을 알게 되었다. 루이스의 관점에서는 이를 깨닫게 되는 것이 바로 지옥이다. 그러나 인간은 이를 개선할 수 있는 능력이 없다.

두 번째 예는 어둠의 섬을 여행할 때 드러나는데, 이는 루이스가 그려낸 지옥의 이미지 중에서 가장 강렬한 것 중 하나이다. 『새벽 출정호의 항해』는 전통적인 영웅 서사와 여행시사에서 매우 많은 요소들을 차용해 온다. 이 서사에서 가장 중요한 것은 지하세계로의 여행이다. 영웅은 지하세계를 방문하여 용기를 시험하고 지혜를 얻는 경험을 하게 된다. 어둠의 섬 이야기에서는 빛이 어둠을 극복한다는 전형적인 진행과정이 뒤집어진다. 그들은 환한 대낮에 빛이 무력해지는 어둠의 영역으로 항해해 간다. 이러한 문학적인 상상력은 요한복음의 서두에 예수님이 어둠 속에서 빛나는 빛으로 나타난다는 은유를 반대로 뒤집고 있다는 것을 의미한다. 루프 경은 자비를 구하며 자신을 배에 태워 달라고 부탁하고, 꿈이 사실로 변하는 섬에서 어둠을 견디며 내버려지느니 차라리 자신을 죽여 달라고 말한다. 꿈은 목적지나 몽상이나 소원성취와 같은 것이 아니라 악몽이다. 지옥은 그릇된 상상이 현실이 되는 장소이다.

신천옹albatross은 그들을 어둠으로부터 빠져나오도록 인도하는데 이는 아슬란의 또 다른 형상이다. 비둘기 대신 등장하는 신천옹은 선원들에게는 전통적으로 좋은 길조로 여겨지는데 (콜리지의 시에서도 늙은 수부의 목에는 십자가 대신 신천옹이 걸려 있다.) 여기서는 성령과 관련된 성경의 비유들을 연상하게 한다. 신천옹은 루시에게 격려의 말을 속삭이며 배를 어둠에서 빛으로 인도했다. 루프 경이 구출되고 난 후에 아슬란은 어둠을 이겼다. 악몽에서 해방되어 빛으로 돌아오자 아슬란이 뒤따라 나타났다. '순간, 모든 사람들은 아무것도 두려워할 필요가 없었으며, 그토록 두려워할 만한 것도 아니었음을 깨달았다.'[425] 그러므로 『천국과 지옥의 이혼』에서 천국이 과거의 공포들로부터 우리를 자유롭게 한다는 사실을 알게 된 것처럼, 천국은 공포로부터 자유롭고 '정반대의 방식으로 해결하는' 곳이다.(루이스가 정반대의 방식을 통해 천국을 효과적으로 설명한 것을 의미함.)

몽상은 비현실성과 사물들을 자기 방식대로 하려는 시도를 의미한다. 그러나 진리와 천국은 마치 『천국과 지옥의 이혼』에 나오는 잔디와 물처럼 발에 구부러지지 않을 것이며 또한 지옥에서 온 방문자들의 희망처럼 되지 않을 것이다. '지옥이 마음의 상태'라면 천국은 '실재 그 자체'[426]이다. 어둠의 섬에서 여행자들은 (아슬란이 그들을 빛과 실재로 이끌어 낼 때까지) 진리의 빛으로부터 벗어나 그들의 꿈과 자신들의 '마음의 상태' 속에 잠시 남겨져 있었다. 달리 살펴보자면 지옥과 어둠의 섬은 여러분이 만약 하나님 이외에 다른 것을 원한다면, 원하는 것은 무엇이든지 얻을 수 있는 곳이다. '신들은 우리를 벌하고 싶을 때, 우리가 기도하는 것을 우리에게 주었다.' 루이스는 이 오래된 경구를 기독교를 설명하는 데 사용하면서 만족해 했을 것이다.

은의자: 지하세계로의 여행

『은의자』는 나니아 연대기 중에서 지옥에 대해 가장 정교한 형상을 보여 주는 작품이다. 5장에서 유스터스와 질과 퍼들글럼은 서사시의 용어로 표현하자면 '지하세계로의 여행'을 떠난다. 여기에 지옥의 여러 요소들을 떠올리게 하려는 의도가 있는 건 분명하지만, 정확히 말하자면 지하세계 그 자체가 지옥은 아니며 나니아도 그 자체가 천국은 아니다. 지하세계와 나니아의 너머에는 각각 명백히 구별되는 악과 선의 영원한 상태가 존재한다. 아슬란과 사악한 마녀들과 같은 중요한 등장인물들은 잠깐 나타났다가 사라지며, 이성적인 등장인물들은 도덕적인 선택을 하며, 그리고 모든 사람들은 사탄의 형상이나 그리스도의 형상 둘 중 하나를 따르는 자가 되기로 결정한다.

다른 작품에서 그랬듯 루이스는 영원한 선^{아슬란} 또는 영원한 악^{스크루테이프, 나니아 연대기의 마녀들}을 확실하게 보여 주는 등장인물들을 제시할 것이다. 그러나 아슬란의 나라에 대해 몇 가지 희미하게 암시하는 것 이외에 깊은 지옥이나 깊은 천국에 대해 묘사하지는 않을 것이다. 우리는 종종 지옥과 천국의 가장자리로 가서, 지옥보다는 천국으로 더 깊이 들어가게 된다. 『은의자』에서 아이들은 나니아와 다른 지역으로 연결된 곳으로 가는 도중에 자신들의 세계를 떠났다가 '아슬란의 나라'를 통해 되돌아온다. 『마지막 전투』의 결말 부분에서 등장인물들은 아슬란의 나라 또는 천국 속에 있다. 그러나 그들은 '더 높이 더 깊이' 전진한다.

지옥과 관련된 주제를 회피하는 것은 적어도 두 가지 이유 때문이다. 첫 번째는 만약 선택이 가능하다면 당연히 이 세상에서 도덕적이고 영적인 선택을 강조해야 한다. 두 번째는, 궁극적인 상태에 대해 물질적으로 묘사하는 것은 역부족이다. 등장인물들을 지옥과 천국의 변두리에 두고 나서 꿈과 같은 장치들을 사용하는 것은 영원에 대한 우리의 지식이 단편적이며 많은 경우 잠정적이라는 것을 기억하게 만든다. 그러나 천국과 지옥에 대한 설명들은 우리가 선을 사랑하고 열망하며, 악을 증오하고 그로부터 돌아서도록 훈련하는 데 있어 대단히 중요하다.

유스터스와 질과 퍼들글럼에게 지하세계로의 여행은 형벌도 아니고 그들의 죄로 인한 것도 아니다. 오히려 그들은 자신들의 임무를 수행하고 있고 그들의 안내자는 아슬란이다. 그들은 항상 그러는 것은 아니지만 아슬란의 지시와 표지를 뒤따른다.[427] 악한 자에게 사로잡힌 사람들을 구원하고 그들을 해방시켜 아슬란의 통치 아래 구속시키는 그들의 역할은 모두 기독교인들의 역할과 같다. 이 3인조는 나니아의 왕위를 이어받기로 되어 있는 릴리언 왕자와 초록 옷의 마녀의 악한 마법에 사로잡혀 있던 지하인들을 자유롭게 만든다.

『은의자』에 나타나는 지하세계의 속성들을 잠정적으로 살펴보자. 이 작품은 합리적으로, 그리고 상상력을 통해 우리에게 지옥에 대해 가르쳐 준다.

• 초록 옷의 마녀 : 아슬란 그리스도에게 대적하여 악을 확증하는 사탄의 형상.
• 어두움
• 강압적임
• 힘들고 고됨
• 지상세계(우리 세계의 형상인 나니아)를 정복하려고 함
• 사나움
• 믿을 수 없음
• 기괴한 곳 : 각양각색의 지하인들과 '수십 마리의 이상한 동

물들. …대부분 용이나 박쥐 종류'[428]가 있는 곳.

• 무익함 : '질은 그들이 무슨 일 때문에 그렇게 바쁜지 도저히 알아낼 수 없었지만, 땅 속 난쟁이들은 하나같이 슬퍼 보이는 것만큼이나 무척 바빠 보였다.'[429]

지하세계의 '지휘관'은 단테의 『신곡』의 「지옥편」을 상기시키는 다음과 같은 이야기를 주고받았다. '지하세계로 많이들 내려왔다.' '그리고 햇빛이 비치는 나라로 돌아간 이는 거의 없다.'[430]

지하인들은 지하세계를 '그림자 나라'라고 부르는데, 이는 루이스가 세상에서의 우리의 삶을 은유하는 데 사용하는 용어이다.[431] 지하세계는 많은 면에서 지옥을 암시하고 있지만, 궁극적인 공포의 장소는 아니다. 지하인들의 진정한 고향인 '진짜 심연의 왕국'인 비슴도 지옥은 아니다. 지하세계와 세상과 나니아는 우리 세계가 일시적으로 사탄의 영향 아래에 있는 것처럼, 잠시 동안 초자연적이고 사악한 존재의 영향 아래에 있는 그림자 나라들이다. 우리는 아직 우리가 나중에 되어야 하는 존재가 되지 못했다. 오직 그림자들일 뿐이다. 질과 유스터스가 임무를 다 마쳤을 때, 아슬란이 직접 나타났는데 '어찌나 눈부시고 생생하고 강렬한지, 모든 것이 순식간에 빛을 잃고 희미한 그림자처럼 보였다.'[432] 그리스도 안에 있는 사람들은 모두 천국에서 이와 같이 될 것이다. 그리스도를 따르지 않는 사람들은 결국 소름끼치는 사람들이 될 것이다. 예수님은 자신을 메시아로 받아들이지 않는 바리새인들과 다른 사람들에게, 그들이 자신들의 아버지 악마에게 속해 있다고 말씀하셨다.[433]

마지막 전투: 마음의 상태, 지옥

『천국과 지옥의 이혼』에서 다음과 같은 말을 본 적이 있을 것이다. '어떤 심리 상태도 그대로 방치해 두면, 즉 피조물이 자기 마음의 감옥 속에 자신을 가두어 고립을 자초하다 보면 결국 지옥이 되는 게야.'434 『마지막 전투』에서 이러한 생각들은 난쟁이들에 대한 루이스의 매우 설득력 있는 묘사 속에서 발견하게 된다. 난쟁이들은 원숭이 시프트에게 속고 있었고 사자의 가죽을 뒤집어쓰고 밤의 어둑어둑한 빛 속에서만 나타나는 당나귀 퍼즐이 이 땅으로 되돌아온 아슬란이라고 믿고 있었다. 시프트는 아슬란이 길들여지지 않는 사자라는 반쪽의 진리만을 가지고 그들을 속였다. 이는 아슬란이 선하다는 비버 씨의 나머지 설명을 제외한 절반의 진리에 불과하다. 시프트는 이러한 사기와 속임수를 통해 난쟁이들을 속여 노예 노동을 하도록 부려 먹었다. 시프트가 가짜 아슬란을 내세웠다는 것이 드러나자 난쟁이들은(몇몇 예외를 제외하고는)이제 진정한 아슬란조차 믿지 않기로 했다. 그들은 상처 입은 자존심 때문에 다시는 속지 않겠다고 결심했다. 그들은 하나님으로부터 독립하겠다고 선언하는 아담과 이브의 죄를 반복하고 있는 것이다. 이는 그들의 반복되는 구호인 '난쟁이들은 난쟁이 편이야.'를 통해 강조된다.

난쟁이들은 누구도 자신들을 지배하기를 원하지 않았고, 리슈다와 타슈의 군대뿐만 아니라 아슬란의 군대까지도 가차 없이 죽였다. 난쟁이들은 시프트에게 속았다는 것을 깨달았을 때 그 누구도 믿지 않기로 했다. 난쟁이들은 역설적이게도 "봐야 믿지"[435]라고 시프트에게 비아냥거리며 아슬란을 데리고 올 테면 데리고 와 보라고 말한다. 그들은 '이해에 선행하는 신앙'이라는 성 아우구스티누스의 금언에 반대하는 예를 보여 주고 있다. 다시 말해 '봐야 믿을 수 있다.'는 말은 잘못된 것이다. 사실은 루이스가 우리에게 다양한 방식으로(특히 『기적 Miracles』에서 응답된 기도에 대해 토론하면서) 설명했듯이 그 말은 '믿어야 볼 수 있다.'가 되어야 한다.

난쟁이들의 경우는 위선자가 불가지론을 내세우며 아무것도 믿지 않는 것을 합리화하는 것에 대한 경고이다. 한번 간파당한 위선자들은, 사탄의 무기고에서 명백한 무신론자보다 더 강력한 무기가 된다. 예수님은 위선자들이 나타날 것이며, 그들이 지닌 파괴적인 힘에 대해 우리에게 일찍이 경고하셨다. 우리 시대의 정치적 올바름은 타인을 정죄하지 말라는 예수님의 명령을 모방하고 있는 것이다. 예수님은 마음속으로 몰래 사람들을 지옥으로 넘겨 보내지 말라고 말씀하셨다. 또한 그는 어떤 사람이 정당하건 그렇지 않건 간에 우리가 열매로 나무를 판별할 수 있다고 말씀하셨다.[436] 나니아 사람들이 그랬듯이, 바울은 거짓교사들에게 속지 않으려면 그들의 말로 판단해야 한다고 우리에게 명했다. 진리와 거짓을 분별하는 판단력은 필수적인 것이다. 아직은 천국과 지옥 중 어느 쪽으로 결정되지 않았다.

난쟁이들은 그 자신이 진리인 존재를 믿고 기뻐하는 사람들을 따라 똑같은 마굿간으로 들어간다. 부드러운 마음을 지닌 루시는 난쟁이들이 자신에게 매달려 움츠러들어서 천국의 기쁨과 아슬란의 존재를 진정으로 경험하지 못하는 것을 보고, 아슬란에게 그들을 도와줄 수 없느냐고 묻는다. 아슬란은 자신이 그들을 돕지 않는 것이 아니라 난쟁이들이 도움을 받지 않으려고 하는 것이 정말 문제라는 것을 설명하면서 그들 앞에 잔칫상을 마련해 준다. 그러나 그들에게는 단지 마굿간의 음식일 뿐이었다. 그들이 서로 다른 난쟁이가 자기보다 더 좋은 것을 발견했다고 믿고 싸울 때 잔칫상의 즐거움은 한층 더 파괴되었다. 아슬란을 믿는 자들이 천국의 영광을 보는 자리에서 아슬란을 믿지 않는 난쟁이들은 오직 악취가 나는 마굿간을 볼 수 있을 따름이다. 그들은 자기 자신 속으로 물러섰고, 거기에서 지옥을 발견했다.[437]

"이제 알겠느냐?" 아슬란이 말했다. "저들은 우리의 도움을 바라지 않는다. 저들은 믿음 대신 교활함을 선택했느니라. 저들의 감옥은 단지 각자의 마음속에 있다. 그런데 지금 저들은 그 감옥에 갇혀 있구나. 속는 것이 너무 두려운 나머지 나오려고 하지 않는 게다."[438]

또 다른 사악한 등장인물들도 역시 심판을 받는데, 이는 커다란 역설을 보여 준다. 18세기 계몽주의 시대에 무신론을 주장하던 철학자들처럼 시프트, 진저, 그리고 리슈다 타르칸은 초자연적인 존재를 전혀 믿지 않는다. 나니아의 신인 아슬란 뿐만 아니라 칼로르멘의 우상인 타슈까지도 말이다. 그러나 그들은 속임수를 위해 마굿간 속에 있는 가짜 신에게 타슈란이라는 이름을 만들어 아슬란과 타슈를 혼합시키는 이단적인 일을 저지른다. 리슈다의 힘이 더욱 강해졌을 때 그는 교묘하게도 자신들의 신, 타슈를 내세워 칼로르멘의 우월성에 대해 설명한다.

루이스는 신화 속에 나오는 그릇된 신들의 배후에는 진정한 악마들이 있으며, 그 악마들이 이러한 우상숭배를 이용한다고 생각했다. 그리고 그들은 초자연적인 행동으로 서서히 공포를 느끼게 하며, 궁극적으로는 그들에게 자신을 맡기는 사람들을 그들의 사악한 힘이 들어가는 통로로 만들어 버린다. 결말 부분에서 그러한 사람들은 『페렐랜드라』의 웨스턴처럼 전적으로 지배하고자 하는 악마의 욕망에 인간성이 삼켜져 버려 개성을 빼앗기고 반인간들이 된다. 티리언 왕이 간절히 원할 때 아슬란이 나타났던 것처럼, 리슈다가 자신도 의식하지 못한 채 간청했을 때 타슈가 나타난다. 그리고 타슈는 그를 아슬란의 그림자 속으로 데려간다.

연옥

하나님의 아들이 되는 일, 창조된 존재에서 태어난 존재로 변화되는 일, 일시적인 생물학적 생명에서 시간을 초월한 '영적' 생명으로 바뀌는 일이 우리에게 일어났습니다. …이제는 우리 힘으로 영적인 생명을 향해 올라가려고 애쓸 필요가 없습니다. 그 생명은 이미 인류에게 내려왔습니다. 그 생명으로 충만히 차 있는 분, 하나님이면서도 인간이신 분에게 우리 자신을 드러내기만 하면, 그가 우리를 위해 우리 안에서 그 일을 행하실 것입니다.

_C. S. 루이스의 『순전한 기독교』중에서

14
연옥은 제2의 계획인가?

마음이 청결한 자는 복이 있나니 그들이 하나님을 볼 것임이요
_마태복음 5:8

루이스는 연옥에 대해 그다지 많은 이야기를 하지 않았다. 재닌 고 파의 『C. S. 루이스 어휘집』에도 천국은 일곱 페이지, 지옥은 두 페이지 반에 달하는 항목들이 있는 데 반해, 연옥에 대해서는 열한 개의 항목밖에 없다. 연옥이 논란을 일으킬 만한 주제이며 많은 사람들이 연옥을 비본질적인 것으로 여겨 왔다는 사실 때문에 루이스는 연옥에 대해 거의 말을 하지 않았다. 그러나 가끔씩 그의 연옥에 대한 언급과 마주치게 될 때, 우리는 약간의 혼란스러움을 느끼게 된다. 하지만 이것은 내세의 삶에 대한 루이스의 생각의 일부로

써 이해해야 한다.

루이스는 편지를 통해 제기되었던 연옥에 대한 질문들을 초기의 유명한 두 작품 『천국과 지옥의 이혼』, 『고통의 문제』에서 자신의 생각을 말한다. 『천국과 지옥의 이혼』에서 화자(여행자)는 자신의 스승이자 안내자인 맥도날드에게 "정말 지옥에서 빠져나와 천국으로 갈 수 있습니까?"라고 묻는다. 이에 대해 맥도날드는 다음과 같이 대답한다.

> 그건 자네가 단어를 어떻게 사용하느냐에 달려 있네, 그 회색 도시를 버리고 떠난 사람에게 그곳은 지옥이 아닐세. 그 사람들한테는 연옥인 셈이지. 그리고 이 나라도 '천국'으로 부르지 않는 게 좋겠네. 자네도 알겠지만 여긴 깊은 천국이 아니거든. (이 대목에서 그는 내게 미소를 지어 보였다.) 그보다 여긴 '생명의 그늘이 드리운 골짜기'라고 할 수 있네. 반면에 저 아래 도시의 서글픈 거리들은 '사망의 음침한 골짜기'라고 할 수 있겠지. 물론 계속 거기 머무는 사람들에게는 처음부터 '지옥'이지만.[439]

다음에 이어지는 경고는 귀 기울일 만한 가치가 있다.

> 이보게, 지금 자네 상태로는 영원을 이해할 수 없다네. …하지만 '천국과 지옥뿐 아니라 악도 완전히 성숙하고 나면 소급력을 갖게 된다.'는 관점에서 보면, 영원을 엇비슷이 이해할 수 있을 걸세. 구

원받은 자들에게는 이 골짜기뿐 아니라 지상에서 살았던 과거도 모두 천국이 되는 거라네. 저주받은 자들에게는 회색 도시의 황혼뿐 아니라 지상에서 살았던 삶 전부가 지옥이 되는 거고. 인간들이 오해하는 게 바로 이 부분이야.[440]

루이스는 이렇게 논쟁적인 부분을 직접적으로 다루지 않기 위해 일반적으로는 『순례자의 귀향』이나 『천국과 지옥의 이혼』처럼 꿈이라는 소설적 장치를 통해 자신의 생각을 표현했고, 다른 경우에는 스크루테이프와 같은 소설적 인물이나 『헤아려본 슬픔』에 나타난 익명의 화자들의 입을 통해 그런 생각들을 표현했다. 『순전한 기독교』처럼 루이스가 직접 서술하는 산문체의 작품들에서는 '하나님이 우리를 완전케 하려는 의도를 갖고 계신다.'는 문장들을 통해서 연옥의 개념을 추론해야만 한다. 예를 들면 다음의 인용문의 경우와 비슷하다.

우리의 감정은 있다가도 없어지는 것이지만 우리를 향한 하나님의 사랑은 절대 그렇지 않다는 것입니다. 그 사랑은 우리의 죄나 무관심에 지치는 법이 없습니다. 그 사랑은 우리에게 어떤 대가를 치르게 하는 한이 있더라도, 또 하나님께 어떤 대가를 치르게 하는 한이 있더라도, 우리 죄를 치료하겠다는 결심을 완수할 때까지 단 한 걸음도 뒤로 물러서지 않습니다.[441]

이러한 내용은 연옥에 대한 이야기라고 해석될 수도 있고, 세상에서의 성화에 대한 이야기라고 해석될 수도 있다. 그러나 루이스는 자신이 죽은 자들을 위해 기도하며, 연옥을 믿는다는 사실을 숨기지 않았다. 그는 연옥이 무엇을 의미하는지에 대해 확고한 입장을 갖고 있었다. 그가 말하는 연옥이란 지옥에 떨어진 자들이 천국으로 갈 수 있는 두 번째 기회로써의 연옥이 아니라 전적으로 이미 구원받은 자들이 죄를 벗는 과정 속에 거룩하신 하나님을 거룩함 속에서 만날 수 있도록 정화되는 의미이다.

루이스는 가끔 편지에서 연옥에 대해 직접 이야기하곤 했는데, 보통은 페넬로페에게 보내는 편지에서 볼 수 있듯이 그가 가장 좋아하는 비유(썩은 이빨을 뽑아내는 것 – 이는 고통스럽지만 가치 있다.)를 통해 즐거운 어조로 말하곤 했다.

그는 『16세기 영국문학』에서 (『유토피아』로 유명한) 토마스 모어에 대해 논의할 때 연옥에 대해 처음 다루었다. 거기서 그는 연옥이라는 개념이 일시적인 지옥에 지나지 않는 것으로 타락했다고 설명했다. 또한 루이스는 모어의 『영혼들을 위한 탄원』이라는 작품에 대해서 '진정한 수렁'이라고 묘사했다. 왜냐하면 이 작품에는 천국과의 마지막 연결점이 끊어졌기 때문이다.[442] 루이스의 공식적인 작품 중에서 자신의 믿음에 대해 평이한 언어로 설명한 작품은 사후에 출판된 마지막 작품 『개인기도』뿐이다. 이 작품에서 루이스는 기독교인들에게 일반적이지 않은 주제들을 직접적으로 다루고 있으며 스무 번째 편지에서는 연옥에 대해 가장 명확하게 진술하고 있다. 여기서 그는 연옥을 죽은 사람들을 위한 기도와 관련짓는다.

물론 나는 죽은 자들을 위해 기도하네. 이 일은 내 안에서 너무나 자연스럽게 우러나고 거의 불가피한 것이어서, 이 일을 중단하려면 매우 강력한 신학적 반론이 있어야 할 걸세. 그리고 죽은 자들을 위한 기도가 금지된다면 내가 드리는 나머지 기도가 살아남을 수 있을지 모르겠군. 우리 나이가 되면 가장 사랑하는 이들의 대부분이 저 세상 사람 아닌가. 내가 가장 사랑하는 대상을 하나님께 말씀드릴 수 없다면 하나님과 어떤 종류의 교제를 나눌 수 있겠는가?

만약 그들이 이미 천국에서 완전하게 되었다면, 루이스는 그들을 위해 기도할 수가 없고, 그런 기도들은 유익하지도 않을 것이다. 하지만 루이스는 단호하게 선언한다. "여하튼 나는 연옥을 믿는다네."443 하지만 루이스는 연옥에 대한 '천주쟁이'들의 교리를 거부한다. "자네가 단테의 『신곡』 중 「연옥편」에서 16세기 문헌으로 넘어가면, 연옥관의 타락상에 기겁을 할 걸세." 루이스가 탄식하듯이 연옥을 형벌로 보는 견해에서는 정화, 청결, 정련과 같은 근본적인 단어의 의미는 상실되었다. 루이스는 개신교인들이 이를 거부했다는 점에서 옳았다고 말한다. 그는 카디널 뉴턴의 연옥 개념이 '올바른 견해'라고 생각하며 그를 인용한다. '구원받은 영혼은 보좌 앞에 엎드린 채 그곳을 떠나 정화되게 해 달라고 간청한다네.' 루이스는 이러한 생각을 발전시켰다.

> 우리의 영혼은 연옥을 필요로 하네. 그렇지 않은가? 하나님이 이렇게 말씀하신다면 우리의 영혼이 어찌 상심하지 않겠는가? "아들아, 네 입에서는 악취가 나고 네 누더기에서는 진흙과 찌끼가 뚝뚝 떨어지지만 여기 있는 우리는 관대하여 그런 것들로 너를 나무라거나 멀리하지 않는다. 기쁨 속으로 들어오너라." 그러면 우리는 이렇게 대답하지 않겠는가? "주여, 공손히 아뢰오니, 괜찮으시다면 저는 오히려 먼저 깨끗함을 받고 싶습니다." "그 과정은 너도 알다시피 아플 것이다." "그래도 허락해 주십시오, 주님."
> 나는 정화의 과정에 고통이 따를 거라고 생각하네. 기독교 전통에서 그렇게 가르치고 있기도 하거니와, 이생에서 내게 이루어진 대부분의 참된 선에서 고통이 따라왔기 때문일세. 그러나 나는 고통이 정화의 목적이라고 생각하지는 않네. 나는 나보다 훨씬 악하거나 훨씬 나은 사람들이 나에 비해 받는 고통이 많지도 적지도 않을 거라고 넉넉히 믿을 수 있네. "잘잘못을 따지자는 게 아니니까." 많이 아프건 적게 아프건, 필요한 치료를 받게 될 걸세.[444]

연옥을 믿는 신학자들 사이에는 두 가지 견해가 있다. 첫 번째 견해는 연옥을 이미 구원받은 자들의 정화 또는 천국을 위한 준비 과정을 위해 예비 된 곳으로 보는 관점이다. 두 번째 견해는 구원받는 과정 중에 있는 사람들을 위해 예비 된 곳이라고 보는 관점이다. 루이스는 단테의 『신곡』이나 뉴먼의 『제론티어스의 꿈』에 표현되었던 첫 번째 관점을 수용한다.

또한 연옥의 고통에 대해서도 다양한 견해들이 있다. 루이스의 개념에 따르면 연옥은 잔인한 곳이 아니다. 그는 오랜 편지친구인 페넬로페에게 보낸 편지에서 자신이 이제 늙어서 허약해졌을 뿐 아니라 의학적으로도 사망선고를 받았다고 매우 분명하고 유쾌하게 말했다. 이는 루이스 안에 죽음에 대한 두려움과 연옥에 대한 두려움이 없었다는 것을 보여 준다.

> 나는 오랜 가사상태에 있다가 예기치 못하게 되살아난 적이 있었다네. …그러나 그것은 매우 사치스러울 만큼 쉬운 여행이었지. …누구나 눈앞에서 문이 닫힌 것을 후회한다네. 죽음이 되돌아와서 죽음을 다시 겪어야 한다는 것은 매우 견디기 어려운 일이라네. 만약 자네가 먼저 죽어서 감옥 방문이 허락된다면 연옥에 내려와서 나를 찾아보게나. 아주 엄숙한 재미가 있을 거라네. 그렇지 않나?[445]

이는 루이스가 고통이 없는 정화의 과정을 기대하고 있지 않았다는 것을 뜻한다. "정화는 그 속성상 고통스러울 수밖에 없다네. 우리는 감히 여기에 대해 항의할 수 없네."[446] 그러나 고통은 '우리 앞에 놓여 있는 기쁨'을 통해 작아진다. 그리고 루이스는 단테의 연옥편에서 모든 것을 바르게 사랑하는 방법을 배우기 위해 고통스러운 일들을 기쁘게 견디어 내는 등장인물들을 본보기로 삼았다.

그렇다면 루이스는 왜 연옥을 믿었을까? 위에서 암시된 것처럼 그가 단테의 『신곡』의 상상력에 매료되었기 때문이라는 것이 가장 큰 이유가 될 것이다. 루이스는 단테를 높이 평가했고 『천국과 지옥의 이혼』에서는 단테의 작품을 완전히 재가공했다. 루이스는 『천국과 지옥의 이혼』에서 또 다른 조언자를 등장시킨다. '몸에 살을 붙이는 치료를 받으려면(천국에 익숙해지는 단계) 오직 하나님만 원하는 법을 배워야 해.'447 이는 단테의 「연옥편」의 내용을 아주 잘 요약해 주는 말이며, 부분적으로 나를 포함하여 모든 독자들이 『신곡』 중에서도 왜 「연옥편」을 가장 좋아하는지에 대한 이유를 설명해 준다. 그것은 「연옥편」이 인간의 본성과 정화의 역할, 그리고 세상의 삶 속에서의 훈련에 대해 이야기하고 있기 때문이다. 이는 루이스가 『네 가지 사랑』에서 상세하게 설명했던 주제인 사랑에 대해 배우는 것과 같다.448 루이스는 "현대인들은 연옥을 단테의 눈을 통해 보는 경향이 있다. 이 교리는 심오하게 종교적이다."449 라고 말했다. 그 정도로 연옥은 많은 사람들에게 매혹적인 개념이다. 하지만 신앙에 있어 필수적인 것은 아니다.

루이스의 연옥 개념에 대한 비판

연옥에 대한 루이스의 견해는 비판을 면치 못할 것이다. 그러나 루이스는 예수님의 고통만이 죄를 속죄할 수 있고, 에베소서 2:8-9(너희는 그 은혜에 의하여 믿음으로 말미암아 구원을 받았으니, 이것은 너희에게서 난 것이 아니요. 하나님의 선물이라. 행위에서 난 것이 아니니, 이는 누구든지 자랑하지 못하게 함이라.)에서 말하듯이 은혜는 하나님의 선물이라는 성경의 관점을 받아들인다. 은혜의 정의는 '받을 자격 없는 자에게 거저 베푸시는 호의'이다. 때로는 우리가 구원받은 것이 모두 선물이라면, 천국에 들어가기 위해 왜 '정의로운 일들'을 해야 하는가라는 의문에 부딪치기도 하지만 변하지 않는 것은 그리스도가 우리를 대신한 것에 우리는 그 어떤 것도 더할 수 없다는 사실이다.[450]

그러나 루이스는 논리적 전개 방식에 오류가 있다는 반론을 피할 수는 없을 것이다. 즉, 그는 우리가 하나님 앞에 죄로 인해 냄새나고 더러운 모습으로 나타날 것이 진실이라고 가정한다. '오라, 우리가 서로 변론하자. 너희의 죄가 주홍 같을지라도 눈과 같이 희어질 것이요. 진홍 같이 붉을지라도 양털 같이 희게 되리라.'[451] 대부분의 개신교인들은 연옥이 천국을 준비하기 위한 지속적이고 긴 정화의 과정이며, 하나님 안에서 성장하는 곳이라는 생각은 받아들이지 않는 반면에, 죽을 때 죄가 사해진다는 생각은 받아들인다. 성경의 관점에 따르면 '나팔 소리가 나매 죽은 자들이 썩지 아니할 것으로 다시 살아나고 우리도 변화되리라.'[452]

루이스가 연옥에 대해서 논리적으로 변호하는 곳은(그는 대부분 유추를 통해 연옥을 설명한다.) 『개인편지』 외에는 없다. 그의 논증은 다음과 같다. 우리는 모두 죄인이다. 우리는 죄 된 본성으로 인해 죽는다. 하나님의 거룩하심과 창조물의 죄 사이의 간극은 너무나 넓고 깊어서 심오한 변환이 일어나야만 한다. 단테의 관점에서는 연옥에 있는 영혼들은 바르게 사랑하는 방법(사랑은 죄와 반대되는 것이며, 올바른 것들을 마땅히 올바른 순서로 사랑하지 못하고 실패한 것이 죄이다.)을 배우기 위해 자진하여, 심지어 기뻐하며 각각의 단계를 통해 훈련받는다. 그러므로 루이스는 단테의 이러한 견해를 빌려, 연옥을 강제된 형벌이 아닌 선을 위해 기꺼이 받아들여야 하는 것으로, 우리에게 도움이 된다는 것이다. 루이스는 이 개념을 평소처럼 매력적인 유추를 통해 설명했다.

> 이 문제를 생각할 때 내가 좋아하는 이미지는 치과의사일세. 인생의 이가 뽑히고 내가 돌아갈 때, '이것으로 네 입을 헹구라.' 는 음성이 들려오길 바라네. 이것이 연옥일 걸세. 헹굼은 내가 상상하는 것보다 더 오래 걸릴 수도 있고 이것의 맛은 현재 내 감각으로는 도저히 감당할 수 없을 정도로 맵고 떫을지도 몰라. 그렇다고 해도 나는 연옥이 역겹고 부정한 곳이라는 모어와 피셔의 말을 절대 믿지 않을 걸세.[453]

루이스는 '시간이 상상할 수 없는 성질들을 갖고 있고 – 길이 뿐 아니라 굵기까지도 – 우리는 시간의 내부에서 살아가고 있다.'[454]라는 생각으로 연옥에 대해 이야기 했다. 그러나 그의 작품들에서 연옥에 대한 다른 관점의 생각들을 만나는 것은 그리 어렵지 않다.

예를 들면 『순전한 기독교』에서 루이스는 이렇게 주장했다.

> 하나님의 아들이 되는 일, 창조된 존재에서 태어난 존재로 변화되는 일, 일시적인 생물학적 생명에서 시간을 초월한 '영적' 생명으로 바뀌는 일이 우리에게 일어났습니다. …이제는 우리 힘으로 영적인 생명을 향해 올라가려고 애쓸 필요가 없습니다. 그 생명은 이미 인류에게 내려왔습니다. 그 생명으로 충만히 차 있는 분, 하나님이면서도 인간이신 분에게 우리 자신을 드러내기만 하면, 그가 우리를 위해 우리 안에서 그 일을 행하실 것입니다.[455]

우리가 구원을 전적인 선물로 받아 들일 때, 이것이야말로 우리의 죄 된 속성이 사라져 버리는 마지막 정화가 아니겠는가? 이에 대해 루이스도 분명히 하나님의 은혜와 값없이 베푸시는 호의는 시간이 필요한 연옥의 과정이나 즉각적으로 일어나는 정화의 순간에 필요한 필수적인 요소라고 말할 것이다. 그리고 이러한 생각들은 루이스의 픽션에서 연옥에 대한 일관적이지 않은 이야기들을 통해 드러난다.

『마지막 전투』에서 티리언이 아슬란의 나라^{천국}로 들어갔을 때, 옛 나니아 이야기의 등장인물들이 늙지 않고 젊은 모습으로 왕과 왕비의 복장을 차려입고 있다는 것을 보게 된다. 그리고 티리언은 자신을 아슬란의 나라로 인도했던, 마지막 전투에 이르기까지 이 모험의 동료였던 질과 유스터스를 보면서 놀라워한다.

질이었다. 하지만 눈물과 먼지로 범벅이 된 얼굴에 어깨 부분이 반쯤 찢어진 낡은 린넨 원피스를 입고 있던 마지막 모습과는 영 딴판이었다. 질은 방금 목욕을 끝낸 사람처럼 깨끗하고 산뜻하게 보였다. 언뜻 보면 전보다 나이가 더 든 것처럼 보이다가 다시 보면 그렇지 않은 것 같기도 해서 영 갈피를 잡을 수 없었다. 그리고 가장 젊은 왕은 유스터스였다. 그러나 유스터스 역시 질처럼 전혀 새로운 모습이었다.[456]

티리언은 처음에 위엄 있는 사람들 속에 있다는 사실에 어색함을 느꼈다. 그러나 곧 자신도 그와 같이 멋지고 깔끔하게 변해 있었으며, 왕들의 옷차림을 하고 있다는 것을 깨달았다. 이러한 변화는 눈 깜짝할 사이에 모두에게 일어났다. 이와 유사하게 『천국과 지옥의 이혼』의 주교 유령은 썩은 이를 빨리 홱 잡아당긴다는 친숙한 예를 통해 지금 즉시 새로 시작할 수 있다는 이야기를 듣게 되었다. 그러나 세바스챤 노울은 루이스에게 또 다른 문제를 제기한다.

『천국과 지옥의 이혼』에서 루이스의 의견을 설명하는 등장인물, 조지 맥도날드는 다음과 같이 말했다. "세상은 결국 별개의 장소가 아님을 깨닫게 되리라는 것이 내 생각이다. 천국 대신 세상을 선택한 사람은 세상이 처음부터 지옥의 한 구역이었음을 알게 될 것이다. 또 세상보다 천국을 우선으로 생각한 사람은 세상이 애초부터 천국의 일부였음을 알게 될 것이다." 만약 경우가 이러하다면 천국으로 돌아가기 위해 세상을 떠나서 연옥으로 향해야 하는 우리에게 세상을 천국의 일부로 봐야 하는 이상한 상황에 처하게 되지 않을까?[457]

그러나 이러한 연옥에 대한 비판에도 불구하고 성경이 침묵하거나 단지 암시하기만 했던 주제들에 대해 겸손하게 인간의 한계를 인정하고 지혜로운 섭리를 신뢰한 루이스에게 우리는 보다 깊은 친밀감을 느낀다. 다음에 이어지는 구절은 왜 우리가 그러한 의문점들을 유익하게 받아들이지 못하는지(왜냐하면 우리는 시간 속에 제한되어 있는 존재이기 때문이다.) 그리고 우리의 강조점이 어디를 향해야 하는지(우리는 영원한 운명에 작용하는 선한 선택을 하게 될 것이다.)에 대해 가르쳐준다. 『천국과 지옥의 이혼』에서 화자는 회색 도시에서 온 유령들 중에 구원받은 자들이 있다는 것을 알게 된 후에 맥도날드에게 놀라운 질문을 던진다.

하지만 사후에도 진짜 선택이라는 게 있을 수 있나요? 가톨릭을 믿는 제 친구가 이 말을 들으면 놀랄 겁니다. 가톨릭 신앙에 따르면 연옥에 있는 영혼은 이미 구원을 받은 거나 마찬가지니까요. 개신교 친구들도 이런 이야기는 별로 좋아하지 않을 겁니다. 한번 쓰러진 나무는 영원히 쓰러진 거라고 할 걸요." 맥도날드는 이렇게 대답한다. "어쩌면 둘 다 맞을지도 모르네. 그런 질문들로 괜히 괴로워하지 말게. 선택과 시간을 초월하지 않는 한, 절대 그 둘 사이의 관계를 완전히 이해할 수 없다네. 게다가 그런 호기심 어린 문제나 연구하라고 자넬 여기로 불러온 게 아닐세. 자네가 신경 써야 할 것은 선택의 본질 그 자체야.

자넨 유령들이 어떤 선택을 내리는지 직접 보게 될 걸세.⁴⁵⁸

림보에 대한 이야기

루이스의 작품 속에는 림보(지옥의 변방, 고성소)라고 알려져 있는 장소에 대한 이야기가 여기저기에서 나타나는데, 이에 대해 짧게 이야기할 필요가 있을 것 같다. '스크루테이프 축배를 들다.' 라는 글에서 스크루테이프는 림보를 '만족스럽게도 영원한 인간 이하의 상태'가 지속되는 곳이며 '실패한 인간들'의 장소라고 언급한다.⁴⁵⁹ 여기서 이러한 설정은 허구적인데, 림보는 주로 이 시대의 냉담한 믿음에 대해 이야기하기 위한 방편으로 사용되는 개념이다. 림보의 중요한 특징은 림보가 지옥의 일부이며 이미 저주받은 자들을 위한 곳이라는 점이다. 반면에 연옥은 이미 구원받은 사람들을 위한 곳이다.⁴⁶⁰ (루이스에게 연옥은 지금의 삶 이후에 선택할 수 있는 두 번째 기회가 아니다.) 림보나 연옥은 루이스에게 아주 중요한 개념은 아니다. 적어도 림보는 전혀 중요하지 않다. 그는 림보를 거의 언급하지 않으며, 기독교인이 된 이후에 처음으로 썼던 작품인 『순례자의 귀향』에서 두 페이지 정도 다루는 것이 가장 길게 다룬 것이다.⁴⁶¹ 조안 베넷이 루이스에게 '덕 있는 불신자'들의 운명에 관해 질문했을 때, 루이스는 그녀에게 보내는 편지에서 자신은 그에 대해 아무것도 모른다고 대답했다. 우리는 확실히 루이스가 모든 사람이 죄인이며 그 누구도 그리스도로 말미암지 않고 하나님과 연합할 수 없다는 것을 믿었다고 말할 수 있다.

에필로그

하나님은 세상을 침공하실 것입니다. 그러나 하나님이 드러내 놓고 직접 세상에 간섭해야 한다고 말하는 사람들을 보면 정말 그 뜻을 알고 그런 말을 하는 것인지 궁금해집니다. 그런 일이 일어나는 날은 바로 세상이 끝나는 날입니다. 극작가가 무대 위로 걸어 나오면 연극은 끝난 것입니다. …그 때에야 어느 편에 설 것인지 선택하려 들면 이미 늦습니다. 일어서는 것이 불가능해진 상황에서 엎드리겠다고 말하는 것은 쓸데없는 짓입니다. 그때는 선택의 때가 아닙니다. 그 때는 우리가 참으로 어느 편을 선택했는지 드러나는 때이고, 우리가 그 사실을 전에도 알았는지 몰랐는지 깨닫게 되는 때입니다. 지금, 오늘 이 순간이야말로 옳은 편을 선택할 수 있는 기회의 때입니다. 하나님은 바로 이 기회를 주려고 잠시 지체하고 계십니다. 그러나 영원히 지체하시지는 않을 것입니다. 우리는 지금 이 기회를 잡든지 버리든지 둘 중에 하나를 택해야 합니다.

_C. S. 루이스의 『순전한 기독교』중에서

15
마지막에 일어나게 될 일: 천국으로 간 사람들의 결말

> 이제 자기를 단번에 제물로 드려 죄를 없이 하시려고 세상 끝에 나타나셨느니라. 한번 죽는 것은 사람에게 정해진 것이요, 그 후에는 심판이 있으리니. 이와 같이 그리스도도 많은 사람의 죄를 담당하시려고 단번에 드리신 바 되셨고 구원에 이르게 하기 위하여 죄와 상관없이 자기를 바라는 자들에게 두 번째 나타나시리라. _히브리서 9:26-28

그리스도를 향한 루이스의 여정은 매우 길고도 복잡했다. 그 여정은 이성과 갈망이라는 두 가지 길을 동시에 따라가는 것이었다.[462] 루이스는 이 길들이 서로 연결되어 있다는 것을 보지 못한 채 거의 삼십 년을 방황해 왔다. 그러나 두 갈래 길이 합쳐졌을 때, 그는 예수 그리스도의 인격 속에서 천국으로 가는 분명한 길을 발견하게 되었다. 루이스의 복잡한 여정에 대해 알기 원하는 독자들에게는 다음의 세 권의 작품이 아주 중요할 것이다. 아마도 그의 영적인 자서전 『예기치 못한 기쁨』이 시작하기에 가장 좋은 작품일 것이다.

여기서 '기쁨'은 충족될 수 없는 욕망이나 갈망이라는 특별한 의미를 지니고 있다. 그러나 이성적이고 철학적인 탐색이라는 부분을 제외한다면 그의 여정은 불완전한 것이 될 것이다. 많은 독자들의 애독서이자 필독서인 『순전한 기독교』는 그의 회심에 대한 이야기는 아니지만 그의 생각들에 대해 가장 쉽게 알 수 있는 작품이다. 『순례자의 귀향』은 갈망과 이성이라는 두 가지 길이 하나로 합쳐지는 작품이다. 이 작품은 루이스가 기독교인이 된 이후에 처음으로 쓴 작품인데, 스스로가 인정하는 바와 같이 가장 이해하기 쉽지 않은 작품이다.463 또한 이 책은 놀랍게도 2주 만에 쓰여 졌다. 그러나 그리스도 안에서의 믿음을 향한 여정이라는 주제뿐만 아니라 천국과 지옥이라는 주제처럼 루이스가 삼십 년 동안 다루게 될 중요한 주제들을 담고 있다.

그러나 지금은 일단 믿음을 향한 루이스의 여정 속에서 중요한 갈림길로 되돌아가고자 한다. 루이스가 옥스퍼드의 자신의 방에서 결국 하나님께 무릎을 꿇었을 때 그는 서른 살이었다.

> 모들린의 방에 혼자 있을 때, 일만 잠시 놓으면 그토록 피하고 싶어 했던 그 분이 꾸준히, 한치의 양보도 없이 다가오시는 것을 밤마다 느껴야 했던 내 처지를 상상해 보기 바란다. 내가 너무도 두려워했던 그 일이 마침내 일어나고야 말았다. 1929년 여름 학기에 나는 드디어 항복했고, 하나님이 하나님이시라는 사실을 인정했으며, 무릎을 꿇고 기도했다. 아마 그날 밤의 회심은 온 영국을 통틀어 가장 맥 빠진 회

심이자 내키지 않는 회심이었을 것이다. 지금은 너무나도 찬란하고 선명해 보이는 그 일이 그 당시 내 눈에는 그렇게 보이지 않았다. 하나님은 얼마나 겸손하신지 이런 조건의 회심자까지 받아 주신다.[464]

그러나 이는 단지 유신론으로 개종한 것뿐이었다. 2년 후 1931년 9월 28일에 그의 형제 워니의 오토바이의 사이드카를 타고 윕스네이드 동물원으로 가는 도중에 루이스는 기독교로 온전히 회심하게 된다. "출발할 때는 예수 그리스도가 하나님의 아들이라는 것을 믿지 않았지만, 동물원에 도착했을 때 나는 그것을 믿게 되었습니다."[465]

하나님에 대한 믿음이 하나님에 대한 신뢰로 변하는데 2년이라는 시간이 걸렸다는 것은 아마도 그다지 주목할 만한 일이 아닐 것이다. 그러나 그가 하나님을 믿게 된 이후에, 불멸성을 믿는 데 꼬박 한 해가 걸렸다는 것은 분명히 주목할 만하다. 내가 그랬던 것처럼, 루이스도 지옥에 대한 공포나 천국에 대한 약속 때문에 믿음을 갖게 된 것이 아니라 하나님과 예수님이 성경이 말하는 존재라고 깨닫게 되는 지적인 정직성 때문에 믿음을 갖게 되었다. 루이스는 회심하는 과정에서 이러한 요소 – 예수를 믿고 나서 불멸성을 믿게 된 것 – 가 자신에게 크나큰 유익이 되었다고 생각했다. 왜냐하면 상이나 벌을 기대하는 것이 아니라 단지 그것이 옳다는 이유만으로 하나님께 순종하는 법을 배웠기 때문이다.

루이스가 유신론에서 기독교로 나아갈 때 그는 온 힘을 다하여 도덕법을 지키려고 애썼지만 결국 필연적으로 실패하였다. 그때 그는 우리 중의 그 누구도 자신의 선으로 인하여 구원받을 수 없고 오직 예수 그리스도의 자비와 용서를 통해서만 구원받을 수 있다는 사실을 깨닫게 되었다.

하나님이 우리를 받아들이시기 전에 우리는 선하게 될 수 없다. 오히려 하나님이 우리를 용납하시고 우리를 새롭게 경영하실 때 우리는 완전히 도덕적인 삶을 시작하게 된다. 루이스는 왜 노력보다 믿음의 과정이 필요한지, 도덕적인 삶이라는 우리의 생각이 어떻게 전체적인 요점을 놓치게 되는지를 그의 작품들을 통해 보여준다. 또한 하나님은 종교적인 의식이 아니라 관계에 집중하신다. 그러나 우리는 그 관계에서 우리가 중심에 있는 것이 아니라 하나님이 중심에 있다는 평범한 사실을 알아야 한다. 그러나 우리는 타락한 인간 속성으로 인해 마치 우리가 하나님께 속한 것이 아니라 우리 자신에게 속한 것처럼 행동한다. 루이스는 이렇게 말한다. "다시 말해서 타락한 인간은 개선의 필요가 있는 불완전한 피조물이 아니라 손에 든 무기를 내려놓아야 하는 반역자입니다." 이는 회개를 요청하고 '이때까지 익혀 온 자기 만족과 자기 의지를 버린다.'는 것을 수반한다.[466] 그리고 이는 우리 스스로의 힘으로 할 수 있는 일이 아니다. 루이스가 말한 것처럼 "인간이 자연적으로는 얻을 수 없는 것이 있는데, 그것은 바로 영적인 생명 – 하나님 안에 있는 생명으로서 생물학적 생명과 다른 생명, 그보다 더 위에 있는 생명 –입니다."[467]

그렇다면 과연 어떻게 해야 영적인 삶으로 나아갈 수 있을까? 이것은 바울이 로마서에서 가르치고자 한 것과 같다. 법(도덕성)은 우리의 부족함을 보여 주고 그리스도의 자비를 향해 나아가게 만드는 교사로서 기능한다. 어떻게 죄 된 우리가 거룩하신 하나님과 함께할 수 있을까? 여기서 우리는 그리스도의 자비를 이해하게 된다. 하나님은 십자가 위에서 실현된 죽음을 통해서 우리에게 올바른 신분과 영적인 삶을 주신다. 우리가 그 희생을 우리의 죄에 대한 대가로서 믿을 때 하나님은 우리를 예수님의 완전한 생명에 속하게 하시며, 십자가의 죽음을 통해 죽음의 죗값을 치르시고, 그로 인해 하나님께 우리가 온전히 다가갈 수 있게 만드시고, 우리에게 새로운 생명을 주신다. 이것이 진정한 '순전한 기독교'이며 믿어야만 하는 것이다.

『순전한 기독교』에서 루이스는 무엇이 '구원의 믿음'을 이루고 있는지를 명확하게 구분하여 두 종류의 믿음에 대해 유익한 설명을 해 주었다.[468] 첫 번째 종류의 믿음은 어떤 진리에 대한 지적인 동의이다. 이런 종류의 믿음의 측면에서는, 악마도 예수를 믿는다고 말할 수 있다. 즉, 그는 그것이 진리라는 것을 알고 있다. 그러나 아직 진리에 의해 구원받지 못했다. 루이스는 자신의 학생이자 나중에는 사제가 된 돔 비데 그리피스에게 이런 편지를 보냈다. "분위기상 그러한 것을 당연하게 받아들이게 되었다고 해도, 구원과 천국과 지옥을 사실로 받아들이는 것이 단순히 믿음은 아니라네. 그러한 것은 악마들도 받아들일 수 있다네. 이는 '그리스도를 몸

소 아는 것'이 아니지 않는가?"⁴⁶⁹

  루이스가 올바르게 지적한 것처럼 우리 모두는 적어도 첫 번째 종류의 믿음(지적인 동의)은 갖고 있다. 그러나 두 번째 종류의 믿음이 구원에 더 결정적인 것이다. 이는 현재의 삶을 올바르게 살기 원하며, 그의 수중에 있는 우리의 영원한 운명을 희망하며, 우리가 자신을 위해 할 수 없는 일들을 그 분이 우리 안에서 행하신다는 것을 믿고, 전적으로 헌신하고 신뢰하는 것을 의미한다. 이러한 신뢰는 성경과 하나님의 계시 속에서 나타나신 예수 그리스도에 근거하고 있다. 선한 행동 또는 올바른 삶은 그리스도가 가능하게 하시는 진정한 마음의 변화로부터 흘러나온다. 이러한 변화는 인간의 노력에 의해 이루어질 수 없고, 하나님으로부터 기적적으로 태어나는 것, 그의 아들과 딸들이 되는 것으로부터 온다. 우리가 해야 할 일은 믿음을 가지는 것이다. 하나님은 우리를 그 분 안에서 살도록 만들어 주신다.

  하나님이 화육化肉하신 예수 그리스도의 진리에 대해서는 많은 증거들이 있고 루이스의 작품에서도 많은 증거들이 발견된다. 그러나 루이스와 그에 앞서 성 아우구스티누스와 성경 기자들도 알고 있었던 것처럼 믿음은 반드시 이해에 선행한다. 믿어야 볼 수 있다는 것이다. 『새벽 출정호의 항해』에서 나니아에서 온 여행자들은 별의 섬, 세계의 끝의 시작에 도착하여 라만두(별의 영혼)와 그의 딸을 만난다. 그들은 바로 먹을 것과 마실 것으로 뒤덮인 그 식탁에서 세 명의 사람들이 깊은 잠에 빠져 있는 것을 발견한다. 여행자들은 배가 고팠지만 그들이 예전에 겪었던 마법의 기운 때문에 음식과 마실 것이 차려져 있음에도 먹기를 두려워한다. 라만두의 딸은 괜찮다고 그들에게 확신시켰다. 에드먼드가 물었다. "도대체 당신이 우리 편이라는 걸 어떻게 알겠습니까?" 여자 아이가 말했다. "알 수 없지요. 당신들은 다만 믿는 것과 믿지 않는 것, 둘 중 하나를 선택할 수밖에 없어요."470

여러분은 『은의자』에서 질이 처음으로 아슬란을 만난 장면을 기억하고 있을 것이다. 질은 목이 말라 죽을 것 같았고 시냇물을 마시고 싶어 했다. 그러나 커다란 사자 아슬란이 질과 시냇물 사이에 있었다. 질은 앞으로 나가기 두려워하면서 아슬란에게 옆으로 비켜달라고 부탁했다. 그렇지만 아슬란은 그렇게 하지 않았다. 질은 아슬란에게 자신을 잡아먹지 말아달라고 부탁했지만 아슬란은 그에 대해 약속하지 않았다. 질은 물을 마시지 말까 곰곰이 생각했다. 그때 아슬란이 말했다. "그럼 목이 말라서 죽게 될 게다. …다른 시냇물은 없느니라."471 이것은 신뢰의 문제이다. 그 물은 '생수'이신 예수님을 의미한다.472 예수는 사마리아 여자에게 이렇게 말씀하셨다. "네가 만일 하나님의 선물과 또 네게 물 좀 달라 하는 이가 누구인 줄 알았더라면 네가 그에게 구하였을 것이요 그가 생수를 네게 주었으리라."473 질은 이 물을 마시기 위해 자신의 생명을 걸어야만 한다. – 이것은 '구원의 믿음'에 대한 좋은 예이다. 루이스는 『고통의 문제』에서 이렇게 이야기한다.

하나님은 자신에게 없는 것을 주시는 것이 아니라 있는 것을 주십니다. 그는 없는 행복을 주시는 것이 아니라 있는 행복을 주십니다. 하나님이 될 것이냐, 피조물의 자리에서 하나님의 선함에 반응함으로써 그의 선함을 공유하며 그를 닮은 존재가 될 것이냐, 비참한 존재가 될 것이냐, 우리는 이 세 가지 중 하나를 선택해야 합니다. 우주에서 재배되는 유일한 먹을거리, 설사 다른 우주가 있다 해도 거기에서 자랄 수 있는 유일한 먹을거리를 먹는 법을 배우지 못하는 사람은 영원히 굶는 수밖에 없습니다.[474]

하나님은 우리에게 예수님을 보내 주셨다. 만약 예수님이 우리의 가장 깊은 갈망 – 우리의 모든 갈망 – 에 대한 대답이라면, 그리고 그가 다시 돌아오시기로 약속하셨다면 왜 지금 당장 이 자리에 나타나서 그렇게 하시지 않는가? 루이스는 존 던을 인용하여 수사적인 질문을 던진다. "지금 현재가 세계의 마지막 밤이라면 어떻게 될까?"[475] 그러나 그분이 이를 늦추시는 데는 두 가지 중요한 이유가 있다고 루이스는 주장한다. 첫 번째는 우리로 하여금 자신에 대해 생각하게 하기 위함이다.

하나님은 세상을 침공하실 것입니다. 그러나 하나님이 드러내 놓고 직접 세상에 간섭해야 한다고 말하는 사람들을 보면 정말 그 뜻을 알고 그런 말을 하는 것인지 궁금해집니다. 그런 일이 일어나는 날은 바로 세상이 끝나는 날입니다. 극작가가 무대 위로 걸어 나오면 연극은 끝난 것입니다. …그때에야 어느 편에 설 것인지 선택하려 들면 이미 늦습니다. 일어서는 것이 불가능해진 상황에서 엎드리겠다고 말하는 것은 쓸데없는 짓입니다. 그때는 선택의 때가 아닙니다. 그때는 우리가 참으로 어느 편을 선택했는지 드러나는 때이고, 우리가 그 사실을 전에도 알았는지 몰랐는지 깨닫게 되는 때입니다. 지금, 오늘 이 순간이야말로 옳은 편을 선택할 수 있는 기회의 때입니다. 하나님은 바로 이 기회를 주려고 잠시 지체하고 계십니다. 그러나 영원히 지체하시지는 않을 것입니다. 우리는 지금 이 기회를 잡든지 버리든지 둘 중에 하나를 택해야 합니다.[476]

만약 우리에게 믿음이 있다면, 세상의 모든 순례자의 길을 변화시킬 수밖에 없는 또 다른 이유가 있다. 그 이유는 루이스의 '영광의 무게'라는 훌륭한 설교에 나타나있다.

각자 차후에 받게 될 영광에 대해 아주 중요하게 생각할 수도 있을 것입니다. 그러나 자신의 이웃의 영광에 대해 자주 또는 깊게 생각하는 것은 거의 불가능할 것입니다. 그 짐과 부담과 내 이웃의 영광의 짐은 내가 등에 짊어져야 하는 것입니다. 그 짐은 너무 무거워서 오직 겸손해야만 그 짐을 감당할 수 있습니다. 그리고 자만심에 가득 찬 등은 부러질 것입니다. 이는 신들과 여신들의 모임 속에서 살기 위해 중요한 것입니다. 그리고 여러분이 이야기해 본 중에 가장 어리석고 재미없는 인간도 어느 날 지금 본다면 강렬하게 경배하고 싶은 유혹이 드는 창조물이 될 수 있고, 아니면 오직 악몽 속에서만 볼 수 있는 공포와 타락 그 자체가 될 수도 있습니다. 우리는 온종일 어느 정도까지는 다른 사람들이 목적지에 도달하도록 서로 도와줄 수 있습니다. 다른 사람들과 교제하고, 친구관계를 맺고, 사랑하고, 즐기고, 정치를 해야 한다는 것은 굉장한 가능성의 빛 속에 있는 것입니다. 그리고 우리는 그들을 경외하고 그들에게 적절하고 세심한 주의를 기울여야 합니다. 그 어디에도 평범한 사람은 없습니다. 여러분은 단순히 죽음을 피할 수 없는 인간에게 말을 걸고 있는 것이 아닙니다.[477]

우리가 자신을 예비하고 다른 사람들을 사랑하기에 세상에서 주어진 시간은 매우 짧다. 믿음의 삶은 현실에서 도피하는 것이 아니다. 그것은 실재를 향해 나아가는 것이다. 성경은 어느 날 현재의 세상은 끝난다고 가르치며 나도 그렇게 믿는다. 내 상상으로는 마치 중성자가 모두 양자들을 내보내고, 전자들도 모두 궤도를 이탈하는 것처럼 모든 원자가 중심에서부터 녹아내리며 우주는 꿈처럼 사라질 것이다. 그리고 창조주 그리스도가 새로운 새 하늘과 새 땅을 만드실 것이다. 그러면 우리는 이 땅이 그림자나라이고 천국이 진정한 실재이자 부정할 수 없는 사실이며 지금 우리가 앉아있는 자리보다 더 실제적이고 더 견고하다는 것을 보게 될 것이다. '보이는 것은 잠깐이요 보이지 않는 것은 영원함이라.'[478] 이를 의심할 수 있는가? 루이스는 '한 여인'에게 보내는 편지에서 이렇게 충고했다. "성경 자체는 우리에게 짧은 기도를 가르쳐 주었습니다.

그 기도는 믿음과 교리 때문에 고군분투하는 모든 사람들에게 적합하지요. 그것은 다음과 같습니다. '주여, 내가 믿나이다. 나의 믿음 없는 것을 도와주소서.'"[479]

C. S. 루이스의
『우주 3부작 The Space Trilogy』 소개

_ 역자 이규원

C. S. 루이스의 『우주 3부작 The Space Trilogy』은 과학소설에 인간의 타락과 예수 그리스도의 구속이라는 신학적인 주제를 결합시킨 최초의 환상문학 작품이다. 3부작을 구성하는 각각의 소설은 화성을 배경으로 우주 공간과 우주의 영적인 존재들에 대해 쓴 『침묵의 행성 바깥 Out of the Silent Planet』(1938)과 타락하지 않은 세계에 대한 새로운 비전을 그린 금성의 『페렐란드라 Perelandra』(1943), 그리고 죄로 인해 파괴되고 훼손된 지구를 통해 지옥의 모습을 그린 『저 무서운 힘 That Hideous Strength』(1945) 이렇게 세 권이다. 3부작 전체에 등장하는 주인공 엘윈 랜섬 Elwin Ransom 은 악을 저지하고 타락한 세상을 구속하는 그리스도 형상을 보여 준다.

제 1편 『침묵의 행성 바깥』

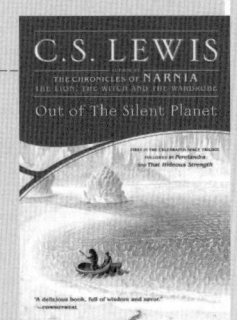

언어학 교수인 엘윈 랜섬 Elwin Ransom 은 영국 중부지방을 여행하다가 예전에 아주 싫어했던 학교 친구 데바인 Devine 을 다시 만나게 된다. 데바인은 랜섬을 만나자 매우 반가워하면서 랜섬을 위해 자신의 집에 방과 음식을 마련해 준다. 그러나 랜섬은 데바인이 준 음료수를 마시고 나서 그 속에 약이 들어 있다는 것을 깨닫게 되는데 데바인은 그 순간 랜섬의 머리를 쳐서 기절시킨다. 사실 데바인에게는 다른 속셈이 있었다. 데바인의 동료인 웨스턴 Weston 교수는 우주를 여행할 수 있는 방법을 개발한 과학자로서, 이들에게는 이번 우주여행에 데려갈 사람이 필요했고, 그러한 인물로 영국에 연고가 없었던 랜섬이 아주 적합했던 것이었다.

랜섬은 깨어나서 자신이 우주선을 타고 맬러캔드라 Malacandra 라는 행성으로 가고 있다는 사실을 알게 된다. 그리고 랜섬은 웨스턴과 데바인이 자신을 맬러캔드라의 생명체 손 sorn 에게 넘겨준다는 얘기를 엿듣고 공포에 질려 우주선을 탈출하려고 한다.

맬러캔드라에 도착하자 기회를 잡은 랜섬은 우주선에서 도망친다. 그는 맬러캔드라를 돌아다니면서 이 행성에 대해 조금씩 알아가게 된다. 랜섬은 효이 ^{Hyoi}라는 이름의 맬러캔드라의 지적인 생명체인 흐로스 ^{hross}를 만나게 되는데, 효이의 마을에서 몇 달을 보내면서 그곳의 언어와 문화에 대해 배우게 된다. 랜섬은 흐로스들이 '태양의 피'라고 부르는 것이 금이며 맬러캔드라에는 금이 매우 풍부하다는 것을 알게 된다. (데바인이 맬러캔드라로 온 목적은 바로 금 때문이었다.)

어느 날 흐로스들은 랜섬과 함께 맬러캔드라에서 유일하게 위험한 포식동물인 흐나크라들을 사냥하러 간다. 거기에서 랜섬은 희미한 빛과 같은 창조물인 엘딜 ^{eldil}에게 이 행성의 통치자인 오야르사 ^{Oyarsa}를 만나야 한다는 이야기를 듣는다. 하지만 랜섬은 사냥을 계속하고 싶은 마음에 이를 거절한다. 그때 랜섬을 찾으러 온 데바인과 웨스턴이 효이를 쏘아 죽인다. 랜섬은 효이의 죽음이 오야르사에게 순종하지 않은 결과라는 이야기를 듣고 웨스턴과 데바인의 추격을 피해 오야르사를 찾아 간다. 오야르사에게 가는 도중에 랜섬은 이전에 웨스턴과 데바인이 자신을 넘겨주겠다고 하던 무서운 생명체인 손을 만나게 되는데 알고 보니 손은 온화하고 친절한 생명체였다. 오그레이 ^{Augray}라는 이름의 손은 랜섬을 데리고 오야르사에게 간다.

랜섬은 며칠 동안 하늘을 올라가서야 오야르사의 집인 멜딜론 Meldilorn에 도착한다. 거기서 랜섬은 오야르사를 만나 많은 것을 알게 된다. 태양계에는 행성들마다 그 행성을 통치하는 오야르사가 존재하며 그들은 생명체를 통치하는 역할을 맡고 있다. 그 중 지구는 툴캔드라 Thulcandra로 불리는데 툴캔트라의 오야르사인 사탄 Satan이 타락하자 우주의 통치자인 맬러딜 Maledil에 의해 구속되어 툴캔드라 지구는 침묵의 행성 the silent planet이 되어 버렸다. 랜섬은 오야르사에게 지구에 대해 이야기를 하면서 그에게 인류가 얼마나 어리석은 것처럼 보일지 부끄러워한다.

랜섬과 오야르사가 이야기를 나누는 동안에 데바인과 웨스턴이 3명의 흐로스를 살해한 뒤에 흐로스들에게 붙잡혀 온다. 오야르사는 웨스턴과 데바인에게 자신이 그들을 용서할 수 없지만 만약 지금 즉시 이 행성을 떠나 지구로 돌아간다면 놓아주겠다고 말하고 그들을 놓아준다. 오야르사는 랜섬에게 맬러캔드라에 남고 싶다면 남아도 좋다고 이야기하지만 랜섬은 지구로 돌아가기로 결심한다. 지구로 돌아오고 나서 랜섬은 자신에게 일어났던 일들이 꿈인지 사실인지 의문스러워지기 시작하는데 그때 한 친구가 그에게 와서 중세 라틴어 '오야르사'라는 단어를 들어보았는지, 그게 무슨 뜻인지 아냐고 묻자 이 모든 것이 사실이었다는 것을 깨닫게 된다. 그 후로 랜섬은 오야르사가 맬러캔드라를 떠날 때 그에게 주었던 웨스턴을 저지하라는 임무에 헌신하기로 결심한다.

제 2편 『페렐란드라』

맬러캔드라 화성로부터 돌아온 지 몇 년 후에 랜섬은 맬러캔드라의 오야르사로부터 페렐란드라 Perelandra로 가서 웨스턴을 막으라는 임무를 맡게 된다. 페렐란드라 금성에 도착하자 랜섬은 이 행성이 일종의 낙원이라는 사실을 깨닫게 되는데, 이곳은 새로운 아담과 하와가 사는 새로운 에덴동산 같은 곳이었다. 하늘은 밝고 황금빛을 띠고, 불투명해서 밤에는 별이 보이지 않았다. 이 행성의 생명체들은 달콤한 물과 같은 해양 위를 뗏목처럼 떠다니는 섬에 살고 있었다. 랜섬은 여기서 초록색의 피부를 지닌 여인 티니드릴 Tinidril을 만나게 되는데, 티니드릴과 그녀의 남편 토르 Tor만이 이 행성의 유일한 인간생명체였다. 그들은 떠다니는 섬이 아닌 '고정된 땅'에서 자는 것이 금지되어 있었다. 그러나 랜섬은 떠다니는 섬에서 사는 것이 매우 즐겁고 근심할 필요가 없는 낙원이라는 것을 깨닫게 된다. 심지어는 몇 달 동안 페렐랜드라에 있으면서 아름다운 여인이 나체로 있는 것을 보면서도 아무런 정욕이나 육욕을 느끼지 못했다.

그러던 어느 날 웨스턴 박사가 우주선을 타고 페렐랜드라에 도착하게 된다. 그는 티니드릴에게 다가와서 그녀에게 하나님을 거역하고 고정된 땅에서 하룻밤만 자보라고 유혹한다. 랜섬은 이를 막기 위해 노력하지만 사탄에게 사로잡힌 웨스턴은 인간의 능력을 뛰어넘은 상태라서 논쟁에서는 그를 이길 수 없었다. 게다가 웨스턴은 잠을 자지 않아도 상관없는 상태였다. 웨스턴이 거의 승리할 것 같은 상황이 되자 랜섬은 절망에 빠지는데 그때 그는 웨스턴의 육신을 파괴하라고 명령하는 신의 음성을 듣게 된다. 랜섬은 이에 저항하며 꼬박 밤을 새지만 결국 그에게 주어진 임무를 받아들이기로 결심한다.

그는 웨스턴과 맨손으로 싸우면서 바다 위에서 거대한 물고기를 타고 웨스턴을 뒤쫓아 간다. 그러는 도중에 랜섬은 진짜 인격으로 돌아온 웨스턴을 만나게 되지만 이는 랜섬에게 공포를 불러일으키고 동시에 웨스턴에 대한 동정심을 유발시키기 위한 사탄의 계략임이 밝혀진다. 마지막에 랜섬은 웨스턴의 머리를 돌로 부수고 동굴 속에 있는 불에 육신을 던져 버린다. 그때 웨스턴은 랜섬의 뒷꿈치를 무는데 이 상처로 인해 랜섬은 남은 평생을 절룩거리며 걷게 된다. 모든 일이 끝나고 랜섬은 토르와 티니드릴과 함께 맬러캔드라와 페렐랜드라의 오야르사를 만나게 된다. 모든 임무를 마친 랜섬은 또 다시 악과 싸우기 위해 지구로 돌아온다.

제 3편 『저 무서운 힘』

젊은 대학 강사이자 연구원인 마크 스터독 Mark Studdock은 영국의 조그만 대학도시에 있는 N. I. C. E.National Institute for Coordinated Experiments: 국가공동연구소의 내부조직의 직원으로 채용된다. 그는 항상 N. I. C. E.의 일원이 되기를 갈망해 왔고 그것이 바로 강력한 엘리트가 되는 길이라고 생각했기 때문에 이를 매우 자랑스러워했다. 그러나 사실 N. I. C. E.는 타락한 엘딜들이 이끌며, 인류를 변화시키려는 시도를 하고 있는 곳이었다. 그들이 스터독을 끌어들인 진정한 이유는 예지몽을 꾸는 그의 아내 제인 Jane Studdock 때문이었다. N. I. C. E.는 제인을 잡아들이려고 하지만 그러나 결국 제인은 N. I. C. E.에 저항하는 성 안나 St. Anne의 작은 공동체로 들어가게 된다.

성 안나의 공동체는 랜섬이 이끌고 있는 작은 공동체였고, 여기서 랜섬은 아더 왕국의 통치자 '펜드래건 Pendragon'과 같은 역할을 맡고 있었다. 랜섬은 N.I.C.E.를 막기 위해 신적인 힘을 사용하려고 했다. 그래서 랜섬은 초자연적인 힘을 다룰 수 있는 마법사 멀린Merlin을 데려와야 했다. N.I.C.E. 역시 멀린의 마법 때문에 그를 찾고 있었다. 랜섬은 마크 스터독의 도움으로 N.I.C.E. 보다 먼저 멀린과 만나게 되고 주저하는 멀린에게 N.I.C.E.와 싸우라는 명령을 내리게 된다. 멀린 역시 주저하다가 이 임무를 받아들이게 되고 N.I.C.E.와 싸워서 이들의 음모를 저지시키게 된다. 결국 N.I.C.E.는 자신들이 불러들인 힘에 의해 자멸하게 되고 하나님의 간섭으로 이 모든 일은 마무리된다.

주

1. John Donne, 『*The Complete Poetry and Selected Prose of John Donne*』(New York: The Modern Library, 1952), 501.
2. C. S. Lewis, 『*The Last Battle*』(New York: HaperCollins, 1994), 16:228. C. S. 루이스, 『나니아 연대기』(시공주니어, 2005).
3. Ibid., 15:213.
4. 베드로전서 2:11과 빌립보서 3:20.
5. Wayne Grudem, "The Unseen World Is Not a Myth," *Christianity Today* 30, no. 10 (July 11, 1986), 24.
6. C. S. Lewis, 『*The Problem of Pain*』(New York: Macmillan, 1962), 10:145. C. S. 루이스, 『고통의 문제』(홍성사, 2002).
7. 크리스토퍼 미첼은 이러한 생각을 다음의 글에서 훌륭하게 설명하고 있다. "The 'More' of Heaven and the Literary Art of C. S. Lewis," *Christianity and the Arts* 5, no. 3 (Summer 1998). 또한 다음의 글도 살펴보라. C. S. Lewis, "Transposition," in 『*The Weight of Glory*

and Other Addresses』, (New York: Simon & Schuster, 1996). 조니 에릭슨 타다도 이 점을 뛰어나게 다루고 있다. 『*Heaven: Your Real Home*』(Grand Rapids, Mich.: Zondervan, 1995), 26-29.

8. David Mills, 『*The Pilgrim's Guide: C. S. Lewis and the Art of Witness*』(Grand Rapids, Mich.: Eerdmans, 1998), xiii.

1. 천국에 대한 신화들

9. C. S. Lewis, *The Collected Letters of C. S. Lewis* (San Francisco: HarperCollins, 2004), to Warfield M. Firor (August 17, 1949), 971.
10. C. S. Lewis, "Transposition," in 『*The Weight of Glory and Other Addresses*』(New York: Simon & Schuster, 1996), 83.
11. 시편 16:11.
12. Harry Blamires, "Heaven: The Eternal Weight of Glory," *Christianity Today* 35, no. 6 (May 27, 1991), 33-34.
13. John Newton, "Glorious Things of Thee Are Spoken," 『*Hymns for the Living Church*』(Carol Stream, Ill.: Hope Publishing Co., 1974), 209.
14. C. S. Lewis, 『*The Screwtape Letters*』(San Francisco: HarperSanFrancisco, 2001), 9:44. C. S. 루이스, 『스크루테이프의 편지』(홍성사, 2001).
15. David W. Fagerberg, "Between Heaven & Earth: C. S. Lewis on Asceticism & Holiness," *Touchstone* 17, no. 3 (April 2004, 33).
16. C. S. Lewis, 『*The Lion, the Witch and the Wardrobe*』(New York: HarperCollins, 1994), 4:39. C. S. 루이스, 『나니아 연대기』(시공주니어, 2005).
17. Ibid., 9:95.
18. Fagerberg, "Between Heaven & Earth," 31.

19. C. S. Lewis, 『Out of the Silent Planet』 (New York: Macmillan, 1965), 12:73.
20. Ibid., 12:74.
21. Christopher Mitchell, "The 'More' of Heaven and the Literary Art of C. S. Lewis," *Christianity and the Arts* 5, no. 3 (Summer 1998), 43.
22. John Piper, "'Brokenhearted Joy': Taking the Swagger Out of Christian Cultural Influence," *World* (December 13, 2003), 51.
23. C. S. Lewis, 『The Problem of Pain』 (New York: Macmillan, 1962), 7:115. C. S. 루이스, 『고통의 문제』(홍성사, 2002).
24. 히브리서 12:22-23.
25. Joseph Bayly, "Heaven" (Elgin, Ill.: David C. Cook Publishing, 1977), 12.
26. 누가복음 19:17.
27. John G. Stackhouse, Jr., "Harleys in Heaven: What Christians Have Thought of the Afterlife & What Difference It Makes Now," *Christianity Today* 47, no. 6 (June 2003), 38.
28. 요한복음 17:24.
29. C. S. Lewis, "The Sermon and the Lunch," in 『God in the Dock』 (Grand Rapids, Mich.: Eerdmans, 1970), III. 3:286.
30. C. S. Lewis, 『Mere Christianity』 (New York: Macmillan, 1960), IV. 9:174-175. C. S. 루이스, 『순전한 기독교』(홍성사, 2001).
31. C. S. Lewis, 『Miracles』 (New York: Macmillan, 1978), '옛 창조의 기적들'(15:132-142)과 '새 창조의 기억들'(16:143-163)에 관한 장들을 읽어보라.
32. 마태복음 22:30.
33. C. S. Lewis. 『Perelandra』 (New York: Macmillan, 1965), 3:32-

33. 여기에서 루이스의 화자는 이렇게 말한다. "랜섬의 생각에 육체의 현재 기능과 욕구는 사라져버렸다. 그것은 그들이 퇴화했기 때문이 아니라 그의 말처럼 '포함'되었기 때문이다."
34. Lewis, 『Miracles』, 16:160.
35. Hugh Ross, 『Beyond the Cosmos: The Extra-Dimensionality of God』(Colorado Springs: NavPress, 1996), 31-32.
36. 루이스는 우리가 세상의 삶 이후에 시간을 어떻게 다르게 경험하게 될 지에 대해 흥미로운 생각들을 내놓았다. 세상과 나니아 사이의 시간의 차이가 바로 그의 자유롭고 창조적인 생각 중 하나이다. 『Miracles』에서 그는 이렇게 말했다. "시간이 항상 지금처럼 우리에게 비선형적이고 비가역적인 상태로 있지는 않을 것입니다." 『시편사색』에서 그는 우리가 '마지막에 적어도 (우리 인간 존재에 적합하지 않을 지라도) 시간의 압제와 지속적인 시간의 궁핍으로부터 벗어나기를' 소망한다고 말했다. 또한 루이스는 시간이 다른 차원을 가진다는 점에서 다양한 두께를 가지고 있을 것이라고 생각했다. 『Miracles』에서 '새 창조의 기적들'이라는 장은 이 부분뿐만 아니라 이 책 전체의 주제와 연관되어 있다.
37. Ross, 『Beyond the Cosmos』, 203.
38. Lewis, "The Weight of Glory," in 『The Weight of Glory and Other Addresses』, 26.
39. C. S. Lewis, 『The Four Loves』(New York: Harcourt Brace Jovanovich, 1960), 5:158. C. S. 루이스, 『네 가지 사랑』(홍성사, 2005) 제프리 러셀도 비슷한 견해를 제시한다. "천국에서는 하나님에 대한 사랑과 다른 사람에 대한 사랑이 모두 통일된 상태일 것이다. 이것이 '아가페'이며 사랑의 축제이다. …천국은 하나님을 사랑하고 하나님이 사랑하는 사람들의 공동체이다. 모든 사람들이 개성을 유지하면서 완벽한 사랑 속에서 서로 짜여져 하나님을 사랑하는 수백만의 서로 다른 사람들을 사랑하게 된다. 이것은 각각의 실들이 사랑의 빛 속에서 모든

다른 실들과 짜여지는 것과 같다. 그래서 전체적인 직물은 마치 별들처럼 빛나게 된다." Jeffrey Burton Russell, 『A History of Heaven』 (Princeton, N.J.: Princeton University Press, 1997), 5-6.
40. C. S. Lewis, "Transposition", in 『The Weight of Glory and Other Addresses』, 84.
41. Robert L. Sassone, 『The Tiniest Humans』(Stafford, Va.: American Life League, 1995), viii.
42. Lewis, 『Miracles』, 11:92
43. Ibid., 16:147.
44. Ibid., 16:161.
45. Tada, 『Heaven: Your Real Home』, 39.
46. Lewis, 『Miracles』, 16:148.
47. Ross, 『Beyond the Cosmos』, 46-47.
48. Lewis, 『Perelandra』, 10:130.
49. Lewis, 『Miracles』, 16:153.
50. C. S. Lewis, "Man or Rabbit?" in 『God in the Dock』, I.12:112, 『나니아 연대기』에서 유스터스가 용의 모습에서 벗어나는 장면과 비교해 보라.
51. Lewis, 『Miracles』, 16:149.
52. Ibid., 16:161.
53. Lewis, 『The Problem of Pain』(New York: Macmillan, 1962), 152-153. C. S. 루이스, 『고통의 문제』(홍성사, 2002).
54. Ibid., 147-148.
55. Ibid., 150.
56. Lewis, 『Perelandra』, 14:173.
57. Lewis, 『The Problem of Pain』(New York: Macmillan, 1962), 123. C. S. 루이스, 『고통의 문제』(홍성사, 2002).

58. C. S. Lewis, *Collected Letters of C. S. Lewis*, to Dom Bede Griffiths OSB (July 28, 1936), vol. 2, 202.
59. Colin Duriez, 『*The C. S. Lewis Encyclopedia*』(Wheaton, Ill.: Crossway Books, 2000), 88.
60. C. S. Lewis, 『*Mere Christianity*』, III.10:121. C. S. 루이스, 『순전한 기독교』(홍성사, 2001).
61. C. S. Lewis, "Horrid Red Things," in 『*God in the Dock*』, I.6:68.
62. Ibid., I.6:69.
63. C. S. Lewis, 『*The Screwtape Letters*』, Preface to 1961 edition, 10.
64. Kenneth Kantzer, "Afraid of Heaven," *Christianity Today* 35, no. 6 (May 27, 1991): 38.
65. 에스겔 3:15.
66. Lewis, 『*Miracles*』, 9:67.
67. Ibid., 14:123.
68. Clarence F. Dye, "The Evolving Eschaton in C. S. Lewis," Ph.D.diss. (New York: Fordham University, 1973), 236.
69. Lewis, "The Weight of Glory," in 『*The Weight of Glory and Other Addresses*』, 30-31.
70. Anne Graham Lotz, 『*Heaven: My Father's House*』(Nashville: W Publishing Group, Thomas Nelson, 2001), 85.
71. 고린도전서 2:9.
72. C. S. Lewis, "Man or Rabbit?" in 『*God in the Dock*』, I.6:108-109.
73. Ibid., I.6:112.
74. Lewis, 『*Mere Christianity*』, II.3:56. C. S. 루이스, 『순전한 기독교』(홍성사, 2001).

75. Flannery O'Connor, "A Good Man Is Hard to Find," 『Heath Introduction to Fiction』 (New York: Houghton Mifflin, 2000), 651-663.
76. 로마서 11:36.
77. 요한복음 14:6.
78. 로마서 3:23, 6:23.
79. Lewis, 『The Problem of Pain』 (New York: Macmillan, 1962), 145. C. S. 루이스, 『고통의 문제』(홍성사, 2002).
80. C. S. Lewis, 『Surprised by Joy』 (New York: Harcourt Brace & Co., 1955), 232. C. S. 루이스, 『예기치 못한 기쁨』(홍성사, 2003).
81. C. S. Lewis, 『Reflections on the Psalms』 (New York: Harcourt Brace & world, 1958), 41. C. S. 루이스, 『시편사색』(홍성사, 2004).
82. Ibid., 42.
83. Lewis, "The Weight of Glory," in 『The Weight of Glory and Other Addresses』, 27.
84. Lewis, 『Miracles』, 16:155.
85. Michael Cromatrtie, "'Salvation Inflation': A Conversation with Alan Wolfe," Books & Culture 10, no. 2 (March/April 2004): 18-19.
86. 예를 들어 St. Augustinus, 『The City of God』 (London: Penguin, 1984), 성 아우구스티누스의 『하나님의 도성』(크리스챤다이제스트, 2000), Martin Luther, "The Freedom of a Christian," in Luther's Works, Vol. 31, H. Richard Niebuhr, 『Christ and Culture』 (New York: Harper and Row, 1951), 리처드 H. 니버의 『그리스도와 문화』(대한기독교서회, 1958)와 같은 저작들을 보라.
87. Lewis, 『Mere Christianity』, III.10:118. C. S. 루이스, 『순전한 기독교』(홍성사, 2001).

88. Lewis, "Some Thoughts," 『God in the Dock』, 147.
89. Ibid., 150.
90. George Weigel, "*Europe's Problem - and Ours*", *First Things* 140 (February 2004): 5.
91. 마가복음 12:13-17.
92. George Weigel, "*Europe's Problem*", 7-8.
93. Ibid., 8.
94. Ibid., 11.
95. C. S. Lewis, "Answers to Christianity," in 『God in the Dock』, I.4:49.

2. 천국과 지옥에 대한 신화들

96. C. S. Lewis, "Sometimes Fairy Stories May Say Best What's to Be Said," in 『Of Other Worlds』 (New York: Harcourt Brace Jovanovich, 1966), 38.
97. Harry Blamires, "Heaven: The Eternal Weight of Glory," *Christianity Today* 35, no. 6 (May 27, 1991): 32.
98. Colin Duriez, 『The C. S. Lewis Encyclopedia』 (Wheaton, Ill.: Crossway Books, 2000), 88.
99. David Downing, 『The Most Reluctant Convert: C. S. Lewis's Journey to faith』 (Downers Grove Ill.: InterVarsity Press, 2002). 147-148.
100. "Myth Became Fact," in 『God in the Dock』 (Grand Rapids, Mich., Eerdmans, 1970), I.5 :66. 또한 다음의 멋진 글도 살펴보라. "Is Theology Poetry?," in 『The Weight of Glory and Other Addresses』 (New York: Simon & Schuster, 1996), 좀 더 학술적인 연구를 원한다면 Maria Kuteeva, "Myth," in Reading the

Classics with C. S. Lewis (Grand Rapids, Mich.: Baker, 2000)을 보라.
101. 마태복음 13:34.
102. C. S. Lewis, 『Experiment in Criticism』(Cambridge: Cambridge University Press, 1961), 43-44. C. S. 루이스, 『문학비평에서의 실험』(동문선: 2002). 루이스의 노트에 설명된 내용이 이해에 도움이 될 것이다. '신화는 사태 또는 일련의 사건에 대한 기술이다. 신화에는 초인적인 인물이 등장하며, 통일성을 갖고 있고, 특정한 시간과 장소를 의미하지는 않으며, 행동에 따라 발전되는 주제에 의해 내용이 결정되는 것이 아니라 등장인물의 시대와의 불변의 관계에 의해 내용이 결정된다.' Walter Hooper, "Past Watchful Dragons," Charles Huttar, 『Imagination and the Spirit』(Grand Rapids: Eerdmans, 1971), 286에서 인용.
103. Duriez, 『C. S. Lewis Encyclopedia』, 155.
104. C. S. Lewis. 『Perelandra』(New York: Macmillan, 1965), 11:144.
105. C. S. Lewis, "On Stories," in 『On Stories and Other Essays on Literature』(New York: Harcourt Brace Jovanovich, 1982), 19-20.

3. 창공을 천국으로 바꾸기: 침묵의 행성 바깥
106. 이 시리즈는 종종 '우주 3부작'이라고도 불린다.
107. C. S. Lewis, "On Three Ways of Writing for Children," in 『On Stories and Other Essays on Literature』(New York: Harcourt Brace Jovanovich, 1982), 42.
108. Clyde Kilby, 『The Christian World of C. S. Lewis』(Grand Rapids, Mich.: Eerdmans, 1964), 89-90.

109. C. S. Lewis, 『*Out of the Silent Planet*』(New York: Macmillan, 1965), 18:124.
110. C. S. Lewis, 『*Miracles*』(New York: Macmillan, 1978), 16:158.
111. George Musacchio, 『*C. S. Lewis: Man & Writer*』(Belton, Tex: University of Mary HardinBaylor, 1994), 53. 이 책에는 우주 3부작과, 특히 루이스가 중세적인 세계관을 확장하여 사용하는 것에 대한 훌륭한 논의가 실려 있다.
112. Lewis, 『*Out of the Silent Planet*』, 5:32.
113. Ibid., 5:39.
114. Ibid., 5:42.
115. Evelyn Underhill Moore, in 『*The Collected Letters of C. S. Lewis*』, vol. 2 (San Francisco: HarperCollins, 2004) to C. S. Lewis (October 26, 1938), 234, n. 34. 그리고 to Mrs. Stuart Moore (Evelyn Underhill), (October 29, 1938), 235.
116. Lewis, 『*Out of the Silent Planet*』, 94.
117. Ibid., 121.
118. Ibid., 58.
119. Ibid., 154.
120. C. S. Lewis, *The Collected Letters of C. S. Lewis*, vol. 2 (San Francisco: HarperCollins, 2004), to Sister Penelope SCMV (July [August] 9, 1939), 262.
121. Lewis, 『*Out of the Silent Planet*』, 20:139.
122. Ibid., 20:75.
123. 빌립보서 1:21.
124. Lewis, 『*Out of the Silent Planet*』, 16:100.
125. C. S. Lewis, 『*Mere Christianity*』, II.5:62. C. S. 루이스, 『순전한 기독교』(홍성사, 2001). 루이스는 진화를 믿지 않았다. 그는 단지 그

것을 좀 더 넓은 관점에서 다루고자 했다. 전화에 관한 그의 견해를 살펴보려면 다음의 글을 보아라. "Evolutionary Hymn"과 "Is Theology Poetry?" in 『*The Weight of Glory and Other Addresses*』 (New York: Simon & Schuster, 1996), "The Funeral of a Great Myth" in 『*Christian Reflections*』(Grand Rapids, Mich.: Eerdmans, 1967).

126. Lewis, 『*Out of the Silent Planet*』, 19:131.
127. Ibid., 19:132.
128. Ibid., 20:139-140.

4. 되찾은 낙원: 페렐랜드라

129. C. S. Lewis, 『*Perelandra*』(New York: Macmillan, 1965), 1:18.
130. C. S. Lewis, 『Out of the Silent Planet』(New York: Macmillan, 1965), 18:119.
131. Lewis, 『Perelandra』, 1:10
132. Ibid., 1:13.
133. Ibid., 1:19.
134. Ibid., 1:72.
135. C. S. Lewis, 『*Surprised by Joy*』(New York: Harcourt Brace & Co., 1955), 237, C. S. 루이스, 『예기치 못한 기쁨』(홍성사, 2003).
136. Lewis, 『*Perelandra*』, 11:149.
137. 루이스는 『헤아려 본 슬픔』에서 이렇게 말했다. "천국은 우리의 문제를 해결해 줄 것입니다. 그러나 제 생각에 그것이 우리에게 명백히 모순되는 생각들을 신비롭게 조화시키는 방식은 아닐 것입니다. 그 생각들은 아마 발밑에서 굴러다니게 될 것입니다. 우리는 원래부터 아무런 문제가 없었다는 것을 알게 될 것입니다."
138. Lewis, 『*Perelandra*』, 17:214.

139. 오야르사는 원래는 중성적이지만, 화성과 금성의 오야르사는 각각 남성과 여성의 성을 갖고 있다.
140. Lewis, 『Perelandra』, 16:197.

5. 인간의 가능성의 실현: 천국과 지옥의 이혼

141. C. S. Lewis, "The Weight of Glory", in 『The Weight of Glory and Other Addresses』, (New York: Simon & Schuster, 1996), 8.
142. 루이스의 영적인 자서전인 『예기치 못한 슬픔』(홍성사, 2003)을 보라.
143. 전도서 3:11.
144. William Blake, 『The Marriage of Heaven and Hell』(New York: Oxford University Press, 1975), xviii, 윌리엄 블레이크, 『천국과 지옥의 결혼』(민음사, 1990).
145. C. S. Lewis, 『The Great Divorce』(New York: Macmillan, 1946), Preface:6. C. S. 루이스, 『천국과 지옥의 이혼』(홍성사, 2003).
146. Ibid., 3:28.
147. Ibid., 9:72-73.
148. C. S. Lewis, 『The Problem of Pain』(New York: Macmillan, 1962), 128. C. S. 루이스, 『고통의 문제』(홍성사, 2002).
149. Lewis, 『The Great Divorce』, 3:27. C. S. 루이스, 『천국과 지옥의 이혼』(홍성사, 2003)
150. Ibid., 13:122-123.
151. Ibid., 1:14.
152. Evan K. Gibson, 『C. S. Lewis, Spinner of Tales: A Guide to His Fiction』(Grand Rapids, Mich.: Eerdmans, 1980), 116.
153. John Milton, 『Paradise Lost』, I, 254-255. 존 밀턴, 『실낙원』(범우사, 1999).

154. Ibid., IV, 75.
155. Lewis, 『The Great Divorce』, 9:75. C. S. 루이스, 『천국과 지옥의 이혼』(홍성사, 2003).
156. Lewis, 『Problem of Pain』, 125. C. S. 루이스, 『고통의 문제』(홍성사, 2002).
157. 고린도전서 2:9.
158. Lewis, 『The Great Divorce』, 13:121. C. S. 루이스, 『천국과 지옥의 이혼』(홍성사, 2003).
159. Ibid., 12:107.
160. Ibid., 14:128.

6. 놀라움과 기쁨의 땅: 나니아 연대기

161. 크리스틴 디치필드는 『나니아 연대기』에 숨겨진 성경의 이야기와 그에 대한 의미를 설명하는 훌륭한 안내서를 집필했다. Christin Ditchfield, 『A Family Guide to Narnia』(Wheaton, Ill.: Crossway Books, 2003). 크리스틴 디치필드, 『나니아 연대기가 읽어주는 성경』(크림슨, 2005)을 보라.
162. C. S. Lewis, 『Prince Caspian』(New York: HaperCollins, 1994), 5:71. C. S. 루이스, 『나니아 연대기』(시공주니어, 2005).
163. Ibid., 5:72.
164. Ibid., 6:80.
165. C. S. Lewis, 『The Magician's Nephew』(New York: HaperCollins, 1994), 6:88. C. S. 루이스, 『나니아 연대기』(시공주니어, 2005).
166. Ibid., 6:90.
167. Ibid., 3:33. 그러나 세계와 세계 사이의 숲은 머무를 수 있는 장소는 아니다. 그리고 아이들이 졸려하는 장면은 테니슨 시인의 시와 호머의

이야기에 나오는 로터스 열매를 먹은 사람들의 이야기와 관련이 있다. 왜냐하면 그들은 집으로 돌아가는 대신에 숲에서 머무르고 싶다는 유혹을 받기 때문이다.

168. Ibid., 13:149.

169. Ibid., 14:207.

170. '축복의 환상'에 대해 성경의 배경을 알고 싶다면 다음 두 구절들을 참고하라. '어두운 데에 빛이 비치라 말씀하셨던 그 하나님께서 예수 그리스도의 얼굴에 있는 하나님의 영광을 아는 빛을 우리 마음에 비추셨느니라.' (고린도후서 4:6) '다시 저주가 없으며 하나님과 그 어린 양의 보좌가 그 가운데에 있으리니 그의 종들이 그를 섬기며 그의 얼굴을 볼 터이요, 그의 이름도 그들의 이마에 있으리라. 다시 밤이 없겠고 등불과 햇빛이 쓸 데 없으니 이는 주 하나님이 그들에게 비치심이라. 그들이 세세토록 왕 노릇 하리로다.' (요한계시록 22:3-5).

171. C. S. Lewis, 『*The Lion, the Witch and the Wardrobe*』(New York: HaperCollins, 1994), 8:85. C. S. 루이스, 『나니아 연대기』(시공주니어, 2005).

172. Ibid.

173. C. S. Lewis, 『*Perelandra*』(New York: Macmillan, 1965), 9:111.

174. C. S. Lewis, *Letters to Children* (New York: Macmillan, 1988), to Mrs. K (May 6, 1955), 52.

175. Lewis, 『*The Magician's Nephew*』, 15:212-213. C. S. 루이스, 『나니아 연대기』(시공주니어, 2005).

176. Ibid., 15:213.

177. 요한복음 14:6.

178. Lewis, 『*The Lion, the Witch and the Wardrobe*』, 7:74. C. S. 루이스, 『나니아 연대기』(시공주니어, 2005).

179. C. S. Lewis, 『*The Problem of Pain*』(New York: Macmillan,

1962), 4:61. C. S. 루이스, 『고통의 문제』(홍성사, 2002).
180. 빌립보서 2:10-11.
181. Lewis, 『*The Lion, the Witch and the Wardrobe*』, 12:140. C. S. 루이스, 『나니아 연대기』(시공주니어, 2005).
182. 로마서 3:23, 6:23.
183. Lewis, 『*The Lion, the Witch and the Wardrobe*』, 15:179. C. S. 루이스, 『나니아 연대기』(시공주니어, 2005).
184. 빌립보서 1:21.
185. Lewis, 『*The Lion, the Witch and the Wardrobe*』, 15:177-178. C. S. 루이스, 『나니아 연대기』(시공주니어, 2005).
186. Ibid., 15:178.
187. Ibid., 15:179.
188. Ibid., 15:180.
189. Ibid., 17:201.
190. C. S. Lewis, 『*The Horse and His Boy*』(New York: HaperCollins, 1994), 10:161. C. S. 루이스, 『나니아 연대기』(시공주니어, 2005).
191. Ibid., 10:161-162.
192. C. S. Lewis, 『*Mere Christianity*』, III.8:109. C. S. 루이스, 『순전한 기독교』(홍성사, 2001).
193. C. S. Lewis, 『*Christian Reflections*』(Grand Rapids, Mich.: Eerdmans, 1967), 7.
194. Lewis, 『*The Horse and His Boy*』, 11:172. C. S. 루이스, 『나니아 연대기』(시공주니어, 2005).
195. Ibid., 11:174.
196. Ibid., 10:157.
197. Ibid., 10:158.

198. Ibid., 11:177.
199. Ibid., 11:177-178.
200. Ibid., 12:180.
201. 하나님이 모세에게 말씀하시는 장면 출애굽기 3:13-14를 보라. 산상에서 예수님이 변용된 것에 대해서는 마태복음 17:1-8, 엠마오로 가는 길에 제자들이 예수님을 만난 사건은 24:13-35, 베드로를 꾸짖는 장면에 대해서는 요한복음 21:18-22를 보라. 세례에 대한 이야기는 마태복음 28:18, 사도행전 8:36-39 그리고 천국의 강에 대한 이야기는 요한계시록 22:1-2를 보라.
202. Lewis, 『The Horse and His Boy』, 14:214-215. C. S. 루이스, 『나니아 연대기』(시공주니어, 2005).
203. 출애굽기 3:14. 아슬란은 종종 이러한 방식으로 자신을 드러낸다. 『은의자』에서 질은 아슬란에게 묻는다. "그러면 선생님이 바로 그분이세요?" 그에 대해 아슬란은 간단하게 대답한다. "나는 나다."
204. 출애굽기 3:14.
205. Lewis, 『The Horse and His Boy』, 11:176. C. S. 루이스, 『나니아 연대기』(시공주니어, 2005).
206. C. S. Lewis, 『The Problem of Pain』(New York: Macmillan, 1962), 10:147-148. C. S. 루이스, 『고통의 문제』(홍성사, 2002).
207. 요한계시록 2:17.
208. Lewis, 『Prince Caspian』, 10:148. C. S. 루이스, 『나니아 연대기』(시공주니어, 2005).
209. Ibid., 15:228.
210. Ibid., 15:231.
211. C. S. Lewis, *The Collected Letters of C. S. Lewis*, (San Francisco: HarperCollins, 2004), to Dom Bede Griffiths OSB (May 8, 1939), vol. 2, 258.

212. C. S. Lewis, 『*Voyage of the Dawn Treader*』(New York: HaperCollins, 1994), 2:21. C. S. 루이스, 『나니아 연대기』(시공주니어, 2005).
213. 다니엘 3:17-18.
214. 욥기 13:15.
215. C. S. Lewis, 『*Voyage of the Dawn Treader*』(New York: HaperCollins, 1994), 2:22. C. S. 루이스, 『나니아 연대기』(시공주니어, 2005).
216. 사도행전 1:8.
217. 마태복음 28:19-20.
218. C. S. Lewis, 『*Voyage of the Dawn Treader*』(New York: HaperCollins, 1994), 1:15. C. S. 루이스, 『나니아 연대기』(시공주니어, 2005).
219. Paul A. Karkainen, 『*Narnia Explored*』(Old Tappan, N. J.: Revell, 1979). 69.
220. 이에 관해서는 이 책의 1장에서 신화 7 '믿음이 깊어봐야 세상에서는 도움이 안돼'를 보라.
221. C. S. 루이스, 『새벽 출정호의 항해』(시공주니어).
222. Lewis, 『Voyage of the Dawn Treader』, 7:108. C. S. 루이스, 『나니아 연대기』(시공주니어, 2005).
223. Ibid., 7:109.
224. Ibid., 7:110.
225. Ibid.
226. "하늘에 전쟁이 있으니 미가엘과 그의 사자들이 용과 더불어 싸울새 용과 그의 사자들도 싸우나 이기지 못하여 다시 하늘에서 그들이 있을 곳을 얻지 못한지라. 큰 용이 내쫓기니 옛 뱀 곧 마귀라고도 하고 사탄이라고도 하며 온 천하를 꾀는 자라. 그가 땅으로 내쫓기니 그의 사자

들도 그와 함께 내쫓기니라"(요한계시록 12:7-9).
227. Lewis, 『*Voyage of the Dawn Treader*』, 8:136. C. S. 루이스, 『나니아 연대기』(시공주니어, 2005).
228. Ibid., 6:93.
229. Ibid., 7:117.
230. Ibid., 7:117-118.
231. Ibid., 7:118.
232. Michael Ward, "The Path to Sympathy: Reflection on Till We Have Faces," July 14, 2000, St. Anne's, Oxford. 뒤에 나오는 몇 가지 생각들은 그의 발표문에서 빌려온 것이다.
233. C. S. Lewis, 『*The Problem of Pain*』(New York: Macmillan, 1962), 3:41, 46. C. S. 루이스, 『고통의 문제』(홍성사, 2002).
234. Lewis, 『*Voyage of the Dawn Treader*』, 10:167. C. S. 루이스, 『나니아 연대기』(시공주니어, 2005).
235. Ibid.
236. Ibid., 10:171.
237. Ibid., 11:174.
238. Ibid., 2:21.
239. 히브리서 11:16.
240. 이사야 6:5.
241. Lewis, 『*The Lion, the Witch and the Wardrobe*』, 8:86. C. S. 루이스, 『나니아 연대기』(시공주니어, 2005).
242. Lewis, 『*Voyage of the Dawn Treader*』, 16:269. C. S. 루이스, 『나니아 연대기』(시공주니어, 2005).
243. C. S. Lewis, 『*Silver Chair*』, 15:239. C. S. 루이스, 『나니아 연대기』(시공주니어, 2005).
244. 요한계시록 22:1, 로마서 6:4.

245. C. S. Lewis, 『Silver Chair』, 16:251. C. S. 루이스, 『나니아 연대기』(시공주니어, 2005).
246. C. S. Lewis, 『Mere Christianity』, III.9:118. C. S. 루이스, 『순전한 기독교』(홍성사, 2001)
247. C. S. Lewis, 『Silver Chair』, 16:253. C. S. 루이스, 『나니아 연대기』(시공주니어, 2005).
248. Ibid., 8:124.
249. 톰 비데 그리피스에게 보내는 편지(1936년 1월 8일)에서 루이스는 이렇게 말한다. "참으로 우리는 천국을 지체 없는 순종이라고 상상할 수 있을 거라네. 나는 이것이 우리가 무생물의 자연을 사랑하는 이유 중에 하나라고 생각한다네. 우리는 자연 속에서 창조주의 의지를 변함없이 실행하는 사물들을 보지. 그래서 그것들은 전적으로 아름답다네. 그러한 종류의 순종은 우리의 순종보다는 대단히 저급하지만 더할 나위 없이 완벽하기 때문에 기독교인들은 왜 낭만주의자들이 나무와 물에서 어떤 신성함을 느꼈는지 그 이유를 알 수 있을 거라네. 범신론자들은 가끔 잘못된 결론으로 빠지지만, 그들의 감정은 정당하지. 그리고 이제 진정한 이유를 알기 때문에 우리는 그러한 감정을 안심하고 받아들일 수 있다네." (Hooper, *Collected Letters of C. S. Lewis*, vol. 2, 177-178).
250. 베르길리우스는 단테를 지금까지 안내한 뒤에 이렇게 말한다. "이젠 내 말이나 눈치를 더 이상 기다리지 말게. 그대의 의지는 자유롭고 바르며 건전하게 되었으니 뜻대로 하지 않는 것이 잘못함일세. 그러므로 나는 네게 심신의 주인으로서 그대 머리 위에 왕관과 면류관을 씌워 주리라." Dante Alighieri, Purgatorio, in *the Divine Comedy*, 3 vols. (New York: Oxford University Press, 2003) 단테, 『신곡』(민음사, 2007).
251. Lewis, 『The Last Battle』, 15:212. C. S. 루이스, 『나니아 연대기』

(시공주니어, 2005).
252. Ibid., 10:239.
253. Ibid., 12:161.
254. Ibid., 10:140-141.
255. Ibid., 15:204.
256. 출애굽기 20:3.
257. 마태복음 13:24-30의 곡식과 가라지의 비유를 보라.
258. C. S. Lewis, 『*The Great Divorce*』(New York: Macmillan, 1946), 13:124. C. S. 루이스, 『천국과 지옥의 이혼』(홍성사, 2003).
259. 예를 들어 조안 베넷에게 보내는 편지(1939년 4월 5일)에서 루이스는 이렇게 썼다. '저는 정말로 덕 있고 고결한 불신자들의 운명에 대해서 아는 바가 없습니다. 저는 이런 문제가 잘못된 가정으로 행해진 행동들이 진실에 근거한 행동들에 비해 좋은 결과를 낳을 수 없다는 원칙의 딱 한 가지 예외라고 주장하는 것이 아닙니다. 그 문제에 관한한 제가 이야기 할 수 있는 것은 이게 전부입니다.' (Hooper, *Collected Letters of C. S. Lewis*, vol. 2, 256).
260. 이 책의 15장 "마지막에 일어나게 될 일: 천국으로 간 사람들의 결말"을 보라.
261. Lewis, 『*The Last Battle*』, 15:205-206. C. S. 루이스, 『나니아 연대기』(시공주니어, 2005).
262. 루이스는 한 편지에서 마태복음 25:31-46의 내용과 믿음으로 의로움을 얻게 된다는 성경의 가르침을 조화시킬 수 없었다고 말했다. 루이스는 이런 역설적인 문제들의 경우 상충되는 내용들이 해결될 때까지 일단 둘 다 믿는 방법을 택했다. 그러나 우리는 야고보서의 말씀('영혼 없는 몸이 죽은 것 같이 행함이 없는 믿음은 죽은 것이니라')을 통해 두 내용을 충분히 쉽게 조화시킬 수 있을 것 같다. 믿음에 대한 성경의 구절들은 믿음으로 구원받기 이전의 구원에 대해 이야기하는 것

이며, 행함에 대한 구절들은 구원 받은 뒤 구원받은 사람들의 모습에 대해 이야기하는 것이다.

263. Lewis, *Letters of C.S. Lewis* to a Lady (November 8, 1952), 247.

264. 루이스는 이러한 관점이 성경의 전체적인 권고와는 조화되지 않는다는 것을 알고 있었다. 에밀리 맥레이에게 보내는 편지(1952년 10월 3일)에서 루이스는 양과 염소에 대한 예수님의 말씀에 대해 이야기하기 전에 이렇게 썼다. "저는 성경의 어느 부분을 해석할 때, 그 해석이 성경의 다른 부분들과 모순을 일으킨다면 그렇게 해석해서는 안 된다는 것을 첫 번째 원칙으로 삼고 있습니다."(Letters of C. S. Lewis, to Emily McLay (August 3, 1953, 251). 비록 그가 사도들보다 예수님의 말씀에 더 우선순위를 두기 바란다는 말을 할 때에는 즉시 그 말이 모순적이라는 것이 드러나지만 말이다. 정확한 해석은 믿음으로 인해 구원을 얻는다고 이야기하는 많은 구절들(예수님의 말씀도 포함하여)과 같이 검토해 보아야할 것이다. 또한 에베소서 2:8-9처럼 행위로 인한 구원의 가능성을 배제하는 구절들도 같이 검토해보아야 한다. '너희는 그 은혜에 의하여 믿음으로 말미암아 구원을 받았으니 이것은 너희에게서 난 것이 아니요 하나님의 선물이라 행위에서 난 것이 아니니 이는 누구든지 자랑하지 못하게 함이라'

265. Lewis, 『*The Last Battle*』, 16:191. C. S. 루이스, 『나니아 연대기』 (시공주니어, 2005).

266. Ibid., 15:211.

267. Ibid., 15:212.

268. Colin Manlove, 『*The Chronicles of Narnia: The Patterning of a Fantastic World*』(New York: Twayne, 1993), 109-110.

269. Lewis, 『*The Last Battle*』, 15:212. C. S. 루이스, 『나니아 연대기』 (시공주니어, 2005).

270. 베드로후서 3:10.
271. Lewis, 『*The Last Battle*』, 13:183. C. S. 루이스, 『나니아 연대기』(시공주니어, 2005).
272. Ibid., 13:172.
273. Ibid., 16:227.
274. Ibid., 16:228.
275. Ibid., 16:228.
276. Ibid., 15:211.
277. Ibid., 16:228.

7. 보고도 믿지 않을 때: 우리가 얼굴을 찾을 때까지

278. C. S. Lewis, *The Collected Letters of C. S. Lewis*, vol. 2 (San Francisco: HarperCollins, 2004), Ruth Pitter to Herbert Palmer (November 15, 1945), vol 2, 685n.
279. 이와 유사하게 다양한 층에서 읽을 수 있도록 구성된 이야기 중에서 가장 익숙한 예는 '걸리버 여행기'일 것이다. 이 작품은 아이들에게는 판타지 소설로, 18세기에 대한 지식에 없는 성인들에게는 인간 본성에 대한 풍자로, 역사적인 배경을 아는 사람들에게는 스위프트의 정치적 동시대인들에 대한 풍자로 읽힐 수 있다. 그러나 이 이야기의 구성은 너무 훌륭해서 어떤 독자도 자신이 무시당한다고 느끼지 않는다.
280. C. S. Lewis, 『*Till We Have Faces*』(New York: Harcourt Brace & Company, 1984), I.2:23. C. S. 루이스, 『우리가 얼굴을 찾을 때까지』(홍성사, 2007).
281. Ibid., I.7:72-73.
282. C. S. Lewis, "Five Sonnets," in 『*Poems*』 (New York: Harcourt Brace Jovanovich, 1964), 126-127.
283. C. S. Lewis, 『*The Great Divorce*』(New York: Macmillan,

1946), preface:6. C. S. 루이스, 『천국과 지옥의 이혼』(홍성사, 2003). 10장과 11장을 보라.

284. Ibid.

285. Lewis, 『Till We Have Faces』, 9:71. C. S. 루이스, 『우리가 얼굴을 찾을 때까지』(홍성사, 2007).

286. Ibid., 9:81.

287. Ibid., 9:81-82.

288. 요한복음 12:24-25.

289. Lewis, 『Till We Have Faces』, II.4:294. C. S. 루이스, 『우리가 얼굴을 찾을 때까지』(홍성사, 2007).

290. Ibid., II.4:305.

291. Ibid., II.4:307.

8. 지옥에 대한 신화들

292. C. S. Lewis, 『The Problem of Pain』(New York: Macmillan, 1962), 8:127. C. S. 루이스, 『고통의 문제』(홍성사, 2002).

293. 마태복음 7:13-14.

294. Lewis, 『The Problem of Pain』(New York: Macmillan, 1962), 8:119. C. S. 루이스, 『고통의 문제』(홍성사, 2002). 다음 몇 문단에 나오는 문장들은 이 책의 '지옥'장에서 따온 것이다.

295. 돈 리처드슨은 구약에서 '지옥'은 '774개 구절마다 한 번씩' 31번 언급되는 반면에 신약에서 7992개 구절 가운데 '지옥'과 '불'('불'은 '열심'이나 '부활'이 아니라 '지옥'을 의미한다.)은 120개 구절마다 한 번씩 총 74번씩 언급된다고 지적한다. 『Secrets of the Koran』(Ventura, Calif.: Regal, 2003), 93.

296. Lewis, 『The Problem of Pain』(New York: Macmillan, 1962), 8:119-120. C. S. 루이스, 『고통의 문제』(홍성사, 2002).

297. Ibid., 8:121-122.
298. Ibid., 8:123.
299. Ibid., 8:127.
300. C. S. Lewis, 『*The Four Loves*』(New York: Harcourt Brace Jovanovich, 1960), 6:176. C. S. 루이스, 『네 가지 사랑』(홍성사, 2005).
301. C. S. Lewis, 『*Surprised by Joy*』(New York: Harcourt Brace & World., 1955), 226. C. S. 루이스, 『예기치 못한 기쁨』(홍성사, 2003).
302. 마가복음 5:1-20.
303. 여기에서 루이스는 마태복음 25:34, 41을 인용하고 있다. '그 때에 임금이 그 오른편에 있는 자들에게 이르시되 내 아버지께 복 받을 자들이여 나아와 창세로부터 너희를 위하여 예비 된 나라를 상속받으라.' '또 왼편에 있는 자들에게 이르시되 저주를 받은 자들아 나를 떠나 마귀와 그 사자들을 위하여 예비 된 영원한 불에 들어가라.'
304. Lewis, 『*The Problem of Pain*』(New York: Macmillan, 1962), 8:125. C. S. 루이스, 『고통의 문제』(홍성사, 2002).
305. Ibid., 8:126.
306. C. S. Lewis, *The Collected Letters of C. S. Lewis*, vol. 2 (San Francisco: HarperCollins, 2004), to Warren Lewis (January 28, 1940), vol. 2, 334-335.
307. C. S. Lewis, 『*The Pilgrim's Regress*』(Grand Rapids, Mich.: Eerdmans, 1958), 181. C.S. 루이스, 『순례자의 귀향』(성바오로, 1985).
308. Ibid., 181.
309. Ibid.
310. John Milton, 『*Paradise Lost*』, I, 254-255. 존 밀턴, 『실낙원』(범

우사, 1999).
311. C. S. Lewis, 『The Great Divorce』(New York: Macmillan, 1946), 9:69. C. S. 루이스, 『천국과 지옥의 이혼』(홍성사, 2003).
312. Lewis, Collected Letters of C. S. Lewis, to Arthure Greeves (May 13, 1946), vol 2, 710.
313. T. S. Eliot, 『The Cocktail Party』(New York: HJarcourt, Brace & World, 1950), 98 (act 1, scene 3). T. S. 엘리어트, 『T.S. 엘리엇 전집』(민음사, 1988).
314. Clarence F. Dye, "The Evolving Eschaton in C. S. Lewis," Ph.D.diss. (New York: Fordham University, 1973), 219.
315. Harry Blamires, 『Knowing the Truth About Heaven and Hell: Our Choices and Where They Lead Us』(Ann Arbor, Mich.: Servant Books, 1988), 149-150.
316. C. S. Lewis, 『Preface to Paradise Lost』(New York: Oxford University Press, 1961), 13:102-103.
317. Lewis, 『The Great Divorce』, 9:72-73. C. S. 루이스, 『천국과 지옥의 이혼』(홍성사, 2003).
318. 개혁주의나 칼빈주의의 관점은 모든 것이 창조될 때 예정되었다는 하나님의 주권을 강조하는 반면에 알미니안의 관점은 자유의지와 인간의 선택을 강조한다.
319. 이에 관해 더 알고 싶다면 C. S. 루이스가 쓴 『순전한 기독교』에서 「시간과 시간 너머」라는 장을 보라.
320. C. S. Lewis. 『Perelandra』(New York: Macmillan, 1965), 11:147.
321. Lewis, 『The Problem of Pain』(New York: Macmillan, 1962), 125-126. C. S. 루이스, 『고통의 문제』(홍성사, 2002).
322. C. S. Lewis, 『The Pilgrim's Regress』(Grand Rapids, Mich.:

Eerdmans, 1958), 181. C. S. 루이스, 『순례자의 귀향』(성바오로, 1985).

323. C. S. Lewis, 『The Screwtape Letters』(San Francisco: HarperSanFrancisco, 2001), 28:101. C. S. 루이스, 『스크루테이프의 편지』(홍성사, 2001).

324. C. S. Lewis, 『Out of the Silent Planet』(New York: Macmillan, 1965), 16:102.

325. C. S. Lewis, 『The Magician's Nephew』(New York: HaperCollins, 1994), 15:202-203. C. S. 루이스, 『나니아 연대기』(시공주니어, 2005).

326. 이에 대해 더 알고 싶다면 지옥편의 1장에 나와 있는 요한계시록에서 로마서에 대해 다루는 부분과 나니아 연대기의 『마지막 전투』 13장에서 난쟁이들이 나오는 부분들을 살펴보라.

327. Richard B. Cunningham, 『C. S. Lewis: Defender of the Faith』(Philadelphia: Westminster, 1967). 125.

328. C. S. Lewis, "The Trouble with 'X' ....," in 『God in the Dock』(Grand Rapids, Mich.: Eerdmans, 1970), I.18:154-155.

329. Lewis, 『The Pilgrim's Regress』, 181-182. C. S. 루이스, 『순례자의 귀향』(성바오로, 1985).

330. Lewis, 『The Great Divorce』, 12:109. C. S. 루이스,『천국과 지옥의 이혼』(홍성사, 2003).

331. 이 시는 시편 91편을 상기시킨다. Lewis, 『The Great Divorce』, 13:120. C. S. 루이스, 『천국과 지옥의 이혼』(홍성사, 2003).

332. 이 문단의 많은 부분은 이 책의 문장들을 빌려온 것이다. Lewis, 『The Great Divorce』, 13:121. C. S. 루이스, 『천국과 지옥의 이혼』(홍성사, 2003).

333. Ibid.

334. 누가복음 14:26.
335. 마태복음 22:23-33.
336. 천국편 1장의 신화 2에 나와 있는 논의를 참고하라.
337. Lewis, 『The Problem of Pain』(New York: Macmillan, 1962), 127-128. C. S. 루이스, 『고통의 문제』(홍성사, 2002).
338. Lewis, 『The Great Divorce』, 13:120. C. S. 루이스, 『천국과 지옥의 이혼』(홍성사, 2003).
339. C. S. Lewis, 『The Screwtape Letters』(San Francisco: HarperSanFrancisco, 2001), Preface to the 1961 edition, 7. C.S. 루이스, 『스크루테이프의 편지』(홍성사, 2001).

9. 지옥의 철학: 스크루테이프의 편지

340. C. S. Lewis. 『Perelandra』(New York: Macmillan, 1965), 10:128.
341. Lewis, 『The Screwtape Letters』, Preface to the 1961 edition, 7. C. S. 루이스, 『스크루테이프의 편지』(홍성사, 2001).
342. Ibid., 84.
343. Ibid., 7.
344. C. S. Lewis, 『Preface to Paradise Lost』(New York: Oxford University Press, 1961), 104-105.
345. Ibid., 107.
346. Lewis, 『The Screwtape Letters』, Preface to the 1961 edition, 7-8. C. S. 루이스, 『스크루테이프의 편지』(홍성사, 2001).
347. Ibid., 70-71.
348. C. S. Lewis, 『Mere Christianity』, III.8:109. C. S. 루이스, 『순전한 기독교』(홍성사, 2001).
349. 마태복음 22:36-40, 빌립보서 2:1-11.

350. 루이스는 자신이 악마를 믿는다고 딱 잘라 말했다. 이는 '자신의 자유 의지를 남용하여' 스스로를 하나님의 적으로 만든 천사들을 믿는다는 뜻이다. 이것이 사탄을 '하나님을 반대하는 자가 아니라 미카엘을 반대하는 자'로 만드는 것이다. Lewis, 『The Screwtape Letters』, Preface to the 1961 edition, 6. C. S. 루이스, 『스크루테이프의 편지』(홍성사, 2001).

351. Lewis, 『The Screwtape Letters』, 8:41. C. S. 루이스, 『스크루테이프의 편지』(홍성사, 2001).

352. Ibid., 18:71.

353. Ibid., 22:82-3.

354. 스크루테이프가 지네로 변하는 장면에는 두 가지 중요한 문학적 선례가 있다. 단테의 「지옥편」에서 도둑들은 뱀으로 변하며 밀턴의 『실낙원』(루이스는 이 책에 대해 한 권 분량의 서문을 썼다.)에서 악마들은 아담과 하와를 유혹한 사탄 때문에 모두 뱀으로 변한다.

355. Lewis, 『The Screwtape Letters』, 19:73. C. S. 루이스, 『스크루테이프의 편지』(홍성사, 2001).

356. Ibid., 22:83.

357. Ibid., 31:109.

358. Ibid., 31:110.

359. Walter Hooper, Lecture to Wheaton College group, St. Anne's, Oxford, July 2003.

360. Lewis, 『The Screwtape Letters』, 31:110. C. S. 루이스, 『스크루테이프의 편지』(홍성사, 2001).

361. 요한복음 14:6.

362. Lewis, 『The Screwtape Letters』, 31:111. C. S. 루이스, 『스크루테이프의 편지』(홍성사, 2001).

363. Ibid., 12:54.

364. C. S. Lewis, "A Slip of the Tongue," in 『The Weight of Glory and Other Addresses』(New York: Simon & Schuster, 1996), 142.
365. 출애굽기 20:3.
366. C. S. Lewis, 『Letters to Malcolm: Chiefly on Player』(New York: Harcourt Brace Jovanovich, 1964), 4:22. C. S. 루이스, 『개인기도』(홍성사, 2007).
367. C. S. Lewis, 『The Four Loves』(New York: Harcourt Brace Jovanovich, 1960), 6:170-171. C. S. 루이스, 『네 가지 사랑』(홍성사, 2005).
368. George Sayer, 『Jack: A Life of C. S. Lewis』(Wheaton, Ill.: Crossway, 1994), 276.
369. 여기에 나와 있는 목록은 부분적인 것이다. 이름과 그 의미에 대해 상세하게 다루어진 것을 보려면 다음의 글을 참고하라. David G. Clark, "A Brief Discussion of the Designation for Persons in 『The Screwtape Letters』," The Lamp-Post of the Southern California CS [sic] Lewis Society 26, No. 3-4 (Fall-Winter 2002): 19-32.
370. Ibid., 27.
371. Ibid., 25.

10. 낙원 속의 악: 페렐랜드라

372. 로마서 6:23.
373. C. S. Lewis, 『Perelandra』(New York: Macmillan, 1965), 9:110.
374. Ibid., 7:93.
375. Ibid., 7:96.
376. 천국을 다루는 부분에서 4장의 논의를 참고하라. 거기에 웨스턴과 악

의 패배가 왜 물질적인 형태를 취하는지에 대해 좀 더 자세한 설명이
나와 있다.

11. 지옥의 사회학: 저 무서운 힘

377. Thomas Howard, The Triumphant Vindication of the Body:
The End of ism in 『That Hideous Strength』, 『The Pilgrims'
Guide: C. S. Lewis and the Art of Witness』(Grand Rapids, Mich.:
Eerdmans, 1998), 133.
378. 그러나 새로운 세계에 가본 경험이 있는 등장인물들은 있다. 랜섬은
맬러캔드라와 페렐랜드라에 갔다 온 적이 있고, 멀린은 아더 왕의 로
그레스(선과 정의가 존재하는 신화의 장소)에 갔다 온 적이 있다. 나
는 『순례자의 귀향』이 우화적인 자서전임에도 불구하고 이 책을 14권
속에 포함시켰다.
379. Howard, "The Triumphant Vindication of the Body," 141.
380. 다음의 성 아우구스티누스의 인용문은 성 안나와 벨버리라는 두 도시
의 대립을 적절하게 정리해준다. '우리는 인류를 두 부류로 나누어,
사람의 생각대로 사는 사람들과 하나님의 뜻대로 사는 사람들이라고
구분했다. 그리고 그들에게 두 도성이라는 비유적인 이름을 붙였는데,
이것은 두 사회라는 뜻이다. 그 중의 한 도성은 하나님과 함께 영원히
지배하기로 예정되었고, 다른 도성은 마귀와 함께 영원한 벌을 받기로
예정되었다.' St. Augustinus, 『City of God』(New York:
Penguin, 1984), Book XV.1.595. 성 아우구스티누스, 『신국론』
(현대지성사, 1997). 토마스 호워드는 이러한 대립을 '지옥과 천국
사이의 오래된 싸움'이라고 규정했다. Thomas Howard, "The
Triumphant Vindication of the Body," 142.
381. 루이스의 훌륭한 친구인 찰스 윌리엄스는 단테의 『신곡』에서 이러한
사랑의 주제를 뛰어나게 설명했다. Charles Williams, 『The Figure

of Beatrice: A Study in Dante』(New York: Noonday Press, 1961), c.1943.
382. Augustinus, 『*City of God*』, XIV.28.593. 성 아우구스티누스, 『신국론』(현대지성사).
383. 마태복음 5:14, 16.
384. C. S. Lewis. 『*That Hideous Strength*』(New York: Macmillan, 1965), 9 (section 4):196.
385. Ibid., 8 (section 3):177.
386. 이러한 주장들은 다음의 책들에 훌륭하게 요약되어 있다. Walter Hooper, 『*C. S. Lewis Companion & Guide*』(SanFrancisco: HarperCollins, 1996), 『The C. S. Lewis Reader's Encyclopedia』(Grand Rapids, Mich: Zondervan, 1988).
387. Lewis. 『*That Hideous Strength*』, 8 (section 3):177.
388. Ibid.
389. Ibid., 8 (section 3):179.
390. Howard, "The Triumphant Vindication of the Body," 138.
391. C. S. Lewis, 『*The Great Divorce*』(New York: Macmillan, 1946), 13:125. C. S. 루이스, 『천국과 지옥의 이혼』(홍성사, 2003).
392. C. S. Lewis, "Dark Tower," in 『*The Dark Tower and Other Stories*』(New York: Harcourt Brace Jovanovich, 1977), 49.
393. Lewis. 『*That Hideous Strength*』, 16 (section 4):353. 프로스트가 추구하는 이러한 철학적인 생각들은 루이스의 시대에 통용되는 것들이었다. 이 소설과 루이스의 다른 많은 작품들은 이러한 생각에 반대한다. 다음은 프로스트의 철학적인 생각들의 흔적을 완벽하게 보여준다. "그는 헤겔에게서 흄에게로, 그 후로 실용주의로, 그리고 그 후로 논리실증주의로 마지막으로 완벽한 무에 도달했다."

394. Lewis, 『That Hideous Strength』, 16 (section 6):358.
395. Ibid., 17 (section 3):367.
396. Ibid., 13 (section 5):289.
397. 『인간 폐지』는 하나님이 주신 도덕을 버리는 것의 결과가 무엇인지에 대한 통찰력을 보여주는 루이스의 작품인데, 이 작품에서 가장 가치 있는 부분은 부록이다. 루이스는 부록에서 역사상 모든 문명들은 철두철미하게 절대적인 도덕적 진리의 존재를 인정하고 그에 근거하여 행동해왔다고 이야기한다. 레슬리 P. 페어필드는 도덕법을 포기한 결과로 인한 분열이 무엇인지 훌륭하게 분석하고 있다. Leslie P. Fairfield, "Fragmentation and Hope: The Healing of the Modern Schism in That Hideous Strength" in David Mills, 『The Pilgrim's Guide: C. S. Lewis and the Art of Witness』 (Grand Rapids, Mich.: Eerdmans, 1998).

12. 지옥 역시 선택이다: 천국과 지옥의 이혼

398. C. S. Lewis, 『The Problem of Pain』(New York: Macmillan, 1962) 148. C. S. 루이스, 『고통의 문제』(홍성사, 2002).
399. C. S. Lewis, 『The Great Divorce』(New York: Macmillan, 1946), 2:20. C. S. 루이스, 『천국과 지옥의 이혼』(홍성사, 2003).
400. Ibid., 9:75.
401. Owen Barfield, 『Owen Barfield on C. S. Lewis』(Middletown, Conn.: Wesleyan University Press, 1989), 88.
402. Ibid., 3:27.
403. Ibid.
404. Lewis, 『The Great Divorce』, 4:32.
405. Ibid., 4:34.

406. Ibid.
407. Ibid., 4:36.
408. Ibid., 9:69-70.

13. 지옥으로 가는 내리막길: 나니아 연대기

409. 나는 『사자와 마녀와 옷장』을 가장 먼저 다루고자 한다. 왜냐하면 제이디스가 근본적으로 악을 대표하는 등장인물이며, 그녀의 가장 강한 특징이 이 작품에서 나타나기 때문이다. 『나니아 연대기』의 모든 작품들이 이 주제를 전적으로 다루는 것은 아니므로 몇몇 작품들은 여기에서 제외될 것이다. 그러나 천국 편에서는 모든 작품을 검토하였다. 각각의 작품에 대해 두 부분을 서로 참조하면 유익할 것이다.
410. 제이디스는 『마법사의 조카』에서는 직접적으로 나타나고 『사자와 마녀와 옷장』 그리고 『은의자』에서는 간접적으로 나타난다.
411. C. S. Lewis, 『The Lion, the Witch and the Wardrobe』(New York: HaperCollins, 1994), 13:149. C. S. 루이스, 『나니아 연대기』(시공주니어, 2005).
412. C. S. Lewis, 『The Magician's Nephew』(New York: HaperCollins, 1994), 10:141. C. S. 루이스, 『나니아 연대기』(시공주니어, 2005).
413. Lewis, 『The Magician's Nephew』, 13:192. C. S. 루이스, 『나니아 연대기』(시공주니어, 2005).
414. Ibid.
415. Ibid., 14:207-208.
416. Ibid., 15:212.
417. Ibid., 14:203.
418. 앤드루 삼촌의 경우에 대해서는 8장의 '선한 하나님은 아무도 지옥에 보내시지 않을 거야.' 부분에서 더 깊게 논의되고 있다.

419. C. S. Lewis, 『The Horse and His Boy』 (New York: HaperCollins, 1994), 15:231. C. S. 루이스, 『나니아 연대기』(시공주니어, 2005).
420. Paul F. Ford, 『Companion to Narnia』, 3nd (New York: HarperCollins, 1994), 6:97.
421. C. S. Lewis, 『Voyage of the Dawn Treader』 (New York: HaperCollins, 1994), 6:97. C. S. 루이스, 『나니아 연대기』(시공주니어, 2005).
422. Ibid., 6:98.
423. Ibid.
424. Ibid.
425. Ibid., 12:201.
426. C. S. Lewis, 『The Great Divorce』 (New York: Macmillan, 1946), 9:68-69. C. S. 루이스, 『천국과 지옥의 이혼』(홍성사, 2003).
427. C. S. Lewis, 『Silver Chair』, (New York: HaperCollins, 1994), 10:160. C. S. 루이스, 『나니아 연대기』(시공주니어, 2005).
428. Ibid., 10:149.
429. Ibid., 10:156.
430. 단테의 『신곡』에서 지옥문 꼭대기에는 다음의 글자들이 쓰여 있다. '나를 거쳐 슬픔의 나라로 들어가거라 / 나는 영겁의 고통으로 가는 문 / 나는 영원히 버림받은 자들에게로 가는 문 / 정의는 지존하신 창조주를 움직여 / 성스런 힘과 최상의 지혜, 그리고 / 태초의 사랑으로 나를 이루었도다 / 나보다 먼저 창조된 것이란 영원한 것(천사) 이외 없었으니 / 나는 영원토록 남아 있으리라 / 여기 들어오는 너희는 온갖 희망을 버릴지어다.'
431. 어떤 사람들이 올바로 보았듯이, 이러한 상상은 플라톤에게 빚지고 있다.

432. Lewis, 『Silver Chair』, 16:250. C. S. 루이스, 『나니아 연대기』(시공주니어, 2005).
433. 요한복음 8:44.
434. Lewis, 『The Great Divorce』, 9:69. C. S. 루이스, 『천국과 지옥의 이혼』(홍성사, 2003).
435. C. S. Lewis, 『The Last Battle』(New York: HaperCollins, 1994), 10:131. C. S. 루이스, 『나니아 연대기』(시공주니어, 2005).
436. 마태복음 7:1, 12:33.
437. C. S. Lewis, 『The Problem of Pain』(New York: Macmillan, 1962), 123. C. S. 루이스, 『고통의 문제』(홍성사, 2002).
438. Lewis, 『The Last Battle』, 13:185-186. C. S. 루이스, 『나니아 연대기』(시공주니어, 2005).
439. C. S. Lewis, 『The Great Divorce』(New York: Macmillan, 1946), 9:67. C. S. 루이스, 『천국과 지옥의 이혼』(홍성사, 2003).
440. Ibid., 9:67.
441. C. S. Lewis, 『Mere Christianity』(New York: Macmillan, 1960), III.9:118. C. S. 루이스, 『순전한 기독교』(홍성사, 2001).
442. C. S. Lewis, 『English Literature in the Sixteenth Century. Excluding Drama, in The Oxford History of English Literature』(Oxford: Oxford University Press, 1973), 172.
443. C. S. Lewis, 『Letters to Malcolm: Chiefly on Prayer』(New York: Harcourt Brace Jovanovich, 1964), 20:107-108. C. S. 루이스, 『개인기도』(홍성사, 2007).
444. Ibid., 20:108-109.
445. C. S. Lewis, Letters of C. S. Lewis (New York: Harcourt Brace Jovanovich, 1966), to Sister Penelope, C.S.V.M (September 17, 1963), 307.

446. Lewis, *English Literature in the Sixteenth Century*. 163.
447. Lewis, 『*The Great Divorce*』11:91-92. C. S. 루이스, 『천국과 지옥의 이혼』(홍성사, 2003).
448. 루이스가 단테에게 받은 영향에 관해 알고 싶다면 다음의 훌륭한 글을 살펴보라. Dominic Manganiello, "The Great Divorce: C. S. Lewis's Reply to Blake's Dante," *Christian Scholar's Review*, 27, no. 4 (Summer 1998): 475-489.
449. Lewis, *English Literature in the Sixteenth Century*. 163.
450. 예를 들어 디도서 3:4-5를 보라. '우리 구주 하나님의 자비와 사람 사랑하심이 나타날 때에 우리를 구원하시되 우리가 행한 바 의로운 행위로 말미암지 아니하고 오직 그의 긍휼하심을 따라 중생의 씻음과 성령의 새롭게 하심으로 하셨나니.'
451. 이사야 1:18.
452. 고린도전서 15:52.
453. Lewis, 『*Letters to Malcolm*』20:109. C. S. 루이스, 『개인기도』(홍성사, 2007).
454. Ibid., 20:109.
455. Lewis, 『*Mere Christianity*』IV.5:156. C. S. 루이스, 『순전한 기독교』(홍성사, 2001).
456. C. S. Lewis, 『*The Last Battle*』(New York: HarperCollins, 1994), 5:67. C. S. 루이스, 『나니아 연대기』(시공주니어, 2005).
457. Sebastian D. Knowles, "A Purgatorial Flame: British Literature of the Second World War", Ph.D. Diss. (Princeton, N.J.: Princeton University, 1987), 7.
458. Lewis, 『*The Great Divorce*』, 9:69. C. S. 루이스, 『천국과 지옥의 이혼』(홍성사, 2003).
459. C. S. Lewis, "Screwtape Proposes a Toast," in 『*The Screwtape*

Letters』(San Francisco: HarperSanFrancisco, 2001), 119-120.
460. C. S. Lewis, 『The Problem of Pain』(New York: Macmillan, 1962), 124n. C. S. 루이스, 『고통의 문제』(홍성사, 2002).
461. C. S. Lewis, 『The Pilgrim's Regress』(Grand Rapids, Mich.: Eerdmans, 1958), 178-180. C. S. 루이스, 『순례자의 귀향』(성바오로, 1985).
462. 기독교를 향한 루이스의 여정에 대한 전체적인 설명은 다음의 작품을 참고하라. David Downing, 『The Most Reluctant Convert: C. S. Lewis's Journey to faith』(Downers Grove Ill.: InterVarsity Press, 2002).
463. 다이아나 글라이어는 루이스가 한 편지에서 이에 대해 동감한다고 말했다는 것을 알려주었다. "당신이 『순례자의 귀향』을 읽고 당혹해하는 것은 놀랍지 않습니다. 그 작품은 나의 첫 번째 종교적인 작품이었고, 그래서 나는 어떻게 쉽게 써야하는지 잘 몰랐습니다. 그렇게 하려고 시도하지도 않았지요." 다음을 보라. "A Reader's Guide to Books about C. S. Lewis" in David Mills, 『The Pilgrim's Guide: C. S. Lewis and the Art of Witness』(Grand Rapids, Mich.: Eerdmans, 1998), 캐슬린 린드쿡은 이 작품에 대해 기본적인 해석을 제시하고 있다. Kathryn Lindskoog, Finding the Landlord: A Guidebook to C. S. Lewis's 『Prigrim's Regress』(Chicago: Cornerstone Press, 1995).
464. C. S. Lewis, 『Surprised by Joy』(New York: Harcourt Brace & Co., 1955), 228-229. C. S. 루이스, 『예기치 못한 기쁨』(홍성사, 2003).
465. Ibid.,, 228-229.
466. C. S. Lewis, 『Mere Christianity』II.4:59. C. S. 루이스, 『순전한 기독교』(홍성사, 2001).

467. Ibid., IV.1:139.

468. Ibid., III. chapter 11 & 12, 121-131.

469. C. S. Lewis, *The Collected Letters of C. S. Lewis* (San Francisco: HarperCollins, 2004), to Dom Bede Griffiths (July 7, 1949), vol. 2, 953-954.

470. C. S. Lewis, 『Voyage of the Dawn Treader』(New York: HaperCollins, 1994), 13:217. C. S. 루이스, 『나니아 연대기』(시공주니어, 2005).

471. C. S. Lewis, 『*Silver Chair*』(New York: HaperCollins, 1994), 2:21. C. S. 루이스, 『나니아 연대기』(시공주니어, 2005).

472. 요한복음 4:10.

473. 요한복음 4:14.

474. C. S. Lewis, 『The Problem of Pain』(New York: Macmillan, 1962), 53-54. C. S. 루이스, 『고통의 문제』(홍성사, 2002).

475. C. S. Lewis, "The World's Last Night," in 『*The World's Last Night and Other Essays*』(New York: Harcourt Brace Jovanovich, 1987), 109.

476. Lewis, 『*Mere Christianity*』II.5:66. C. S. 루이스, 『순전한 기독교』(홍성사, 2001).

477. C. S. Lewis, "The Weight of Glory," in 『*The Weight of Glory and Other Addresses*』(New York: Simon & Schuster, 1996), 18-19.

478. 고린도후서 4:18.

479. *Letters of C. S. Lewis,* To a Lady (March 18, 1952), 239. 인용된 성경구절은 마가복음 9:24.